텃밭농사
무작정 따라하기

텃밭 농사 무작정 따라하기
The Cakewalk Series - Small Farming

초판 1쇄 발행 · 2017년 5월 25일
초판 11쇄 발행 · 2026년 1월 7일

지은이 · 심철흠
발행인 · 이종원
발행처 · (주)도서출판 길벗
출판사 등록일 · 1990년 12월 24일
주소 · 서울시 마포구 월드컵로 10길 56(서교동)
대표전화 · 02)332-0931 | **팩스** · 02)322-0586
홈페이지 · www.gilbut.co.kr | **이메일** · gilbut@gilbut.co.kr

담당 · 유나경 (ynk@gilbut.co.kr)
제작 · 이준호, 손일순, 이진혁 | **마케팅** · 정경원, 김진영, 박민주, 류효정
유통혁신 · 한준희 | **영업관리** · 김명자, 심선숙, 정경화 | **독자지원** · 윤정아

편집진행 및 교정 · 성경아 | **전산편집** · 김정미 | **일러스트** · 조윤혜 | **CTP 출력 및 인쇄** · 예림인쇄 | **제본** · 예림바인딩

- 이 책은 저작권법의 보호를 받는 저작물로 이 책에 실린 모든 내용, 디자인, 이미지, 편집 구성은 허락 없이 복제하거나 다른 매체에 옮겨 실을 수 없습니다.
- 인공지능(AI) 기술 또는 시스템을 훈련하기 위해 이 책의 전체 내용은 물론 일부 문장도 사용하는 것을 금지합니다.
- 잘못 만든 책은 구입한 서점에서 바꿔 드립니다.

ISBN 979-11-6050-174-2 13320
(길벗 도서번호 070523)

정가 33,000원

독자의 1초를 아껴주는 정성 | 길벗출판사

(주)도서출판 길벗 | IT단행본&교재, 성인어학, 교과서, 수험서, 경제경영, 교양, 자녀교육, 취미실용 www.gilbut.co.kr
길벗스쿨 | 국어학습, 수학학습, 주니어어학, 어린이단행본, 학습단행본 www.gilbutschool.co.kr

텃밭농사
무작정 따라하기

베란다 텃밭부터
100평 큰밭까지
완벽 학습

심철흠 지음

길벗

프롤로그

꽃샘추위가 기승을 부리던 어느 봄날, 아내가 텃밭농사를 제안했습니다. 아내의 지인에게 밭이 있는데, 그 밭을 부치던 어르신이 병환으로 더 이상 농사를 지을 수가 없다는 것입니다. 밭 주인도 농사를 지을 형편이 안되는데 밭을 놀리면 벌금이 나온다는 것입니다. 직장을 다녀야 했기에 시간이 넉넉하지 않아 갈등했지만 대수롭지 않게 생각하고 수락했습니다. 그러나 농사는 제 뜻대로 되지 않았으며, 적극적으로 도와주겠다던 아내도 나 몰라라 하더군요. 결국 첫해 농사는 건진 것 없이 패농하다시피했습니다.

그래서 그 해 겨울 저는 제대로 된 농사를 짓기 위해 공부를 시작했습니다. 그러나 농사라는 학문은 그 어떤 학문보다 어렵다는 사실을 절실히 깨달았습니다. 토양, 비료, 작물, 환경, 종자를 알아야 했기 때문입니다. 자료 또한 대규모로 농사를 짓는 전업농을 위한 자료가 많았고, 어쩌다 발견한 자료는 대부분 펌질에 두루뭉술하게 얼버무린 것들뿐이었으며 속시원하게 제 궁금증을 풀어준 자료는 거의 없었습니다. 그래서 생각을 바꿨습니다. 둘째 해부터는 책이나 인터넷의 도움보다는 주변에서 심는 작물을 유심히 살펴보았고 직접 찾아가 물어보기도 했습니다. 특히 반평생 텃밭농사를 해오신 모친의 도움을 많이 받았습니다. 그러는 동안 제가 텃밭에서 알게 된 지식과 경험, 농사짓는 과정을 기록했으며, 그 기록을 책으로 엮게 되었습니다.

이 책은 대단위로 농사를 짓는 전업농들을 위한 책이 아닙니다. 저처럼 직장에 다니면서 소규모 텃밭에서 흙을 만지고 땀을 흘리며 농사짓는 즐거움을 느끼고 재배한 농작물을 수확하는 행복을 느끼고 싶은 그런 사람들을 위한 책입니다. 또한 유기농으로 농사짓는 책도 아닙니다. 누구나 유기농을 하고 싶어하고 저 역시 유기농을 하고 싶지만, 유기농은 절대 쉽게 할 수 있는 농법이 아닙니다.

　프랑스 사상가 루소는 이렇게 말했습니다. "모든 기술 중에 제일이며 가장 존경을 받는 것이 농업이다." 저는 이 책을 통해 여러 궁금증을 완전하게 해소시켜주지는 못하지만, 제 농사 경험을 바탕으로 대응책을 제시하겠습니다. 농사의 어려움은 책을 읽거나 누구의 이야기를 듣는 것만으로는 제대로 이해할 수 없기 때문입니다.

　이 책이 농사를 처음 시작하는 사람이나 이미 농사를 짓고 있지만 잘 안되는 사람에게 길잡이가 되기를 희망합니다. 끝으로, 이 책이 나오기까지 용기와 격려를 보내준 지인 박정인 씨, 그리고 함께 농사를 짓는 친구 김종길 군에게 무한한 감사를 전합니다.

2017년 4월

심철흠

대표적인 작물 분류

식량 작물

- **미곡** : 논벼, 밭벼
- **맥류** : 겉보리, 맥주보리, 쌀보리, 밀
- **두류** : 콩, 팥, 녹두, 동부, 완두, 기타 두류(작두콩, 넝쿨콩)
- **잡곡** : 조, 수수, 옥수수, 메밀, 기장, 율무
- **서류** : 고구마, 감자

채소 작물

- **엽채류** : 배추, 김장배추, 양배추, 시금치, 상추, 미나리, 부추
- **과채류** : 수박, 참외, 오이, 늙은호박, 애호박, 토마토, 방울토마토, 딸기, 가지
- **근채류** : 무, 김장무, 총각무, 열무, 당근
- **양채류** : 쌈추, 셀러리, 치커리, 상추, 적치커리, 레드치커리, 근대, 브로콜리, 케일, 엔디브, 적겨자, 양상추, 벨지움, 비트, 로즈메리, 펜넬, 레몬밤, 페퍼민트, 치콘, 오라멘탈케일, 재스민, 로벨리아
- **조미채소** : 고추, 마늘, 양파, 대파, 쪽파, 생강
- **기타 채소** : 쑥갓, 멜론, 토란, 우엉, 마, 두릅, 더덕, 아주까리, 도라지, 유채, 아욱, 고들빼기(고들빼기, 왕고들빼기), 취(참취, 곰취), 갓, 달래, 신선초, 머위, 비름, 고수, 피망, 파프리카, 돌나물, 순무, 박(식용), 고구마줄기, 들깻잎

과실 나무

- **과수** : 사과나무, 배나무, 복숭아나무, 포도나무, 감귤나무, 감나무, 단감나무, 자두나무, 대추나무, 매실나무, 유자나무
- **기타 과수** : 살구나무, 앵두나무, 모과나무, 다래나무, 양다래(키위), 머루나무, 석류나무, 비파나무, 무화과나무, 고욤나무, 망고나무, 용과, 파인애플, 복분자

- **나무** : 소나무, 은행나무, 밤나무, 철쭉, 잣나무, 향나무
- **관상수** : 은행나무, 향나무, 단풍나무
- **기타 나무** : 밤나무, 호두나무, 탱자나무, 엄나무, 옻나무, 산딸기나무

- **유지작물** : 유채, 참깨, 들깨, 땅콩
- **약용작물** : 감초, 시호, 황기, 마(산약), 천궁, 익모초, 구절초, 패모, 지모, 잔대, 컴프리, 삼백초, 강활, 고본, 꽈리(산장), 삽주(창출, 백출), 방풍, 작약, 골담초, 만삼, 홍화, 손바닥선인장(백년초), 오가피나무(오갈피), 헛개나무(지구자), 오미자나무, 산수유나무, 구기자나무, 두충, 도라지, 더덕(사삼), 치자나무, 목단(목단피), 쇠무릅(우슬), 해당화(매괴화), 반하, 민들레(포공영), 질경이(차전자), 독활, 구릿대(백지), 어성초(약모밀), 맥문동, 당귀, 차조기(자소, 소엽), 방아풀(배초향, 곽향), 삼지구엽초(음양곽), 하수오(야교동)
- **특용작물** : 차나무
- **기타 특용** : 목화, 박, 해바라기, 아주까리, 결명자, 수세미, 박하, 닥나무, 모시, 삼(대마), 왕골, 영지버섯, 양송이버섯, 느타리버섯, 팽이버섯

- **사료작물** : 호밀, 옥수수, 귀리, 유채 등
- **전매작물** : 인삼, 담배
- **녹비작물** : 호밀, 자운영, 헤어리베치
- **화훼** : 국화, 소철, 라일락, 목련, 수국, 백일홍, 자귀나무, 벚나무, 으름덩굴, 할미꽃, 금낭화
- **기타 작물** : 상황버섯, 표고버섯, 댑싸리, 잔디

알아두면 편리한 농부의 상식

언제 무엇을 심어야 할까?

절기 (양력)		피는 꽃	씨 뿌리기	옮겨심기	거두기
소한 (1.6~7)	추위가 기승을 부리기 시작한다				
대한 (1.20~21)	몹시 춥다				
입춘 (2.4~5)	봄기운이 일어선다				
우수 (2.19~20)	얼음이 녹고 비가 내린다	매화	고추		
경칩 (3.6~7)	개구리가 놀라 깬다		쑥갓		
춘분 (3.21~22)	밤과 낮 길이가 같다	목련, 개나리	호박, 고구마, 감자, 상추, 가지, 대파 1차, 부추 1차, 홍화		
청명 (4.5~6)	밝고 화창하다	복숭아꽃, 진달래	토마토, 오이, 참외, 봄 배추, 옥수수, 시금치 1차		
곡우 (4.20~21)	곡식이 잘되는 비가 내린다	산철쭉, 유채 꽃	수박, 토란, 들깨, 생강, 벼, 목화	가지	
입하 (5.6~7)	여름 기운이 일어선다	아카시아 꽃, 이팝나무 꽃		고추, 호박, 오이, 봄배추	
소만 (5.21~22)	양기가 충만해진다	배롱나무(백일홍)꽃 1차	참깨, 무 1차	토마토, 수박, 참외, 고구마, 상추, 들깨, 부추 2차, 벼	

※ 중부지방 기준, 온실 등의 시설재배가 아니라 노지재배 기준

절기 (양력)		피는 꽃	씨 뿌리기	옮겨심기	거두기
망종 (6.6~7)	햇보리가 난다	장미	시금치 2차		양파
하지 (6.21~22)	해가 가장 길다	밤꽃	메주콩, 조, 수수		봄 배추, 마늘, 밀, 보리, 감자
소서 (7.7~8)	더위가 기승을 부리기 시작한다	무궁화		대파, 부추 1차	
대서 (7.23~24)	몹시 덥다	배롱나무꽃 2차			옥수수
입추 (8.7~8)	가을 기운이 일어선다	코스모스	가을 배추		홍화
처서 (8.23~24)	더위가 수그러든다	칡꽃	무 2차, 양파		
백로 (9.7~8)	하얀 이슬이 내린다	싸리 꽃, 배롱나무꽃 3차	쪽파, 시금치 3차	가을 배추	목화
추분 (9.23~24)	밤낮 길이가 같다	가을 국화	상추, 대파 2차, 부추 2차		조, 수수
한로 (10.8~9)	찬 이슬이 내린다	갈대, 억새	마늘		벼
상강 (10.23~24)	서리 내리는 날		밀, 보리	상추, 양파	메주콩, 생강, 고구마
입동 (11.7~8)	겨울 기운이 시작된다			대파	
소설 (11.23~24)	눈이 오는 겨울				가을 배추
대설 (12.7~8)	눈이 많이 온다				
동지 (12.22~23)	해가 가장 짧다				

알아두면 편리한 농부의 상식

속담에 농사의 지혜가 있다!

가을 곡식은 재촉하지 않는다 | 전남, 광주

작물의 결실기인 가을에는 기온이 지나치게 높지 않으면서 적산온도가 높고 일조시간이 길면 길수록 곡식이 충분하게 잘 익으므로 겨울이 늦게 올수록 수량을 높일 수 있는 데서 유래한 말.

게으름뱅이 칠팔월에 애달프다 | 전남

농사를 잘 지으려면 이른 봄부터 꾸준히, 그리고 때 맞추어 빈틈없이 관리를 해야 한다. 음력 7~8월이면 이미 농사가 결판이 나는 시기인데, 게으름뱅이는 이때 가서야 후회하고 뉘우친다는 뜻.
▶ 게으른 놈 칠월에 후회한다(고창)

마파람이 불면 작물이 잘 자란다 | 경기, 충남

가뭄이 계속되다가 마파람이 불면 비가 내리게 되므로 모든 작물이 해갈되어 잘 자란다는 뜻.
▶ 마파람에 곡식이 혀를 빼물고 자란다(논산)

메뚜기도 여름이 한철이다 | 전국

메뚜기도 여름철이 전성기이듯이 농사일도 일할 수 있는 제때에 일해야 한다는 말.

메밀꽃 필 때는 동서 집에 가지 마라 | 경기, 전남

농촌에서 가장 어렵고 바쁜 시기에 친척집에 가면 부담을 주게 되므로 가능한 한 일손이 귀하고 식량이 궁한 철에는 친척집에 가는 것을 피하자는 뜻에서 나온 말.
▶ 찔레꽃 필 때 딸 집에 가지 마라
▶ 오뉴월 감꽃 필 때 친척집 가지 마라(전남)

밤꽃에 벌레 생기면 풍년 든다 | 경북

밤꽃이 필 때인 6월 중순경에 벌레가 생긴다는 것은 비가 많아 충분한 수분이 있음을 뜻하므로 모내기, 밭작물의 파종 등이 잘되어 농사가 잘된다는 뜻.

밤꽃이 잘 피면 풍년 온다 | 충남, 부산

밤꽃은 수분이 충분하고 온도가 알맞아야 잘 피는데 밤꽃 피는 시기인 음력 4월 상순~중순에 기상이 좋으면 농작물 파종과 생육에 알맞은 기상조건이 되어 농사가 순조롭게 된다는 뜻.

밭 담장 허물어진 곳으로 소가 들어간다 | 제주

제주에서는 봄부터 가을까지 소를 방목하는데 소는 풀보다 농작물(콩, 고구마, 조 등)을 더 좋아하기 때문에 소가 한번 밭에 들어가면 상당한 피해가 나므로 밭의 담장을 잘 정비하라는 뜻.

백중날은 논두렁 보러 안 나간다 | 전남, 광주

백중은 음력 7월 보름, 양력으로는 8월 하순에 해당되어 농사일이 거의 마무리된 시기로, 농사일이 한가한 때라는 뜻. 옛날부터 백중날에는 농사일을 잠시 중단하고 일꾼들에게 닭 등을 잡아서 잘 먹이는 풍속이 있었으며 휴식을 취한 후 풀을 베어 퇴비를 만드는 것이 상례였다.

설은 질어야 좋고 추석은 맑아야 좋다 | 영남

음력 설에 눈이 자주 오면 보리농사에 좋고 추석 때는 벼가 한창 여무는 시기이므로 맑은 날이 많아야 일조시간이 많고 적산온도가 높아 결실이 좋아 풍년이 든다는 뜻.

오뉴월 손님은 호랑이보다 무섭다 | 전국

5~6월이면 모내기, 보리 베기 등 1년 중 가장 바쁠 때다. 손님이 오면 일할 시간을 빼앗기기도 하지만 춘궁기이고 여름철이라 손님 접대가 매우 어렵다는 뜻.

제비가 새끼를 많이 낳는 해는 풍년 든다 | 경기

새들은 일기에 대한 예측에 민감해 직감적으로 알기 때문에 그 해 새끼를 많이 치면 일기가 좋은 해가 되어 농사가 잘된다는 뜻.

천둥번개가 심한 해는 풍년 든다 | 경북, 부산

소나기가 내릴 때 공기 중에 있는 질소가 번개로 인해 암모니아로 합성되어 빗물에 혼합된 채 땅에 내리면 질소가 공급되어 작물의 생육이 왕성해진다는 뜻.

한 어깨에 두 지게 질까 | 전남

한 사람이 두 사람 분의 농사일을 하는 것은 벅차다는 뜻으로, 한꺼번에 많은 일을 하는 것은 오히려 무리가 되므로 바쁘고 힘든 일일수록 순리에 맞게 잘 처리해야 한다는 뜻.

▶ 한 말 등에 두 길마를 지울까

호미로 막을 일 가래로도 못 막는다 | 전국

어떤 일이 크게 벌어지기 전에 미리 처리했더라면 그렇게 애쓰지 않아도 될 것을 처음에 내버려두었다가 큰 손해를 보거나 수고를 하게 된다는 뜻. 병충해 조기 예찰과 방제, 제초 등 농작물 관리도 처음부터 잘해야지 미루어두었다가 나중에 하면 많은 노력을 투입해도 큰 피해를 받게 된다는 사실을 경계해 이르는 말.

▶ 닭 잡아 겪을 나그네 소 잡아 겪는다

차례

프롤로그	4
알아두면 편리한 농부의 상식 ● 대표적인 작물 분류	6
알아두면 편리한 농부의 상식 ● 언제 무엇을 심어야 할까?	8
알아두면 편리한 농부의 상식 ● 속담에 농사의 지혜가 있다!	10

PART 1 | 첫 농사에 성공하는 농사 상식 익히기

준비마당 0 · 농사를 시작하기에 앞서
- 01 ● 농사짓기 전에 알아야 할 것들 — 20
- 02 ● 농기구와 농사용품 알아보기 — 27

첫째마당 1 · 농사의 기본, 흙과 날씨
- 03 ● 농사에 좋은 흙이란? — 44
- 04 ● 비료 이야기 — 51
- 05 ● 농사와 기후 — 62

둘째마당 2

씨앗 준비하기 & 농사 계획 짜기

06 ● 농사의 시작은 씨앗   68
07 ● 농사 계획 짜기   75
08 ● 밭 만들기   83

셋째마당 3

각종 병충해와 생리장해

09 ● 병충해란?   94
10 ● 미운 놈, 나쁜 놈, 지독한 놈 벼룩잎벌레   97
11 ● 개미와 한패인 진딧물   99
12 ● 조물주가 만들지 말았으면 좋았을 파리   102
13 ● 무당벌레가 해충이라고?   109
14 ● 어여쁜 나비도 해충이라고?   113
15 ● 철갑옷을 입은 노린재   115
16 ● 또 다른 벌레들   119
17 ● 밭에서 만나는 착한 곤충들   123
18 ● 작물보호제   125
19 ● 생리장해란?   131

넷째마당 4

작물 기르기 전, 꼭 익혀두자!

20 ● 재식거리, 직파, 육묘   136
21 ● 모종 구입, 심기   145
22 ● 솎기, 김매기, 북주기, 순지르기   152
23 ● 작물 재배를 시작하기 전에 알아둘 것들   159

PART 2 | 씨앗부터 열매까지! 베테랑 농부 따라하기

푸르름 가득한 영양소 대장, 잎채소

잎을 먹는 채소 1 ● 삼겹살을 부르는 상추	170
잎을 먹는 채소 2 ● 시금치 넣고 김밥 싸서 소풍 가요	176
잎을 먹는 채소 3 ● 된장과 찰떡궁합 근대	181
잎을 먹는 채소 4 ● 문 걸어잠그고 아욱국을 먹자	185
잎을 먹는 채소 5 ● 여름철 대표 김치 열무	189
잎을 먹는 채소 6 ● 코가 찡한 갓	193
잎을 먹는 채소 7 ● 꽃보다 배추	196
잎을 먹는 채소 8 ● 건강을 증진하는 슈퍼푸드 양배추	211
잎을 먹는 채소 9 ● 쌈의 지존, 쌈의 종결 당귀	218
잎을 먹는 채소 10 ● 건강한 쓴 채소 고들빼기	226

수확의 기쁨 2배, 열매채소

열매를 먹는 채소 1 ● 5포기만 심어도 실컷 딸 수 있는 고추	234
열매를 먹는 채소 2 ● 하루가 다르게 자라는 오이	245
열매를 먹는 채소 3 ● 덩굴째 굴러들어온다는 호박	258
열매를 먹는 채소 4 ● 건강의 상징, 보랏빛 가지	271
열매를 먹는 채소 5 ● 손이 많이 가는 토마토	277
열매를 먹는 채소 6 ● 밥할 때 넣고, 아이들도 잘 먹는 완두콩	286
열매를 먹는 채소 7 ● 뼈에 좋은 홍화	292
열매를 먹는 채소 8 ● 콩 심은 데 콩 난다	299
열매를 먹는 채소 9 ● 스마트시대 눈 건강은 결명자	309
열매를 먹는 채소 10 ● 솥 올려놓고 옥수수 따러 가자	315

열매를 먹는 채소 11 ● 당뇨 잡는 여주		324
열매를 먹는 채소 12 ● 순지르기의 종결 참외		331
열매를 먹는 채소 13 ● 하나만 따도 본전 뽑는 수박		339

일곱째 마당 7 건강을 책임지는 든든함, 뿌리채소

뿌리를 먹는 채소 1 ● 감자에 싹이 났다 잎이 났다 묵찌빠		348
뿌리를 먹는 채소 2 ● 덕 있는 작물 고구마		363
뿌리를 먹는 채소 3 ● 뽑는 재미가 쏠쏠한 당근		374
뿌리를 먹는 채소 4 ● 심심풀이 땅콩		381
뿌리를 먹는 채소 5 ● 울금 농사는 거저 먹기		387
뿌리를 먹는 채소 6 ● 땅속의 배 야콘		395
뿌리를 먹는 채소 7 ● 천연 인슐린의 보고 뚱딴지		403
뿌리를 먹는 채소 8 ● 텃밭농사의 최고봉 무		409
뿌리를 먹는 채소 9 ● 처녀 총각 모두 좋아하는 총각무		420
뿌리를 먹는 채소 10 ● 대한민국 대표 향신료 파		425
뿌리를 먹는 채소 11 ● 알싸한 향과 아삭한 식감의 쪽파		439
뿌리를 먹는 채소 12 ● 세계 10대 슈퍼푸드 마늘		444
뿌리를 먹는 채소 13 ● 양파 하루 반 개 먹으면 보약보다 낫다		457

특별부록 아무나 안 보여주는 농부의 비밀 수첩

1 ● 이것만 알면 충분! 필수 농사 용어		470
2 ● 도전할 만한 농업 국가 자격증		474
3 ● 한눈에 보는 대한민국 대표 종묘사		476

01 | 농사짓기 전에 알아야 할 것들
02 | 농기구와 농사용품 알아보기

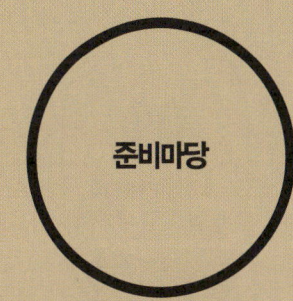

준비마당

농사를
시작하기에
앞서

01 농사짓기 전에 알아야 할 것들

먼저 배우자의 동의를 얻어라

어떠한 계기가 있어서 농사를 짓기로 했다면 우선 배우자의 동의를 얻는 것이 무엇보다 중요합니다. 특히 영유아가 있는 가정이라면 반드시 배우자와 협의해야 합니다. 육아는 부부 공동의 몫입니다. 농사를 짓는다고 해서 육아를 소홀히 하거나 가정에 신경을 덜 쓰게 되면 자연 다툼이 일어나고, 이는 결코 바람직하지 않습니다. 가장 이상적인 것은 부부가 함께 농사를 짓는 것입니다. 하지만 여건상 어느 한쪽만 농사를 짓기로 했다면 남편 혹은 아내 된 이가 적극적으로 협조해야 합니다. 만약 농사로 인해 가정에 불화가 생길 것 같으면 아예 시작도 하지 않는 것이 좋습니다.

온 가족이 함께 고추 심는 모습

또한 농사가 바쁜 철에 식구들을 강제로 동원하지도 말아야 합니다. 이는 농사에 대한 안 좋은 기억을 심어주는 것과 같아서, 훗날 이들이 농사를 지을 기회마저 박탈하는 일이 될 수도 있습니다. 모든 일이 그렇듯이 본인이 좋아서 할 때 능률이 오르고 생산성이 향상됩니다.

농지 구하기

농사를 지으려면 우선 농지를 구해야 합니다. 농지는 꼭 사지 않아도 되며, 얼마든지 임대할 수 있습니다.

도심에서는 농지를 구하기가 쉽지 않아서 지자체나 개인이 운영하는 주말농장을 얻는 일이 많은데, 이것은 장기임대가 어렵고 재배면적도 협소할뿐더러 근접한 텃밭과 마찰이 있거나 해서 농사짓는 즐거움을 누리기에 제한이 많습니다.

가능하다면 주말농장보다는 텃밭이 더 좋습니다. 만약 시간여유와 기동력이 있다면 도심이 아니라 외곽으로 나가서 텃밭을 구하는 것을 권장합니다. 블로그나 카페, 지인을 통해, 또는 마을 이장이나 지역 농업기술센터에 문의하는 방법도 있습니다. 흔히 생각하는 것보다 놀고 있는 농지가 많습니다.

주말농장은 농지가 귀한 도심에 지자체나 개인이 농지를 조성해 작은 면적(통상 5~10평)을 1년 단위로 분양하기 때문에 해마다 자리가 바뀌고 경쟁률도 높으며 임대료도 비쌉니다. 분양은 봄에 하며 모든 땅을 갈아엎기 때문에 여러해살이 작물(도라지, 마, 더덕 등)이나 겨울나기를 하는 작물(마늘, 양파 등)은 심을 수 없습니다. 또한 옆 밭에 피해를 주는 덩굴식물(호박, 고구마 등)을 재배하기에는 공간의 제약을 많이 받습니다. 비닐 멀칭, 화학비료, 농약 사용을 제한 또는 금지하는 주말농장도 있습니다.

반면 텃밭은 농지가 비교적 많은 도심 외곽이나 농촌에서 큰 면적(통상 100평 이상)을 1년 또는 장기임대해 농사를 짓는 형태라 주말농장과는 달리 다양한 작물을 재배할 수 있습니다.

농지를 고를 때는 생각해봐야 할 사항이 몇 가지 있습니다.

접근성

집에서 너무 멀지 않은 곳이어야 합니다. 차량으로 이동시 거리와 소요시간 등을 계산해봐야 하며 대중교통도 꼼꼼히 따져봐야 합니다. 멀리 있는 옥토[*]보다는 가까이에 있는 박토[**]가 차라리 더 낫습니다.

도로가는 되도록 피하자

도로 바로 옆은 차량 소음과 매연으로 인해 쾌적한 농사의 즐거움을 누리기에 제약이 있고 공기도 좋지 않습니다. 이동이 다소 불편하더라도 도로에서 조금 떨어진 곳을 선택하는 것이 좋습니다. 또한 밭 옆으로 사람의 왕래가 잦은 길이 있는 곳은 좋지 않습니다. 견물생심이라는 말이 있습니다. 애써 재배한 작물을 도둑맞는 속상함은 말로는 표현할 수 없는 일입니다.

일조량과 물

농사에서 일조량과 물은 무엇보다 중요합니다.

　밭 주변에 고층건물이나 큰 나무가 있으면 밭에 그늘이 집니다. 산자락에 위치한 밭은 비탈이라 산그늘이 지며 들짐승으로부터 피해를 입을 수 있습니다. 주로 고라니나 멧돼지가 피해를 입힙니다. 산자락에 텃밭농사를 지으시는 제 모친께서도 멧돼지 때문에 옥수수와 고구마 재배를 포기하셨습니다. 특히 멧돼지는 몰려다니면서 작물을 죄다 쓰러뜨려놓기 때문에 피해가 막심합니다.

　밭 주변에 가로등이 있는지도 살펴봅니다. 밤에 가로등이 켜져 있으면 농사가 잘 안 됩니다.

　또한 밭 근처에 물을 댈 수 있는 시설이 있는지 확인합니다. 전기펌프로 물을 댈 수 있으면 금상첨화입니다. 농수로나 개울, 물이 고여 있는 웅덩이 등이 있는지, 있다면 농지와 거리가 얼마나 떨어져 있고 물을 얼마나 댈 수 있는지 등을 살펴보고 농지를 선택합니다.

● **옥토** : 농작물이 잘 자랄 수 있는 영양분이 풍부한 땅. 즉 기름진 땅.
●● **박토** : 매우 메마르고 척박한 땅.

주말농장 밭 한가운데 흐르는 농수로

1주일에 최소 1번 이상 밭에 갈 수 없다면 포기하라

밭에 가면 할 일이 끊임없이 있습니다. 시기에 맞춰 씨를 뿌리거나 모종*을 심어야 하며, 작물이 잘 자랄 수 있도록 지속적으로 보살펴줘야 합니다. 수확 또한 수시로 해야 합니다. 오이나 호박은 최소 3일에 1번은 수확해야 합니다. 수확시기를 놓치면 너무 커버려서 먹지 못하게 됩니다. 특히 잎채소**는 수확시기가 지나면 억세져서 결국 버리게 됩니다.

농사를 제일 힘들게 하는 건 풀입니다. 1년 동안 농사에 할애하는 시간을 100시간으로 본다면 그중 60시간은 풀을 뽑아야 합니다. 풀 뽑는 일은 매우 힘들고 고통스러운 일 중 하나입니다. 특히 한여름 장마 때는 감당할 수 없을 만큼 풀이 자라기 때문에 풀이 어릴 때 수시로 뽑아줘야 합니다. 풀 뽑는 일은 1회성이 아닙니다. 같은 자리에서 연평균 4~5회 정도 뽑아야 하는데, 이를 게을리하거나 방치하면 결국 농사를 포기해야 하는 지경에 이를 수도 있습니다.

이런 여러 가지 이유로 1주일에 최소 1번 이상 밭에 못 가게 될 여건이라면 과감히 포기해야 합니다. 농사는 시간 날 때 짓는 게 아니고 시간을 내서 짓는 것입니다.

- **모종** : 옮겨심기 위해 가꾼 씨앗의 싹.
- **잎채소** : 배추, 상추, 시금치 등 잎을 먹는 채소. = 엽채류

감자를 캐고 난 자리에 난 풀

유기농에 얽매이지 마라

유기농은 빛 좋은 개살구*입니다. 유기농에 너무 얽매이면 농사가 힘들어집니다. 때에 따라서는 농사를 포기하게 될 수도 있습니다.

제가 처음 농사를 짓기 시작했을 때 나와 내 가족이 먹을 건 화학비료 안 쓰고 농약 안 쓰고 짓겠다고 생각했습니다. 농촌에서 자랐고 농사짓는 것을 어깨 너머로 많이 봤기 때문에 농사를 너무 쉽게 생각한 것입니다. "농사가 뭐 별건가?" 의욕과 자신감이 넘치다 못해 자만에 빠져 있었습니다. 농약과 화학비료 뿌려대는 농부들을 보면서 꼭 저래야 하나 의구심마저 들었습니다.

하지만 실전은 제 생각과 너무도 달랐습니다. 첫해 농사가 끝났을 때 제 농사 성적표는 낙제 수준이었습니다. 벌레가 망사로 만들어놓은 잎채소들, 탄저와 역병으로 시들시들하다가 고사(枯死)한 고추와 파프리카, 벌레 밥상이 된 콜라비, 얼갈이** 수준의 김장배추, 오이만한 김장무, 뿌리가 물러 썩어버린 당근을 보면서 유기농의 한계를 몸소 실감해야만 했습니다.

그래서 생각을 바꾸었습니다. 우선 관행농법을 배우고 이를 충분히 습득한 후에 유기농을 시작하기로 말입니다. 농사는 아무나 할 수 있습니다. 그러나 아무렇게나 하면 안 됩니다.

- ● **빛 좋은 개살구** : 겉은 번지르르한데 그것에 맞게 내용이 알차거나 실속이 있지 않다는 뜻.
- ●● **얼갈이** : 푸성귀를 늦가을이나 초겨울에 심는 일. 또는 늦가을이나 초겨울에 심은 푸성귀.

김장무 수확

농사는 결코 쉽지 않다

"에이, 시골 가서 농사나 짓고 살지." 많은 사람들이 하던 일이 실패하거나 사는 게 힘들면 곧잘 하는 말입니다. 저 역시 그랬습니다. 그러나 농사를 짓고부터 그게 크게 잘못된 생각이라는 것을 깨닫기까지 그리 오랜 시간이 걸리지 않았습니다.

봄에 밭을 일구고 씨를 뿌리고 모종을 심습니다. 그리고 수확만 하면 되는 줄 알았습니다. 그러나 끝이 보이지 않는 가뭄에는 물을 퍼날라야 했고, 30℃가 넘는 폭염에도 풀을 뽑아야 했습니다. 이름 모를 해충이 덤벼 작물들을 초토화시켰으며, 고추는 원인을 모르게 죽어나갔습니다. 무엇보다 장마와 태풍이 농사를 힘들게 했습니다. 폭우와 강풍에 쓰러진 옥수수, 지리한 장마로 곪거나 썩어버리는 열매들을 보면서 좌절을 맛봐야 했고, 농사는 하늘이 도와야 한다는 사실을 절실히 깨달았습니다.

배추 모종을 심는 노부부

저는 농사는 쉽고 누구나 쉽게 할 수 있다는 장밋빛 희망만 주지는 않겠습니다. 농사(農事)에서 事는 '일 사'입니다. 농사는 곧 '일'입니다. 단순한 취미 차원을 넘어서 힘을 들이고 땀을 흘려야 하는 일이기에 농사는 힘겹고 어려울 수밖에 없습니다. 농사에는 정신노동과 육체노동이 모두 필요합니다.

농사를 몇 해 지어본 사람들은 "농사는 지을수록 어렵다"고 한결같이 말합니다. 차라리 아무것도 모르던 초보 시절이 좋았다고 하기까지 합니다.

"농사를 오래 지었으면 쉬워져야 하는 거 아냐?" 농사를 1번도 안 지어본 사람이라면 납득이 안되는 일이겠지만, 저는 이 책을 통해 납득할 수 있는 해답을 주지는 못합니다. 농사의 어려움은 책을 읽거나 누구의 이야기를 듣는 것만으로는 제대로 이해할 수 없는 일이기 때문입니다.

'첫술에 배부르랴'는 속담이 있습니다. 농사는 결코 쉬운 일이 아니지만, 한 해 두 해 기쁨과 희열 그리고 좌절과 실패를 거듭하다 보면 어느새 농사의 묘한 매력에 빠지게 될 것입니다.

농사. 이미 짓고 있거나 지어볼 생각이 있다면 잘 짓는 농사를 해봅시다.

돌** 대부분 멋모르고 시작했다가 중독되는 것 같아요. 물론 그만두는 사람도 있지만요. 밭에서 힘들면 사다 먹지 이게 뭐하는 짓인가 회의가 들 때도 있지만, 그래도 내가 심고 키운 작물 갈무리하면 사다 먹는 것보다 낫다는 생각에 아직도 텃밭을 떠나질 못하니, 아마도 이 중독증 쉽게 치료하기 힘들겠죠?

조** 시골로 이사했는데 집 마당에 배추라도 심으라며 멀칭비닐과 삽까지 주시는 동네 이웃들의 권유로 시작했는데, 이제는 텃밭 없이는 못 살 것 같아요. 농사를 잘 짓진 못하지만, 즐겁고 행복합니다. ^^

평** 본전도 안 나오는 농사지만 흙을 만지며 심고 가꾸는 재미는 돈으로는 얻을 수 없는 기쁨이지요. 저는 제가 좋아서 하는 일이라서 도와달라는 말도 조심해서 하면서 낑낑대지만, 그래도 소일거리로 이보다 좋을 수는 없지요. 봄이 기다려지고 무엇을 어디에 심을까 새롭게 계획 짜고 기대하고 꿈꾸는 일이 더없이 행복합니다.

농기구와 농사용품 알아보기

등산을 하려면 등산화와 배낭이 필요하고 낚시를 하려면 낚싯대와 미끼가 필요하듯이 농사를 지으려면 농기구와 농사용품이 필요합니다. 한번 사면 반영구적으로 쓸 수 있는 것도 있고, 소모되면 다시 사야 하는 것도 있습니다. 종묘상이나 철물점, 인터넷을 통해 쉽게 구입할 수 있습니다.

농기구

선비들의 문방사우는 종이, 붓, 먹, 벼루이고 농부의 문방사우는 삽, 삽괭이, 레이크, 호미입니다.

삽

삽은 땅을 파거나 흙을 뜰 때 사용합니다. 주로 고랑*과 이랑**을 만들 때 유용하지요. 요즘은 작고 가벼운 여성용과 어린이용 삽도 있습니다.

---

* **고랑** : 두둑한 땅과 땅 사이에 길고 좁게 들어간 곳.
** **이랑** : 두둑과 같은 말. 논이나 밭을 갈아 골을 타서 두두룩하게 흙을 쌓아 만든 곳.

삽괭이

삽괭이는 삽의 날 부분을 기역자로 꺾어놓은 모양으로, 흙을 긁어모으거나 흙덩어리를 잘게 부술 때 주로 사용합니다. 또한 고랑의 풀을 제거하는 용도로도 사용합니다.

삽

삽괭이

레이크

레이크, 즉 갈퀴는 풀이나 건초, 낙엽 등을 긁어모으는 데 사용합니다. 또는 두둑*의 흙을 고르거나 평평하게 하는 용도로 사용합니다. 흔히 '넉기'라고 많이 부릅니다.

호미

농사를 지으면서 제일 많이 사용하는 농기구는 단연 호미입니다. 풀을 뽑거나 김을 맬 때, 감자나 고구마 등 뿌리채소**를 캘 때 사용합니다. 끝이 뾰족한 것, 둥근 것, 폭이 좁은 것, 넓은 것 등 종류가 다양하며, 무게가 가볍고 녹이 슬지 않는 알루미늄 재질로 된 것도 있습니다.

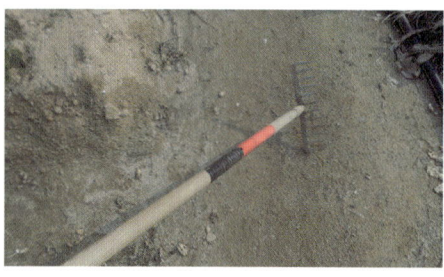
레이크

여러 종류의 호미

- **두둑** : 논이나 밭을 갈아 골을 타서 두두룩하게 흙을 쌓아 만든 곳. = 이랑
- **뿌리채소** : 무, 당근, 우엉, 연근 등 뿌리를 먹는 채소. = 근채류

> **TIP** **농기구로 인한 사고를 예방하자**
>
> 밭을 갈다가 잠시 쉴 때는 농기구의 날을 흙에 박아두거나 바닥 또는 안쪽을 향하게 두세요. 호미도 마찬가지입니다. 농기구의 날에 찔려 다치는 혹시 모를 사고를 사전에 방지합시다.

잠시 쉴 때는 사진처럼 농기구의 날을 흙에 박아두자

쇠스랑

쇠스랑은 땅을 파헤치거나 두엄*, 풀 따위를 뒤집는 데 사용합니다. 날의 갯수는 3~4개 정도이고, 손잡이가 짧아 앉아서 사용할 수 있는 작은 것도 있습니다. 소규모 텃밭에서 쇠스랑은 크게 사용할 일이 없습니다. 다만 밭을 일굴 때 삽으로 하는 것보다 힘이 훨씬 적게 든다는 장점이 있습니다.

낫

낫은 작물, 나무, 풀 따위를 베는 데 쓰며, '낫 놓고 기역자도 모른다'는 속담처럼 기역자 모양으로 생겼습니다. 낫은 크게 조선낫과 왜낫이 있습니다. 조선낫은 날이 두꺼워 단단한 나무를 자르는 데 적합한 재래식 낫입니다. 왜낫은 날이 얇아 풀을 베는 데 적합해서 흔히 풀낫이라고 부르며, 단단한 나무를 자르면 날이 망가집니다.

쇠스랑

왼쪽은 조선낫, 오른쪽은 왜낫

● 두엄 : 풀, 짚 또는 가축의 배설물 따위를 모아서 썩힌 거름.

분무기

분무기는 약물이나 비료*를 안개처럼 뿜어내는 도구입니다. 가정에서 사용하는 작은 분무기뿐 아니라 등에 메야 하는 것까지, 분무 용량에 따라 2리터에서 20리터까지 다양한 크기가 있습니다.

물뿌리개

물뿌리개는 물을 주는 목적에 따라 다양한 모양이 있습니다. 샤워기 헤드처럼 생긴 꼭지 부분을 끼웠다 뺐다 할 수도 있습니다.

여러 형태의 분무기

물뿌리개

농사용품

농기구 외에 농사짓는 데 필요한 농사용품들은 다음과 같습니다.

모자

전쟁터에 나가는 군인은 철모를 써야 하고, 밭에 나가는 농부는 모자를 써야 합니다. 귀찮고 답답하다고 안 쓰면 얼굴 다 탑니다. 특히 봄에는 기온이 낮아서 얼굴이 안 탈 것 같지만 외려 한여름보다 더 탑니다. 그러니 모자는 꼭 쓰세요. 모자의 종류는 다양합니다. 가볍고 챙이 넓은 것이 좋으며 목덜미 가리개가 있으면 더더욱 좋습니다.

장화

밭에서는 뭐니뭐니해도 장화가 갑입니다. 발이 편하다고 운동화나 등산화, 슬리퍼를 신

● 비료 : 토지의 생산력을 높이고 식물이 잘 자라도록 땅이나 흙에 뿌려주는 영양물질.

기도 하는데, 비가 왔을 때는 장화만한 게 없습니다. 장화를 신고 난 후에는 거꾸로 걸어두면 뽀송뽀송해져서 다음에 신을 때 아주 좋습니다.

모자

장화 신고 난 후 거꾸로 걸어서 말리기

멀칭비닐

멀칭*비닐은 작물을 심기 전 두둑에 덮어서 풀이 자라는 것을 막고 흙의 수분을 유지시킬 목적으로 사용합니다. 폭은 90~240cm이고, 작물을 심는 간격에 맞춰 미리 구멍을 뚫어둔 유공비닐도 있습니다. 멀칭비닐은 두꺼운 것이 좋습니다. 돈을 절약한다고 얇은 것을 사게 되면 수거할 때 쉽게 찢어져서 난감합니다.

멀칭비닐

지지대

지지대는 작물이 휘거나 꺾여 넘어지지 않도록 지탱해줄 때, 오이망을 칠 때 사용합니다. 지지대는 쓰러지지 않도록 튼튼하게 박습니다. 하지만 너무 깊이 박으면 나중에 뺄 때 애를 먹습니다. 지지대는 가볍고 견고한 알루미늄이나 녹슬지 않는 FRP(섬유강화플

● **멀칭(mulching)** : 농작물을 재배할 때 수분 증발, 비료 유실, 병충해, 잡초 따위를 막기 위해서 볏짚, 보릿짚, 비닐 등으로 땅의 표면을 덮는 일.

라스틱) 재질이 있으며, 길이도 1.2~2.4m까지 다양합니다.

2.1m 알루미늄 지지대

지지대를 설치한 모습

> **TIP 지지대에 다치는 사고를 예방하자**
>
> 사람 키보다 작은 지지대를 세우는 경우 사람이 지나다니다 다칠 수도 있습니다. 이럴 때는 위에 페트병을 꽂아두어서 혹시 모를 사고를 방지합니다.
>
>
> 지지대 상단에 페트병을 꽂아 사람이 다치지 않도록 한다

망치

지지대를 박으려면 망치가 있어야겠죠? 망치는 작은 장도리보다는 크고 무게가 있는 것이 좋습니다. 작은 망치로 10번 치는 것보다 큰 망치로 4~5번 치는 것이 낫기 때문입니다.

활대

활대란 작물이 자라는 곳에 투명비닐이나 한랭사 등을 터널 형태로 씌우기 위해 만들어진 기구입니다. 대개 철로 만들어진 강선 활대를 쓰며, 요즘은 재질이 가벼운 FRP 활대도 있습니다. 농사용 활대는 6자부터 10자(1자 = 30cm)까지 있고, 더 긴 것이 필요하면 주문제작을 합니다.

망치와 장도리. 장도리는 한쪽이 못을 뽑을 수 있도록 되어 있다

활대를 이용해 투명비닐을 터널처럼 씌운 모습

한랭사

한랭사는 그물처럼 조밀하게 짠 얇은 천으로, 스타킹처럼 신축성이 있습니다. 대부분 활대와 함께 사용합니다. 폭은 1.8m, 길이는 80m이며 잘라서 팔기도 합니다. 외부 상공에서 침입하는 해충인 나비, 나방, 메뚜기 등을 방어하며 강풍, 폭우로부터 작물을 보호하는 데도 효과가 있습니다. '작물용 모기장'이라고 생각하면 될 것 같습니다. 그렇지만 토양에서 올라오는 벼룩잎벌레, 진딧물 등은 방어할 수 없습니다.

부직포

부직포는 풀을 사전에 차단하는 목적으로 작물을 심지 않는 고랑에 깝니다. 물과 공기가 통하는 가벼운 섬유 재질로서 빛을 차단해 풀이 자라는 것을 방지합니다. 제초는 비교적 완벽하지만, 부직포 위에 흙이 쌓이면 풀이 자라기도 하고 날카로운 것에 긁히면 쉽게 찢어지는 단점이 있습니다. 사용 후 보관을 잘하면 3~4년 정도는 재사용이 가능합니다. 폭은 0.5m부터 3.2m까지 다양하며, 길이는 200m입니다.

활대를 이용해 한랭사를 씌운 모습

부직포는 작물을 심지 않는 고랑에 깐다

멀칭핀

멀칭핀은 멀칭비닐이나 부직포 등을 고정할 때 사용합니다. 플라스틱이나 철로 만들어 졌으며 반영구적으로 쓸 수 있습니다.

플라스틱으로 된 멀칭핀

멀칭핀으로 멀칭비닐을 고정한 모습

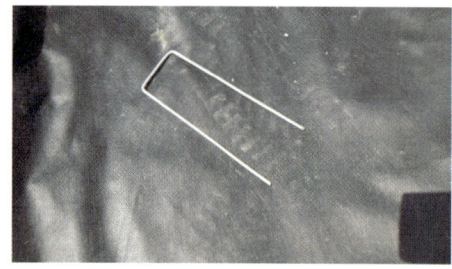

철로 된 멀칭핀

멀칭핀으로 부직포 고정하기

오이망

오이망은 폭 1.8~2.4m, 길이 80~100m의 얇은 끈을 엮은 것으로, 오이나 여주 등 덩굴성작물을 유인하는 데 사용합니다. 오이망은 양쪽 끝이 검은색으로 되어 있으며 위아래 구분은 따로 없습니다. 주로 오이를 유인하기 위해서 사용하지만 다른 용도로도 쓸 수 있습니다.

오이망

오이망 위와 아래

농사용 끈

농사지으면서 끈을 사용할 일이 참 많습니다. 지지대를 묶거나 작물이 넘어지지 않게 묶어주기도 하며, 엮어서 유인망으로 사용하기도 합니다.

판매 중인 농사용 끈

헌겊끈을 이용해서 완두를 유인

호박을 유인하기 위해서 끈으로 엮은 모습

북주기 삽

농사를 짓다 보면 이런 게 있었으면 좋겠다는 생각이 들 때가 많습니다. 그래서 찾아보면 어지간한 건 또 다 있더군요. 그중 하나가 '북주기 삽'입니다. 흔히 북삽이라고 부릅니다. 북주기*는 대개 호미로 고랑의 흙을 긁어 손으로 퍼서 하는데, 이럴 때 북주기 삽을 사용하면 능률도 오르고 편리합니다.

북주기 삽

북주기 삽으로 작업하는 모습

● **북주기** : 작물이 넘어지지 않고 잘 자라게 하기 위해 뿌리나 밑줄기를 흙으로 두두룩하게 덮어주는 일.

구근파종기

농사용품 중에는 '구근파종기'라는 것도 있습니다. 비닐로 멀칭한 두둑에 구멍을 뚫을 때 요긴합니다. 비닐도 안 찢어질뿐더러 쉽고 예쁘게 구멍을 뚫을 수 있습니다. 제가 구근파종기 대용으로 음료수 캔과 부탄가스 통을 잘라서 사용해봤는데, 절단면이 찌그러지고 흙을 빼는 데 힘이 많이 들었으며, 내구성이 떨어져서 몇 번 사용하고 나면 버려야 했습니다. 구근파종기 하나 장만하면 반영구적으로 쓸 수 있으니 본전을 뽑고도 남습니다. 추천합니다.

구근파종기로 멀칭비닐에 구멍 뚫는 모습

음료수 캔으로 구멍을 뚫는 모습

> **TIP 구근파종기로 구멍 낸 비닐조각 처리는?**
>
> 멀칭재배의 경우 모종을 심으려면 비닐을 뚫어야 합니다. 그러면 비닐조각이 나오는데 대개 나중에 치워야지 하고 고랑에 그냥 둡니다. 하지만 잘 안 치우게 되고, 바람이라도 불면 죄 날라다닙니다. 저는 구근파종기로 구멍을 뚫을 때는 빈병을 갖고 다니면서 바로 비닐을 집어넣습니다. 좀 귀찮아서 그렇지 볼썽사납게 비닐조각 안 날라다녀서 좋습니다.
>
>
>
> 구근파종기로 멀칭비닐에 구멍을 내면 비닐조각이 남는다
>
>
>
> 빈병에 바로 비닐조각을 담으면 깨끗!

농사용 계량컵

농사용 계량컵은 약품이나 영양물질을 희석할 때 사용합니다.

농사용 계량컵

농사용 방석

농사용 방석은 '밭일 방석'이라고도 부릅니다. 이동할 때도 엉덩이에 붙어 있어 남들 보기에 다소 민망하지만, 장시간 쪼그리고 앉아 일해야 하는 농부들에게 효자 노릇을 톡톡히 합니다. 허리나 관절이 안 좋은 사람, 특히 노약자들에게 인기 짱입니다.

농사용 방석을 착용한 모습　　　　　　　　농사용 방석을 사용하면 좀더 편하게 작업할 수 있다

빵끈과 농사용 집게

흔히 식빵 봉지를 묶는 데 사용하는 빵끈은 작물을 유인할 때 주로 사용하며 다른 끈으로 묶는 것보다 속도도 빠르고 힘도 덜 듭니다. 농사용 집게 또한 작물을 유인하는 용도로 사용하며, 빵끈보다 훨씬 더 편리합니다.

빵끈으로 작물을 유인해 묶는다

작물을 유인해 집게로 집는다

가위와 칼

농사지으면서 자주 사용하는 것 중 하나가 가위입니다. 끈이나 비닐은 물론 작물을 자르거나 수확할 때도 요긴하게 쓰입니다. 특히 가지는 맨손으로 따기가 무척 힘듭니다. 제가 가위가 없어서 맨손으로 가지를 딴 적이 있습니다. 그런데 이게 생각보다 힘들고 잘 안 따집니다. 잡아당기고 빙빙 돌려야 했는데, 힘은 힘대로 들고 작물에 상처가 나기도 했습니다. 역시 가위로 깔끔하게 잘라야 서로 편합니다.

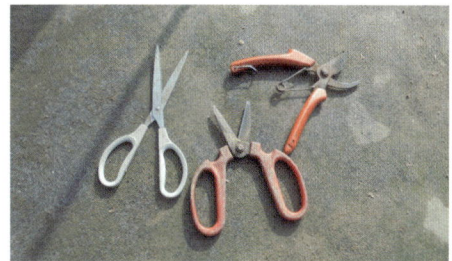
농사에 필요한 여러 종류의 가위

가위로 참깨를 적심하는 모습

칼은 작물을 수확하거나 다듬는 데 씁니다. 수확물은 밭에서 최대한 다듬어서 가져가는 것이 좋습니다. 집에서 다듬으려면 우선 가져가기도 무거울뿐더러 집안이 지저분해지고 부산물 처리에도 신경이 쓰입니다.

시금치 수확은 칼로 밑둥을 도려내면 쉽다

바구니

작물이 자라기 시작하면 뭐 하나라도 수확을 하게 됩니다. 비닐봉지나 쇼핑백, 자루, 종이 가방, 바구니 등을 꼭 챙기세요.

고추같이 작고 수확량이 많은 작물을 담을 때 바구니를 사용하면 편리하다

키

키는 곡식 따위를 담은 후 까불러서* 쭉정이, 검불 등을 골라내는 기구입니다. 키를 까부는 것을 키질한다고 말합니다. 저는 어릴 적 이불에 오줌 싸고 소금 얻으러 가는 용도로도 키를 사용한 적이 있습니다.

체

체는 곡식 따위를 담은 후 좌우로 흔들어서 쭉정이, 검불 등을 골라내는 기구입니다. 구멍 크기에 따라 용도가 달라집니다. 들깨나 참깨 등 알곡이 작은 것을 고를 때는 구멍이 촘촘한 것을, 콩 등 알곡이 비교적 큰 것을 고를 때는 구멍이 넓은 것을 사용합니다.

키질하는 모습   체질하는 모습

● **까부르다** : 곡식에 섞인 검불 꼬투리나 쭉정이, 티 같은 것을 위아래로 흔들어서 날려보내다.

기타

밭에서 나오는 풀이나 돌을 골라담아 버리는 용도로 대야나 함지박 등도 필요하고, 양파망도 없으면 아쉽습니다. 양파망은 곡물이나 종자를 담아 말리거나, 작물에 씌워 새들의 공격을 막는 데 주로 사용합니다.

대야

곡물이나 종자는 양파망에 담아 말린다

새들의 공격을 막기 위해 양파망을 씌운 모습

농기구와 농사용품에 대해 살펴봤습니다. 생각보다 많죠? 농기구나 농사용품을 한꺼번에 사려면 목돈이 들어가 부담스럽습니다. 당장 필요한 것 몇 가지만 사고 나머지는 필요할 때마다 천천히 사도 됩니다.

복장과 준비물

밭에 갈 때는 되도록 긴팔과 긴바지를 입으세요. 옷은 막 입을 수 있는 낡은 옷이 좋으며, 꽉 끼는 옷보다는 가볍고 활동하기 편한 헐렁한 옷이 좋습니다. 날이 더운 여름철에는 반소매를 입고 토시를 착용합니다. 밭에서는 멋보다는 실용성입니다. 농사에 장갑은 필수겠죠? 장갑도 종류별로 여유 있게 준비하고 모자도 잊지 말고 챙깁니다.

또한 7월 중하순부터는 모기가 덤비기 시작합니다. 주로 시꺼먼 산모기가 무자비하게 흡혈을 하는데, 모기가 무서워서 농사를 그만두고 싶을 만큼 물린 자리가 가렵고 고통스럽습니다. 밭일하는 중간중간 모기약을 뿌리기도 하고, 모기 방지용 패치를 몸에 붙이거나 물린 경우 약을 바르기도 하지만, 근본적으로 모기를 어쩌지는 못합니다. 그러고 보면 농사만큼 고된 일도 없을 겁니다.

이외에 물이나 음료수도 모자라지 않게 준비하고, 수건 챙기는 것도 잊지 마세요.

소매가 긴 옷과 장갑, 모자는 꼭 착용하자

미** 예전에 텃밭 코딱지만큼 했는데 너무 지겹더군요. 그래서 집어치우고 20여 년 지나서 다시 하게 됐답니다. 이유가 웃겨요. 꿈에 돌아가신 엄마랑 농사짓고 약초 키우면서 행복해하는 꿈을 꾸고 난 뒤 갑자기 해보고 싶은 거예요. 그래서 덜컥 20평 정도 얻어서 하기 시작했는데, 지금은 푹 빠져버렸어요. 농사 못 짓는 곳으로는 이사도 가기 싫은 거 있죠. 나중에 남편이랑 노후를 보낼 곳으로 가기 전에 열심히 배워둘려구요.

연** 저는 도시에서 자라 농사짓는 걸 몰랐어요. 벌레를 너무 무서워해서 농사는 꿈도 못 꿀 일이었지요. 3년 전 남편이 주식으로 수억을 잃자 저는 마음을 많이 다쳤어요. 그러던 중 우연찮게 시청에서 주말농장 분양하는 걸 보고 신청해서 평생 처음 텃밭농사를 하게 됐답니다. 일하다 말고 밭으로 달려가 그냥 흙 만지고, 싹 나는 거 들여다보고, 채소가 자라고 저도 살아나고……. 우울증이 거의 극복된 것 같아요. 사는 일이 심플해졌어요. 해마다 봄은 올 거고 저는 밭에 가면 돼요.

강** 농부의 딸이라 그런지 나이 드니 텃밭을 가꾸고 싶었는데, 막상 시작해놓고 보니 심란할 때도 있지만, 씨앗에서 열매 맺기까지 들여다보는 게 무척 감동이네요. 모르는 사람들은 뭐하러 일을 만드는지 모르겠다고 하는데, 해본 사람들은 다 알지요? 농사는 힘은 들지만 즐거운 일이라는 걸. ^^

03 | 농사에 좋은 흙이란?
04 | 비료 이야기
05 | 농사와 기후

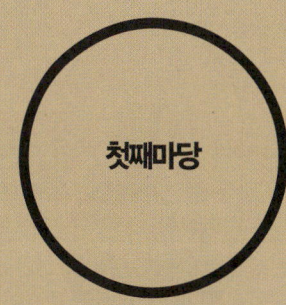

첫째마당

농사의 기본, 흙과 날씨

03 농사에 좋은 흙이란?

이번 장에서는 농사에 관한 기본적인 지식들을 다룹니다. 읽다가 너무 어렵게 느껴진다면 건너뛰어도 좋습니다. 다만 농사에 필수적인 내용을 담고 있는 부분이니 나중에 꼭 다시 읽어보기를 권합니다.

흙의 삼상

식물이 흙에 뿌리를 내리고 사는 것을 생각해본다면 흙이 어떤 기능을 가지고 있어야 하는지 이해하기가 쉽습니다. 식물은 흙을 통해서 물과 양분을 얻습니다. 그렇다고 흙에 물과 양분만 있어서는 안됩니다. 물에 잠긴 흙에서는 식물이 살 수 없습니다. 물풀은 예외입니다만. 그러면 뭐가 더 있어야 할까요? 바로 공기입니다. 그러니까 흙은 '공기와 물과 양분을 담는 커다란 그릇'이라고 생각하면 됩니다. 흙에는 흙의 성질에 따라 큰 틈새가 있고 작은 틈새가 있는데 큰 틈새에는 공기가, 작은 틈새에는 물이 들어 있습니다.

'공기, 물, 알갱이와 유기물'을 흙의 삼형제라고 생각하세요. 공기=기상(기체 상태), 물=액상(액체 상태), 알갱이와 유기물=고상(고체 상태)이고, 이것이 '흙의 삼상'입니다.

농사짓기 좋은 흙은 기상 25%, 액상 25%, 고상 50%의 비율을 유지해야 합니다. 이 삼상은 기후에 따

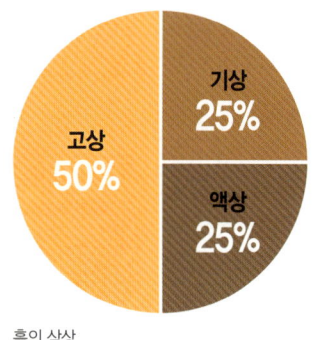

흙의 삼상

라 수시로 변합니다. 비가 많이 오면 액상은 많아지지만 기상은 부족해집니다. 이것이 장마 때 식물이 과한 습기로 죽는 원인이기도 합니다. 반면 가물 때는 기상은 많지만 액상이 모자라게 되며 이때 식물은 말라 죽게 됩니다.

그럼 양분은 어디에 있을까요? 양분은 흙 속의 수분에 녹아 있거나 유기물의 형태로 있습니다. 토양에 양분을 제공하기 위해 비료를 줍니다. 퇴비*를 뿌리고 밭을 깊게 가는 이유는 결국 삼상의 비율을 맞추기 위한 것입니다.

흙의 중요한 성질로 보수성과 배수성이 있습니다. 보수성은 흙이 수분(물)을 보존할 수 있는 능력을 말하며, 배수성은 물이 빠지는 성질을 말합니다. 모래땅에 물을 부으면 금세 물이 빠져나갑니다. 반대로 진흙땅에서는 물이 빠져나가지 못합니다. 가뭄이 들 때는 보수성이 좋아야 하고, 비가 많이 오는 장마철에는 배수성이 좋아야 합니다. 결론적으로 농사짓기 좋은 흙은 물을 적절히 담고 있으면서도 또한 빠져나갈 수 있는 흙이라고 할 수 있습니다.

그럼 좋은 흙을 어떻게 알 수 있을까요? 좋은 흙에는 유기물이 많습니다. 유기물이 많은 흙은 대체로 검습니다. 좋은 흙을 쉽게 알 수 있는 방법으로 땅을 파보는 것이 있습니다. 삽을 꽂았을 때 깊게 들어가면 농사짓기 좋은 땅입니다.

토양의 성질

흙은 알갱이의 크기에 따라 크게 모래, 미사, 점토로 나눕니다. 이 3가지가 어떤 비율로 섞였는지에 따라 토성(土性)이 정해집니다. 사토, 사양토, 양토, 식양토, 식토 등으로 나누는데, 농사를 짓기에는 양토가 좋습니다. 하지만 토성이 좋다고 모두 농사가 잘되는 것은 아닙니다. 농사짓기 좋은 기본조건을 갖춘 것뿐입니다.

토양의 구분

● **퇴비** : 두엄, 풀, 짚 또는 가축의 배설물 따위를 썩힌 거름.

그럼 내 밭의 흙이 점질토인지 사질토인지는 어떻게 알 수 있을까요? 비 온 후 밭에 들어가보면 알 수 있습니다. 점질토라면 발이 빠지기도 하고 질퍽거려서 걷기가 조심스럽고, 사질토라면 신발에 흙이 거의 묻지 않습니다.

그렇다면 내 밭의 흙이 사양토라면 양토로 만들면 되지 않느냐고요? 그렇긴 합니다만, 객토*를 해서 바꾸는 방법 말고는 토성을 바꾸는 것은 어려운 일입니다. 그래서 내 밭의 흙을 바꾸기보다는 내 밭의 흙에 맞는 농사를 짓는 것이 더 좋습니다. 선인장은 사토에서 잘 자라고, 식양토나 식토에서는 죽습니다. 사양토에서는 참외가 잘되고, 식양토에서는 콩이 잘됩니다. 서로 바꿔 심으면 실패 또는 손해를 볼 수 있습니다. 내 땅의 토성을 알고 그에 맞는 작물을 심는 것이 지혜로운 농법입니다.

농사는 겉흙**에서 짓습니다. 겉흙은 표면에서 30~50cm 정도밖에 안됩니다. 이 겉흙의 깊이를 토심***이라고 하는데, 농사는 토심이 깊어야 잘됩니다. 겉흙 밑은 삽도 안 들어가는, 소위 말하는 생땅입니다. 토심이 좋은 토양을 만들려면 유기질 비료를 많이 넣고 깊게 갈면 되지만, 하루아침에 토양이 좋아지는 것은 아닙니다. 흙은 생각처럼 쉽게 바뀌지 않습니다.

토양의 산도

토양의 산도(단위 pH)는 1에서 14까지 분포하며, pH 7인 중성을 기준으로 7보다 낮으면 산성, 7보다 높으면 염기성(=알칼리성)이라고 합니다. pH 4.5는 강산성입니다.

농작물은 대부분 pH 6.5 정도의 약산성에서 잘 자라는데, 우리나라 토양은 일부 지역을 빼고는 pH 5.5 정도의 산성입니다. 농사짓기에는 불리한 조건일 수밖에 없습니다. 물론 인위적으로 산도를 pH 6.5~7로 만들어주면 되지만, 이게 녹록지 않습니다. 비료 다루기가 까다롭기 때문입니다.

토양의 산도를 개선하려면 퇴비를 넣는 게 아니라 석회(칼슘)비료를 넣어주어야 합니다. 석회의 종류도 석회고토, 소석회, 석회석, 생석회 등 다양합니다. 석회비료는 정부에서 4년에 1번씩 농가에 무상으로 보급합니다. 종묘상에서는 팔지 않습니다. 또한 석

● **객토(客土)** : 토질을 개량하기 위해 다른 곳에서 흙을 파다가 논밭에 옮기는 일. 또는 그렇게 옮겨서 만든 흙.
●● **겉흙** : 토양의 최상층 부분으로, 갈아서 농사짓기에 적당한 땅.
●●● **토심(土深)** : 흙의 깊이.

회비료는 강알카리성이라 다른 비료와 같이 사용하지 않습니다. 왜일까요? 간단히 말하면 화학반응을 일으켜 암모니아 가스가 발생하기 때문입니다. 또한 길항작용으로 비료의 주성분인 질소가 날아갑니다.

올바른 석회비료 사용법은 다음과 같습니다. 우선 석회비료를 토양에 뿌리고 잘 섞어줍니다. 그리고 2~3주 지난 후 석회비료가 토양에 충분히 반응하면 퇴비나 화학비료를 뿌리고 다시 밭을 갑니다. 결론적으로 석회비료는 단독으로 사용해야 하며 밭을 2번 갈아야 한다는 말입니다. 결국 토양 산도를 개선하기 위한 석회비료 사용은 우리 같은 소규모 농부들에게는 현실성이 없는 얘기입니다. 하지만 걱정할 건 없습니다. 제가 경험한 바로 우리나라 토양이 농사를 짓지 못할 만큼 산성화가 되어 있지는 않은 것 같기 때문입니다. 저 역시 석회비료는 사용해본 적이 없습니다.

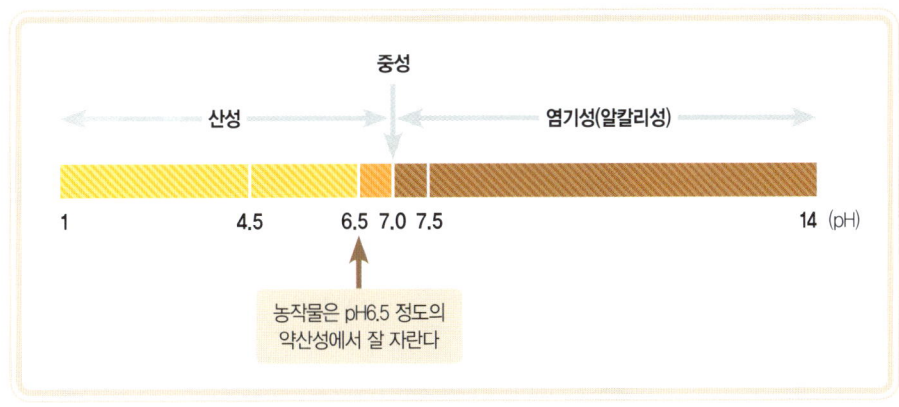

토양의 산도

광합성

광합성은 자연이 식물에게 준 놀라운 기능 중 하나이며 사람이 갖지 못한 것입니다. 광합성은 식물이 태양을 이용해 유기물(포도당)을 만드는 것을 말하며, 이때 필요한 환경 요인은 크게 빛, 이산화탄소, 물, 온도입니다.

낮에는 CO_2(이산화탄소)를 흡수하고 O_2(산소)를 배출하며 이때 얻어지는 유기물을 잎에 저장합니다. 반대로 밤에는 O_2를 흡수하고 CO_2를 배출합니다. 이때 잎에 저장되어 있던 유기물을 뿌리와 줄기에 저장하는 한편 새로운 잎을 만들고 키우는데, 이를 '영양성장'이라고 합니다.

위 두 과정을 반복하면서 열매를 맺을 시기가 되면 꽃을 만들고 열매를 맺으며 그 열매에 유기물을 저장하는데, 이 과정을 '생식성장'이라고 합니다.

▶ 영양성장 : 식물의 입과 줄기가 크는 생육 초기 단계
▶ 생식성장 : 식물의 꽃이 피고 열매를 맺는 번식 단계

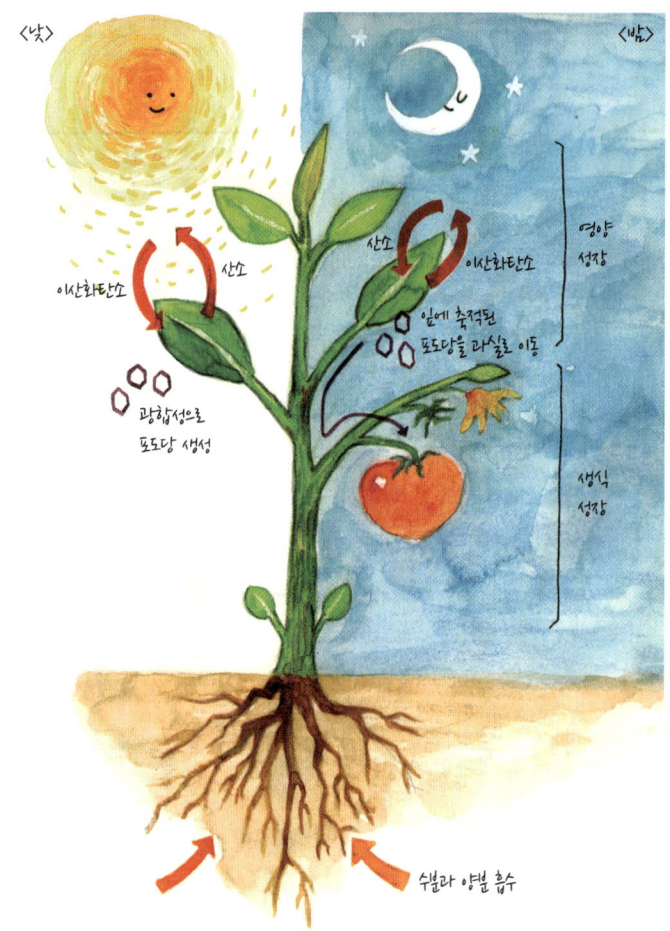

광합성

농사 용어

처음 농사를 시작하는 사람들은 농사 용어부터 막막합니다. 저 역시 그랬습니다. 하지만 용어가 한정되어 있고 반복적으로 사용되기 때문에 시간이 흐르면 자연히 알게 됩

니다. 자주 사용하는 농사 용어 몇 가지만 살펴보겠습니다.

시비
시비*는 농작물에 비료를 주는 일을 말합니다.

기비
기비**는 밑거름입니다. 작물을 파종***하거나 밭에 내어다 심기 전에 주는 비료로, 토양에 골고루 뿌리고 섞어줍니다.

추비
추비****는 웃거름 혹은 덧거름으로, 작물이 이미 자라고 있는 상태에서 주는 비료입니다. 추비를 하는 이유는 밭을 갈기 전 유기질 비료와 무기질 비료를 밑거름으로 넣었지만 식물이 이를 이용하면 모자라게 되기 때문입니다. 특히 생육*****기간이 짧은 상추나 배추 등 잎채소보다는 생육기간이 길고 열매를 많이 맺어야 하는 작물이 더욱 그렇습니다. 그래서 중간중간에 비료를 웃거름으로 투입해줍니다.

추대
추대******는 상추, 시금치 등에서 꽃대가 올라오고 꽃이 피는 일을 말합니다. 오이나 호박, 고추 등에도 꽃이 피는데 이를 추대라고 하지는 않습니다. 추대가 시작되면 씨를 맺으며 잎이 억세지기 때문에 먹을 수 없게 됩니다. 결국 추대는

추대된 청갓

- **시비(施肥)** : 논밭에 비료를 주는 일.
- **기비(基肥)** : 씨를 뿌리거나 모를 내기 전에 주는 밑거름.
- **파종** : 씨앗을 논이나 밭에 뿌려 심는 일.
- **추비(追肥)** : 씨앗을 뿌린 뒤나 모종을 옮겨심은 뒤에 주는 웃거름.
- **생육** : 생물이 발달해 자람.
- **추대(抽薹)** : 꽃대가 올라오는 것.

식물 입장에서는 생존이지만 사람 입장에서는 손실이며 반갑지 않은 일입니다.

식물에게 필요한 16가지 요소

사람이 살아가려면 밥, 국, 반찬, 그리고 물과 간식이 필요하듯이 식물도 살아가려면 여러 영양소가 고르게 필요합니다. 이 양분들이 토양에 고르게 분포되어 있어야 하는데 결핍되거나 과잉되면 식물이 잘 자라지 못하고 여러 가지 문제를 일으킵니다. 식물에게 필요한 16가지 요소는 다음과 같습니다.

식물에게 필요한 16가지 요소

다량요소	질소(N) 인산(P) 칼리(K)	칼리 = 가리 = 칼륨, 모두 같은 말이다
소량요소	칼슘(Ca) 마그네슘(Ma) 황(S)	마그네슘을 고토, 칼슘을 석회라고도 한다
미량요소	철(Fe) 구리(Cu) 망간(Mn) 붕소(B) 아연(Zn) 염소(Cl) 몰리브덴(Mo)	
보충이 필요 없는 요소	탄소(C) 산소(O) 수소(H)	자연에서 섭취

이 16가지 요소 중 사람이 인위적으로 줄 수 있는 것은 질소, 인산, 칼리, 칼슘, 마그네슘, 황, 붕소 정도이고 나머지는 자연에 존재합니다. 다량요소인 질소(N) 인산(P) 칼리(K)를 비료의 3요소라고 하며, 농사지을 때 가장 많이 사용합니다. 비료의 3요소가 하는 일을 알아보겠습니다.

▶ 질소(N) : 질소는 '밥'입니다. 잎을 크게 자라도록 하므로 잎용 거름입니다.
▶ 인산(P) : 인산은 '국'입니다. 줄기와 꽃의 수를 증가시키며 열매를 많이 맺게 합니다. 꽃 혹은 열매용 거름입니다.
▶ 칼리(K) : 칼리는 '반찬'입니다. 주로 뿌리를 튼튼하게 하므로 뿌리용 거름입니다.

칼슘(Ca)과 붕소(B)는 많은 양이 필요하지 않아서 소홀히 하기 쉬운데, 결핍되면 많은 문제를 야기합니다. 이 두 요소는 생식성장과 밀접한 관련이 있습니다. 식물은 광합성 작용으로 잎에 유기물을 저장하는데 저장할 수 있는 한계량에 도달하면 이산화탄소를 배출합니다. 칼슘(Ca)은 이때 생기는 유기물의 손실을 막아주며, 붕소(B)는 잎에 저장된 유기물을 과실로 이동시키는 일을 담당합니다.

비료 이야기

사람이 살아가기 위해서는 식량이 필요하듯이 식물(작물)이 살아가기 위해서는 비료가 필요합니다. 비료는 토지의 생산력을 유지하고 식물이 잘 자랄 수 있도록 경작지에 뿌려주는 영양물질을 말합니다. 비료는 토양에 1번만 투입하는 게 아니라 작기*마다 투입해줘야 합니다. 토양에 투입된 비료는 작물이 이를 이용하면 고갈되고 비가 내리면 용탈**되기 때문입니다. 사람이 정해진 때마다 밥을 먹어 양분을 섭취하는 것과 마찬가지입니다.

유기질 비료

비료는 유기질 비료와 무기질 비료로 나눕니다.

　유기질 비료의 재료는 광범위합니다. 풀, 짚, 왕겨, 가축의 분뇨, 인분, 짐승의 사체 등 자연에 존재하면서 썩을 수 있는 것은 모두 유기질 비료가 될 수 있습니다. 유기질 비료는 통상 '거름' 또는 '퇴비'라고 부르며, 쉽게 구할 수 있는 부산물(가축 분뇨) 퇴비를 많이 사용합니다.

　그러나 유기질 비료는 양분이 천천히 녹아나오고, 식물이 이용할 수 있는 양분이 그

- **작기** : 한 작물의 생육기간.
- **용탈(溶脫)** : 토양 속의 물이 토양에 있는 가용성 성분을 운반, 제거하는 일. 예를 들어 비료 성분이 물에 녹아 지하로 이동하는 것.

리 많지 않습니다. 대신 화학비료가 갖지 못한 소량요소와 미량요소를 갖고 있습니다. 좋은 흙은 기상, 액상, 고상이 적절한 비율을 유지해야 한다고 했습니다. 또한 보수성과 배수성이 좋아야 한다고 했습니다. 이에 관여하는 것이 유기질 비료입니다. 유기질 비료는 양분을 공급하는 목적보다는 흙의 물리성을 개선하는 게 주된 목적이라고 보는 게 맞습니다.

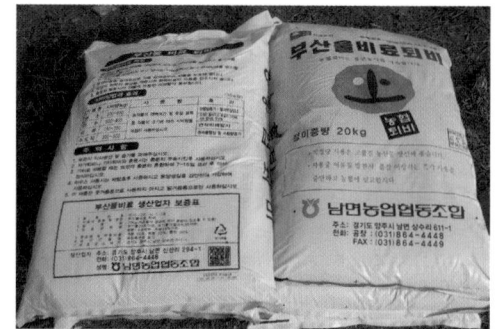

가축의 분뇨로 만든 부산물 퇴비

유기질 비료인 퇴비의 원료는 제조업체마다 다소 차이는 있지만 대부분 계분 50%, 돈분 20%, 톱밥 30% 정도로 구성되어 있습니다. 무게는 20kg이며 기비(밑거름)로 사용합니다.

완숙 퇴비와 미완숙 퇴비

퇴비는 크게 완숙 퇴비와 미완숙 퇴비로 나눕니다. 완숙 퇴비는 미완숙 퇴비에 비해 냄새도 안 나고 질 좋은 퇴비입니다. 가격은 다소 비쌉니다. 미완숙 퇴비는 냄새가 심하게 납니다. 제가 막 생산한 미완숙 퇴비를 승용차에 30분 정도 실은 적이 있는데, 냄새가 차에 배어서 3~4일 동안 무척 고역스러웠습니다.

완숙 퇴비와 미완숙 퇴비의 차이는 제조공정에 있습니다. 완숙 퇴비는 미완숙 퇴비에 비해 발효기간이 깁니다. 그러자면 당연히 생산량이 적어지기 때문에 완숙 퇴비보다 미완숙 퇴비를 많이 만듭니다. 농사에는 완숙 퇴비를 써야 좋지만 비용 때문에 농가에서는 대부분 미완숙 퇴비를 쓰며, 완숙 퇴비는 주로 화원에서 사용합니다. 저 역시 저렴한 미완숙 퇴비를 주로 사용합니다.

미완숙 퇴비는 사용할 때 주의가 필요합니다. 토양에 혼합하고 7~15일 지나 가스가 날아간 뒤 직파*하거나 정식**해야 피해를 입지 않습니다. 여기서 피해란 퇴비에서 발생하는 암모니아 가스로 인한 것인데, 이것이 작물에게는 치명적입니다. 그래서 농가에서는 궁여지책으로 작년에 구입한 퇴비를 올해 사용하고 올해 구입한 퇴비는 이듬해

- **직파(直播)** : 모를 길러 옮겨심는 게 아니라 논밭에 씨앗을 직접 뿌리는 것.
- ● **정식(定植)** : 온상에서 기른 모종을 밭에다 제대로 심는 것.

사용하기도 하며, 퇴비를 한곳에 쌓아놓고 재발효시킨 다음 쓰기도 합니다. 퇴비는 습기나 직사광선을 피해 건조한 곳에 보관합니다.

퇴비는 직사광선을 피하고 비를 맞지 않도록 보관한다

퇴비를 뿌리는 양

"퇴비는 얼마만큼 뿌려야 하나요?" 제가 많이 받은 질문 중 하나입니다. 그러나 저는 속시원한 대답을 하지 못했습니다. 그건 지금도 마찬가지입니다. 그 이유는 이렇습니다.

작물에 따라 차이가 있겠지만, 평균적으로 권장하는 퇴비 시비량은 30평에 2포(40kg)입니다. 다시 말해서 가

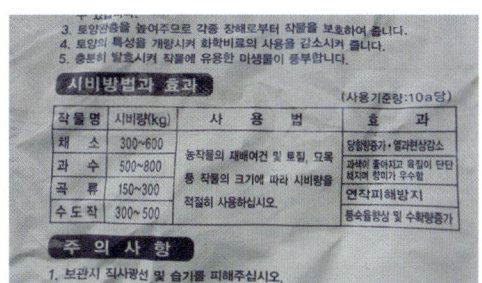
퇴비 포장지에 적힌 권장 시비량

로 10m, 세로 10m의 면적에 퇴비 2포를 사용하라는 겁니다. 이게 기별이나 갈까요? 골고루 펴면 보이지도 않을 정도로 턱없이 부족한 양임에 틀림없습니다.

그래서 퇴비 제조업체와 농업기술센터에 시비량을 문의했지만 예상한 답변이 돌아왔습니다.

▶ 작물마다 다르다 : 상추나 시금치처럼 잎을 수확하는 채소류에 비해 감자나 고추, 옥수수, 토마토 등 열매를 수확해야 하는 작물은 퇴비를 더 많이 줘야 한다.

▶ 토양의 비옥도에 따라 다르다 : 옥토보다는 박토에 퇴비를 더 많이 줘야 하기 때문에 시비량을 정할 수 없다.

결론적으로, 퇴비는 감으로 줘야 합니다. 넉넉히 주면 좋겠지만 그러자면 비용이 많아지고, 적게 주면 농사가 잘 안되니 내 토양에 맞게 작물에 따른 알맞은 양을 줘야 합니다. 제 경우 고추나 가지, 마늘, 양파 등 비료 요구도가 높고 생육기간이 긴 작물은 2평당 1포(20kg) 정도를 주고, 비료 요구도가 비교적 적은 잎채소는 50% 정도 줄여서 줍니다. 농사, 쉽지 않죠?

항** 퇴비 적정량에 대한 글을 여러 개 읽어봐도 판단이 잘 안 서네요. 저는 자가 퇴비라 특히 더 판단이 안 섭니다. 그래서 자가 퇴비는 만드는 대로 다 뿌려주고(다다익선), 자가 퇴비가 부족할 때는 농협 퇴비를 2평당 1포(20kg)로 생각하고 있습니다.

바** 저는 이번에 80평 정도의 밭에 67포 정도 뿌렸습니다. 작년에 구한 깻묵 8장, 음식물 폐기물로 만든 거름은 별도로 더 넣었고요. 제 밭은 오랫동안 묵밭이었고, 작년에 마사토를 많이 부어 거름기가 너무 없는 탓에 작년 첫해 농사가 형편없었던지라 올해는 동네 이웃의 충고대로 넣었답니다.

송** 저는 대강 2평당 1포 정도를 넣었습니다. 홍화 씨 심을 때도 그랬고 며칠 전 상추 심을 자리에도 그렇게 했습니다.

허** 전 그냥 느낌대로 사용하고 있습니다. 딱히 정해진 것이 없는 것이, 그러므로 정답도 없는 것이, 그냥 이 정도면 되겠다 싶게 넣어줍니다.^^ 3년째 하다 보니 아주 쬐끔 감이란 게 오네요.^^

안** 전 뭘 심느냐에 따라 퇴비량이 달라지긴 합니다. 퇴비가 비싸서 마구잡이로 뿌리다 보면 택도 없고요. 부족하다 싶게 뿌리면 확실히 수확에 차이가 생기고 땅도 딱딱하게 굳더라고요. 좀 착한 가격이면 좋을 텐데, 아쉽다는 생각을 합니다.

무기질 비료

무기질 비료는 공업적으로 합성, 생산된 비료로 흔히 화학비료라고 합니다. 화학비료는 유기질 비료와는 달리 효과가 빨리 나타나서 식물이 빠르게 이용할 수 있습니다. 이처럼 화학비료는 양분의 공급 효과는 뛰어나지만, 토양의 물리성을 개선하는 일은 하지 못합니다. 그럼 화학비료는 어떤 것들이 있는지 알아보겠습니다.

단일비료

화학비료는 질소(N), 인산(P), 칼리(K)를 가장 많이 사용합니다.

①번 사진은 질소비료인 요소입니다. 질소가 46% 포함되어 있고, 웃거름 또는 밑거름으로 사용합니다.

②번 사진은 인산비료인 용성인비입니다. 이름이 생소하죠? 인산 17%와 미량요소가 함유되어 있습니다. 밑거름으로 사용합니다.

③번 사진은 칼리비료의 하나인 염화가리입니다. 칼리가 60% 함유되어 있습니다. 앞에서 말한 것처럼 가리=칼리=칼륨은 같은 말입니다. 밑거름으로 사용합니다.

  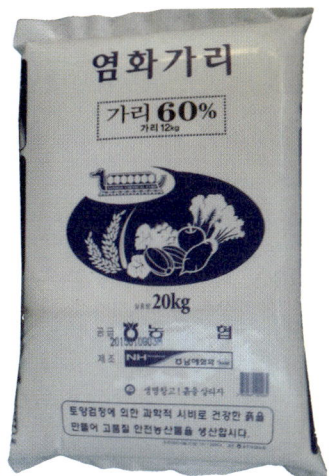

① 질소비료 (웃거름, 밑거름) ② 인산비료 (밑거름) ③ 칼리비료 (밑거름)

　　질소, 인산, 칼리는 비료의 3요소이고 다량요소입니다. 이 비료 3종을 '단일비료' 또는 줄여서 '단비'라고 합니다. 열매를 수확하는 작물은 인산을 조금 더 사용하고, 뿌리채소는 칼리를 조금 더 사용합니다. 결론적으로 작물의 비료 요구도에 맞춰 질소, 인산, 칼리의 양을 적절히 시비하면 됩니다.

복합비료

"아니, 나는 겨우 농사 20평 짓는데 저걸 다 사야 하는 거야?" 이런 의문이 생길 겁니다. 사실은 다 사야 하지만 우리는 전업농도 아니고 프로도 아닙니다. 우리는 아마추어입니다. 다행히 우리 같은 아마추어를 위해서 만들어진 비료가 있습니다. 이 비료를 '복합비료' 또는 줄여서 '복비'라고 하며, 밑거름으로 사용합니다. 밥, 국, 반찬을 한꺼번에 섞어놓은 것이라고 볼 수 있습니다. 복합비료의 종류는 제조사마다 다양합니다.

　④번 사진은 고추의 비료 요구도에 맞게 생산된 복합비료입니다. 질소 10%, 인산 11%, 칼리 9%가 포함되어 있습니다. 주목할 것은 인산이 많다는 것입니다. 인산은 열매용 거름이라고 했습니다.

　⑤번 사진은 고구마의 비료 요구도에 맞게 생산된 복합비료입니다. 질소 7%, 인산 8%, 칼리 18%입니다. 주목할 것은 칼리가 많다는 것입니다. 칼리는 뿌리용 거름이라고 했습니다.

⑥번 사진은 감자에 맞는 비료입니다. 질소 10%, 인산 9%, 칼리 13%입니다. 역시 칼리가 많습니다.

④ 고추 비료 (자료 : 남해화학)

⑤ 고구마 비료 (자료 : 동부팜한농)

⑥ 감자 비료 (자료 : 남해화학)

위 복합비료는 모두 밑거름으로 사용합니다. 그리고 작물마다 비료 요구도가 다르다는 사실을 알 수 있습니다. "아니, 그렇다면 작물마다 저 비료들을 다 사야 되는 거야?" 생각하시지요? 사실은 그래야 합니다만, 우리가 저 비료들을 다 살 수는 없습니다. 우리는 전업농도 아니고 프로도 아니기 때문입니다. 그럼 어떤 비료를 사용해야 될까요?

⑦번 사진은 질소 21%, 인산 17%, 칼리 17%가 들어 있는 복합비료입니다. 모든 작물의 비료 요구도를 평균해서 만든 복합비료라고 생각하면 됩니다. 가장 흔하게 사용하는 비료이며, 대부분 이 비료를 사용합니다. 물론 질소, 인산, 칼리의 함유량은 제조사마다 약간씩 차이가 있습니다.

⑦ 가장 많이 사용하는 속효성 복합비료

화학비료는 나쁜가?

그런데 사람들이 대부분 잘못 알고 있는 사실이 하나 있습니다. 흔히 퇴비는 좋고 화학비료는 나쁘다고 생각합니다. 그럴까요? 아니, 그렇지 않습니다. 우선 화학비료의 원료를 알아보겠습니다.

질소비료는 공기가 원료입니다. 지구를 둘러싸고 있는 공기의 약 79%가 질소입니다. 즉 지구에는 질소가 매우 풍부한데, 문제는 식물이 이를 직접 이용할 수가 없다는 것입니다. 콩과 식물은 예외로 합니다. 공기 중에 있는 질소는 물에 녹지 않기 때문입니다.

이 질소를 물에 녹을 수 있는 상태로 변화시키는 과정을 '질소고정'이라고 하는데, 생물학적 질소고정과 화학공학적 질소고정이 있습니다. 전자는 자연에서 일어나는데 속도가 매우 더디고 일정기간 농토를 사용해야 합니다. 이 문제점을 극복하기 위해 등장한 것이 후자의 화학공학적 질소고정입니다. 전자에 비해 사용하는 토지 면적이 훨씬 적고 질소고정 속도도 매우 빠릅니다.

결국 퇴비에 있는 질소와 화학비료에 있는 질소의 성분은 같습니다. 어떻게 만들어졌으며 어디에 있는지의 차이일 뿐입니다. 마찬가지로 인산비료에 들어 있는 인산은 공룡 뼈가 화석이 된 인광석으로 만듭니다. 칼리비료에 들어 있는 칼리 또한 칼리가 많이 함유된 암석이 원료입니다. 모두 자연에 존재하는 물질입니다.

화학비료는 땅을 상하게 만든다?

사람들은 대부분 '화학비료는 나쁘다'는 편견을 갖고 있습니다. 왜 그렇게 생각하느냐고 물어보면 막연히 화학비료가 흙을 산성화시킨다고 말합니다. 물론 필요 이상으로 과다하게 사용하면 그럴 수 있을 겁니다. 그러나 농부들은 대부분 비료를 조심스럽게 사용합니다. 공짜가 아니기 때문입니다.

우리나라 토양은 대부분 약산성인 pH 5.5 정도입니다. 화학비료를 많이 써서 그럴까요? 그렇지 않습니다. 옛날에 화학비료가 없었을 때도 산성이었습니다. 농사를 1번도 안 지은 땅도 산성입니다. 우리나라는 흙의 모체가 되는 화강암이 산성암이라서 산성 토양이 될 수밖에 없습니다. 또한 연평균 강우량 1,200ml 정도로 비가 많이 오는 나라입니다. 특히 장마철에는 연평균 강우량의 60% 이상이 집중적으로 내리고 연속해서 내리는 날이 10일 이상인 경우도 많습니다. 비가 많이 오면 빗물이 흙을 통과할 때 양분도 같이 용탈됩니다. 특히 염기성인 석회(Ca)와 고토(Mg)가 많이 용탈되기 때문에 땅이 쉽게 산성화됩니다.

농사를 잘 지으면 흙도 좋아지는 법입니다. 몇 해 동안 묵힌 땅과 해마다 농사를 잘 짓던 땅 중 어느 땅이 더 좋은 땅인지 농사를 아는 사람이라면 금방 압니다.

화학비료의 힘

현대사회가 되면서 농지는 해마다 줄었고 지금도 계속 줄어들고 있습니다. 그러나 인구는 꾸준히 늘어났습니다. 그렇다면 당연히 농산물, 특히 쌀 생산량이 줄어야 하는데 오히려 남아돕니다. 이런 비약적인 발전을 이룰 수 있었던 일등공신은 화학비료입니다. 화학비료가 없던 옛날에는 풀이나 짚, 왕겨 등으로 퇴비를 만드는 게 중요한 농사일 중 하나였습니다. 집집마다 풀과 볏짚을 산더미처럼 쌓아놓고 퇴비를 만들었으며, 심지어 남의 집 화장실도 안 가려고 했습니다. 인분도 빼놓을 수 없는 거름이었으니까요.

그러나 화학비료의 등장으로 이런 모습은 사라지게 되었습니다. 북한에서 해마다 우리나라에 요구하는 것 중 빠지지 않는 것이 있습니다. 바로 쌀과 화학비료입니다. 현대농업에서 화학비료는 필수라 해도 과언이 아닙니다.

농협에서 판매 중인 화학비료

퇴비를 쓸 것인가, 화학비료를 쓸 것인가

사람들은 대부분 퇴비만 사용해서 농사지으면 좋은 것으로 보고, 화학비료를 사용했다고 하면 독이 든 사과라도 보는 것처럼 안 좋게 생각합니다. 그러나 사실은 그렇지 않습니다.

이 문제는 식물 입장에서 접근해보는 것이 좋을 것 같습니다. 퇴비나 화학비료는 사람이 나눈 것이지 식물이 나눈 것이 아닙니다. 식물은 뿌리가 흡수할 수 있으면 모두 양분으로 생각합니다. 양분을 흡수하는 개념 또한 같습니다. 화학비료는 수분에 쉽게 녹아 흡수되고, 퇴비는 흙 속의 미생물이 분해해 이온으로 변한 후 흡수됩니다. 화학비료는 빠르게 식물의 배를 채워주고 퇴비는 천천히 식물의 배를 채워줍니다. 말하자면 화학비료는 양방이고 퇴비는 한방인 셈입니다.

화학비료는 흙에 모자라기 쉬운 양분을 공급하는 데는 좋지만 토양의 물리성을 좋게 하지는 못합니다. 퇴비 같은 유기질 비료는 흙의 물리성을 개선하는 데는 좋지만 식물이 자라는 데 필요한 양분을 공급하는 것으로는 화학비료를 따를 수 없습니다. 퇴비와 화학비료는 서로 역할이 다르며, 서로 다른 장점을 갖고 있습니다. 2가지를 조화롭게 쓰면 소출*도 많아지고 흙도 좋아집니다. 퇴비와 화학비료 사용? 결국 자신의 선택입니다.

블로그이웃들의 수다

안* 퇴비만 넣고 작물을 키우기가 여간 힘든 게 아니더라고요. 중간중간 웃거름(화학비료)을 줘야 열매도 잘 달리고 하니까요. 물론 처음에 퇴비를 너무 적은 양을 줘서 그럴 수도 있겠지만 퇴비 가격도 만만치 않습니다. 쪽파만 해도 조금 있으면 새순이 올라올 텐데, 비 오기 전에 살짝 웃거름(화학비료)을 넣어줘야 도움이 되더라고요.

돌* 화학비료는 세계인의 배고픔을 사라지게 한 농업혁명을 일으켰습니다. 유럽의 농민들은 과거의 생산량 대비 8~10배 증가시켰고, 이로 인해 인류는 지금처럼 없어서 못 먹는 것이 아니라 살 빼려고 안 먹는 시대가 도래했지요.

양* 보통 초보농들이 화학비료나 농약에 강한 거부감을 갖는 경우가 많지요. 처음에 퇴비만 쓰겠다고 고집을 부려보지만, 솔직히 퇴비만 쓰면 열매도 덜 맺고 아무래도 결핍현상이 나타나면서 제대로 수확하기가 힘들어지죠. 그제야 부족한 부분을 보충할 뭔가가 필요하다는 걸 느끼게 되면서 화학비료에 대해 생각하게 되는 것 같아요.

초* 작년에 일부 작물을 소똥 묵힌 걸로만 퇴비해봤는데, 작물이 크지를 못해요. 화학비료를 뿌리는 것과 안 뿌리는 것 차이가 너무 많이 나더라고요! 비료 없이 농사를 짓는다면 농산물 가격이 너무 많이 올라갈 것 같아서, 저는 '비료를 써야 된다'에 1표.

액비

액체 상태의 비료를 통틀어서 액비**라고 합니다. 액비는 말 그대로 물에 녹을 수 있는 비료를 물에 녹인 것입니다. 액비는 관수***할 때 같이 주거나 잎에 직접 살포합니다. 작물이 필요로 하는 양분을 공급하고 토양에 유익한 미생물을 활성화시켜줍니다. 미생물 발효 산물은 뿌리 보호, 발근 촉진 등 다양한 측면에서 작물의 생육에 좋은 효과를 나타냅니다.

  액비의 종류는 수없이 많습니다. 판매되는 액비도 있고 직접 만들어서 사용해도 됩니다. 그럼 어떤 액비가 있는지 몇 가지만 살펴보겠습니다.

- **소출** : 논밭에서 곡식이 생산되는 수량.
- **액비(液肥)** : 액체로 된 비료.
- **관수(灌水)** : 농사짓는 데 필요한 물을 논밭에 대는 것.

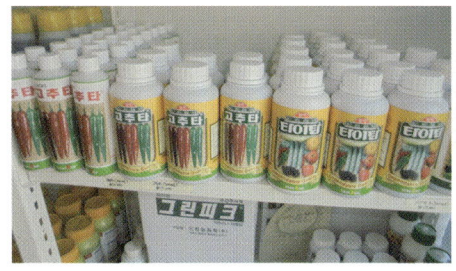
시판 중인 액비

시판 중인 어액비

어액비는 생선 부산물(내장, 꼬리, 머리)로 만듭니다. 깻묵액비는 기름을 짜고 남은 깻묵으로 만듭니다. 이 외에 식초와 계란 껍질로 만드는 난각칼슘, 나무를 태울 때나 숯을 구울 때 나오는 액체를 받은 목초액, 쌀뜨물에 당밀이나 설탕을 발효시킨 EM액비, 오줌액비, 골분액비 등 액비의 종류는 다 나열할 수 없을 정도로 많습니다. 집에서 간단히 만들 수 있는 액비가 있는 반면 6개월, 심지어 1년이 지나야 겨우 만들어지는 액비도 있습니다.

액비는 그냥 사용하는 게 아니라 물에 섞어서 사용하는데 이를 '희석'이라고 하며, 물과 액비 섞는 양을 '희석비율'이라고 합니다. 희석비율은 액비마다 다르므로 이를 잘 숙지해야 낭패가 없습니다. 과하면 작물이 상하거나 죽을 수도 있습니다. 예를 들어 목초액의 희석비율은 600배입니다. 목초액을 잎에 뿌려줄 때는 물에 600배를 타야 한다는 말입니다. 즉 물 2리터에는 목초액 3.4cc, 10리터에는 17cc, 20리터에는 34cc를 희석하면 됩니다.

물 2,000cc인 경우 600배 희석 계산법

$1 : 600 = x : 2,000cc$

$600 \times x = 1 \times 2,000$

$x = 2,000 \div 600$

$x ≒ 3.4cc$

희석비율 (단위 : cc)

물의 양 \ 희석비율	50배	70배	100배	200배	300배	400배	500배	600배	800배	1,000배
1ℓ	20	14	10	5	3.3	2.5	2	1.7	1.3	1
1.5ℓ	30	21.4	15	7.5	4.9	3.7	3	2.5	1.9	1.5
2ℓ	40	28.5	20	10	6.6	5	4	3.4	2.6	2
5ℓ	100	71.4	50	25	16.5	12.5	10	8.5	6.5	5
10ℓ	200	142.8	100	50	33	25	20	17	13	10
20ℓ	400	285.7	200	100	66	50	40	34	26	20

엽면시비

엽면시비*란 작물의 생육에 필요한 양분을 물에 타서 잎에 뿌려주는 것을 말합니다. 작물은 뿌리에서 필요한 양분을 흡수하지만, 잎의 기공**을 통해서도 양분을 흡수하며 뿌리로부터 흡수하는 것보다 효과가 빠릅니다.

농부가 분무기 통을 메고 뭔가를 뿌리는 모습을 보면 사람들은 대부분 농약을 친다고 생각합니다. 저도 농사를 짓기 전에는 그렇게 생각했습니다. 하지만 농부가 농약만 치는 것은 아닙니다. 액비를 잎에 뿌리는 경우도 많아요.

엽면시비로 칼슘, 마그네슘, 붕소 등 미량요소를 공급할 수 있지만 다량요소인 질소, 인산, 칼리를 공급하기에는 무리가 있습니다. 사람으로 따지면 엽면시비는 빠른 회복을 위해 주사를 맞는 것과 같습니다. 따라서 모든 양분을 엽면시비로 해결하려고 해서는 안됩니다.

엽면시비는 잎채소보다는 열매채소에 효과적이고, 햇볕을 받는 잎의 위쪽보다는 기공이 있는 잎의 밑면에 뿌려주는 게 효과적입니다. 그리고 성숙한 잎보다는 어린잎에 뿌려주는 것이 효과를 높일 수 있습니다. 엽면시비는 바람이 불거나 비가 오면 손실이 크므로 되도록 비바람 부는 날씨를 피하는 것이 좋고, 오후보다는 잎의 흡수력이 왕성한 오전이 좋습니다.

- **엽면시비(葉面施肥)** : 비료를 물에 타서 식물의 잎에 뿌려 양분을 흡수하게 하는 일.
- **기공(氣孔)** : 식물의 잎이나 줄기에 있는 숨구멍.

05 농사와 기후

농사는 해마다 비슷한 양상으로 반복됩니다. 그러면 해마다 비슷한 작황*이 나와야 하는데 현실은 그렇지 않습니다. 바로 기후라는 변수가 농사를 좌지우지하기 때문입니다. 기후가 좋은 해는 풍년이 들고, 기후가 나쁜 해는 흉작이 들거나 심하면 농사를 망치다시피 합니다. 그래서 농사를 지으면서 가장 민감하게 반응하게 되는 것이 날씨입니다.

우리나라에서는 농사에 가장 많은 영향을 주는 것으로 가뭄과 장마, 태풍, 우박 피해가 있습니다. 이중 제일 극복하기 힘든 것이 장마이며, 장마철은 사람도 작물도 모두 힘든 시기입니다. 며칠간 집중적으로 내리는 많은 비로 인해 작물들은 일조량 부족과 과습으로 생기를 잃고 시들어갑니다. 잎을 수확하는 채소류는 흙이 튀어 잎에 묻거나 짓물러버리고, 열매채소는 과육이 갈라지는 열과현상**이 나타나며, 뿌리채소는 뿌리가 갈라지는 열근현상***이 대부분 이 시기에 발생합니다. 고추에 탄저병이 나타나기 시작하는 것도 장마 이후입니다.

토양에는 많은 병균이 있는데 비가 많이 내리면 자연히 습해지고 병을 부르는 균들이 살기 좋은 조건이 됩니다. 또한 빗물 덕분에 이동 속도도 빠릅니다. 차라리 장마보다는 가뭄이 낫습니다. 햇볕은 사람이 어떻해 해줄 수 없지만, 물은 퍼나를 수 있기 때문

● **작황(作況)** : 농작물 생산이 잘되고 못된 상황.
●● **열과현상** : 토마토, 고추 등의 열매가 갈라지는 현상.
●●● **열근현상** : 당근, 야콘 등의 뿌리가 갈라지는 현상.

입니다. 또한 장마 중의 폭우는 흙이나 비료를 모두 쓸어갑니다. 그래서 밭에 비료 성분이 부족해집니다. 특히 비멀칭의 경우는 더욱 심합니다.

우박 피해를 입은 오이

태풍으로 쓰러진 오이 지지대

장마의 영향을 많이 받는 대표적인 작물은 수박과 참외입니다. 수박은 낙과가 되고 참외는 모두 곯아버리며, 멀쩡한 과실들도 싱거워져 당도가 현저히 떨어지게 됩니다. 반면 장마에도 별 영향을 받지 않는 작물은 고구마와 울금 정도가 있습니다.

그럼 장마가 오면 어떻게 대비를 해야 할까요? 사실 사람이 해줄 수 있는 건 그리 많지 않습니다. 고작 할 수 있는 일이라곤 물이 잘 빠지게 배수로를 정비해주는 것 정도입니다. 비가 많이 와도 바로 물이 빠져나갈 수 있도록 물이 고일 만한 곳은 없는지, 물의 흐름을 막는 턱이나 병목은 없는지 꼼꼼하게 살핍니다.

키가 큰 작물은 지반이 약해져서 쓰러지기도 하는데, 미리 줄을 매서 쓰러짐을 막아주는 정도를 할 수 있습니다. 나머지는 하늘에 맡기고, 기후로 인해 피해가 생겨도 이를 겸허히 수용하는 마음가짐이 필요합니다. 농사는 농부가 반 짓고 하늘이 반 짓습니다.

폭우에 쓰러진 작물들

좋은 농법이란?

좋은 농법을 소개하겠습니다. 제가 제시하는 농법을 따라하면 농사 대박납니다. 농법이란 말 그대로 농사 짓는 방법입니다. 그러면 어떤 농법이 있는지 먼저 알아야겠죠? 현재 우리나라에는 크게 '관행농법'과 '친환경농법'이 있습니다.

관행농법은 현재 우리나라 농민들이 재배하는 일반적인 방법으로, 농약과 화학비료를 이용하는 것입니다. 대부분의 농사가 여기에 해당합니다. 친환경농법은 농약과 화학비료를 사용하지 않거나 최소량만 사용하는 방법으로, 유기농과 무농약으로 나눕니다. 유기농이란 말 많이 들어봤죠? 차이는 다음과 같습니다.

유기농과 무농약의 차이

유기농	3년 이상 농약과 화학비료를 사용하지 않음
무농약	농약은 전혀 사용하지 않고 화학비료만 3통* 사용

* 관행농법에서 1년 동안 농약과 화학비료를 10통 사용한다고 가정했을 때

친환경 농산물 인증 마크

현재 우리나라의 농업인구는 총인구의 7% 정도이며, 전체 농업인구의 97% 정도가 관행농법으로 농사를 짓고 있습니다. 친환경농법으로 농사짓는 사람은 3% 정도인데 요즘 약간 증가하는 추세입니다. 여기서 우리는 이 3%에 주목해볼 필요가 있습니다. 왜 3%밖에 안될까요? 많은 생각이 들 겁니다. 여기에는 그럴만한 이유가 있습니다. 힘만 들고 돈이 안되기 때문입니다.

근래 들어 유기농법이 각광을 받고 있습니다. 대부분의 단체나 관에서는 초보 농사꾼인 텃밭이나 주말농장 희망자에게 유기농을 권하며 교육 또한 유기농으로 합니다. 대상자 역시 나와 내 가족이 먹을 것은 소출이 적더라도 화학비료와 농약 안 쓰고 유기농을 하겠다고 나섭니다. 그러나 농사는 의지만으로 되는 것이 아닙니다. 막상 실전에 들어가면 농사를 망치고, 농사는 자기와 맞지 않는다며 그만두는 일이 속출합니다.

저는 여러분에게 유기농을 권하지도 그렇다고 말리지도 않습니다. 저는 현재 관행농법을 하고 있습니다만 최종 목표는 친환경농법(무농약)입니다. 그래서 관행적으로 사용하는 농약 대신 다른 대안을 찾고 있습니다. 그러나 쉽지 않습니다.

농사짓는 사람들이 명심해야 할 것이 있습니다. 그것은 내 농법을 남에게 강요하는

결례를 저지르지 말아야 한다는 것입니다. 내가 유기농을 한다고 해서 당신도 유기농을 하라고 해서는 절대 안됩니다. 서로의 실력이 다르고 여건이 다릅니다. 이것은 주말농장 하는 사람 보고 인삼을 재배하라는 말과 다를 바 없습니다. 친환경농사를 짓든 관행농사를 짓든, 우리 농업인은 같은 배를 탄 한식구라는 인식하에, 농법의 옳고 그름을 논하지 말고 서로를 격려하고 도와주며 용기를 주는 자세가 필요합니다. 세상에는 여러 종류의 농법이 있지만 그중 제일 좋은 농법은 '내가 할 수 있는 농법'입니다.

굴** 처음 작물을 접할 때 유기농을 하리라 마음먹었지만 번번이 돌아오는 실패에 이건 아니라는 생각이 들었고, 지금은 화학비료와 적당량의 농약을 사용하며 키우고 있습니다. 앞으로도 지금 방식을 고수하며 작물을 키울 겁니다.

te** 유기농 하면 좋죠. 하지만 농약 안 치고 비료 안 주니까 건질 게 하나도 없던데요. 그래서 저는 시장 가면 유기농 채소 백프로 안 믿습니다.

저** 텃밭 3년차입니다. 농사의 농 자도 모를 땐 약 안 치고 키웠다고 하면 믿고 비싼 돈 주고 사 먹었는데 이젠 믿질 않습니다. 제가 하루종일 밭에서 살다시피 하면서 작물을 키워봤는데, 판매할 정도 양이면 화학농약 안 주고는 농사가 안되더군요.

동** 저 역시 유기농을 고집하지만 손바닥만한 10평 정도 텃밭에 집 앞이니까 가능하지, 멀면 그것조차도 힘들겠지요. 나에게 주어진 환경과 내가 할 수 있는 여건이 가장 중요하다 싶어요. 뭔가를 내 손으로 길러 먹고 거기서 키우는 재미, 수확하는 재미를 느끼면 그게 제일이지 않을까 싶어요.

06 | 농사의 시작은 씨앗
07 | 농사 계획 짜기
08 | 밭 만들기

둘째마당

씨앗 준비하기 & 농사 계획 짜기

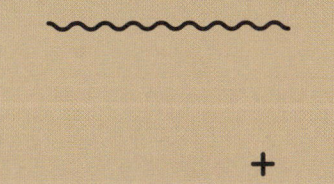
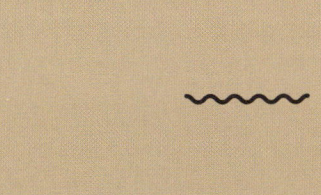

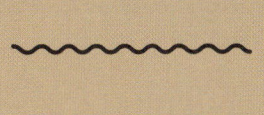

06 농사의 시작은 씨앗

종자 구분하기

농사는 씨앗을 준비하는 일부터 시작합니다. 집을 짓기 위해서는 건축 자재가 필요하듯이 농사를 지으려면 씨앗이 있어야 합니다. 씨앗을 종자(宗子)라고도 하며, 다음과 같이 구분합니다.

종묘상에서 판매 중인 여러 종류의 씨앗들

고정종자

수확한 작물에서 씨앗을 받아 파종하면 해마다 똑같은 작물이 나오는 종자를 말합니다. 조선오이, 조선대파, 쪽파, 갓끈동부* 등이 있습니다.

사실 우리 주변에서 볼 수 있는 고정종자**는 몇 개 안됩니다. 대부분의 씨앗이 개량화되어 있습니다. 왜 그럴까요? 농가에서 심지 않아서 그렇습니다. 이유는? 수확량과 품질이 떨어지기 때문입니다. 배추를 예로 들어보면, 예전의 배추는 결구***가 안되었습니다. 육종**** 기술이 발달하면서 지금처럼 속이 꽉 찬 배추가 나오게 된 것입니다.

고정종자인 조선오이 노각

문제는, 이렇게 개량된 배추는 씨앗을 받기가 힘들고, 받아서 심어도 똑같은 배추가 나오지 않고 전혀 다른 기형의 배추가 나온다는 것입니다. 이 때문에 농가에서는 해마다 비싼 씨앗을 사서 심어야 하는 악순환이 반복되고 있습니다.

영양종자

작물의 일부가 씨앗 역할을 하는 종자를 말합니다. 감자, 토란, 마늘, 마, 야콘, 울금 등이 여기에 해당됩니다. 영양종자*****는 감자를 제외하고 고정종자로 분류합니다. 작물의 일부를 적당량 잘라서 파종합니다.

개량종자

농작물의 수확량과 품질을 향상시킬 목적으로 같은 종의 우수한 형질을 교배해서 인위적으로 만들어낸 종자입니다. 종묘상에서 파는 씨앗은 대부분 개량종자입니다. 개량종자는 씨를 받아서 심어도 큰 문제는 없지만 후대로 내려갈수록 품질이 떨어지고 수확량이 적어집니다.

개량종자 중에는 F1종자******라는 것이 있습니다. F1종자는 대부분 일회용이며 고

- • **갓끈동부** : 재래종 덩굴콩의 한 종류로, 꼬투리가 선비의 갓끈을 닮아서 붙여진 이름.
- •• **고정종자** : 수확한 작물에서 직접 씨앗을 받아 파종하면 똑같은 작물이 나오는 종자.
- ••• **결구(結球)** : 배추 따위의 채소 잎이 여러 겹으로 겹쳐서 둥글게 속이 드는 것.
- •••• **육종(育種)** : 생물이 가진 유전적 성질을 이용해 새로운 품종을 만들어내거나 기존 품종을 개량하는 것, 즉 품종 개량.
- ••••• **영양종자** : 감자, 생강처럼 작물의 일부가 씨앗 역할을 하는 종자.
- •••••• **F1종자** : 교배해서 만들어낸 종자 중 해마다 새로운 씨앗을 구입해야 하는 종자.

추와 배추, 옥수수에 특히 많습니다. F1종자는 자기 세대에서는 여러 가지 우수한 형질을 보이지만 F2, F3 등 후대로 내려갈수록 발아율이 떨어지고 우수한 형질이 나타나지 않습니다. 최근 들어서는 '터미네이터 종자'라고 해서 후대에는 아예 싹조차 안 트게 만드는 기술도 나왔습니다. 개량종자, 축복일까요, 재앙일까요?

광발아종자와 암발아종자

발아*란 종자 각각이 정해진 적당한 온도, 물, 산소 등의 조건이 갖춰지면 싹이 나는 일을 말합니다. 종자에 따라 발아시 빛을 필요로 하는 종자와 빛이 필요하지 않은 종자로 구분합니다.

빛이 필요한 종자를 광발아종자** 또는 호광성종자라고 하며 우엉, 상추, 쑥갓, 당근, 배추, 양배추, 딸기 등이 여기에 속합니다. 빛이 필요하지 않은 종자를 암발아종자*** 또는 호암성종자라고 하며 토마토, 오이류, 가지, 파류 등 대부분의 씨앗이 여기에 속합니다.

광발아종자는 씨앗이 아주 가볍고 작습니다. 파종시 뿌려만 두거나 빛이 침투할 수 있게 흙을 아주 조금만 덮어주어야 합니다.

종자의 휴면

발아에 필요한 적당한 온도, 수분, 산소, 빛(광발아종자인 경우) 등의 조건을 갖추었음에도 불구하고 발아하지 않는 경우가 있는데, 이를 종자의 휴면****이라고 부릅니다.

대부분의 씨앗은 휴면이 없습니다. 예를 들어 강낭콩은 봄에 파종하고 여름에 종자를 채취해서 바로 심어도 싹이 납니다. 그러나 씨앗은 대

휴면이 끝난 감자는 싹이 나기 시작한다

- **발아** : 씨앗에서 싹이 트는 일.
- **광발아종자** : 빛을 봐야 발아하는 종자. = 호광성종자
- **암발아종자** : 빛이 차단되어야 발아하는 종자. 대부분의 종자가 암발아종자다. = 호암성종자
- **휴면** : 성숙한 종자 또는 식물체에 적당한 조건을 갖춰주어도 일정 기간 발아, 발육, 성장이 정지해 있는 상태.

부분 1년에 1회 심기 때문에 이듬해 파종을 합니다. 휴면이 있는 대표적인 작물로는 감자와 쪽파가 있습니다. 쪽파는 대개 6월에 종구*를 수확하는데 바로 심으면 발아하지 않기 때문에 휴면이 끝나는 8월 말~9월 초에 파종해야 합니다.

종자 구입하기

종자뿐 아니라 농사에 필요한 물품은 모두 종묘상이나 인터넷으로 구입할 수 있습니다. 하지만 고정종자는 종묘상에서 보기 힘듭니다. 왜 그럴까요? 한번 팔면 더 이상 판매할 수 없기 때문입니다. 한마디로 돈이 안되는 것이죠. 그래서 고정종자는 주변 농가에서 얻어야 합니다.

　씨앗을 사면 뒷면의 재배 정보를 꼭 확인하세요. 생산자가 작물의 파종시기, 기타 재배 정보를 표기해두었습니다. 그런데 농사 용어로 쓰여 있어서 이해하기가 힘듭니다. 사전에도 잘 안 나오고 감으로 맞춘다 해도 절반 정도입니다. 그래도 농사 용어는 대부분 반복적으로 나오기 때문에 몇 번 계속해서 접하다 보면 익숙해집니다.

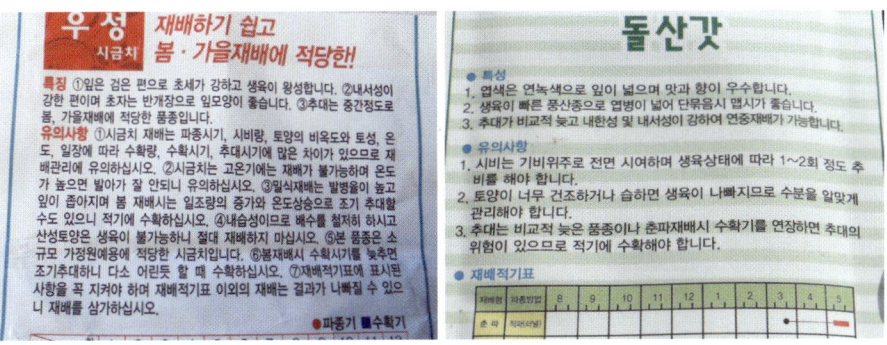

시금치 씨앗 봉투 뒷면의 재배 정보　　　　돌산갓 씨앗 봉투 뒷면의 재배 정보

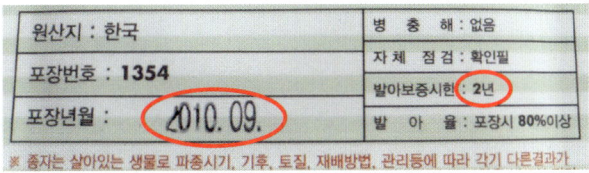

봉투에서 포장일자, 발아보증시한 확인

● **종구** : 알뿌리 또는 구근.

종자 구입시 포장일자, 발아보증시한 역시 잘 확인합니다. 위 씨앗 봉투를 보면 포장일자가 2010년 9월로, 이는 2009년도에 채종*한 종자입니다. 발아보증시한은 2년이므로 2012년까지 발아를 보증한다는 뜻입니다.

종자는 되도록 올해 포장된 것을 구입하는 것이 좋습니다. 씨앗은 살아 있는 생명이지만 무한정 발아가 보장되는 것은 아닙니다. 또한 종자는 되도록 올해 소진할 수 있을 만큼의 양만 구입하고 해마다 재구매하는 것이 좋습니다. 씨앗을 묵혀서 좋을 일이 없습니다. 그런데 언제나 종자를 내가 필요한 양만큼 판매하지는 않습니다. 그래서 필요한 것보다 많이 구입했을 때는 이웃과 나누어 쓰면 좋습니다.

씨앗을 구입해보면 색깔이 있는 것이 있습니다. 옥수수 씨앗을 샀는데 붉은색이더군요. 그래서 붉은색 옥수수도 있구나 생각했는데, 그게

소독한 옥수수 씨앗

아니라 종자소독을 했다는 표시였습니다. 종자를 소독하는 가장 큰 이유는 종자를 통해 전염되는 병충해를 미리 막기 위한 것입니다. 소독한 씨앗도 있고 소독하지 않은 씨앗도 있는데, 모두 그냥 파종하면 됩니다.

종자 채종하기

채종은 작물에서 씨앗을 받는 것을 말합니다. 씨앗은 잘 여문 성숙한 것을 받아서 충분히 건조합니다. 덜 여문 미성숙한 종자는 발아율도 떨어지고 수확량도 적습니다. 건강한 우량종자를 써야 농사가 잘됩니다.

종자는 고정종자나 영양종자만 채종하는 것이 좋습니다. 개량종자는 품질이나 수확량이 적

당귀는 꽃을 피우면 씨앗을 맺고 죽는다

● **채종(採種)** : 좋은 씨앗을 골라서 받는 것.

어지는 것을 감수해야 하며, F1종자를 채종하는 것은 모험입니다. 앞에서 말했듯이 발아가 안될 수도 있고 발아되더라도 후대를 기약할 수 없기 때문입니다. 씨앗 값 몇 푼 아끼려다가 한 해 농사를 망칠 수도 있습니다.

이웃한테서 국수호박* 씨앗을 받은 적이 있습니다. 시기에 맞춰 파종했고 무난하게 자랐습니다. 꽃이 피고 열매도 주렁주렁 열렸고요. 그런데 호박이 참외만하게 크고는 더 안 크는 겁니다. 결국 국수호박 맛도 못 보고 농사를 접어야 했습니다. 왜 이런 일이 생겼는지 수소문 끝에 원인을 알아냈습니다. 바로 F1종자를 심어 채종한 F2종자였습니다. F1종자는 되도록 채종하지 않는 것이 좋습니다.

종자의 수명과 보관

종자는 상온에서 보관할 때의 수명에 따라 다음과 같이 분류합니다. 저온에서 보관하고 온도 변화가 적으면 종자의 수명이 다소 연장됩니다.

▶ 단명종자 : 종자 수명이 1~2년인 종자. 파, 양파, 당근, 땅콩 등
▶ 중명종자 : 종자 수명이 2~3년인 종자. 양배추, 상추, 고추, 완두, 강낭콩, 우엉, 시금치 등
▶ 장명종자 : 종자 수명이 4~6년인 종자. 가지, 토마토, 수박 등

씨앗이 큼직한 작두콩은 충분히 건조해야 한다

종자는 채종 후 파종할 때까지 발아력**이 떨어지지 않도록 잘 보관해야 합니다. 종묘상에서 구입한 씨앗도 마찬가지이며, 수분과 공기를 차단할 수 있도록 밀폐해서 보관해야 좋습니다. 종자를 보관하는 온도는 0~10℃ 정도가 좋으며, 장기보관시에는 0℃ 이하에서 냉동보관합니다. 가정에서는 냉장고에 보관하는 것이 무난합니다.

영양종자는 작물의 특성에 따라 따뜻한 곳에 보관하기도 합니다. 울금, 야콘 등 영양

● **국수호박** : 끓는 물에 넣고 삶으면 호박 속이 국수가락처럼 풀어지는 호박 품종.
●● **발아력** : 씨앗이 싹을 틔울 수 있는 힘.

종자는 베란다처럼 추운 곳에 두면 얼어 죽기 때문에 따뜻한 거실에 두는 것이 좋지만, 건조하면 말라서 쪼그라들기 때문에 보관하기가 쉽지 않습니다. 저는 이런 종자들은 신문지로 싼 다음 스티로폼 상자에 넣어 거실에 보관합니다.

  제가 농사를 시작하던 당시의 일입니다. 두고두고 쓴다고 사는 김에 시금치 씨앗을 아주 많이 산 적이 있습니다. 어림잡아 10년은 쓸 수 있을 만큼 넉넉한 양이었습니다. 그런데 어느 해부터 발아가 안돼서 결국 모두 버려야 했습니다. 종자에도 수명이 있다는 것을 모른 탓이지요. "농부는 굶어도 씨앗은 베고 잔다"는 속담이 있습니다. 종자의 중요성은 아무리 강조해도 지나치지 않습니다.

아**   시골에서 하던 대로 잘생긴 놈으로 옥수수 씨앗을 남겨두었다가 이듬해 심기를 몇 년 했는데 결과가 별로였어요. 올해는 우연히 종묘상에서 사서 심었지요. 그런데 결과가 대박! 정말 맛있었어요. 이제 옥수수 씨앗은 무조건 사다 심을 겁니다.^^

예**   올해 배추 씨앗 좀 받아볼까 했더니 안되겠네요.ㅠㅠ 요즘 왜 이리 알면 무서운 게 많은지 원…….

초**   시골 어르신들도 대부분 씨앗은 사서 쓰시는 것 같아요. 귀찮아서인지 사서 쓰는 것이 편해서인지……. 옛날에는 처마 밑에 대롱대롱 매달아놓고 다음해 농사에 귀하게 사용했는데.

그**   처음 농사지을 때 호박 모종을 사서 크게 잘 열린 것 씨앗을 받아 이듬해 파종했는데, 호박 구경도 못했습니다. 조금 열리다 떨어지고 떨어지고……. 지금은 고정종자 아니면 채종 안 하고 있습니다.^^

날**   수확하느라 바빠서 채종까지 하긴 힘들더군요. 그냥 해마다 사서 뿌리는 걸로 합니다.

농사 계획 짜기 07

작물 선정하기

농사 계획을 짜려면 맨 먼저 어떤 작물을 심을 건지 결정해야 합니다. 다음은 작물을 선정하는 기준입니다.

심고 싶은 작물을 선정한다

농사를 지을 농지가 결정되었다면 다음은 어떤 작물을 어디에 얼마나 심을 것인지를 정하고 작물배치도를 만들면 됩니다. 처음 농사를 시작하는 경우라면 재배하기 쉽고 씨앗이나 모종을 쉽게 구입할 수 있는 작물부터 심는 것이 좋습니다.

자신의 능력과 여건에 맞는 작물을 선택한다

수박이나 참외는 초보 농사꾼에게는 어려운 작물입니다. 순지르기*가 어렵고 장마 때 곯아서 모종 값도 못 건지는 일이 허다합니다. 이런 난이도 있는 작물은 되도록 피합니다. 그리고 주말농장이라면 겨울나기를 하는 작물이나 2~3년 동안 재배해야 하는 작물은 피해야겠죠?

● 순지르기 : 나무나 풀의 원줄기 곁에서 돋아나는 필요하지 않은 순을 잘라내는 일.

다양한 품종을 심는다

상추를 1평 심는다고 하면 한 품종만 심지 말고 다양하게 심으면 여러 가지 상추를 즐길 수 있습니다. 토마토라면 찰토마토와 방울토마토를 심고, 고추도 기호에 따라 청양고추, 파프리카, 아삭이고추, 꽈리고추 등 여러 종류를 가꾸면 농사의 즐거움이 배가 됩니다.

너무 많이 심지 않는다

텃밭에서 나는 수확물은 흔히 생각하는 것보다 많습니다. 정기적으로 나누어야 할 곳이 있는 경우를 제외하고 모든 작물은 가족이 소비할 수 있을 정도만 심도록 합니다. 처음 씨를 뿌릴 때는 얼마 안되는 것 같아서 많이 심게 됩니다. 처음에는 수확이 감질나겠지만 곧 작물이 본격적으로 크기 시작하면 감당이 안될 만큼 수확량이 나오게 됩니다. 가족이 미처 소비하지 못해서 이웃에게 나눠주기도 하는데, 횟수가 잦아지면 고맙다는 인사를 듣기 힘들뿐더러 부담스럽게 생각하고 귀찮아하기도 합니다.

제가 농사 1년차 때 가지를 10포기 심었습니다. 수확철이 되어 가지가 열리기 시작하자 하루 2끼 가지 요리를 먹어야 했고, 여기저기 부지런히 나누어주어야 했습니다. 그럼에도 냉장고에는 가지가 넘쳐났고 썩어서 버리는 것도 부지기수였습니다. 결국 애써 재배한 수확물을 썩혀서 버린다고 아내와 다투었지요. 그 후로는 아내와 상의해서 심을 작물과 양을 정합니다.

너무 많이 심지 않으려면 심을 양을 잘 정해야 한다

작물 배치

심고자 하는 작물을 선정했다면 작물 배치를 어떻게 할 것인지를 고민해야 합니다. 집을 지을 때 설계도가 필요하듯이 농사에는 작물배치도가 매우 중요합니다. 작물을 그냥 막 심으면 되는 게 아닙니다.

작기별로 분류한다

일모작, 이모작, 수시 파종, 월동 작물을 구분해 밭을 효율적으로 사용할 수 있도록 합니다.

일모작은 같은 땅에서 1년간 농작물을 1번 심어 거두는 것을 말합니다. 보통 봄에 심어 가을에 수확하며 고추, 토마토, 고구마, 땅콩, 울금, 야콘 등이 있습니다.

이모작은 같은 땅에서 1년간 종류가 다른 농작물을 2번 심어 거두는 것을 말합니다. 대개 봄에 파종하고 초여름이나 한여름에 수확한 다음 다른 작물을 심습니다. 예를 들어 봄에 감자, 당근, 참외, 수박 등을 심어 여름에 수확하고 다른 작물을 심는 것이지요. 이때는 시기상 김장 작물을 많이 심습니다.

수시 파종하는 작물은 잎을 수확하는 상추, 시금치, 열무 등이 있습니다. 지역마다 차이는 있지만 상추는 3번, 시금치는 4번 정도 심습니다. 열무는 봄, 가을에는 45일이면 수확이 가능하고 여름철에는 30일 정도로 수확이 다소 빨라집니다.

월동 작물은 가을 또는 초겨울에 심어 겨울을 나고 이듬해 봄부터 초여름까지 수확합니다. 대표적인 작물로는 마늘, 양파, 쪽파, 시금치, 월동파 등이 있습니다.

이 외에 한번 심으면 2~3년간 자리를 잡고 있는 부추, 당귀, 도라지, 더덕, 마, 하수오 등이 있는데, 이런 작물은 밭 한가운데 심지 말고 가장자리 또는 그늘지지 않은 구석이나 자투리 땅에 심어야 밭을 관리하기가 좋습니다.

연작은 나라에서도 말린다

같은 곳에 똑같은 작물을 여러 해 계속해서 재배하는 것을 연작*이라고 하는데, 연작 재배를 할 경우 재배 조건이 충분함에도 불구하고 작물의 생육이 나빠지고 수확량이

● **연작** : 한 땅에 같은 작물을 계속해서 재배하는 것.

떨어지며 품질이 현저히 나빠져 이를 연작장해라고 합니다. 작물 특성에 따라 연작장해가 거의 없는 조, 수수, 옥수수 등이 있는 반면, 감자는 2년, 고추는 3년, 완두는 5년, 인삼은 무려 10년 정도 연작을 피해야 합니다.

연작장해를 피하기 위해서는 작물배치도를 잘 짜야 한다

　연작장해를 피하기 위한 근본적인 대책으로는 윤작*이 가장 좋습니다. 그러나 윤작도 꽤나 어려운 일입니다. 주말농장의 경우 이 흙, 저 흙이 섞이고 해마다 자리가 바뀌기 때문에 앞사람이 뭘 심었는지 알 수가 없어서 연작을 피하기가 사실상 불가능하며, 텃밭 또한 한정된 공간에서 여러 종류의 작물을 심어야 하기 때문에 쉽지가 않습니다.

▶ Q : 1년 동안 같은 자리에 시금치를 3번 심을 생각인데, 이것도 연작입니까?
▶ A : 연작은 1년이 아니라 작물의 작기를 기준으로 봐야 합니다. 따라서 위의 경우도 연작입니다.

농사의 홍동백서 어동육서

차례상은 홍동백서 어동육서에 맞춰서 차립니다. 농사에도 마찬가지 기준이 있어서 동쪽과 남쪽에는 키가 작은 작물을, 서쪽과 북쪽에는 키가 큰 작물을 배치합니다. 이랑 또한 동에서 서로 냅니다. 왜 그럴까요? 이는 방위, 일조량과 밀접한 관계가 있습니다. 이랑을 가로로 내면 작물에 그늘이 더 많이 생기지요. 하지만 밭의 지형상 동서로 낼 수 없거나 밭의 모양상 도저히 곤란한 경우에는 이랑을 남북으로 냅니다. 산자락의 경사

● **윤작** : 돌려짓기. 같은 땅에 여러 가지 농작물을 해마다 바꾸어 심는 일.

진 밭은 방위에 관계없이 산을 마주보고 가로 방향으로 냅니다.

산자락의 밭은 산을 마주보고 가로로 이랑을 낸다

밭이 사람의 왕래가 잦은 길가에 인접해 있어서 도난의 우려가 있는 경우, 길가 쪽에는 뿌리를 수확하는 작물(고구마, 땅콩 등)을 심고 안쪽에는 토마토나 오이 등 열매채소를 심으면 도난 피해를 막거나 줄일 수 있습니다. 또한 밭 옆에 차량 통행이 많은 도로가 있는 경우 잎채소류는 되도록 도로에서 멀리 떨어진 곳에 심습니다.

농사를 잘 짓기 위해서는 작물배치도를 잘 짜야 합니다. 아무렇게나 대충 했다가는 농사가 엉망이 되어버리고 수확 또한 제대로 안됩니다. 농사는 봄부터 시작해서 연중 쉬지 않고 계속됩니다. 그래서 언제 어떤 작물을 얼마만큼 심어야 하는지 고민하는 일은 행복한 일이지만 쉽지는 않습니다. 나와 가족들이 좋아하는 작물 위주로 밭을 활용해야 하기 때문입니다.

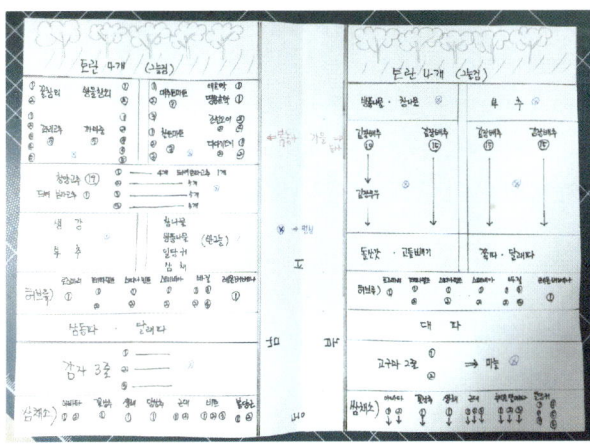

작물배치도는 1년 농사를 좌우한다

씨앗 준비하기 & 농사 계획 짜기

아래에 제시한 작물배치도는 하나의 예시일 뿐 밭의 면적이나 개인의 취향에 따라 달라지며 얼마든지 다양한 작물을 넣을 수 있습니다. 집을 지을 때는 설계도, 모르는 길을 갈 때는 내비게이션, 농사를 지을 때는 작물배치도!

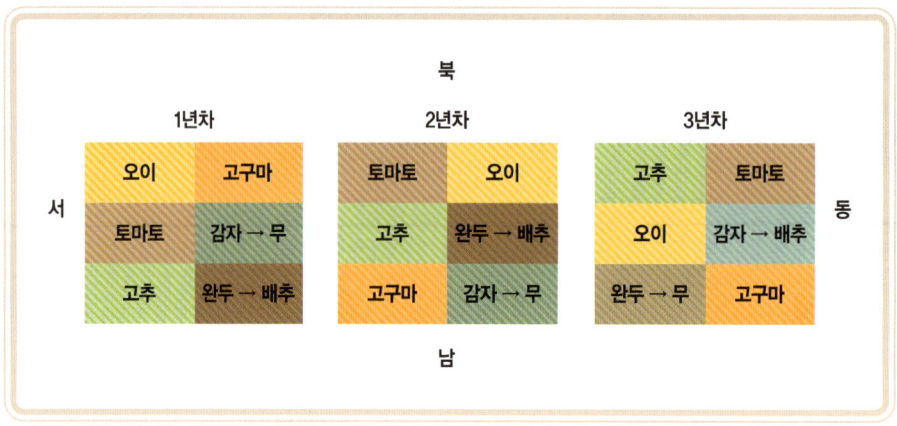

작물 배치 예시. 동쪽과 남쪽에는 키가 작은 작물을 배치하고 연작을 피한다

풀** 작물배치도는 꼭 그리고 농사를 시작합니다. 심은 데 또 심고 또 뿌리고 했다가 낭패를 본 적이 있는데, 작물배치도를 작성하면 그럴 일이 없더라고요.^^

심** 여행은 떠나기 전 여행 계획 짤 때가 가장 설레고 행복하듯이, 이렇게 저렇게 상상하면서 작물배치도를 마음속에 키워가는 이때가 제일 좋습니다.

수** 몇 해 농사를 지어보니 작물배치도가 정말 중요하다는 걸 깨닫게 됩니다. 올해는 좀더 계획적으로 농사를 지어봐야겠습니다.

me** 작물배치도 그리기가 쉽지 않습니다. 작물 키도 고려해야 하고 연작은 안되고……. 그래서 썼다 지웠다를 반복하며 그려보고 있어요.

비** 작물 배치, 으악! 머리 복잡해집니다.ㅠㅠ 일모작 이모작 생각해야 하고 연작 피하고, 키도 생각해야 하고, 덩굴 비덩굴에 요리 돌리고 저리 돌리고 하다 보면…… 에라, 어떻게 되겠지.ㅋㅋ 하다 보면 어떻게든 되긴 하는데, 하반기에는 엉망진창이 되더라고요.ㅠㅠ

농사는 기록이고, 기록은 재산이다

농사를 짓다 보면 말 잘 듣는 농사꾼이 있고 말 안 듣는 농사꾼이 있습니다. 말 잘 듣는 농사꾼은 자기가 모르는 것을 알려고 하며 겸손하게 물어봅니다. 또한 끊임없이 배우려고 합니다. 반면 말 안 듣는 농사꾼은 자기 고집대로 합니다. 농사가 잘될 리 없습니다. 땅이 아깝고 들어간 품이 아깝지만 어쩔 수 없는 일입니다.

농사를 짓다 보면 스승이 너무 많습니다. 누구는 이렇게 하라고 하고, 누구는 저렇게 하라고 훈수를 둡니다. 어느 장단에 춤을 추어야 할지 혼란스럽기까지 합니다. 하지만 훈수에 너무 휘둘리지 말아야 합니다. 그러려면 농사를 제대로 배워야 합니다.

농사를 짓다 보면 궁금한 게 너무나 많습니다. 특히 초보 농부는 더욱 그렇습니다. 감자는 언제 심어야 하지? 토마토 심는 거리는? 옥수수는 언제 따야 하지? 그래서 책을 보거나 주변 사람들에게 물어서 도움을 받습니다. 그래도 다음해에는 똑같은 고민에 빠지게 됩니다. 기억력이 월등히 좋다면 모르지만 대부분은 잊어버리는 거지요. 그래서 기록이 중요합니다.

```
2016 참깨 재배기록
04.07(목) 위밭 참깨 심을 자리 비온뒤 바로 멀칭함(1고랑)
05.29(일) 참깨 파종하고 양옆 고랑에 김매기
06.03(금) 싹이 올라옴 물주기
06.07(화) 싹 안 나온곳에 재 파종하고 전체적으로 물주기
06.10(금) 물주기
06.11(토) 물주고 2차 씨앗 안난곳 1개소 3차 파종
06.14(화) 모종 솎아 주고 물주기
06.16(목) 최종 솎아 줌 / 옆 고랑에 잡초 일부 뽑아줌
06.20(월) 양옆 고랑 김매기한 후 부직포 깔아 줌
07.02(토) 지지대 박고 줄매기
07.12(화) 2단 줄매기 및 노린재 잡기
07.14(목) 노린재 잡기
07.20(수) 노린재 잡기 / 어두워서 후레쉬 비추면서 잡음
07.24(일) 곁가지 등 줄안으로 넣어 주고 노린재 잡기
07.27(수) 노린재 잡기 / 꼬투리가 달림
08.07(일) 전체 순지르기 함
08.13(토) 일부 물주기
08.20(토) 일부 물주기
08.26(금) 베려고 하였으나 덜 영글은거 같아서 그냥 둠
08.29(월) 참깨베기 / 베어서 억주옆에 세워서 말림
        베는 시기가 좀 늦은 듯 (알이 많이 튀어나옴)
09.04(일) 참깨 건조상태 체크 / 꼬투리가 벌어지고 있음
09.16(목) 1차 타작함
09.30(금) 2차 타작함
10.02(일) 9/30날 2차 타작한거 검불 걷어내고 보니 양이 아주 적음 (약 2스푼)
10.06(목) 2차 타작한거 갈무리 하려했으나 얼어져서 버림
11.03(목) 그간 창고에 보관했던 수확한 참깨 집에 가지고 옴
```

기억력만 과신하지 말고, 농사 내용을 기록하자

기록하세요. 날짜, 기후, 품종, 재식*거리**, 포기 수, 수확일자(첫 수확, 최종 수확), 채종일자, 갈무리, 수확한 작물 저장 방법, 병충해 발생 상황, 비료 시비량, 살균·살충제 살포량이나 희석비율, 살포일자, 씨앗이나 모종 구입 가격, 농기구나 농사용품 구매비 등 농사에 관련된 것은 사소하더라도 모두 구체적이고 정확하게 기록합니다.

특히 실패한 작물은 원인을 분석해두는 것이 매우 중요합니다. 그래야 다음에 같은 상황이 오더라도 의연하게 대처할 수 있습니다. 사실 매일매일 기록하는 것이 무척 번거롭지만, 이런 기록이 쌓이다 보면 소중한 농사 자료가 될 뿐 아니라 다음해 농사를 준비하는 길잡이가 되기도 하고 나 자신의 역사가 되기도 합니다.

기록하는 방법으로는 농사일지 노트를 별도로 장만하거나 워드프로세서를 활용하면 됩니다. 여기에 사진까지 남겨둔다면 더할나위가 없겠죠? 카메라는 전문가용이 아니어도 됩니다. 요즘은 스마트폰 해상도가 일반 디카만큼 좋더군요. 저는 고장나도 부담없는 일명 똑딱이 디카를 사용합니다.

농사는 그 어떤 학문보다 어려운 학문임에 틀림없습니다. 가감승제를 먼저 알아야 미적분을 풀 수 있듯이, 농사도 기초부터 제대로 알아야 남의 훈수에 휘둘리지 않고 소신껏 지을 수 있습니다. 농사, 정답은 없지만 해답은 있습니다.

● **재식(栽植)**: 농작물이나 묘목을 땅에 심는 것.
●● **재식거리**: 농작물이나 묘목을 서로 떨어지게 심는 거리.

밭 만들기 08

고랑과 이랑

농사는 언 땅이 녹고 날이 따뜻해지는 봄부터 시작됩니다. 그리고 작물을 심기 위해서는 먼저 밭을 만들어야 합니다. 밭에서 밭을 만든다? 조금 이상하게 들릴 수도 있는데, 이 말은 밭에 고랑과 이랑을 만들어 작물을 심을 준비를 한다는 뜻입니다.

고랑은 불룩한 땅과 땅 사이에 길고 좁게 들어간 곳으로, 바람과 배수의 통로 역할을 하고, 사람이 다니는 길이기도 합니다. 고랑은 작물을 심지 않는 곳이지만 되도록 널찍하게 만드는 것이 좋습니다. 이랑은 흙을 두둑하게 쌓아올려 평평하게 고른 곳으로, 작물을 심는 곳입니다. 이랑을 두둑이라고도 하는데, 실제로 두둑이라는 말을 더 많이 쓰니 앞으로 두둑이라고 칭하겠습니다.

두둑은 작물에 따라서 넓이가 달라지므로 작물 특성에 알맞은 넓이와 높이로 만들어야 합니다. 뿌리를 수확하는 작물은 잎이나 열매를 수확하는 작물에 비해 두둑이 높고 넓어야 합니다. 밭을 효율적으로 사용하기 위해 1줄심기나 2줄심기를 합니다. 두둑의 폭을 1~1.5m 정도로 넓게 만들기도 하는데 이를 평이랑이라고 하며, 잎채소(상추, 시금치, 열무 등)나 마늘, 양파 같은 작물에 적합합니다.

밭 만드는 순서

밭을 만드는 일은 크게 다음과 같은 순서로 이루어집니다. 밭 정리 → 비료 투입 → 밭

일구기 → 1차 두둑 고르기 → 고랑 흙 정리 → 2차 두둑 고르기 → 멀칭(선택)

① 밭 정리
밭을 만들기 위해서는 먼저 밭을 정리해야 합니다. 바짝 말라서 너저분한 풀과 각종 작물의 부산물을 모아서 버리거나 소각하고, 비닐이나 지지대 등도 정리합니다.

② 비료 투입
밭을 갈기 전에 먼저 비료를 투입합니다. 통상 퇴비를 먼저 붓고 골고루 편 후 화학비료를 흩날리듯이 뿌려줍니다. 비료 투입은 1번만 하는 게 아니라 밭을 갈 때마다 합니다. 예를 들면 감자를 심기 전에 비료 뿌리고 밭 갈고, 감자를 캔 후 이어짓기로 김장배추를 심을 때 또 비료 뿌리고 밭을 갑니다.

　퇴비나 화학비료 값도 만만치 않은데 왜 그래야 할까요? 작물이 이용하면 비료 성분이 곧 고갈되기 때문입니다. 화학비료는 토양에 남더라도 비가 오면 쉽게 용탈됩니다. 사람도 끼니마다 밥을 먹어 양분을 보충하는 것과 같은 이치라고 할 수 있습니다. 그럼 비료를 안 넣으면 어떻게 될까요? 작물이 제대로 자라지 못해 농사가 잘 안됩니다.

비료는 작물을 심는 두둑에 골고루 뿌린다

③ 밭 일구기
밭을 만들기 위해서 땅을 파는 일을 '밭을 일구다' 또는 '밭을 갈다'라고 표현합니다. 농사 중 제일 고된 일이 밭을 일구는 일입니다. 특히 김장 작물을 심는 8월은 한여름이라 더욱 그렇습니다. 삽이나 쇠스랑을 이용해 흙을 일구면서 비료를 흙에 골고루 섞어줍니다. 이 과정에서 돌을 골라내거나 뭉쳐진 흙덩어리를 잘고 곱게 부숩니다.

밭을 가는 방법은 인력으로 하는 방법과 기계를 사용하는 방법이 있는데, 시간적인 여건과 체력적인 여건을 고려해 선택합니다. 경작 면적이 넓은 경우에는 비용이 다소 들더라도 기계를 이용하는 편이 훨씬 이득입니다. 농사를 안 지어본 사람은 "운동도 되고 좋지 않냐?"고 합니다. 그것은 몰라서 하는 얘기입니다. 운동은 별로 안되고 골병만 듭니다. 기계를 사용하는 방법은 트랙터를 이용하는 것인데, 흔히 '로터리친다'고 말합니다. 트랙터로 갈기에 밭이 작은 경우에는 소형관리기 또는 경운기로 하면 됩니다.

밭을 가는 일은 토양에 수분이 적당히 있을 때 하는 것이 좋습니다. 밭이 너무 질면 흙이 뭉치고 무거워 힘이 더 들고, 너무 가물면 흙이 뭉치지 않고 흩어져서 두둑을 만들 때 흘러내립니다. 토양에 따라 다소 차이는 있지만 비 온 다음날이 작업하기에 좋은 편입니다.

밭은 되도록 깊게 간다

④ 1차 두둑 고르기
삽, 삽괭이, 갈퀴 등을 이용해 흙이 한곳으로 너무 몰리지 않게 두둑을 고르면서 모양을 만들어갑니다.

⑤ 고랑 흙 정리
삽을 이용해 고랑에 흘러내린 흙을 두둑 옆구리에 퍼올리고 흘러내리지 않도록 가볍게 두둘겨줍니다.

⑥ 2차 두둑 고르기
갈퀴를 이용해서 최종적으로 두둑을 고릅니다.

두둑 고르기는 여러 차례 반복한다

밭을 갈고 나면 흙의 부피가 늘어난 것을 알 수 있습니다. 이는 흙에 기상이 많아져서 그렇습니다. 흙은 기상, 액상, 고상이 적절한 비율을 유지해야 한다고 말했습니다. 이것이 밭을 가는 이유 중 하나입니다. 흙이 햇볕에 장시간 노출되면 수분이 증발해서 딱딱하게 굳어버립니다. 따라서 밭을 간 다음에는 되도록 빨리 파종을 하거나 멀칭을 마쳐야 합니다. 만약 시간적 여유가 없다면 검은색 멀칭비닐을 임시로 덮어서 흙이 굳는 것을 방지할 수 있습니다.

참고로, 1차, 2차 두둑 고르기와 고랑 흙 정리는 개인의 성향에 따라 순서가 바뀔 수 있고, 횟수가 많아지거나 일부 생략될 수 있습니다.

고랑의 넓이

고랑 넓이는 정해진 것이 없습니다. 감으로 해야 합니다. 그러나 땅이 아깝다고 생각하지 말고 되도록 넓게 만드는 것이 좋습니다. 작물을 1줄 더 심겠다고 고랑을 좁게 만들면 지나다니기도 힘들뿐더러 수확하기도 힘듭니다. 작물이 성장했을 때를 생각해야 합니다. 고랑 넓이는 작물에 따라 달라집니다.

감자의 경우를 보겠습니다. 처음에는 고랑이 넓어 보이지만 작물이 성장하면서 고랑이 보이지 않게 됩니다. 그러나 감자는 파종일 기준으로 90~100일이면 캐기 때문에 특별히 고랑을 지나다닐 일이 없습니다. 그래서 조금 좁아도 큰 문제는 없습니다.

감자 성장 초기

감자 성장 후기

고추의 경우를 보겠습니다. 심을 때는 고랑이 아주 넉넉해 보입니다. 그러나 작물이 성장해 우거지면 복잡해집니다. 감자와는 달리 고추는 생육기간이 길고 수시로 따야 하기 때문에 고랑을 지나다닐 일이 많습니다.

고추 성장 초기

고추 성장 후기

결국 고랑은 작물보다는 사람에게 더 필요한 공간인 셈입니다. 그래서 고랑은 되도록 넓게 만드는 것이 좋습니다.

멀칭은 농사의 혁명

멀칭은 농작물이 자라는 땅을 작물의 잎이나 줄기, 짚, 풀, 나뭇잎 등 유기물 혹은 신문지, 비닐 따위 무기물로 덮는 일을 말하며, 흔히 농사의 혁명이라고 부릅니다. 멀칭은 대부분 쉽게 구할 수 있는 검은색 비닐을 사용하며 두둑에다 덮습니다.

검은색 비닐 멀칭

신문지 멀칭

짚 멀칭

그럼 멀칭을 왜 농사의 혁명이라고 할까요? 멀칭을 하는 이유는 다음과 같습니다.

제초관리

모든 식물은 햇볕이 없으면 자랄 수 없습니다. 검은색 비닐 멀칭은 햇볕을 차단해 풀이 자랄 수 없도록 함으로써 잡초 제거의 수고를 덜어줍니다.

수분관리

멀칭비닐은 수분 증발을 막아 흙 속의 수분을 일정하게 유지해줍니다. 단 멀칭 작업은 흙에 수분이 충분히 있을 때 해야 합니다. 멀칭을 한 후에는 흙이 새롭게 수분을 흡수하기가 어렵기 때문입니다.

땅이 굳는 것 방지

'비 온 뒤에 땅이 굳어진다'는 속담이 있습니다. 햇볕에 노출된 흙은 수분이 증발하면서 딱딱하게 굳습니다. 비가 오고 굳는 과정을 반복하다 보면 흙의 물리성이 나빠집니다. 멀칭은 햇볕을 차단해 흙이 굳는 것을 막아줍니다.

흙의 유실 방지

비가 올 때, 특히 장마철 폭우로 두둑의 흙이 쓸려 유실되는 것을 막아줍니다. 또한 토양 내 비료 성분의 유실도 막을 수 있습니다.

땅의 온도 낮추기

한여름 고온기에는 검은색 비닐 멀칭이 지열을 낮춰 뿌리의 생육에 도움을 줍니다. 검은색 비닐을 씌우면 온도가 올라갈 것 같지만 그렇지 않습니다.

투명비닐로 땅의 온도 높이기

월동을 하는 마늘이나 양파는 동해*를 막고자 투명비닐을 씌웁니다. 감자의 경우 지온**이 낮은 초봄에 파종을 하는데 투명비닐을 씌워 지온을 높여주면 발아를 앞당겨서 생산성을 높일 수 있습니다.

비닐 멀칭의 단점

세상 모든 것이 그렇듯이 장점이 있으면 단점도 있습니다.

비닐 구입 비용이 지속적으로 발생한다

멀칭비닐은 종류가 많습니다. 넓이(폭)는 단위로 '자'를 사용하며 3자(90cm), 4자(120cm), 5자(150cm)가 있고, 길이는 200m 정도입니다. 작물에 따라 넓이가 달라지므로 대개 2~3종류를 사야 합니다. 멀칭비닐 중에는 유공비닐이라는 것도 있습니다. 작물의 재식거리에 따라 일정하게 구멍을 뚫어놓은 비닐입니다.

설치하는 수고와 사용 후에 완벽하게 수거할 책임이 있다

저는 멀칭 작업이 제일 힘듭니다. 특히 바람이 심하게 부는 초봄에는 비닐이 펄럭거려서 작업하기가 여간 힘든 게 아닙니다. 사용 후에는 비닐이 찢어져서 토양에 남지 않도록 완벽하게 수거해야 하며, 수거한 비닐은 밭에 방치하지 말고 바로 배출해야 합니다.

- 동해(凍害) : 농작물 따위가 추위로 얼어서 생기는 피해나 손해.
- • 지온 : 땅의 온도.

밭에서 소각하는 농부도 있는데 이는 바람직하지 못한 일입니다. 퇴비 포대 등에 넣어서 내놓으면 수거해갑니다. 일부 지역은 수거하지 않는다고 하는데 그럴 때는 종량제 쓰레기봉투에 넣어서 배출하면 됩니다. 쓰레기봉투 1장에 얼마 안 합니다. 몇 푼 아끼려고 폐비닐을 밭에 방치하는 일이 없기를 바랍니다.

추비를 하기가 불편하다

비닐 멀칭을 하면 추비를 하기가 여간 불편한 게 아닙니다. 고작해야 포기 사이에 구멍을 뚫고 주는 정도이고, 다비성작물*인 마늘과 양파는 유공비닐 위에 뿌려서 비가 오면 녹아 스며들도록 하는 게 다입니다.

통풍을 약간 방해한다

흙은 기상, 액상, 고상이 적절한 조화를 이루어야 한다고 했습니다. 그런데 멀칭을 하게 되면 공기가 통하지 않아 오히려 나쁜 게 아닌가 사람들은 생각합니다. 제가 농사를 지으면서 제일 궁금하게 생각한 부분이기도 합니다. 그러나 멀칭비닐로는 공기를 완벽하게 차단하지 못합니다. 비멀칭에 비해 통풍이 다소 부족한 건 사실이지만 작물의 생육에는 전혀 문제가 되지 않습니다.

비닐 멀칭은 이렇게 하자

비닐 멀칭은 단점이 있음에도 불구하고 대부분의 농부들이 하고 있습니다. 멀칭이 주는 장점이 더 크기 때문입니다. 그런데 멀칭은 할 수 있는 작물이 있고 하지 말아야 하는 작물이 있습니다. 대부분의 작물은 멀칭재배를 할 수 있습니다. 고추, 토마토, 가지, 오이, 참외, 수박, 심지어 상추나 김장무, 당근도 멀칭재배를 합니다.

　멀칭을 해서는 안되거나 하는 게 바람직하지 않은 작물로는 부추, 딸기, 당귀, 취나물, 도라지, 더덕 등 다년생작물이 있습니다. 특히 딸기는 꽃이 피기 시작하면 줄기가 발생하고 이 줄기가 땅에 닿아 뿌리를 내려 번식하기 때문에 멀칭을 해서는 안됩니다.

　그럼 멀칭을 할까요, 말까요? 본인의 선택입니다. 경작하는 면적이 작고, 밭에 자주

● **다비성작물** : 거름을 많이 줘야 수확을 얻을 수 있는 작물.

갈 수 있어서 풀관리, 수분관리, 김매기˚나 북주기를 자주 할 수 있다면 비멀칭재배도 좋습니다. 반대로 밭에 자주 갈 수 없는 형편이거나 경작 면적이 넓은 경우에는 멀칭재배가 좋습니다. 멀칭을 한다면 손쉽게 구할 수 있는 검은색 비닐 멀칭을 권장합니다. 처음에는 관행대로 멀칭을 하고 어느 정도 농사에 자신이 생기면 그때 비멀칭을 해도 늦지 않습니다.

비닐 멀칭은 다음과 같이 합니다. 멀칭비닐이 두둑과 고랑 경계까지 모두 덮을 수 있도록 폭과 높이를 가늠해서 두둑을 만듭니다. 처음에는 어려워 보이지만 몇 번 해보면 금세 감이 잡힙니다.

▶ 방법 ① : 멀칭비닐을 두둑에 씌운 뒤 두둑과 고랑 경계지점에 고랑의 흙을 퍼서 비닐을 고정시킵니다.
▶ 방법 ② : 두둑과 고랑의 경계지점에 골을 판 후 비닐을 넣고 흙을 덮어 고정시키는 방법도 있습니다. 비닐이 완벽하게 고정되지만 다른 방법보다 시간과 힘이 많이 듭니다.
▶ 방법 ③ : 흙으로 비닐을 고정하는 대신 멀칭핀을 사용해서 비닐을 고정시키기도 합니다.
▶ 방법 ④ : 길이가 긴 두둑의 경우 흙을 촘촘하게 고정시키는 것은 힘이 많이 듭니다. 그래서 비닐이 들뜨거나 바람에 날리지 않을 정도의 간격으로 흙을 덮어주는 방법도 있습니다.

방법 ② 골을 파서 멀칭비닐을 고정시킨다

방법 ④ 중간중간 흙을 덮어준다

저는 ②번 방법을 즐겨 하며 이따금 ③번 방법으로 하기도 합니다. 어떻게 하든 본인의 여건에 맞게 하면 됩니다. 결국 비닐 멀칭은 힘 덜 들이고 비닐을 어떻게 고정시키는지가 관건입니다.

● **김매기** : 작물의 생장을 방해하는 풀을 제거하는 일.

09 | 병충해란?
10 | 미운 놈, 나쁜 놈, 지독한 놈 벼룩잎벌레
11 | 개미와 한패인 진딧물
12 | 조물주가 만들지 말았으면 좋았을 파리
13 | 무당벌레가 해충이라고?
14 | 어여쁜 나비도 해충이라고?
15 | 철갑옷을 입은 노린재
16 | 또 다른 벌레들
17 | 밭에서 만나는 착한 곤충들
18 | 작물보호제
19 | 생리장해란?

셋째마당

각종 병충해와 생리장해

09 병충해란?

병해

병해는 병으로 인해 농작물이 피해를 입는 것을 말합니다. 즉 작물이 병에 걸리는 것입니다. 탄저병, 노균병, 무름병, 흰가루병, 시들음병, 풋마름병, 균핵병, 세균성반점병, 검은곰팡이병, 잿빛곰팡이병 등 사람의 병만큼이나 가짓수가 많습니다. 감염 경로 또한 다양한데, 대부분은 토양에서 유래합니다.

흔한 병해를 몇 가지 살펴보겠습니다. 고추의 영원한 난적인 탄저병이 있습니다. 탄저균은 토양에 존재하고, 비가 집중되는 장마철에 발병률이 높습니다.

역병은 작물이 시들고 생육이 부진해지면서 서서히 고사하는 병해입니다. 전 작물에 걸쳐 폭넓게 발생하는데, 텃밭에서는 주로 고추와 토마토에서 볼 수 있습니다. 역병도 비가 많이 오는 장마철에 주로 발생합니다.

고추 탄저병

고추 역병

무름병은 세균성 전염병입니다. 고온다습할 때 주로 발병하며, 작물을 가리지 않고 나타납니다.

배추 무름병

이처럼 병해는 전 작물에 걸쳐 나타납니다. 그럼 어떻게 예방하면 될까요? 가장 좋은 방법은 작물이 병에 걸리지 않게 예방제를 쓰는 것입니다. 토양에 치거나 작물이 생육하는 중에 예방 차원으로 뿌려주면 됩니다. 예방제를 사용해도 병에 걸리는 경우가 있습니다. 이때는 치료제를 사용해야 합니다.

충해

충해는 해충으로 인해 농작물이 피해를 입는 것입니다. 제가 농사를 짓기 전에는 파리나 모기 외에는 곤충에게 적대감이 없었습니다. 그런데 농사를 짓고 나서는 곤충에 대한 환상이 깨지기 시작했습니다. 동요 속에 나오는 노랑나비, 흰나비는 물론 어릴 적 친근했던 방아깨비, 메뚜기도 해충이라 농사를 힘들게 합니다.

밭에서 볼 수 있는 곤충은 대부분 농사에 피해를 주는 해충입니다. 진딧물, 벼룩잎벌레, 이십팔점박이무당벌레, 노린재, 파리(고자리파리, 굴파리, 호박과실파리), 나비나 나방의 유충, 응애, 총채벌레 등은 모두 해충입니다.(두더지도 해로운 동물입니다.) 반면 칠성무당벌레, 지렁이, 사마귀 등은 농사에 도움을 주는 익충입니다.(개구리도 이로운 동물입니다.) 물론 도움도 피해도 주지 않는 중립적인 곤충도 있습니다.

해충 피해를 입은 배추

　병해와 충해를 합쳐서 병충해라고 부릅니다. 병충해를 막기 위해서는 작물이 건강하게 자랄 수 있도록 관리를 잘해주어야 합니다. 우선 저항성이 강한 품종과 튼튼한 모종을 구입합니다. 충분한 재식거리를 확보해서 일조와 통풍이 잘되도록 해주고, 연작을 피하며, 질 좋은 퇴비를 사용해 건강한 토양을 만듭니다. 특히 파리가 꼬이지 않게 주변 환경을 깨끗이 하면 좋습니다.

　하지만 그랬다고 해서 병충해를 피해갈 수는 없습니다. 그럼 작물에 병충해가 발생하면 어떻게 해야 할까요? 경우에 따라서는 농약을 사용해야 합니다. 병해에는 살균제를, 충해에는 살충제를 사용하며, 때로는 이 2가지를 혼용해서 사용합니다. 이때 살포시기, 살포횟수, 희석비율 등 사용법과 주의사항을 신중하게 확인해야 합니다.

미운 놈, 나쁜 놈, 지독한 놈 벼룩잎벌레

벼룩잎벌레

벼룩잎벌레는 사진처럼 생겼습니다. 녀석들은 아주 작아서 잘 안 보입니다. 또 벼룩처럼 톡톡 튀는 재주가 있어서 손으로 잡기란 사실상 불가능합니다. 그래서 한랭사로는 이들을 방어할 수가 없습니다. 녀석들은 연 3~5회 발생하는데 날이 따뜻해지는 3월 중하순부터 10월까지 이들을 볼 수 있습니다. 5~6월에 많이 보이고 여름철에는 다소 줄어듭니다. 녀석들은 아침에 활동을 시작하고 해가 지는 저녁이 되면 흙 속으로 숨어버리기 때문에 밤에는 볼 수가 없습니다.

녀석들은 주로 십자화과 작물에 피해를 줍니다. 또한 녀석들은 치사하게 떡잎* 때부터 피해를 주기 때문에 생육 초기에 방제하는 것이 중요합니다. 이 시기를 놓치면 망사가 되어버린 작물을 수확하게 될 수도 있습니다. 벼룩잎벌레는 작고 표피가 딱딱해서 천적이 없으며, 일단 발생하면 농약(친환경농약 또는 화학농약) 외에는 다른 방제 수단이 없습니다.

● **떡잎** : 씨앗이 싹틀 때 제일 처음에 나오는 잎.

벼룩잎벌레의 공격을 받고 있는 열무

벼룩잎벌레 피해로 곰보가 된 배추

돌**   벼룩잎벌레…… 농약 외에 다른 방법 없는 걸로 알고 있어요. 식초 등 민간요법을 총동원해 봤는데, 작물에 스트레스나 주지 방제는 개뿔~~

송**   저는 퇴비 넣고 며칠 뒤에 복합비료와 토양살충제를 함께 뿌려주고, 정식 후 4~5일 뒤에 다이아톤 뿌려주고, 커가면서 낌새가 보이면 망설임 없이 친환경 살충제 두어 번 주고 나니 생기지 않던데요. 그런 뒤에 두세 달 무농약으로 키운 다음 수확합니다. 첫해에 약 칠 거면 사먹지 뭐하러 힘들여 농사짓나 버티다가 고생만 했습니다.

마**   벼룩잎벌레~ 진딧물과 함께 쌍으로 밉상인 녀석들이지요. 전 그냥 같이 나눠먹자 하고 있습니다. 아무렴 니들이 나보다야 많이 먹겠냐 하고요. 실제로 징글징글하게 구멍을 내놓지만, 나 먹을 것도 충분하더라고요. 모양이 영 아니고 씻어내도 영 찝찝한 게 문제지만, 그걸 극복하는 게 더 쉽더라고요. ^^

쟁**   상추나 치커리 같은 것만 심었을 땐 몰랐는데 청경채 심고 나니 떡잎부터 망사가 되더라고요. 달달하고 맛있는 것만 좋아하나 봐요. 입이 고급이에요.

개미와 한패인 진딧물

호박잎에 붙어 있는 진딧물과 개미

텃밭 해충 중 하나인 진딧물. 이놈들 역시 지긋지긋한 놈들입니다. 간혹 진딧물을 진드기와 혼동하는 사람이 있는데 진딧물과 진드기는 엄연히 다릅니다.

진딧물은 생활환경에 따라 유시충과 무시충으로 나눕니다. 유시충은 날개가 있어서 날아다니고 무시충은 날개가 없어서 한번 자리잡은 곳에서 일생을 마칩니다. 또한 진딧물은 월동할 때는 알을 낳지만 대부분 새끼를 낳습니다. 주로 토양이나 작물의 부드러운 잎과 줄기에서 번식합니다. 진딧물은 종류도 매우 다양하며 전 작물에 걸쳐 피해를 줍니다.

진딧물은 어린 싹이나 연한 줄기, 잎 뒷면에 떼를 지어 붙어서 즙액을 빨아먹습니다. 피해를 입은 작물은 잎이 오그라들거나 기형적으로 변하고, 심한 경우 생육이 정지되어 말라 죽기도 합니다.

진딧물은 개미와 공생관계입니다. 개미는 진딧물을 적으로부터 안전하게 보호해주고 여기저기 물어다 옮겨줍니다. 그 조건으로 진딧물의 달콤한 배설물을 제공받습니다. 따라서 작물에 개미가 보인다는 것은 어딘가에 진딧물이 있다는 얘기입니다. 꼼꼼히 살펴서 초기에 때려잡아야 합니다.

"웬 하루살이가 있나?" 이렇게 무심히 넘기면 안됩니다. 아래 마지막 사진은 하루살이가 아니라 날개 달린 진딧물 유시충입니다. 이것들이 여기저기 날아다니면서 알 또는 새끼를 낳습니다.

진딧물 피해를 입은 당귀

진딧물 피해를 입은 배추

양배추에 떼거리로 덤비는 진딧물

날개 달린 진딧물 유시충

진딧물과 맞짱뜨기

자, 그럼 이렇게 떼거리로 덤비는 진딧물을 어떻게 때려잡으면 될까요? 사실 약 치는 것 말고는 마땅한 대안이 없습니다. 진딧물은 비교적 약이 잘 먹힙니다. 친환경농약이든 화학농약이든 초기에 뿌려서 잡아야 합니다. 방치하면 호미로 막을 것을 가래로 막게 되고, 심하면 작물을 포기해야 하는 지경에까지 이르게 됩니다. 특히 김장배추는 꼭 진딧물을 퇴치해야 합니다.

진딧물 살충은 크게 토양에 살포하는 방법과 작물에 살포하는 방법이 있습니다.

- ▶ 토양에 살포 : 모종 심기가 분주한 봄철이면 월동을 마친 진딧물이 토양에서 부화한 후 작물을 타고 올라옵니다. 밭을 만든 후 토양살충제를 골고루 뿌리고 흙은 아주 살짝만 덮어줍니다.
- ▶ 작물에 살포 : 유시충이 날아다니면서 낳은 진딧물은 작물에 살포해서 잡아야 합니다.

 블로그이웃들의수다

심** 다른 작물에 꼬는 진딧물은 봐줄 만한데 김장배추 진딧물은 영 밉상입니다.

Ju** 제 단골 종묘상 사장님이 이왕 약 쓸 거면 땅에 뿌리는 약이 좋다고 권하더군요. 배추 심는 시기에 뿌려도 되지만 심기 1달이나 보름 전 땅에 미리 뿌려도 괜찮다 해서 그래볼까 싶네요.

비** 윽, 징글징글~~ 진딧물 걱정이네요. 저도 코니도랑 다이아톤 1봉씩 구매해야겠어요. 땅에 뿌리는 걸로~

초** 작년에 양배추 심었더니 진딧물 바글바글. 다 뽑아버리고 종묘상 가서 물어봤더니 밭 만들 때 뿌리고 하면 괜찮다고 해서 가을농사 때는 뿌리고 했더니 하나도 안 생기더군요. 아, 이래서 약을 치는구나. 그래서 넘치지 않게 조금씩은 사용합니다.

12 조물주가 만들지 말았으면 좋았을 파리

파리는 정말 골치 아픈 곤충입니다. 각종 질병(대표적으로 콜레라)을 일으키는 것은 물론 농사에도 막대한 피해를 줍니다. 사실 파리(성충)가 농사에 직접적인 피해를 주지는 않습니다. 풀 뜯어 먹는 파리를 본 적이 있나요? 문제는 이것들이 번식을 위해 알을 낳는다는 겁니다. 그리고 바로 이 알이 문제입니다. 알이 깨어나면 파리 유충인 구더기가 됩니다. 이 구더기가 작물을 초토화시킵니다.

농사에 피해를 주는 파리는 크게 고자리파리, 굴파리, 호박과실파리가 있습니다. 이것들이 어떤 짓을 하는지 뒷조사를 해보겠습니다.

매운 뿌리를 먹는 고자리파리

발음하기도 조심스러운 고자리파리는 이렇게 생겼습니다. 사진으로는 커 보이지만 집파리보다 작아서 눈에 잘 띄지 않습니다. 특히 작물이 우거진 밭에서 이들을 볼 수 있는 확률은 매우 희박합니다.

고자리파리는 백합과 작물인 파, 부추, 양파, 마늘과 수선과 작물인 쪽파에 해를 가합니다. 이것들이 작물 뿌리 부분 흙 속에 알을 낳으면

고자리파리(성충)

이 알이 3~4일 후에 깨어나서 작물의 뿌리를 파먹기 시작합니다. 피해를 입은 작물은

정상적으로 생육하지 못하고 시들시들하다가 결국 고사하게 됩니다.

피해를 입은 작물을 뽑아보면 파리 유충인 구더기가 있습니다. 으, 사진으로 봐도 징그럽네요. 농사지으면서 별꼴 다 봅니다. 파, 마늘, 양파 그 매운 것을 다 먹다니 말입니다. 걔들은 맵지도 않나?

고자리파리 피해를 입은 외대파   고자리파리 유충(구더기)

그럼 고자리파리들에게 피해를 당하지 않으려면 어떻게 해야 할까요? 가장 이상적인 방법은 파리가 접근하지 못하게 하는 것입니다. 그러나 이론일 뿐 현실성이 없는 얘기입니다. 파리는 어디에든 서식하기 때문입니다. 심지어 해발 1,000m가 넘는 산꼭대기에도 파리가 있더군요.

가장 흔하게 사용하는 방법은 작물보호제(농약)를 뿌리는 것입니다. 이 경우 살충제보다는 기피제를 주로 사용하고, 약효(약효는 약제마다 다릅니다)가 떨어질 무렵 주기적으로 살포합니다. 백합과 작물, 특히 파는 약을 많이 쳐야 먹을 수 있는 대표적인 작물이라는 것이 불편하지만 진실입니다.

사** 저희 밭에도 파에 고자리파리가 있습니다. 파가 다 쓰러져서 중간이 휑합니다.ㅠㅠ

비** 저도 작년에 쪽파 심었는데 잎 끝이 노랗게 뜨기에 뽑아봤더니…… 우웩! 더러운 고자리파리 구더기가 바글바글했죠. 몽땅 뽑아버린 기억이 있네요.ㅠㅠ

정** 마늘밭에 고자리파리 약 4번 했습니다 지금 줘야 하지만 이상이 없어서 그냥 놔두고 있답니다.

그** 그래서 파는 농약 없이는 못 키운다고들 하는군요. 어디든 파리가 문제네요.ㅠㅠ

낙서쟁이 굴파리

굴파리는 낙서쟁이입니다. 성충 굴파리가 작물의 잎에 알을 낳으면 그 알이 깨어나는데, 이 유충이 작물의 잎에 굴을 뚫고 다니면서 파먹습니다. 유충이라고 말하니까 근사해 보이지만 역시 구더기입니다. 이것들은 종류도 다양합니다. 아메리카잎굴파리, 벼줄기굴파리, 파굴파리, 잎굴파리, 벼잎굴파리, 완두굴파리, 벼애잎굴파리, 줄기굴파리 등이 있습니다.

굴파리는 아래 사진과 같은 짓거리를 합니다. 저 지도는 오이 잎을 굴파리 유충이 굴을 뚫고 다니면서 파먹어서 그렇습니다. 그래도 오이는 열매를 수확하는 작물이라 크게 문제될 게 없습니다. 하지만 잎을 수확하는 파나 잎채소는 상황이 다릅니다. 방제를 소홀히 하면 농사를 망칠 수도 있습니다.

굴파리 피해를 입은 오이 잎

굴파리 피해를 입은 파

굴파리 예방법은 마땅한 게 없습니다. 날아다니는 파리를 어떻게 하기는 쉽지 않은 일이니까요. 파리가 꼬이지 않게 냄새 안 나는 좋은 퇴비 사용하기, 수시로 기피제 뿌리기, 하우스재배의 경우 모기장 등을 설치해 성충의 유입을 차단하는 방법 정도가 알려져 있습니다.

흑** 제 밭의 파가 굴파리 때문에 완전 다 실패했습니다. 한번 생긴 밭에는 해마다 있다고 해서 올해는 가을에 약 좀 뿌리고 파나 양파를 심어야 하나 생각 중입니다.

조** 이번에 굴파리 떼의 습격으로 상추 하나 먹을 때도 이리 뒤집고 저리 뒤집고, 난리도 아니었네요. 징글징글합니다.

막** 망할 굴파리들이 상추에도 굴을 파놔서 먹을 때마다 잎 뒷면을 확인하는 버릇이 생겼어요.ㅠㅠ

초** 굴파리 막아보려 한랭사 쳤더니 어찌 들어간 놈이 안에서 번식을 해서 아예 밥상을 차려줬습니다. 그냥 다시 걷어주고 왔네요.ㅠㅠ

별** 올 여름에 굴파리 때문에 속을 무지 끓인 사람입니다. 잎사귀 안에 들어갔는데 약 치고 죽은들 무슨 소용 있겠어요. 굴파리 흔적을 발견했을 땐 피해 입은 잎사귀 보는 족족 따주는 게 최선의 방법일 겁니다. 웬만하면 상추에는 벌레 안 꼬이는데, 굴파리는 상추도 안 가리고 피해를 줍니다.ㅠㅠ

높이뛰기 선수 호박과실파리

호박에 침을 박고 산란 중인 호박과실파리

호박과실파리는 파리인데 벌처럼 생겼습니다. 몸길이는 1cm 정도로 벌보다는 작고 집파리보다는 큽니다. 이것들의 생태에 대해서는 별로 알려진 바가 없는데, 산란철인 6월부터 9월에 걸쳐 피해가 집중됩니다.

이것들도 아주 못된 짓을 합니다. 어린 호박에 꽁지의 침(산란관)을 박아 알을 낳습니다. 이 알은 구더기가 되어 호박 내부를 야금야금 파먹으면서 자랍니다. 그럼 호박이 어떻게 될까요? 정상적으로 성장하지 못하고 부패해서 떨어지게 됩니다. 그러면 그 호박 안에 있던 구더기는 흙 속으로 들어가 번데기가 되고 다시 파리가 됩니다. 간혹 피해를 덜 받은 호박은 크게 자라기도 하는데, 그 안에는 구더기가 들어 있을 확률이 많습니다. 육안으로는 식별이 힘들며, 반으로 쪼개보기 전에는 알 수 없습니다.

호박과실파리의 주 서식지는 야산입니다. 그래서 산자락이나 산에 인접한 밭은 이것들의 만행을 피해갈 수가 없습니다. 현재 호박과실파리를 막을 수 있는 근본적인 대책은 없으며, 열매가 어릴 적 산란하지 못하도록 망이나 종이봉투를 씌워주는 정도입니다.

호박과실파리의 산란을 막기 위해 양파망을 씌운 동아박

제가 농사를 짓기 전 어느 가을의 일입니다. 모친께서 단호박을 찌려고 반으로 갈랐는데 그 안에 구더기가 드글드글했습니다. 제가 살면서 그렇게 징그러운 광경은 처음 봤습니다. 더 웃긴 건 구더기가 강시처럼 통통 뛰어다녔다는 사실입니다. 그 이후로 모친께서는 애호박*만 따고, 늙은호박이나 완숙과**를 수확하는 단호박 재배는 포기하셨습니다.

버** 손바닥만한 텃밭에서 7년 동안 늙은호박을 포기한 채 농사를 짓습니다. 첫해에 딱 1개 딴 누런 호박 안에 구더기가 바글바글……ㅠㅠ 이후로는 마음 비우고 주먹만하게 자라기만 하면 곧바로 따다가 먹습니다.

사** 큰언니가 작년에 늙은호박을 판매했는데, 소비자에게 간 것에서 구더기가 나와서 욕을 엄청 먹었다네요. 엄청 팔았는데 달랑 1통에서요. 흠, 겉으로는 표가 안 나 몰랐다는데, 수많은 호박을 팔면서 일일이 표면을 훑어보는 것도 쉬운 일은 아닐 듯합니다. 거긴 주변에 산이 있는 것도 아니고 넓은 평지입니다. 정말 벼룩잎벌레 다음으로 무서운 놈인 듯합니다.

허** 우리 집에 늙은호박이 하나 있는데 볼 때마다 저 속에 혹시…… 하면서도 반 갈라볼 생각을 못하고 있습니다. ㅋㅋ 에이, 설마…….^^

스** 저는 해마다 호박과실파리 때문에 죽을 맛인데, 그 심정 백번 이해합니다. 제 밭이 산 속에 있거든요. 양파망 기억하겠습니다. ^^

은** 제 밭 위쪽 어르신께서 호박에 신문지 모자를 씌우시기에 왜 그러냐 물으니 호박과실파리 때문에 그런다고 하십니다. 산자락 바로 밑에 밭이라 많다고요. 작년에 저도 첨 당해봤어요. 늙은호박 잘랐더니 구더기가……. ㅋㅋ

파리와 맞짱뜨기

지금까지 못된 파리 3종의 신상을 털어봤습니다. 어떤가요? 장난 아니지요? 그러나 파리 무서워서 장 못 담그고 파나 늙은호박을 포기하면 안됩니다. 수단과 방법을 가리지 말고 파리를 잡아야 합니다. 그럼 날아다니는 파리를 어떻게 잡으면 될까요?

● **애호박** : 열린 지 얼마 안되는 어린 호박.
●● **완숙과(完熟果)** : 완전히 익은 열매.

파리끈끈이 액

자, 이걸로 잡아보겠습니다. 파리끈끈이 액입니다. 파리는 물론 쥐나 말벌도 잡을 수 있다고 되어 있습니다. 쥐도 잡을 수 있다니! 하지만 우리는 파리만 잡으면 됩니다.

◀ 1. 파리끈끈이 액을 플라스틱 병에 치약 짜듯이 짭니다.

◀ 2. 주걱이나 붓으로 골고루 발라줍니다. 손이나 옷에 묻지 않게 조심해야 합니다. 특히 옷에 묻으면 난감한 일이 발생합니다. 본드 묻은 것과 똑같아서 세탁해도 소용없고, 그냥 옷 버려야 합니다.

◀ 3. 막대에 꽂아서 파리가 많이 꼬이는 퇴비장이나 작물 사이에 설치합니다. 접착력이 강해서 비가 와도 씻기지 않고, 40일 정도 접착력이 유지됩니다.

◀ 4. 파리끈끈이 액에 파리가 달라붙은 모습입니다.

파리끈끈이로 밭에 있는 파리를 모두 잡을 수는 없겠지만 농사에 많은 도움이 되리라고 봅니다. 파리뿐만 아니라 나비나 나방도 심심치 않게 잡히고, 이따금 노린재와 이십팔점박이무당벌레도 잡힙니다. 플라스틱 병은 화려한 색에 더 많이 잡히는 것으로 보아 색상도 해충을 유인하는 데 어느 정도 작용을 하는 것으로 보입니다.

무당벌레가 해충이라고?

무당벌레는 식성으로 보아 풀만 먹는지, 벌레만 먹는지에 따라 구분할 수 있습니다. 농사짓는 사람의 관점에서 보면 풀만 먹는 무당벌레는 해충이고, 벌레만 먹는 무당벌레는 익충입니다. 우리나라에 서식하는 무당벌레의 종류는 굉장히 많지만, 여기서는 농사지으면서 자주 접하는 무당벌레에 대해서만 살펴보겠습니다.

①은 칠점무당벌레라고도 부르는 칠성무당벌레입니다. 진딧물을 잡아먹고 삽니다. 농사에 피해를 주지 않고 진딧물을 없애주므로 익충으로 분류합니다. ②는 애홍점박이무당벌레입니다. 빨간 점이 인상적입니다. 역시 진딧물을 잡아먹고 살기에 익충으로 분류합니다.

① 칠성무당벌레

② 애홍점박이무당벌레

③번은 남생이 무당벌레입니다. 남생이라는 거북의 등을 닮아서 붙여진 이름입니다. 예쁘게 생겼죠? 역시 익충입니다.

④, ⑤번 무당벌레도 이따금 볼 수 있습니다. 이것들은 색깔이 다양하고 변이가 심해 등에 있는 점무늬의 패턴도 일정하지 않습니다. 이 녀석들은 다른 무당벌레와 달리 점을 세지 않고 그냥 '무당벌레종'이라고 부릅니다. 등이 빨간 것과 노란 것이 있는데, 역시 농사에 피해를 주지 않습니다.

③ 남생이무당벌레

④ 등이 빨간 무당벌레종

⑤ 등이 노란 무당벌레종

⑥, ⑦번처럼 생긴 녀석들도 보입니다. 어찌 보면 예쁘기도 하고, 흉측하기도 합니다. 그럼 이 녀석들은 대체 뭘까요? 위에서 살펴본 칠성무당벌레, 애홍점박이무당벌레, 남생이무당벌레 등의 약충•이며 대부분 비슷한 모습을 하고 있습니다. 역시 진딧물을 잡아먹고 살며, 이 녀석들이 자라면 성충 무당벌레가 됩니다.

⑥ 애홍점박이무당벌레 약충

⑦ 남생이무당벌레 약충

• **약충(若蟲)** : 불완전변태를 하는 곤충의 애벌레.

⑧ 이십팔점박이무당벌레

⑧은 농사의 영원한 불청객 이십팔점박이무당벌레입니다. 등에 점이 28개 있어서 붙여진 이름이며, 농사지으면서 지긋지긋하게 보게 됩니다. 그런데 사람들은 대부분 이십팔점박이무당벌레는 농사에 피해를 안 주는 익충으로 알고 있습니다. 그러니까 "무당벌레는 다 좋은 녀석들"이라고 알고 있는 겁니다. 과연 그럴까요? 녀석의 뒷조사를 해보겠습니다.

이십팔점박이무당벌레는 풀을 먹고 삽니다. 작물의 줄기나 열매를 갉아먹기도 합니다. 그러나 이들의 피해는 애교로 봐줄 만합니다. 먹어봤자 얼마나 먹는다고. 문제는 이들이 퍼질러놓는 알입니다. 잎 뒷면에 알을 낳기 때문에 눈에 잘 띄지 않습니다. 잎 뒷면에 교묘하게 붙여놓은 알이 흉칙한 모양의 약충이 되는데, 이들은 엄청난 대식가입니다.

이십팔점박이무당벌레 알

이십팔점박이무당벌레 약충

이십팔점박이무당벌레 약충의 피해를 입은 감자 잎

이십팔점박이무당벌레 성충이 갉아먹은 가지

이렇게 순식간에 작물이 작살납니다. 따라서 이십팔점박이무당벌레 성충은 물론이고 그 알도 부지런히 제거해야 합니다.

결론적으로 밭에서 접할 수 있는 무당벌레 중 이십팔점박이무당벌레를 제외하고는 모두 익충으로 볼 수 있습니다. 아군을 적군으로 오인해 죽이는 무지를 저지르지 맙시다.

C** 첨엔 멋모르고 이십팔점박이무당벌레 잡는 할머니보고 "이거 왜 죽이세요?" 한 기억이. ㅋㅋ 지금은? 보이는 대로 아작냅니다. 알이든 애벌레든 성충이든 정말 징글징글한 놈들이에요.

가** 저도 올해 가지 잎에 있는 무당벌레를 익충으로 생각하고 놔두었다가 잎을 다 아작내서 할 수 없이 잡았어요. 못내 마음이 안 좋았는데, 그 무당벌레가 이십팔점박이무당벌레였나 봐요. 이젠 무당벌레도 좋은 놈, 나쁜 놈 잘 구분해야겠네요.^^*

그** 작년 감자 키우면서 이십팔점박이무당벌레 100마리는 잡은 것 같습니다. 올해도 빠지직 신공으로 열심히 처치해야죠.^^

대** 아, 어쩌죠? 생긴 게 징그럽고 1~2마리도 아닌 게 갑자기 많이 생겨서 해충인 줄 알고 마구 죽였는데, 칠성무당벌레 애벌레였다니…….ㅠㅠ

비** 무당벌레 종류가 많기도 합니다. 익충을 죽이지 않게 잘 외워놔야겠어요.^^

어여쁜 나비도 해충이라고?

"나비야, 나비야, 이리 날아오너라. 노랑나비, 흰나비, 춤을 추며 오너라."

어릴 적 누구나 한번쯤 불러봤을 동요의 한 구절입니다. 그러나 농사를 짓고부터는 "내 밭에 오면 죽여버린다" 이렇게 되었습니다. 제 밭에는 나비를 잡으려고 잠자리채도 준비해놨습니다. 왜 그럴까요? 이유는 녀석들이 작물에 어마어마한 타격을 주기 때문입니다.

배추흰나비 유충

담배나방 유충

사실 나비(나방) 성충이 작물에 주는 피해는 없습니다. 풀 뜯어먹는 나비(나방)는 없기 때문입니다. 문제는 나비(나방)가 낳은 알입니다. 나비(나방)가 작물의 연한 잎이나 줄기, 가지, 꽃봉오리에 알을 낳으면 그 알이 부화해서 작물을 갉아먹습니다. 나비(나방)가 나풀거리며 여기저기 탐색하고 작물 잎에 잠시 앉았다 날아가기를 반복하는데, 그 짧은 시간에 이미 알을 낳은 것입니다. 나비는 주행성으로 낮에 활동하고 나방은 야행성으로 밤에 활동합니다.

나비와 나방을 구분하는 방법

	나비	나방
더듬이 모양	곤봉 모양	침 또는 빗살 모양
활동 시간	주행성(낮에 활동)	야행성(밤에 활동)
앉아 있는 모습	날개를 접었다 폈다 한다	날개를 펴고 있다

농사의 피해를 주는 나비와 나방은 크게 배추흰나비, 배추좀나방, 파좀나방, 파밤나방, 도둑나방, 멸강나방, 조명나방, 담배나방 등이 있습니다. 이들의 피해를 막을 수 있는 근본적인 대책은 사실 없습니다. 날아다니는 나비와 나방을 어떻게 한다는 것은 현실적으로 불가능하기 때문입니다.

- 백** 고추농사 3분의 2는 나방 애벌레가 먹어버린 것 같아요. 나방 애벌레의 탈을 쓴 돼지 새끼 아니면 돼지 새끼 사촌이 아닐까요? 내 고추농사는 나방 애벌레가 다 망쳐요.ㅠㅠ
- 사* 갈 때마다 잡는데 갈 때마다 애벌레가 보여요. 심지어 잡을 때마다 애들이 커져 있어요. 제가 못 잡은 게 더 많다는 거지요.^^;; 심지어 애벌레를 지나 번데기가 된 것도 1마리 잡았네요.ㅠㅠ
- 엉** 우리 마을도 파좀나방의 공습을 당해서 며칠 전 약 살포했습니다. 여긴 남쪽이라서인지 마늘종이 벌써 많이 나오네요. 또 나타나지 않을까 계속 살펴보고 있답니다.
- 미** 농사지으면서 나비가 안 예쁩니다. 제가 저거 잡아 죽여야 하는데 하면서 나비를 쫓아가니 어머님이 너 왜 그러니 하십니다.ㅠㅠ

철갑옷을 입은 노린재

노린재는 농사를 지으면서 쉽게 볼 수 있는 해충 중 하나입니다. 밭에서 볼 수 있는 노린재는 모두 해충이라고 보면 됩니다. 물론 피해를 주지 않는 노린재도 있지만 서식지가 달라서 밭에서는 볼 수 없습니다. 농사에 피해를 주는 노린재를 살펴보겠습니다.

①은 알락수염노린재입니다. 주로 십자화과, 콩과 작물에서 발견되며, 벼에 피해를 주기도 합니다. 콩, 팥, 녹두 등 콩과 작물, 벼, 보리, 옥수수 등 화본과* 작물의 꽃이나 덜 여문 종자의 즙액을 빨아먹고 삽니다.

②는 비단노린재입니다. 연 2회 정도 발생하며 주로 십자화과 작물에 피해를 줍니다. 특히 무, 배추, 냉이 등의 즙액을 빨아먹고 살며, 잎 뒷면이나 줄기에 무더기로 알을 낳습니다.

① 알락수염노린재

② 비단노린재

- **화본과(禾本科)** : 볏과와 댓과 식물을 통틀어 이르는 말.

③번 풀색노린재는 잡식성이며 콩과 작물에서 흔히 볼 수 있습니다. 그 밖에 가지, 토마토 등에 피해를 줍니다.

④번 꽈리허리노린재는 고추에서 볼 수 있습니다. 줄기에 침을 박고 즙액을 빨아먹어 생육을 저해하고 탄저병 균을 묻혀 전염시키기도 합니다.

③ 풀색노린재

④ 고추에서 흔하게 볼 수 있는 꽈리허리노린재

⑤번 톱다리개미허리노린재는 콩이나 녹두에서 흔히 볼 수 있습니다. 다른 노린재에 비해 비행 능력이 좋아서 손으로 잡기가 쉽지 않습니다.

⑤ 콩을 좋아하는 톱다리개미허리노린재

노린재와 맞짱뜨기

노린재는 잘 잡아야 합니다. 녀석들은 위기의 식을 느끼면 액체 형태의 분비물을 발산하는데 냄새가 아주 고약합니다. 저는 만지기 싫어서 손가락으로 튕겨서 멀리 날려버리거나 땅바닥에 떨어뜨려 발로 밟습니다.

노린재 암컷은 콩과 식물이나 채소의 잎, 풀

노린재 알

뒷면에 알을 낳는 습성이 있습니다. 저 알 하나가 노린재 1마리가 되는 것입니다. 따라서 노린재 알도 보이는 족족 가차없이 제거해야 합니다.

농약 살포

피해가 심한 경우 노린재 약제를 살포합니다. 톱다리개미허리노린재는 날아다니기 때문에 이슬을 맞아 비행 능력이 떨어지는 이른 아침에 살포해야 효과가 있습니다.

녹두 함께 심기

노린재가 좋아하는 다른 작물(녹두)을 근처에 심거나 작물 사이에 심어 노린재를 유인합니다. 즉 녹두를 미끼 삼아 쓴다는 말이지요. 하지만 정작 녹두가 필요해서 심어야 할 때는 마땅한 대안이 없습니다.

기피제 살포

노린재가 싫어하는 기피제(목초액 등)를 주기적으로 살포하면 피해를 다소 줄일 수 있습니다. 그러나 효과는 그리 크지 않습니다.

유인트랩 사용

노린재 트랩을 설치한 후 그 안에 페르몬을 넣어서 노린재를 유인합니다. 물고기 잡는 어망같이 생겼습니다. 그런데 노린재 유인 효과는 좋지만 채집망에 들어가는 노린재는 10~20% 정도이고 오히려 노린재를 대량으로 끌어들이는 참극이 벌어지기도 합니다. 결국 노린재와 맞짱뜨기란 쉽지 않습니다.

노린재 트랩

큰** 노린재 트랩 몇 년 전에 한번 설치했다가 동네 노린재가 다 몰려와서 다시는 안 합니다.

쟁** 서리태 몇 알 심었는데 속이 다 빈 쭉정이. 그 이유를 이제야 알았네요. 노린재들이 바글바글했는데 설마 콩을 망쳐놓을 줄은 몰랐네요. 콩은 아무 벌레도 안 먹고 그냥 알아서 자라는 줄 알았어요.

예** 처음 농사지을 때 노린재 손으로 잡고, 씻어도 씻어도 손에서 이상한 냄새가 나더군요. ㅠㅠ

막** 아욱에 바글바글해서 장갑 낀 손으로 눌러 죽였는데……. 아, 돌이킬 수 없는 추억입니다. 차라리 약 뿌리고 말지. 헐~~

C** 비단노린재는 너무 많이 번성했고, 톱다리개미허리노린재는 그리 많이 보이지 않아 대충 넘어가는데, 알락수염노린재 이 녀석들은 감자 심을 때부터 1~2마리씩 늘어나더니 잡아도 잡아도 해결이 안되네요. 냄새도 고약하고.

또 다른 벌레들

메뚜기도 한철이다

어릴 적 추억인 메뚜기는 성충, 약충 모두 농사에 피해를 주는 해충입니다. 텃밭에서 흔히 볼 수 있는 메뚜기는 방아깨비, 섬서구메뚜기, 벼메뚜기 정도입니다. 8월부터 활동을 시작하며, 개체수는 그리 많지 않지만 그렇다고 얕보면 안되는 놈들입니다. 김장배추와 김장무에서 어렵지 않게 만날 수 있습니다.

섬서구메뚜기

벼메뚜기

달팽이가 우스워?

달팽이는 6월부터 10월에 걸쳐 대부분의 작물에 피해를 줍니다. 이들은 느려서 손으로 잡기가 쉬운 편이지만 떼거리로 몰려다니기 때문에 여간 골치 아픈 게 아닙니다. 잡아도 끝이 없으며 느리다고 얕보면 절대 안됩니다. 이들은 주로 야간에 활동하고 땅속이

나 비닐 멀칭 아래에 서식하며, 표면의 끈적끈적한 액체는 농약의 침투를 막아 방제가 매우 어렵습니다. 부지런히 잡는 방법이 최고입니다.

일반 달팽이

등에 껍질이 없는 민달팽이

손대면 죽은 척하는 거세미나방 애벌레

보기에도 징그러운 거세미나방 애벌레는 땅속에 삽니다. 크기는 성인의 엄지손가락만하며 주로 밤에 활동하는데 낮에도 이들의 만행을 종종 볼 수 있습니다. 옥수수, 고추, 토마토, 가지 등 거의 모든 밭작물의 어린 줄기나 밑둥을 자르고 땅속으로 끌어들여 먹어치웁니다. 연

거세미나방 애벌레

2~3회 정도 발생하는데 6월 중순, 8월 중순, 10월 상순에 피해가 집중됩니다. 이들의 피해를 막는 근본적인 방법은 토양살충제를 뿌리는 것 외에는 없습니다.

굼벵이는 밟으면 죽는다

행동이 느린 사람을 가르켜 굼벵이라고 하죠? 풍뎅이의 유충인 굼벵이는 이렇게 생겼습니다. 반쯤 썩은 짚더미를 먹거나 농작물을 비롯한 각종 식물의 뿌리를 먹고 삽니다. 흙 속에 살기 때문에 잘 볼 수가 없습니다.

풍뎅이 유충 굼벵이

　굼벵이는 주로 감자, 고구마, 야콘, 땅

콩 등에 피해를 줍니다. 겨우내 흙 속에서 유충으로 월동하다가 이듬해에 풍뎅이가 됩니다.

굼벵이 피해를 입은 야콘

굼벵이 피해를 입은 고구마

이런 일도 있었습니다. 어느 날 보니 상추가 시들어 있더군요. 옆에 다른 상추들은 괜찮은데 말입니다. 그래서 흙을 파보니 굼벵이가 밑둥을 잘라놨더군요. 농사지으면서 별꼴 다 봅니다.

굼벵이를 퇴치할 수 있는 방법은 작물을 심기 전에 토양살충제를 치는 것 외에는 마땅한 대안이 없습니다. 전업 농가에서는 초겨울에 밭을 갈아서 얼어 죽게 만들기도 합니다. 굼벵이, 느리다고 얕보면 안됩니다.

굼벵이 피해를 입은 상추

- **마**** 제 밭에 굼벵이가 많아서 봄에 약을 쳤는데도 불구하고 피해를 봐서 올해는 아예 고구마순만 먹자 하고 심었는데도 막상 뚜껑 열어보니 1개도 못 건졌어요. 갈아엎었어요. 굼벵이 약 치고 심느니 그냥 사먹겠어요. 굼벵이 없는 밭은 약 칠 필요도 없는 게 고구마니까요. 굼벵이 먹은 건 또 금방 썩어요.
- **토**** 약 안 치고 농사 좀 지어보겠다고 한 해 해봤더니 굼벵이가 지나간 흔적이 여기저기 났더라고요. 문제는 그렇게 흔적난 고구마는 다 썩더라는 뼈아픈 추억이. 다음부터는 약 칩니다. 그래도 가끔씩 굼벵이 흔적이 있는 걸 보면 전업농들은 약을 단단히 치는 모양이에요.
- **곰**** 우리 텃밭 땅콩, 당근, 고구마. 고구마는 완전 마마자국. 밭에서 버렸다 담았다를 반복하다 담아왔는데 그걸 다듬는다 해도 제 입에 넣기가 너무 험하다 싶어 결국 버린 게 1박스. 소득의 반이에요. 남은 것도 성한 게 없어요. 칼로 2~3군데 수술을 해야 솥으로 들어가지요. 내년에는 굼벵이 약 꼭 쳐야겠어요.

각종 병충해와 생리장해

텃밭의 무법자 땅강아지

이 녀석은 땅속에서 사는 곤충으로 유명한 땅강아지입니다. 땅개, 땅깨비라고도 합니다. 토양 속을 헤집고 다녀서 땅속 공기층을 넓게 해 주기 때문에 토양에는 이롭다고들 하지만, 정작 농작물에는 피해를 주는 해충입니다. 야행성으로 주로 밤에 활동하며, 잡식성으로 지렁이도 잡아먹습니다. 또한 채소, 인삼 등 작물을 가리지 않고 뿌리와 줄기, 새싹 등을 먹어치워 심한 경우 수확을 하지 못할 정도로 큰 피해를 주기도 합니다. 밭에 지렁이가 많으면 땅강아지가 많이 생깁니다.

땅강아지

어릴 적 땅강아지는 요긴한 놀잇감이었습니다. 녀석은 초저녁 대청마루의 불빛을 보고 날아들곤 했는데, 불빛을 따라 이리저리 맴돌다가 이내 마룻바닥으로 떨어졌습니다. 그런 녀석을 생포해서 손아귀에 움켜쥐고 놀았습니다. 지금도 밭에서 이따금 생포하는데, 어릴 적 친근했던 기억 때문에 죽이기가 못내 미안해서 멀리 던져버리곤 합니다.

밭에서 만나는 착한 곤충들

거미는 줄타기 선수입니다. 거미줄을 쳐놓고 잠자리, 나비, 벌 등 온갖 곤충을 잡아먹고 삽니다. 익충, 해충 닥치는 대로 잡아먹고 살지만 농사에는 피해를 안 주는 녀석입니다. 그런데 저는 거미가 싫습니다. 고랑을 지나가다가 얼굴에 거미줄을 뒤집어쓰게 되기 때문입니다. 그래서 막대기로 거미줄을 걷으면서 지나다니기도 합니다.

가을의 전령사 잠자리는 8월부터 볼 수 있습니다. 녀석들은 주로 지지대 끝에 올라앉아서 날개를 활짝 펴고 있습니다. 녀석들은 파리나 모기 등 작은 곤충을 먹고 삽니다. 밭에서 잠자리가 보이기 시작하면 가을농사가 시작됩니다.

거미

잠자리

지구상의 곤충 중 제일 부지런한 녀석들은 바로 벌입니다. 만약 벌이 없어진다면 현대문명은 엄청난 재앙을 맞이하게 될 겁니다. 왜일까요? 작물 중에는 오이처럼 자가수정을 하는 작물도 있지만 대부분 타가수정을 하기 때문입니다. 이 역할을 해주는 것이 바로 벌입니다. 벌은 참 고마운 곤충입니다.

사마귀는 농사에 피해를 안 주는 착한 녀석이지만 혐오스럽게 생긴 모습 때문에 종종 놀라게 됩니다. 하루는 제가 고랑에 쭈구리고 앉아 풀을 뽑다가 무심코 고개를 들었는데 바로 코앞에 녀석이 떡하니 버티고 있었습니다. 저는 놀라서 뒷걸음질쳤지만 녀석은 태연했습니다. 참 배짱 좋은 녀석입니다. 사마귀는 낮에 활동하고 암컷이 수컷에 비해 월등히 큽니다. 주로 작은 곤충을 잡아먹고 삽니다.

벌

사마귀

추가로, 곤충은 아니지만 밭에서 종종 만나는 개구리가 있습니다. 녀석을 보면 어릴 적 추억 때문에 반갑습니다. 그런데 녀석은 사람이 반갑지 않은 모양입니다. 허둥지둥 도망치기 바쁩니다. 가끔씩 호미나 삽에 찍혀 억울한 죽임을 당하기도 합니다. 녀석은 지렁이, 파리, 잠자리, 나비 같은 작은 곤충을 먹고 삽니다. 농사에 피해를 주지 않는 착한 녀석입니다.

개구리

작물보호제

이번 장에서는 누구에게나 민감한 문제인 농약 사용에 대해서 알아보겠습니다. 사람이 다치거나 아프면 치료를 목적으로 의약품을 바르거나 약을 먹어야 합니다. 질병에 감염되지 않도록 미리 예방주사를 맞기도 합니다. 작물도 마찬가지로 병이 나면 치료를 해야 하고 병에 걸리지 않도록 미리 예방주사를 놔줘야 합니다. 농약은 작물에게 필요한 주사며 약입니다. 병충해로부터 작물을 보호하거나 예방 또는 치료를 목적으로 농사에 꼭 필요한 것이지요.

그러나 오용 또는 남용으로 인해 사람의 건강까지 해치고 자연생태계를 파괴한다는 이유로 많은 사람들이 농약 사용을 안 좋게 생각합니다. 농약 하면 막연한 불신과 공포를 가지고 독약으로 생각하는 것이 현실입니다. 이런 불신 때문에 최근에는 농약 대신 작물보호제라는 용어를 쓰기 시작했습니다. 농약은 생각하는 것처럼 그렇게 위험한 물질이 아닙니다. 다만 사용안전기준을 지켜야 한다는 책임과 의무가 따릅니다.

친환경농약

농약은 크게 천연추출물로 만든 친환경농약과 화학적인 공정을 거쳐 만든 화학농약이 있습니다. 흔히 농약이라고 하면 화학농약을 가리키는 경우가 많습니다. 용도에 따라 살균제와 살충제가 있고 목적에 따라 예방제, 기피제, 살충제로 분류할 수 있습니다. 이 중 작물에 병이 발생하지 않도록 미리 예방해주거나 해충이 싫어하는 기피제를 미리 뿌려 사전에 차단하는 방법이 가장 바람직합니다. 기피제는 대부분 친환경농약을 사용하며, 살충이 목적이 아니기 때문에 생태계에 미치는 영향도 적습니다.

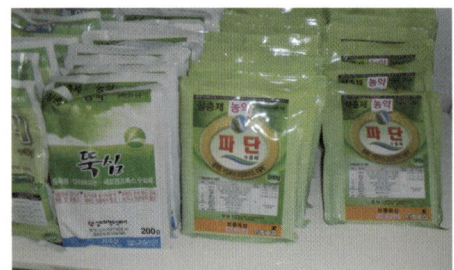
시판 중인 작물보호제

물과 마요네즈를 섞어서 만드는 난황유

친환경농약은 직접 만들어 사용할 수 있습니다. 민간요법처럼 구전으로 폭넓게 알려진 것들이 많습니다. 진딧물에는 우유나 물엿을 물에 타서 뿌려줍니다. 흰가루병, 노균병에는 난황유를 만들어 뿌려주기도 합니다. 난황유는 '계란 + 식용유 + 물' 또는 '마요네즈 + 물'을 섞어서 만듭니다. 통상 재료를 구하기 쉬운 마요네즈로 만듭니다.

난황유 사용 예시

예방 목적	물 2리터	마요네즈 8g	살포 간격 10~14일
치료 목적	물 2리터	마요네즈 13g	살포 간격 5~7일

이 외에 담배꽁초를 우린 물이나 목초액, 식초, 제충국, 은행나무 잎, 쇠비름, 자리공 등 종류가 무척 많습니다.

그런데 농사는 그리 만만치 않습니다. 친환경농약으로 모든 게 쉽게 해결되지는 않습니다. 물론 전혀 효과가 없다는 얘기는 아닙니다. 난황유는 농진청에서 검증한 것으로 사용을 권장하고 있습니다. 제충국이나 식초로 효과를 봤다는 얘기도 있지만 과학적으로 입증된 사례는 많지 않습니다.

제가 농사를 처음 시작했을 때 친환경농약을 만들어 사용해본 적이 있습니다. 그러나 제조가 무척 번거로웠고 효과도 크지 않았습니다. 또한 1번 뿌려서는 안되고 자주 뿌려야 했기에 직장 다니면서 농사를 지어야 하는 저로서는 살포시기를 번번이 놓칠 수밖에 없었습니다.

몸값이 비싼 제 파프리카에 진딧물이 발생했습니다. 초기에는 키도 작고 잎도 몇 장

안돼서 손가락으로 문질러 잡는 노가다를 했습니다. 그런데 어느 순간 키가 커지고 잎이 무성해지니 도저히 감당이 안되더라고요. 그래서 물엿을 뿌리기로 했습니다. 진딧물은 물엿이나 설탕을 물에 타서 뿌려주면 퇴치할 수 있습니다.

물엿은 손으로 만져봐서 끈적거릴 정도로 탑니다. 너무 되직하면 분무가 안되기 때문에 적당히 알아서 타야 합니다. 물엿은 1차적으로 진딧물의 호흡기를 막고 2차적으로 굳으면서 진딧물이 움직이지 못하게 만들어 말라 죽입니다. 효과는 비교적 좋았습니다. 진딧물이 까맣게 말라 죽었더군요. 그런데 물엿이 땅에 떨어지자 온 동네 개미가 다 몰려왔습니다. 또한 맹물을 뿌려 물엿을 씻어줘야 합니다. 물엿이 잎의 기공을 막아버리기 때문입니다.

자리공 천연살충제

식물 추출물로 만든 친환경농약

제조업체에서 만들어 판매하는 친환경농약도 있습니다. 인체에 무해한 식물 추출물로 만들어서 가격은 비싸지만 효과는 자가제조한 것에 비해 다소 좋습니다. 그래도 화학농약에 비해서는 효과가 크게 떨어지기 때문에 이 역시 자주 뿌려야 한다는 단점이 있습니다. 종류 또한 살충제 위주이고 살균제는 거의 없는 실정입니다. 이처럼 친환경농약은 시간과 비용이 많이 들어가고 효과도 그리 크지 않으니 너무 맹신하지 않는 것이 좋습니다.

화학농약

화학농약은 친환경농약에 비해 값도 저렴하고 효과도 뛰어납니다. 크게 살균제, 살충제, 제초제, 전착제로 나뉘며 토양 또는 작물에 살포합니다. 목적에 따라 살충제와 살균제를 혼용해서 사용하기도 합니다. 세제같이 생긴 입제와 밀가루처럼 고운 분제는 직접 살포하고 수화제, 액제, 유제는 물에 희석해서 살포합니다. 복잡하죠? 그러나 크게 걱정할 건 없습니다. 약제 구입시 작물의 상태를 말해주거나 피해를 입은 작물을 직접 들고 가면 그에 맞는 약제를 추천해줍니다. 사용법 또한 제품에 표기되어 있고, 아니면 구입처에서 자세한 사용법을 들을 수 있습니다.

화학농약(살균제)

화학농약(살충제)

대부분의 약제는 처음에는 잘 듣습니다. 그러나 해충은 내성을 갖기 때문에 처음부터 강한 약제를 사용할 경우 정작 해충이 많아졌을 때 약 선택이 어려워집니다. 살균제 또한 처음에는 보호살균제 위주로 사용하다가 발병 시기가 되거나 발병한 경우 치료제를 사용하는 것이 효율적입니다.

화학농약 색깔로 구분하는 법

▶ 용기나 포장지의 색상이 분홍색 계열이면 살균제
▶ 용기나 포장지의 색상이 초록색 계열이면 살충제

사용안전기준

화학농약은 신중하게 사용해야 합니다. 적용 작물, 사용시기, 횟수, 농도(희석비율) 등 사용법을 꼼꼼히 숙지하고 특히 사용안전기준을 반드시 지켜야 합니다. 사용안전기준은 생산자가 제품에 반드시 표기하도록 의무화되어 있습니다.

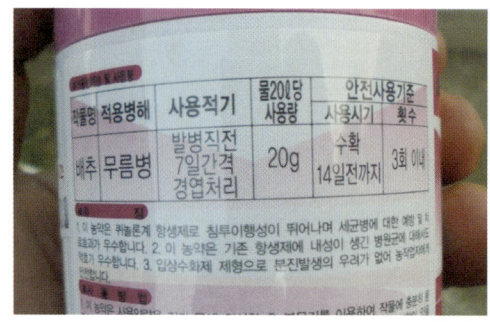
사용안전기준

화학농약 사용안전기준 예시

작물명	적용 병해	물 20리터당 사용량	사용안전기준 사용시기	횟수
배추	무름병	20g	수확 14일 전까지	3회 이내

여기서 사용안전기준이란 사용시기와 횟수를 말합니다. 예시한 화학농약은 사용시기가 수확 14일 전까지라고 나와 있으므로 뿌리고 최소한 14일이 지난 후에 수확해야 합니다.

사용안전기준은 약제에 따라 다릅니다. 짧게는 하루, 길게는 45일도 있습니다. 화학농약은 햇빛과 바람, 비(수분), 토양 미생물에 의해서 분해가 됩니다. 간혹 매스컴에서 기준치 이상의 농약이 검출됐다는 보도가 나오는데, 이는 농부의 양심 문제입니다.

화학농약 살포방법

농약은 살포 농도에 맞게 깨끗한 물로 희석하고 다른 농약과 혼용해서 살포할 때는 혼용 가능 여부를 확인해야 하며, 가능한 한 당일에 모두 사용할 수 있는 양만큼만 만들어 살포합니다. 또한 농약 살포는 되도록 맑은 날 실시하고 이슬이 없는 이른 아침과 땅거미 질 무렵이 좋습니다. 살포할 때는 모자, 장갑, 마스크 등 보호구를 반드시 착용합니다. 살포시기는 바람이 없는 날이 좋으나 부득이하게 바람이 부는 날 살포를 한다면 바람을 등지고 합니다. 작업 후에는 분무기구를 깨끗이 씻어 보관하고, 몸도 깨끗이 씻습니다. 그리고 살포일자를 반드시 기록해둡니다.

농약 사용은 본인의 선택

많은 사람들이 이렇게 얘기합니다. "농약 칠 거면 뭐하러 힘들게 농사를 지어? 그럴 거면 사다 먹지." 하지만 제 생각은 다릅니다. 농사를 짓는 이유가 농약(화학농약) 안 친 안전한 농산물만을 먹기 위한 것이라면 그 사람은 다른 곳의 어떤 식품도 먹지 말아야 합니다. 농사를 짓는 목적은 안전한 농산물을 생산하기 위한 것보다는 농사를 통해 마음과 정신에 힘을 얻고, 삶의 활력과 건강을 지키며, 취미와 여가활동의 일환입니다. 그러니 병충해로부터 농사를 포기하는 지경에 이르지 않도록 잘 대처해나가야 합니다.

저는 화학농약 사용을 권장하지도, 그렇다고 말리지도 않습니다. 유기농 또는 무농약을 고집하다 보면 한계에 부딪히게 되고 그러다 보면 의욕상실로 자포자기하게 되어 농사를 그만두는 일이 허다하기 때문입니다. 농사는 되도록 편하게 지으면서 소출이 많게 하는 것이 상책이라고 봅니다.

저는 제 형편에 맞게 화학농약을 사용합니다. 때로는 친환경농약을 병행해서 사용하기도 합니다. 가장 큰 이유는 병충해와 싸울 만한 시간적 여유가 없는 것입니다. 사람들마다 농사를 짓는 이유가 각기 다르고 자신이 감당할 수 있는 능력이 다르므로 어떤 농사를 지을 것인지 선택은 결국 자신의 몫입니다. 농약 사용을 너무 비난하지 말고 죄악시하지 맙시다. 그리고 이 책에서는 특정 농약(친환경농약 또는 화학농약)의 이름을 거론하지 않습니다. 자신이 추구하는 농사의 방향이 다르고 약제 또한 수천 가지가 있기 때문입니다.

새** 무농약, 친환경을 고집하다 보면 내가 죽어요. 재배 의욕도 사라지게 되고요. 그래서 작년에 무지 힘들었답니다. 밭에 자주 가지도 못하면서 친환경 고집하느라 비닐 멀칭도 못하고 풀에 초죽음되고……. 그래서 요령껏 즐기면서 하기로 했답니다.

돌** 비료와 농약이 있으니 소수만 농사를 짓더라도 전 국민이 배고프지 않은 거죠. 옛날로 돌아가면 일가족이 모두 농사에 전념해도 보릿고개를 반드시 넘어야 할 겁니다. 작물보호제 사용법을 준수하거나 줄여서 사용하면 잔류한다고 추정되는 양을 평생 먹어도 이상이 없거든요. 다만 일부 비양심적인 농부 때문에 정직한 농부들이 도매금으로 넘어갑니다.

심** 아무것도 해주지 않으면서 작물에게 잘 자라라는 주문은 고문이지요. 왜 비료 주고 농약 치는 걸 쉬쉬하면서 죄지은 사람마냥 눈치를 보게 되었는지. 언제부터 이리 되었는지 모르겠어요.

생리장해란?

사람이 하루 3끼 영양분을 섭취하는 것만으로 각종 스트레스, 영양불균형, 운동부족 등으로 발생하는 질환을 모두 피해갈 수 있는 것은 아닙니다. 식물도 마찬가지입니다. 토양의 물리성(보수성, 배수성)이 나쁘거나 고온, 저온, 가뭄, 과습 등으로 인한 양분의 불균형으로 비정상적인 증상이 나타나는데 이를 '생리장해'라고 합니다.

칼슘, 붕소 결핍 증상

①은 토마토에 주로 나타나는 대표적인 현상입니다. 왜 이럴까요? 병해나 충해일까요? 이 증세는 칼슘 결핍시 나타나는 생리장해로 '배꼽썩음' 증상입니다. ②는 배추에서 흔히 나타나는 증상으로 역시 칼슘 결핍 증세입니다. 겉잎이 마르는데, 토양의 수분이 부족한 경우 흔히 발생합니다. ③은 무에 나타나는 생리장해로 칼슘과 붕소 결핍 증상입니다.

① 토마토 생리장해인 배꼽썩음

② 배추 생리장해

③ 무 생리장해

이렇게 생리장해가 나타나면 부족한 영양분을 보충해주면 됩니다. 시기상 추비를 하지 않고 엽면시비를 합니다. 칼슘 결핍에는 칼슘을 뿌려줍니다. 직접 만들어도 되고 종묘상에서 구입해도 됩니다. 7~15일 간격으로 뿌려주는데, 정해진 횟수는 없습니다. 작물마다 요구도가 다르기 때문입니다.

붕소 결핍에는 붕소를 뿌려줍니다. 붕소는 크게 2가지가 있습니다. 토양에 뿌리는 붕사와 물에 녹여 관수나 엽면시비를 하는 붕산이 있습니다. 붕산은 물에 잘 녹지 않으므로 따뜻한 물(60~70℃)에 충분히 녹여야 합니다. 7~15일 간격으로 뿌려주며 역시 정해진 횟수는 없습니다. 단 붕소는 미량요소이기 때문에 많이 주지 않

붕사

습니다. 칼슘 역시 많이 주게 되면 붕소의 흡수를 방해합니다. 결론적으로 붕소와 칼슘이 적절한 조화를 이루게 해야 합니다. 그리고 칼슘과 붕소는 혼용해서 사용하지 않습니다.

칼슘과 붕소를 뿌려줘도 이미 결핍이 나타난 열매는 호전되지 않으며, 새롭게 열리는 열매부터 적용됩니다.

열과현상, 열근현상

④는 열매채소에 흔히 발생하는 생리장해로 '열과현상'이라고 합니다. 한여름 뜨거운 햇볕을 받다가 비를 맞으면 과육이 갈라지는 현상입니다. ⑤ 열근현상은 뿌리채소인 당근, 야콘, 무 등에서 흔히 볼 수 있습니다. 고온건조한 날씨가 계속되다가 많은 비가

내리면 뿌리가 갈라지는 현상입니다.

④ 토마토 열과현상

⑤ 당근 열근현상

열근과 열과현상에는 딱 1가지 해결법밖에는 없습니다. 비를 맞지 않게 재배하면 됩니다. 도로가의 토마토 재배농가를 보면 쉽게 이해가 될 겁니다. 대부분 하우스에서 재배하는데 역시 비를 맞지 않게 하기 위해서입니다.

결론적으로 소규모 도시농부들이 열근, 열과현상을 피할 수 있는 길은 없습니다. 토마토 몇 개 따자고 하우스를 지을 수는 없는 일이기 때문입니다. 아쉽지만 어느 정도 피해는 감수해야 합니다.

20 | 재식거리, 직파, 육묘
21 | 모종 구입, 심기
22 | 솎기, 김매기, 북주기, 순지르기
23 | 작물 재배를 시작하기 전에 알아둘 것들

넷째마당

작물 기르기전, 꼭 익혀두자!

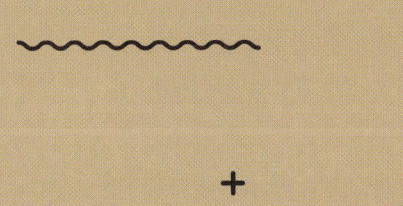

20 재식거리, 직파, 육묘

재식거리

재식거리는 작물 간 심는 거리를 말합니다. 처음 농사짓는 사람이 많이 실수하는 것이 바로 이 부분입니다. 날씨가 점차 더워지는 5월이 되면 고추, 가지, 토마토 같은 열매채소•의 모종을 옮겨심는데, 이때 재식거리를 제대로 맞추지 못해 농사가 엉망이 됩니다. 다 컸을 때를 생각하지 못하고 너무 촘촘히 심기 때문입니다.

재식거리를 무시하면 작물이 제대로 자라지 못합니다. 작물 간의 거리가 넓을수록 통풍과 일조량이 많아져서 작물이 잘 자라는데, 현실적으로는 단위 면적당 생산량이 떨어지기 때문에 최소한의 거리를 둘 수밖에 없습니다. 시금치나 상추 같은 잎채소는 한 뼘(20~25cm) 정도의 거리를 주고, 고추나 토마토, 배추 등은 40cm 이상의 거리를 두어야 합니다. 이렇게 재식거리는 작물에 따라 달라집니다.

다음 사진에서 재식거리는 A와 B를 말합니다. A를 '포기 간 거리' 또는 '포기 간격'이라고 합니다. B를 '줄 간 거리' 또는 '줄 간격'이라고 합니다. 작물을 기르는 기본 원칙은 햇볕, 통풍, 배수입니다. 재식거리는 햇볕, 통풍과 밀접한 관련이 있습니다. 농사에서 재식거리를 무시하면 작물이 제대로 성장하지 못합니다.

• **열매채소**: 가지, 수박, 오이, 참외, 토마토, 호박 등 열매를 먹는 채소. = 과채류

재식거리 (A = 포기 간격, B = 줄 간격)

직파

작물을 재배할 목적으로 씨를 뿌리는 일을 파종이라고 합니다. 파종하는 방법에는 크게 2가지가 있는데, 밭에 씨앗을 직접 뿌리는 방법과 모종을 옮겨심는 방법이 있습니다. 모종을 만드는 일을 육묘*라고 하며, 모종을 옮겨심는 일을 정식 또는 아주심기라고 합니다.

씨앗을 밭에 직접 뿌리는 일을 직파라고 합니다. 직파는 기온이 알맞을 때 해야 합니다. 빨리 먹겠다고 빨리 뿌린다고 해서 빨리 발아하는 것은 아니라는 말입니다. 왜 그럴까요? 이는 발아온도 때문입니다. 그리고 발아온도는 작물마다 약간씩 차이가 있습니다. 상추의 적정 발아온도는 15~20℃이며 30℃가 넘어가면 발아가 되지 않습니다. 반면 옥수수의 적정 발아온도는 32~34℃이고 40℃ 내외에서도 발아가 됩니다.

직파 시기는 지역별로 다르기는 하지만 통상 4월부터 하며, 고온다습하고 비가 자주 오는 한여름에는 파종을 되도록 피하는 것이 좋습니다. 울금이나 생강은 기온과 지온이 충분히 올라가는 5월부터 파종합니다. 너무 일찍 파종하면 냉해를 입을 수도 있습니다. 발아온도가 충분함에도 불구하고 콩, 들깨, 녹두, 팥은 5월 말부터 6월에 씨를 뿌립니다. 이는 장마를 피해 가을에 수확하기 위해서입니다.

직파 방법에는 작물에 따라 줄뿌림, 점뿌림, 흩어뿌림 등이 있습니다.

● **육묘(育苗)** : 옮겨심을 목적으로 어린모나 묘목을 키우는 일.

줄뿌림 직파

줄뿌림은 조파*라고도 하며 상추나 당근, 열무, 시금치처럼 작은 씨앗에 적합합니다. 골을 내고 촘촘히 뿌립니다. 그런데 이게 쉽지가 않습니다. 도를 닦는 마음으로 1알씩 고르게 뿌려야 합니다. 열무나 시금치 씨앗은 좀 커서 그나마 나은 편인데, 상추 씨앗은 작고 가벼워서 고르게 뿌리는 것이 여간 힘든 게 아닙니다. 게다가 바람이라도 불면 난리납니다. 이럴 땐 바람이 잦아들기를 기다리거나 바람을 등지고 파종합니다.

한번은 상추 씨앗 봉투가 바람에 뒤집어지면서 날린 적이 있습니다. 당연히 씨앗이 몽땅 쏟아지면서 주위로 날렸습니다. 주워담을 수 있는 씨앗은 모두 수습했지만 결국 며칠 뒤 근처는 상추밭이 되고 말았습니다.

점뿌림 직파

점뿌림은 일정한 간격으로 1~4개 정도를 파종하는 방법입니다. 씨앗이 큼직한 완두, 콩, 옥수수, 쪽파 등 일정한 재식거리를 두어야 하는 작물에 적합합니다.

줄뿌림 직파

점뿌림 직파

흩어뿌림 직파

흩어뿌림은 산파**라고 합니다. 들깨는 산파를 하는 대표적인 작물입니다. 흩어뿌림은 풀이 나면 관리하는 데 어려움이 있어서 많이 하는 방법은 아닙니다. 씨앗을 뿌린 후 흙을 덮는 두께는 종자의 2~3배 정도로 합니다. 그러나 이는 어디까지나 이론일 뿐 현실

- • **조파(條播)** : 씨 뿌리는 방법 중 하나로, 밭에 일정한 거리를 두고 평행하게 1줄로 씨를 뿌리는 것.
- •• **산파(散播)** : 씨앗을 경작지에 흩어서 뿌리는 것.

에서 지키기는 어렵습니다. 너무 깊게 묻히지 않을 정도의 흙을 덮어주며 작은 씨앗일수록 흙을 아주 살짝만 덮어줍니다.

제가 본 씨앗 중 가장 작은 씨앗은 고들빼기입니다. 고들빼기 씨앗은 먼지처럼 작고 가볍기 때문에 흙을 덮으면 발아하기 어렵습니다. 손바닥으로 살살 두드려주거나 고운 흙에 섞어서 흙째 뿌려야 발아합니다.

흩어뿌림 직파

고들빼기 씨앗

침종과 최아

씨앗은 각자 정해진 온도, 수분, 산소의 조건이 갖추어지면 발아하는데, 발아시간을 단축하고자 물에 담그는 일을 침종*, 미리 싹을 틔우는 일을 최아**라고 합니다.

침종

침종은 파종 전에 종자를 일정 기간 동안 물에 담가서 발아에 필요한 수분을 흡수시키는 일을 말합니다. 침종에 적합한 물의 온도는 20~30℃입니다. 맑은 물에 종자가 충분히 잠기도록 합니다. 침종시간은 작물에 따라 다른데, 크고 단단한 씨앗일수록 시간이 깁니다. 씨앗마다 상황이 달라서 정확한 시간을 알기 어려우므로 대부분 감으로 합니다. 침종은 통상 3~4시간 하며, 그 후 물기를 말리고 파종합니다.

침종은 반드시 해야 하는 일은 아니지만 발아가 까다로워서 꼭 해야 하는 씨앗도 있습니다. 당귀, 도라지, 더덕은 씨앗에 발아 억제 물질이 있습니다. 침종을 하지 않을 경우 발아시간이 너무 오래 걸려 관리가 힘들 뿐 아니라 실패할 확률이 큽니다. 이 씨앗들

● *침종(浸種)* : 씨앗이 싹을 틔우기 위해 필요한 물기를 흡수하도록 파종에 앞서 씨를 물에 담가 불리는 일.
●● *최아(催芽)* : 생강, 감자 등에서 생육을 촉진할 목적으로 종자의 싹을 약간 틔우는 일.

의 침종시간은 3~5일 정도이며 침종 기간 중 자주 물을 갈아주어야 하기 때문에 대개 흐르는 물에 담가 발아 억제 물질을 제거한 후 파종합니다.

최아

최아란 인위적으로 싹을 틔우는 일을 말하며, 육묘 성공률을 높이고자 할 때 사용합니다. 침종을 마친 종자로 할 때도 있고, 침종을 하지 않고 바로 최아를 하는 종자도 있습니다. 암발아종자는 어두운 곳에서 최아를 합니다. 다음은 최아를 하는 방법입니다.

◀ 1. 접시나 그릇에 무명천이나 수건을 깔고 충분히 적신 다음 씨앗을 놓고 덮어줍니다. 따뜻한 실내에 두고 매일 1~2번씩 스프레이로 물을 뿌려 수분을 유지해줍니다. 암발아종자는 위에 신문지나 종이를 살짝 덮어 어둡게 해주는 것이 중요합니다.

◀ 2. 싹이 나기 시작하면 바로 흙에 심어야 합니다. 너무 크게 콩나물처럼 자라지 않게 합니다.

육묘

육묘의 주된 목적은 기후와 환경을 극복해 생육을 앞당기는 것입니다. 다음의 경우 육묘를 합니다.

귀한 씨앗이나 고가의 씨앗으로 발아 성공률을 높이고자 할 때

직파보다 육묘가 발아 성공률이 높습니다. 귀한 씨앗이나 고가의 씨앗일수록 육묘를 하는 것이 좋습니다.

모종을 구입할 수 없는 씨앗인 경우

재배농가나 종묘상에서 파는 모종은 품종이 어느 정도 정해져 있습니다. 고정종자 같은 작물은 모종을 팔지 않습니다. 이럴 경우 본인이 직접 모종을 만들어야 합니다.

조류나 들짐승의 피해가 예상될 때

콩이나 옥수수를 직파하면 조류 피해가 발생하기도 합니다. 새가 귀신같이 알고 와서 파먹는다는 말입니다. 어른들 말씀 중에 콩이나 옥수수는 3알씩 파종하는데 1알은 새 주고 1알은 땅속에 벌레 주고 1알은 사람 몫이라는 것이 있습니다. 이럴 경우 육묘 후에 정식을 하면 피해를 막을 수 있습니다.

육묘용 흙과 용기

육묘를 하려면 육묘용 흙과 용기(溶器)가 필요합니다. 육묘용 흙을 상토라고 하는데 일반 흙하고는 다릅니다. 흙이 가볍고 부드러우며 공기 층이 많습니다. 모종을 기르기에 적합하게 만들어서 비료 성분이 없기 때문에 작물을 끝까지 키울 수는 없습니다.

육묘용 상토

상토는 가볍고 부드럽다

● **상토(床土)** : 모종을 키우기 위해 쓰는 좋은 흙.

> **TIP 상토가 없거나 모자라면?**
>
> 상토가 없거나 모자랄 경우 밭 흙을 체에 곱게 쳐서 사용하거나 상토와 섞어서 사용하면 됩니다. 씨앗이 큼직한 호박이나 옥수수, 콩 등에 적당합니다.
>
>
>
> 밭 흙을 곱게 쳐서 상토 대신 사용한다

모종을 기르는 용기를 '플러그트레이'라고 합니다. 종묘상에 가면 구할 수 있고 구의 크기와 개수에 따라 15구, 25구, 50구, 100구, 128구 등 다양합니다. 작물이 차지하는 공간에 알맞은 크기의 트레이를 선택하면 됩니다. 트레이는 사용한 후 잘 말려서 보관하면 여러 번 재사용할 수 있습니다.

여러 종류의 플러그트레이

플러그트레이에 씨앗을 심는 모습

대부분의 작물은 육묘기간이 25~30일이며 가짓과(고추, 토마토, 가지) 작물은 80~90일 정도로 길어서 우리나라에서는 계절적인 요인으로 직파보다는 육묘를 합니다. 정식은 지역에 따라 다소 차이는 있지만 통상 5월부터 하게 되는데, 육묘 시작일은 정식일자를 역계산하면 됩니다. 육묘기간은 하절기로 갈수록 짧아집니다.

육묘 방법

육묘는 많은 시간과 공을 들여야 하는 일입니다. 육묘 시작일로부터 옮겨심을 때까지 잘 자라도록 수시로 돌봐줘야 하기 때문입니다. 가정에서는 주로 베란다에서 하는데 전용 육묘장에 비해 조건이 불리합니다.

육묘는 트레이에 상토를 2/3가량 채우고 씨를 넣은 다음 상토로 마저 덮습니다. 고가나 귀한 씨앗의 경우 1개를 넣으며, 씨앗이 작은 상추 등은 여러 개를 넣고 싹이 트면 솎아 최종적으로 1포기만 남깁니다.

육묘는 온도와 수분을 맞춰주면 싹이 트는데 이때부터는 햇볕이 필요합니다. 그래서 최대한 해를 잘 받을 수 있도록 한낮에는 밖으로 내어놓았다가 해가 지면 들여놓기를 반복해야 합니다. 이를 소홀히 하면 싹이 죽거나 일조량 부족으로 웃자라기도* 합니다.

육묘기간이 긴 가짓과 작물은 모종을 구입하는 것이 좋습니다. 또한 김장배추는 8월부터 육묘를 시작하는데 고온다습한 날씨로 육묘하기가 무척 고되고 실패할 확률도 큽니다. 이 경우 씨앗을 사서 직접 육묘하는 것보다 모종을 사는 것이 시간이나 경제적으로 이득입니다. 육묘를 할까 모종을 살까? 역시 선택은 본인의 몫입니다.

육묘에는 많은 시간과 공이 들어간다

육묘를 해서는 안되는 작물이 있습니다. 당근입니다. 당근을 옮겨심게 되면 뿌리가 곧게 뻗지 못하고 뭉치거나 여러 갈래로 갈라지는 가랑이 당근이 되며 잔털이 많아집니다. 무(봄무, 김장무)도 육묘를 하는데, 당근에 비해서는 상태가 좋지만 직파에는 미치지 못합니다. 뿌리채소의 파종 기준은 직파입니다.

● **웃자라다** : 작물이 햇볕을 받는 양이 부족해서 보통 이상으로 키가 커지며 연약하게 되는 것.

당신의 기억력을 믿지 마라

육묘를 할 때는 씨앗을 넣은 다음 식물 이름표를 꼭 달아주세요. 안 그러면 나중에 뭐가 뭔지 모르게 됩니다. 식물 이름표는 종묘상에서 안 팝니다. 화원에 가거나 인터넷에서 구입하세요. 혹은 책받침 오린 것, 아이스크림 막대, 요플레 수저를 이용해도 됩니다. 네임펜으로 써야 지워지지 않고 오래갑니다. 마땅한 재료가 없으면 화투장을 이용하는 방법도 있습니다. 제가 즐겨 사용하는 방법입니다. 집에 화투 1~2통 정도는 다 있죠?

식물 이름표는 꼭 달아주자

화투 이름표도 훌륭하다

모종 구입, 심기

모종 구입

모종은 종묘상이나 재배농가, 재래시장 등에서 쉽게 구입할 수 있습니다. 모종은 지역별로 다른데 통상 4월부터 나오기 시작합니다. 지역별로 다른 이유는 기온이 달라 모종 심는 시기가 다르기 때문입니다. 남쪽이 빠르며 북쪽으로 갈수록 조금씩 늦어집니다. 본인이 있는 지역은 언제부터 모종을 심어도 되는지 잘 숙지해서 모종을 심어야 늦서리 피해를 입지 않습니다.

종묘상에서 판매 중인 여러 종류의 모종

모종이 나왔다고 바로 사서 심으면 안됩니다. 4월에는 추위에 강한 잎채소 위주로 심고, 날이 완전히 풀려서 늦서리 피해가 없다고 판단되는 5월부터 서리 피해를 입는 고추, 토마토, 가지, 오이 등을 심어야 합니다.

모종을 심어도 되는 날을 알기 위해서 일기예보를 참고하거나 지역 농업기술센터에 문의하는 방법 등이 있지만 명확한 답을 듣기는 어렵습니다. 제일 정확한 방법은 주변의 밭을 보고 판단하는 것입니다. 농사를 오랫동안 지어온 농부들은 심어도 되는 시기를 정확히 아니까요.

농사를 처음 짓게 된 K씨, 종묘상에 갔더니 고추와 토마토가 나온 것을 보고는 제일 먼저 1등으로 심었습니다. 그런데 며칠 후에 모두 얼어 죽었습니다. 너무 일찍 심은 겁니다. 이에 화가 난 K씨가 종묘상에 찾아가서 모종을 일찍 팔았다고 항의했으나 다음과 같은 대답을 들어야 했습니다. "한겨울에도 수영복 팔고 한여름에도 스키 도구 팝니다. 지금 나오는 모종은 실내재배와 하우스재배에서 주로 사갑니다." 모종 심기는 1등보다는 중간이 좋습니다.

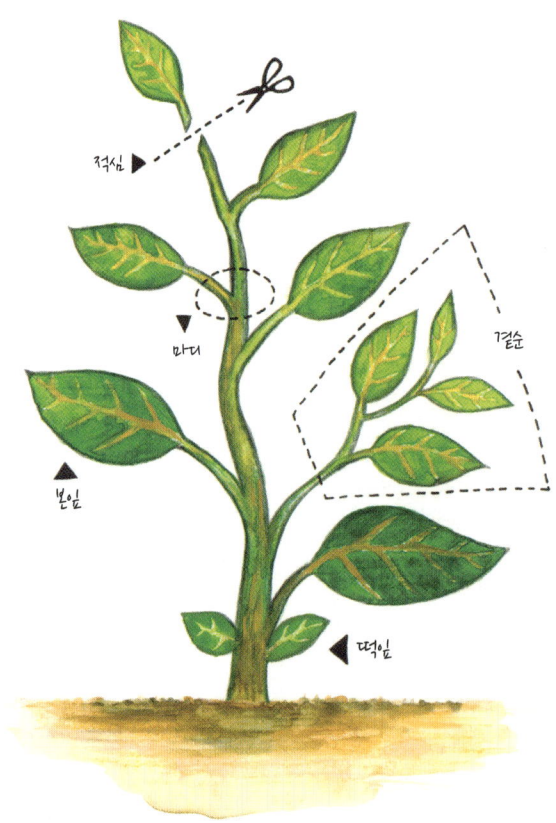

모종은 마디와 마디 사이가 좁고 곧은 것이 좋다

"모 농사가 반 농사"라는 말이 있습니다. 이는 모종이 좋아야 실패하지 않고 수확량을 많이 얻을 수 있음을 이르는 말입니다. 때문에 좋은 모종을 골라 심는 것이 중요합니다. 모종 구입은 믿음이 가는 재배농가를 알아두는 것이 좋습니다. 종묘상에서는 대부분 재배농가의 모종을 위탁판매합니다.

모종 구입시에는 작물의 상태를 잘 살펴서 고릅니다. 벌레 먹은 흔적이 없고, 웃자라지 않았으며, 잎과 줄기의 색이 짙고, 마디*와 마디 사이가 좁고, 줄기가 휘어지지 않은 건강한 모종을 고릅니다. 트레이를 살짝 들어봐서 뿌리가 밖으로 조금 나와 있는 모종이 튼튼한 모종입니다. 그러나 모종철에는 사람이 많고 분주하기 때문에 뿌리의 발달 상태까지 살펴볼 수 있는 여유는 사실 없습니다.

뿌리가 잘 발달한 모종

모종을 살 때는 조금 비싼 모종을 사는 것이 좋습니다. 1개 500원 하는 모종과 800원 하는 모종을 팔면 대부분 값이 싼 500원짜리 모종을 삽니다. 하지만 저는 800원 하는 모종을 삽니다. 왜일까요? 종자가 비싸기 때문입니다. 새로운 품종을 만들기 위해 그만큼의 개발비용이 들어갔고, 비싼 만큼 값어치를 합니다. 당장은 300원 차이가 큰 것 같지만 몇 개 더 수확하고 더 오래 수확하면 본전 빼고도 남습니다.

당일 심을 모종은 품절이 예상되는 경우를 제외하고는 당일 사는 것이 좋은데, 여건상 그렇지 못할 경우에는 최소 하루 전에 구입합니다. 미리 사면 옮겨심을 때까지 돌봐주는 수고를 해야 하기 때문입니다.

● **마디** : 식물의 줄기에서 가지나 잎이 나는 위치.

제가 참외를 심어야 했는데 밭갈이가 늦어진 해가 있었습니다. 단골인 재배농가에 갔더니 참외 모종이 얼마 남지 않았습니다. 밭을 갈고 모종을 심을 수 있는 날은 1주일 후인데 그때면 모종이 다 팔리고 없을 거라는 얘기를 들었습니다. 그래서 미리 선불을 준 다음 1주일 지난 후에 모종을 가지고 온 적이 있습니다. 믿음이 가는 재배농가, 알아두면 손해될 것이 없습니다.

고구마는 모종을 심는 것이 아니라 싹을 심어야 합니다. 고구마 줄기를 잘라서 팔기 때문에 열무 묶듯이 묶어놔서 뿌리가 없습니다. 고구마는 단으로 팝니다. 1단은 약 100싹이며 원하는 만큼 소량으로 사기는 어렵습니다. 이럴 경우 이웃과 나누어 심거나 공동구매한 후 배분해서 심는 방법이 있습니다.

고구마는 싹을 심는다

판매마진이 없다는 이유로 종묘상에서 취급하지 않아 살 수 없는 모종 또는 종자가 있고, 팔더라도 품질 때문에 다른 곳에서 사야 하는 경우가 이따금 있습니다. 돼지감자나 쪽파, 마, 도라지, 더덕 종근* 등은 재래시장에 가면 가판대에서 팔기도 합니다. 울금이나 생강, 씨마늘 등은 인터넷을 통해 주 재배지에서 구입하는 방법도 있습니다. 저는 양파 모종은 인터넷을 통해 전문재배농가에서 삽니다. 주변에서 사는것보다 품질이 좋기 때문입니다.

● **종근(種根)** : 처음으로 형성된 뿌리.

모종 심기

모종을 심기 전에는 우선 모종에 물을 조금 줘야 합니다. 물을 주지 않거나 너무 많이 준 상태에서 모종을 빼면 뿌리에 붙어 있던 흙이 부서져 모종을 버리게 되는 경우가 있기 때문입니다. 모종의 흙이 부서지지 않게 잘 다루어야 합니다.

모종 심기는 따뜻하고 흐린 날이 좋습니다. 만약 해가 뜨거운 날(특히 8월에 심어야 하는 김장배추) 심어야 한다면 되도록 한낮을 피해 해가 기우는 저녁 무렵이 좋습니다. 어린 모종이 뜨거운 햇볕에 몸살을 하게 되면 활착*률이 낮아집니다.

김장배추 모종을 심은 후 신문지로 햇볕을 가려준 모습

모종 심기는 할 수만 있다면 비(폭우 제외) 오기 전날 하는 것이 좋습니다. 특히 고구마는 싹을 심은 후 뿌리가 내리기까지 물이 중요하기 때문에 더더욱 그렇습니다.

비닐 멀칭을 하고 모종을 심는 일은 귀찮은 일 중 하나입니다. 우선 재식거리에 맞춰 모종 포트 크기만큼의 구멍을 뚫어야 합니다. 일반적으로 모종 크기보다 조금 넓게 합니다. 물을 충분히 주고 스며들기를 기다렸다가 1~2번 더 줍니다. 모종이 활착하기까지는 물이 굉장히 중요한 역할을 하며, 물을 주지 않고 심을 경우 죽을 확률이 높습니다. 물이 모두 스며들었다면 모종을 넣은 후 고랑 흙이나 주변 흙으로 틈새 없이 메꿔주고 흙의 수분이 증발되지 않도록 흙으로 밑둥을 두툼하게 덮어줍니다.

● **활착(活着)** : 옮겨심은 식물이 뿌리를 내려 사는 것.

1. 모종 흙만큼 구덩이를 판다
2. 물을 흠뻑 준다
3. 모종을 구덩이에 넣고 흙으로 틈새 없이 메꿔준다
4. 흙으로 밑둥을 두툼하게 덮어준다

모종 심는 순서

구근파종기 사용법

멀칭한 두둑에 구멍을 뚫는 일은 쉽지 않습니다. 우선 비닐을 필요한 만큼 도려내야 하고 모종 뿌리에 붙어 있는 흙의 높이만큼 흙을 파내야 합니다. 저는 처음에 호미를 사용했는데 비닐이 찢어지고 예쁘게 뚫어지지 않았으며 시간도 많이 걸리더군요. 그래서 좀더 쉬운 방법을 찾다가 구근파종기를 알게 되었습니다. 구근파종기 사용법을 알아보겠습니다.

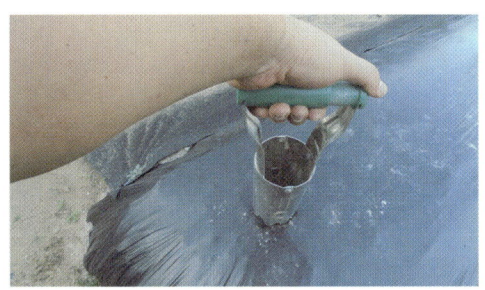

◀ 1. 뚫고자 하는 곳의 위치를 잡습니다.

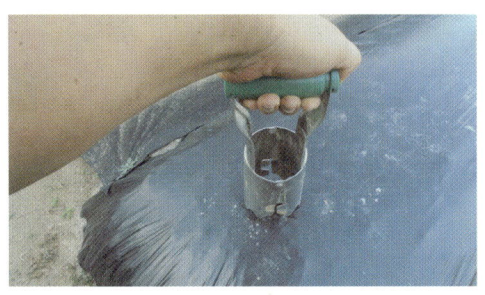

◀ 2. 손잡이를 움켜쥐면 끝 부분이 넓게 벌어집니다.

◀ 3. 손잡이를 움켜쥔 채로 흙에 박아넣습니다.

◀ 4. 움켜쥐고 있던 손잡이를 놓고 기구를 뺍니다. 흙을 버릴 때는 손잡이를 다시 움켜쥐면 흙이 쏟아집니다. 어떤가요? 예쁘게 뚫어지지요?

22 속기, 김매기, 북주기, 순지르기

속기

솎음*은 발아한 싹을 알맞은 간격으로 유지하기 위해 군데군데 뽑아내는 일을 말합니다. 씨앗을 뿌릴 때는 발아율을 감안해서 다소 촘촘히 뿌립니다. 발아하기 시작하면 솎음을 합니다. 싹이 났다고 다 키울 수 없고 다 키워서도 안됩니다. 솎음은 일회성이 아니며 통상 3~4회 정도에 걸쳐서 합니다.

그런데 막상 솎으려고 하면 어느 것을 남기고 어느 것을 제거해야 하나 생각이 많아집니다. 둘 중 하나를 솎아야 하는데 둘 다 아까운 경우 망설여지기도 합니다. 그러나 작물이 클 때를 생각해서 결단력 있게 솎아야 합니다. 웃자라거나 병충해 피해가 있는 것, 다른 포기에 비해 작고 연약한 포기를 우선 뽑습니다.

솎는 것도 작물마다 시기가 있습니다. 통상 본잎**이 1장 나왔을 때, 본잎이 3~4장 나왔을 때, 본잎이 5~7장 나왔을 때를 기준으로 합니다. 솎는 시기가 늦어지면 그만큼 생육이 나빠져 성장이 느려집니다.

● **솎음** : 간격이 촘촘하게 난 무성귀들이 적절한 간격을 유지하도록 군데군데 뽑아내는 일.
●● **본잎** : 떡잎 뒤에 나오는 보통의 잎.

솎음 전

솎음 후

그런데 솎음을 하고 나면 남아 있던 작물이 쓰러집니다. 빽빽하게 서로 의지하며 자라다가 옆에 있던 동료(?)를 뽑아내 기댈 데가 없어졌으니 어찌 보면 당연한 일입니다. 난감해하지 말고 그냥 두면 됩니다. 알아서 일어납니다.

김매기

김매기란 작물의 생장을 방해하는 풀을 제거하고 포기 사이와 뿌리 주변의 굳은 흙을 긁어주어 뿌리에 산소 공급을 원활하게 하는 일을 말합니다. 대개 솎음을 하면서 김매기와 북주기를 병행합니다.

김매기는 기상과 밀접한 관련이 있으며, "김매기 1번이 비료 3번 주는 것보다 낫다"는 말이 있을 정도로 중요한 일 중 하나입니다. 부지런한 농부의 밭을 보면 김매기가 잘되어 있습니다. "김매기 싫은 놈 밭고랑만 센다"는 속담처럼, 김매기는 고랑에 쪼그리고 앉아서 호미 1자루로 해야 하는 아주 고된 작업으로, 농사 중 가장 지루하고 힘든 일입니다. 다행스럽게도 멀칭을 하면 김매기를 하지 않아도 됩니다. 아니, 할 수가 없습니다. 멀칭의 장점 중 하나입니다.

김매기 하는 모습

북주기

북주기는 작물이 넘어지지 않고 잘 자라게 하기 위해 뿌리나 밑줄기를 흙으로 두두룩하게 덮어주는 일을 말합니다. 북주기는 해줘야 하는 작물이 있고 하지 않아도 되는 작물이 있습니다.

북주기 전

북주기 후

북주기를 하는 이유는 다음과 같습니다.

도복 방지

도복*은 작물이 쓰러지는 것을 말합니다. 빽빽하게 자라던 작물을 솎게 되면 의지할 데가 없어서 쓰러지는데 이럴 때 북주기를 해주면 생육이 안정적입니다. 콩은 척박한 땅에서도 잘 자라는 작물로, 북주기를 하는 대표적인 작물입니다. 북주기를 해서 도복을 방지합니다.

작물의 뿌리가 햇볕에 노출되는 것 방지

많은 비나 폭우가 내리면 두둑의 흙이 쓸려 작물의 뿌리나 구근(알뿌리)이 드러나기도 합니다. 또한 자라면서 구근 윗부분이 노출되므로 늦지 않게 북주기를 해줘야 합니다.

멀칭의 경우 흙으로 입구를 막아 수분 증발 방지

멀칭재배의 경우 비닐을 작물에 맞게 적당한 크기로 뚫은 다음 파종하는데 싹이 어느 정도 자라면 입구를 흙으로 두툼하게 덮어줍니다. 이는 정식시에도 해당됩니다.

그런데 북주기만으로 작물의 도복을 막기에는 한계가 있습니다. 키가 큰 옥수수는 비

● **도복(倒伏)** : 작물이 비바람 등으로 쓰러짐.

바람에 쉽게 쓰러지는데, 경험상 북주기로는 큰 효과가 없었습니다. 키가 큰 참깨나 서리태도 마찬가지입니다. 이 경우 미리 줄을 매서 도복을 막아야 합니다.

한편 북주기는 작물의 성장 속도를 봐가면서 적절한 시기에 해야 합니다. 때를 놓쳐버리면 북주기가 힘들어지고 효과도 크지 않습니다.

북주기를 하지 않는 작물로는 양파와 김장무 정도가 있습니다. 김장무는 흙 위로 노출된 부분이 초록색을 띠는데 이 부분이 많을수록 상품성과 맛이 좋아집니다.

순지르기

순지르기는 나무나 풀의 원줄기* 곁에서 돋아나는 필요하지 않은 순을 잘라내는 일입니다. 생육 중인 작물의 생장점을 제거함으로써 키를 조절해 도복을 방지하고, 곁가지의 왕성한 생육을 유도하며, 불필요한 줄기를 제거해 영역을 조정합니다. 순지르기를 적심** 또는 순치기라고도 합니다. 순지르기는 해야 하는 작물이 있고 하지 않는 작물이 있습니다.

참외 원순 적심

콩 2차 순지르기로 곁순 제거

순지르기는 원순이나 곁순*** 또는 원순 + 곁순을 제거하는데, 횟수는 작물마다 다릅니다. 곁순은 식물의 원줄기 곁에서 돋아나오는 순을 말합니다. 통상 토마토나, 고추, 가지 등 덩굴을 뻗지 않는 작물은 곁순이라고 부르고, 오이, 호박, 수박, 참외 등 덩굴을 뻗는 작물은 아들줄기(아들줄기에서 뻗는 것은 손자줄기)라고 부릅니다.

- **원줄기** : 가장 먼저 발생한 줄기.
- **적심** : 나무나 풀의 원줄기 곁에서 돋아나는 필요하지 않은 순을 잘라내는 일. = 순지르기
- **곁순** : 식물의 원줄기 곁에서 돋아나오는 순.

농사의 발목을 잡는 풀

농사를 짓는다는 것은 곧 풀과 전쟁을 벌이는 것을 의미하며, 풀관리를 어떻게 하는지에 따라 농사의 성패가 좌우됩니다. 풀 제거는 일회성 작업이 아니고 농사 마칠 때까지 지속적으로 해줘야 하는 아주 고된 일이며, 한 해 동안 같은 자리에서 4~5번 정도 풀을 뽑아야 합니다. 풀의 무서움은 농사를 지어본 사람은 익히 압니다. 풀은 자라기 좋은 환경이 되면 무서운 속도로 성장하는데, 특히 장마철에는 엄청난 위력을 발휘하며 이때가 농사의 최대 고비입니다.

풀을 뽑는 일은 개인의 능력과 여건에 따라 다르겠지만 경작 면적 10평 정도까지는 뽑을 만합니다. 그러나 그 이상이 되면 밭에 나가서 죽어라 풀만 뽑다가 올 수도 있습니다. 그러면 자연히 농사가 힘에 부치고 싫어져서 농사를 그만두게 될 수도 있습니다. 그래서 다른 대안을 생각해봐야 합니다. 풀을 다스리는 방법은 여러 가지가 있습니다. 그 중 본인이 효율적으로 할 수 있는 방법을 찾아야 합니다.

피할 수 없으면 즐겨라? 아닙니다. 풀 1포기도 뽑지 않고 농사를 지을 수는 없지만 풀을 뽑는 일은 즐겨서도 안되고 즐길 수도 없습니다. 밭에는 풀 뽑는 일 말고도 해야 할 일이 얼마든지 있기 때문입니다. 풀 뽑는 시간에 다른 일을 하는 것이 더 효율적이며, 풀과 정면승부하는 것은 웬만하면 피해가는 것이 좋습니다.

그럼 풀과 정면승부를 어떻게 피해갈 수 있을까요? 바로 농사의 혁명인 비닐 멀칭이 답입니다. 비닐 멀칭은 제초 면에서 비교적 완벽합니다. 물론 비닐 멀칭을 했다고 풀을 전혀 안 뽑을 수는 없습니다. 작물 틈새로 풀이 자라기 때문입니다. 멀칭을 하지 않은 두둑과 할 수 없는 두둑에서는 풀을 뽑는 수고를 감수해야 합니다.

두둑과 고랑에 풀이 자라 작물만큼 커진 모습

고랑에 난 풀을 삽괭이로 제거하는 모습

두둑 말고 고랑에도 풀이 자라는데 풀이 나기 전에 검은색 부직포를 덮어서 사전에 풀을 차단하는 방법이 있습니다. 부직포는 얇은 천으로 되어 있으며 가볍고 공기나 물이 통과할 수 있는 재질입니다. 폭도 60~120cm로 다양합니다. 비용이 발생한다는 단점이 있지만 제초는 비교적 완벽하며, 사용 후 잘 수거해서 보관하면 3~4년 정도는 무난하게 사용할 수 있습니다.

신문지를 연결해서 고랑에 까는 방법도 있습니다. 제작이 번거롭고 1회 사용이라는 단점은 있지만 친환경적이고 사용 후 소각하면 되기 때문에 수거가 용이합니다. 신문지 대신 포장용 박스를 깔기도 합니다.

검은색 부직포를 덮어서 풀이 자라는 것 차단

신문지를 깔아서 풀이 자라는 것 차단

못 쓰는 천을 덮어서 풀을 차단하기도 하며 버리는 현수막을 재사용하기도 합니다. 풀 자라는 것을 차단하려면 검은색이 좋습니다.

못 쓰는 천을 덮어서 차단

버리는 현수막을 덮어서 차단

작물을 심지 않는 밭두렁은 낫이나 예초기로 베기도 하고 제초제를 사용하는 방법도 있습니다. 제초제를 사용할 때는 신중해야 합니다. 잘못하면 작물이 상할 수도 있기 때문입니다.

저는 아직 제초제를 사용해본 적이 없지만 제초제의 유혹에 시달리는 것은 사실입니다. 아직은 해볼 만하지만 경작 면적이 더 넓어지거나 밭에 갈 수 있는 시간이 지금보다 적어진다면 제초제를 사용하게 될지도 모릅니다. 우리나라에서는 제초제 사용에 굉장히 민감한 반응을 보이는 것이 사실입니다. 그러나 제초제 사용을

작물을 심지 않는 곳은 낫이나 예초기로 벤다

너무 비난하지 말아야 합니다. 더욱이 농사를 짓고 있다면 더더욱 그렇습니다. 풀로 인해 농사를 포기하는 것보다 제초제를 사용함으로써 농사를 계속 짓는 것이 더 바람직하기 때문입니다.

농사를 오래 지어본 사람들은 "사람이 풀을 이길 수는 없다"고 한결같이 말합니다. 그렇지만 풀은 농사에 있어 숙명과 같은 존재이니 농사를 포기하는 지경에 이르지 않도록 무던히 노력하고 지혜롭게 대처해가야 합니다. "하농(下農)은 잡초를 기르고, 중농(中農)은 작물을 기르고, 상농(上農)은 땅을 기른다"는 말이 있습니다. 호환마마보다 더 무서운 풀, 풀을 포기하는 건 농사를 포기하는 겁니다.

JT** 저희 공공밭은 친환경 밭이라고 비닐 멀칭을 금지하고 있는데, 대체 친환경과 비닐 멀칭이 무슨 관계인지 알 수가 없어요! 아마도 비닐 수거를 제대로 안 하는 몇몇 사람들 때문이겠죠. 작년에 잡초들과 전쟁을 선포한 이후 너무 자라면 뽑기 힘들어 자주 가서 풀을 매주곤 했는데 올해도 똑같이 반복이겠네요.ㅠㅠ

누** 고랑까지 전부 멀칭하는 걸 반대한 사람이었으나, 풀과 빡신 전쟁을 치르고 난 뒤에 깊은 깨달음을 얻었습니다. "다 필요없고 멀칭으로 도배해버린다!"는 농사 좌우명을 정했습니다.^^;;

언** 올해도 풀에게 졌습니다. 비가 몇 번 뿌리더니 급성장해서, 이게 내 밭 맞아? 꼭 남의 밭같이 낯설더라고요. 감자랑 마늘이 풀과 섞여서 구별이 잘 안됐는데, 감자랑 마늘 캐고 나니 풀이 더 극성을 부리네요. 저희 밭 근처에는 나무가 많아서 뱀이 있다는 소리를 들었어요. 풀이 무성하니까 좀 으스스합니다.

투** 비 조금 내렸다고 4월에 뿌린 파는 10cm 전후인데 풀은 20~30cm 쑥 자라서 뽑느라 땀을 한 바가지나 흘렸네요. 이번 주에는 비 왔으니 또 얼마나 자랄까요? 농사는 풀과의 전쟁입니다.

작물 재배를 시작하기 전에 알아둘 것들

농사를 짓는다는 것은 쉽지 않습니다. 토양, 비료, 작물, 환경을 알아야 하기 때문입니다. 그중 흙은 아주 중요합니다. 농사의 근본은 흙이니까요. 좋은 흙에서는 농사가 잘됩니다. 당연한 얘기입니다. 그럼 좋은 흙은 어떤 흙일까요?

먼저 배수성이 좋아야 하고, 통기성이 좋아야 합니다. 보수력*과 보비력**이 좋아야 하고 유기물이 포함되어 있어야 합니다. 또한 병충해 없는 건강한 흙이어야 하고, 토양의 산도가 적절해야 합니다.

하지만 위 조건을 모두 갖추었다고 농사가 다 잘되는 것은 아닙니다. 앞에서 언급했듯이 식물에게 필요한 16대 요소가 토양 내에 알맞게 있어야 하기 때문입니다. 그 조건을 맞추기 위해서는 우선 내가 농사짓는 흙에 어떤 성분이 얼마나 있는지, 어떤 성분이 많고 부족한지를 알아야 합니다. 이를 정확히 알려면 토양 검정을 받으면 됩니다. 토양 검정은 지역 농업기술센터에서 무료로 해줍니다. 토양 관리 처방서에는 토양 산도, 유효 인산, 칼륨, 칼슘, 마그네슘 함유량 등이 기준치와 비교할 수 있도록 수치와 그래프로 표기되어 있습니다.

● **보수력**: 흙이 물을 오래 지니는 힘.
●● **보비력**: 흙이 비료 성분을 오래 지니는 힘.

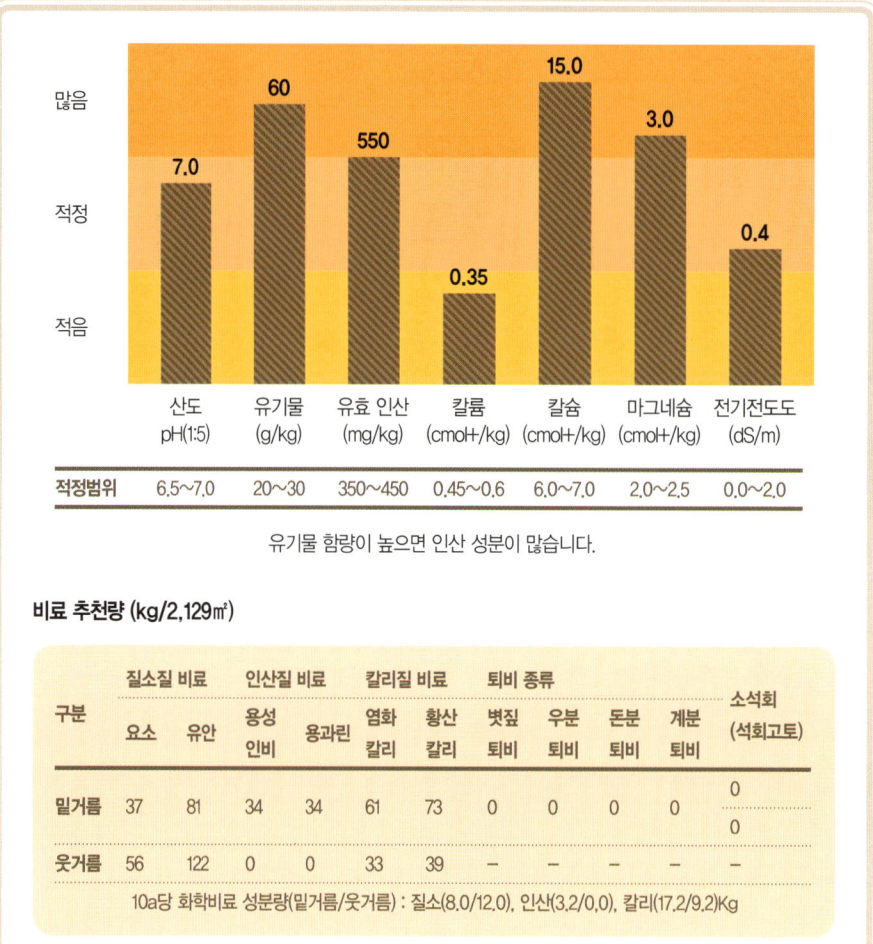

토양 검정 결과 (예시)

그런데 막상 토양 관리 처방서를 받아보면 암담합니다. 과연 적정범위대로 할 수 있는 도시농부가 몇이나 있을까요? 게다가 해마다 자리가 바뀌는 주말농장이나 단기간 밭을 임대해서 소규모로 농사짓는 사람에게는 현실성이 없는 얘기입니다.

다음 자료를 보겠습니다. 감자 봄 재배에 필요한 비료의 시비 기준을 정해놓은 자료입니다. 저게 이해가 되나요? 10a(300평)에 비료 이름도 생소한 용과린(인산비료) 75~80kg, 염화가리(칼리비료) 22kg를 사용한다고 합니다.

감자 파종시기별 시비 기준량

구분	성분량 (kg/10a)			실량 (kg/10a)			퇴비 (kg/10a)
	N	P2O5	K2O	요소	용과린	염화가리	
봄재배	10	15~16	13	20	75~80	22	1,500~2,000

과연 저 자료를 지침으로 삼아서 농사지을 수 있는 도시농부가 몇이나 있을까요? 만약 제가 저대로 농사를 지어야 한다면 농사 그만두겠습니다. 좋은 흙도 좋고 비료 시비도 중요하지만, 내 여건에 맞아야 하고 무엇보다 내가 할 수 있어야 합니다. 내가 할 수 없다면 무용지물입니다.

그럼 지금부터는 저렇게 별 도움도 안되고 실현 불가능한 복잡한 시비법은 잊어버리고, 쉽게 농사를 지어보도록 하겠습니다. 저는 앞으로 퇴비와 복합비료, 추비(웃거름)용 비료만 사용하겠습니다. 여러분은 그대로 따라하기만 하면 됩니다.

현실적으로 쉽게 비료 사용하기

퇴비는 농협이나 퇴비 제조업체에서 생산하는 부산물 퇴비를 기준으로 합니다. 복합비료는 국, 밥, 반찬을 섞어놓은 것이라고 앞에서 얘기했습니다. 복합비료를 좀더 알아보겠습니다.

퇴비 1포의 무게는 20kg

완효성 복합비료 1포

위 오른쪽 사진의 비료를 보면 16-9-13이라고 표기되어 있고 중량은 20kg입니다. 16-9-13은 차례로 질소(N), 인산(P), 칼리(K) 함유량을 나타낸 것입니다. 즉 전체 20kg 중 질소는 16%, 인산은 9%, 칼리는 13%라는 뜻입니다. 이 외에 미량요소인 규산과 석회가 포함되어 있습니다. 모든 화학비료는 각 성분의 수치가 높을수록 좋습니다.

복합비료는 밑거름으로 사용하며 속효성*과 완효성**으로 나눕니다. 속효성 비료의 비효***기간은 20일 정도, 완효성 비료의 비효기간은 100~120일 정도로 봅니다. 완효성 복합비료가 속효성 복합비료에 비해 가격이 다소 비쌉니다. 비효기간은 토양에 투입한 날부터 계산하며 토양의 온도, 습도, 미생물 분포도에 따라 지속 여부가 달라집니다. 겨울철(통상 12~2월)은 계산하지 않으며 작물을 심지 않았다고 해서 비효기간이 연장되는 것은 아닙니다.

자, 그럼 어떤 비료를 사용하는 것이 좋을까요? 당연이 완효성 비료를 사용하는 것이 좋습니다. 완효성 복합비료는 '한번에OK', '오래가', '롱스타', '단번에', '하이롱' 등 제조사별로 종류가 다양합니다. 제품에 완효성 또는 속효성 여부가 표기되어 있지 않거나, 표기되어 있더라도 아주 작은 글씨로 되어 있어서 구분하기가 어렵습니다. 하지만 걱정할 것 없습니다. 비료 구입시 "완효성 복합비료 주세요~" 하면 됩니다.

복합비료는 밑거름으로 사용한다고 했습니다. 물론 웃거름으로 사용했다고 크게 잘못될 건 없습니다만 사용 기준은 밑거름입니다.

완효성 복합비료 1컵의 무게는 수북히 200g 정도이며 밑거름으로 사용한다

* **속효성(速效性)** : 효과가 빠르게 나타나는 성질.
** **완효성(緩效性)** : 효과가 느리게 나타나는 성질.
*** **비효(肥效)** : 비료가 작물에 미치는 효과.

이번에는 추비용 비료를 알아보겠습니다. 추비는 웃거름이라고 했습니다. 추비용 비료는 속효성이며 비효기간은 토양이나 환경에 따라 따르지만 통상 20일 정도로 봅니다. 추비용 비료를 NK비료(질소, 칼리)라고도 부릅니다.

①번 비료를 보면 질소(N) 13%, 인산(P) 0%, 칼리(K) 12%, 그리고 미량요소가 일부 포함되어 있습니다. ②번 비료는 질소(N) 17%, 인산(P) 0%, 칼리(K) 10%, 그리고 미량요소가 일부 포함되어 있습니다.

① NK비료에는 인산이 없다

② NK비료는 감으로 시비한다

둘 다 웃거름용 비료입니다. 밑거름용 비료와 어떤 차이가 있을까요? 추비용 비료에는 인산(P)이 없다는 것입니다. 인산은 토양 아래로 잘 스며들지 않고 물에 잘 녹지 않는 특성이 있습니다. 그래서 인산 비료는 웃거름으로 사용하지 않습니다. 즉 추비용 비료는 밥과 반찬을 섞어놓은 비빔밥이라고 볼 수 있습니다.

다음 마당부터 설명하는 작물별 재배에서는 파종시기, 재식거리와 비료 시비량 등을 제시하겠습니다. 파종시기는 서울, 경기를 기준으로 합니다. 남쪽으로 내려갈수록 봄철에는 빨라지고 가을철에는 늦어집니다. 지역에 따라 15일까지도 차이가 날 수 있습니다. 비료 시비량은 편의상 2평을 기준으로 퇴비와 완효성 복합비료의 시비량을 제시하겠습니다. 단, 퇴비와 복합비료의 시비량은 절대치가 아니며 토질이나 비옥도●에 따라 달라질 수 있습니다. 퇴비 시비량은 이미 농사를 짓고 있는 도시농부들의 의견을 반영했으며, 복합비료는 제조사의 권장사용량을 참고했습니다. 물론 이는 어디까지나 참고할 만한 기준을 제시한 것일 뿐 정확한 지침은 아니니 참고만 하세요.

● **비옥도** : 땅이 기름진 정도.

앞에서 이미 언급했듯이 퇴비는 감으로 뿌려야 합니다. 복합비료와 NK비료 역시 감으로 뿌려야 합니다. 사람이 살면서 감으로 해야 하는 일이 많습니다. 계량컵도 없던 옛날 어머니들은 음식을 만들 때 감으로 했습니다. 지금도 많은 주부들이 감으로 음식을 만듭니다. 농사도 그렇습니다. 대부분 감으로 합니다. 제가 2평을 기준으로 퇴비와 복합비료 사용량을 정한 것은 농사를 처음 시작하는 도시농부들이 쉽게 접근할 수 있도록 하기 위함입니다. 처음에는 이대로 따라하다가 경력이 쌓이고 농사에 자신이 생기고 감이 잡힌다면 비료 시비량을 늘리거나 줄이면서 자기 흙에 맞게, 자기만의 방식대로 소신껏 농사를 짓게 되기를 바랍니다.

화학비료는 입구를 잘 여미 그늘진 곳에 보관한다

추비용 비료는 페트병에 넣어 사용하면 편리하다

화학비료는 공기, 특히 수분이 닿으면 녹아버리기 때문에 입구를 잘 여미 공기 접촉을 차단한 상태에서 건조하고 그늘지며 서늘한 곳에 보관합니다. 많은 양을 사용하지 않는 추비용 비료는 페트병에 넣어 사용하면 편리합니다. 사용할 때마다 비료 포대를 뒤적거리지 않아도 됩니다.

평수 구하기

부동산을 거래하다 보면 제곱미터(m^2)라는 단위를 많이 사용합니다. 예전에는 평(坪)이라는 단위를 썼는데 2007년 7월부터 면적을 제곱미터로 표기하도록 의무화했습니다. 하지만 사람들이 대부분 익숙하지 않은 제곱미터에 스트레스를 받는 실정이며 아직도 많은 사람들이 평으로 환산해서 사용하고 있습니다. 우리는 농사가 목적인 만큼 평을 사용하는 것이 이해가 빠를 것 같습니다.

평수 계산법은 '두둑 넓이(m) × 두둑 길이(m) × 0.3'이며 고랑은 계산하지 않습니다. 다만 고랑과 두둑이 구분되지 않는 경우라면 전체 면적을 기준으로 합니다.

사례를 들어서 평수를 계산해보겠습니다. 두둑 넓이 0.9m, 두둑 길이 8.6m의 경우 0.9m × 8.6m × 0.3 = 2.32평입니다.

평수 계산하기

안** 추비에는 인산이 빠져 있군요. 숫자의 비밀을 이제 알겠네요.^^ 올해 처음 밭농사를 했지만 이랑 만들 때 복비, 밑거름 외 추비는 전혀 안 했네요. 잎은 무성하게 잘 자랐는데 열매들은 아주 부실했답니다. 이번 배추에는 웃거름을 조금 줘야겠어요.

방** 화학비료 안 쓰고 농사지으면 거칠고 억세서 못 먹어요. 농약도 비료도 과하지 않게 적정량을 줘야 한다네요. 사람도 아프면 약 먹듯이. 전 아직까지는 농사를 몇 해 안 지은 새 땅이라 약은 안 쳐도 되는데……. 글쎄요, 앞으로 저도 별수 없겠죠?

새** 우리 옆 밭 아저씨는 복합을 만능으로 알아요.^^ 뭐 질문하면 모든 정답은 "복합"이랍니다. 말하자면 모든 길은 복합으로 통한다 이거지요.ㅎㅎ 들을 건 듣고 거를 건 걸러서 듣고 있답니다.

PART 2

씨앗부터 열매까지!
베테랑 농부 따라하기

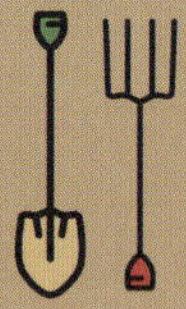

잎을 먹는 채소 1 | 삼겹살을 부르는 상추
잎을 먹는 채소 2 | 시금치 넣고 김밥 싸서 소풍 가요
잎을 먹는 채소 3 | 된장과 찰떡궁합 근대
잎을 먹는 채소 4 | 문 걸어잠그고 아욱국을 먹자
잎을 먹는 채소 5 | 여름철 대표 김치 열무
잎을 먹는 채소 6 | 코가 찡한 갓
잎을 먹는 채소 7 | 꽃보다 배추
잎을 먹는 채소 8 | 건강을 증진하는 슈퍼푸드 양배추
잎을 먹는 채소 9 | 쌈의 지존, 쌈의 종결 당귀
잎을 먹는 채소 10 | 건강한 쓴 채소 고들빼기

다섯째마당

푸르름 가득한 영양소 대장, 잎채소

잎을 먹는 채소 ❶

삼겹살을 부르는 상추

분류 국화과
원산지 유럽, 서아시아, 북아시아 추정
연작장해 없음
재식거리 포기 간격 20~25cm / 줄 간격 20cm
직파 ○   **육묘** ○
퇴비 10kg   **복합비료(완효성)** 300g
추비 없음   **비고** 2평 기준

텃밭농사의 감초인 상추는 한국인이 가장 즐겨 먹는 쌈채소입니다. 직접 키운 싱싱한 상추를 뜯어다가 깨끗이 씻어 밥과 삼겹살을 두툼하게 얹고 쌈장을 넉넉히 바른 후 양 볼이 미어터지게 먹는 행복함은 농사짓는 사람들만의 특권인지도 모릅니다.

상추는 특별한 병충해가 없어 재배하기 무난한 작물입니다. 기온이 15℃ 이상으로 올라갈 때 파종하고, 30℃ 이상 올라가는 한여름 파종은 되도록 피하는 것이 좋습니다. 상추의 적정 발아온도는 15~25℃이며 30℃ 넘어가면 잘 발아하지 않습니다. 서늘한 기후를 좋아하는 특성이 있으므로 봄, 가을이 상추 재배에 좋습니다.

상추 품종 선택

상추는 품종이 아주 다양합니다. 대표적으로는 적치마, 청치마, 적축면, 청축면 등이 있습니다. 결구 상태에 따라 결구, 반결구*, 불결구 등으로 종류가 다양하며, 용도에 따라 쌈용, 샐러드용이 있습니다. 상추 씨앗은 2,000원 정도로 저렴한 편이므로 종류별로 골고루 심으면 다양한 상추의 맛을 즐길 수 있습니다. 상추 씨앗의 수명은 통상 2년 정도로 보며, 밀봉해서 냉장보관하면 수명이 다소 길어집니다.

상추는 품종을 다양하게 심는 것이 좋다

상추밭 만들기

상추밭은 평이랑으로 만듭니다. 두둑 넓이는 80~100cm 정도로 하며, 포기 간격은 20~25cm, 줄 간격은 20cm 정도로 합니다.

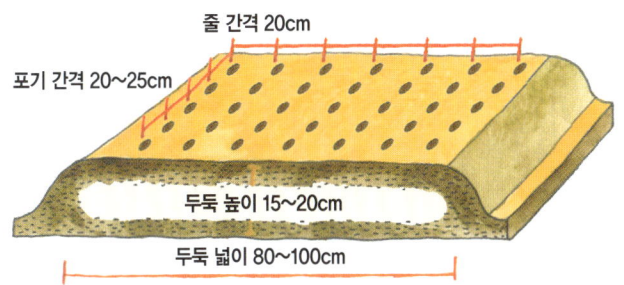

상추밭 만들기

● **반결구(半結球)** : 배추 따위의 채소가 속이 둥글게 들지 않고 윗부분이 벌어진 채로 자라 반쯤 알이 차는 것.

상추는 비료가 많이 필요한 작물이 아니라서 퇴비만 뿌려도 잘 자랍니다. 상추는 직파하거나 육묘 후 옮겨심기를 합니다. 상추는 발아율이 높기 때문에 직파하는 게 비용과 관리적인 측면에서 좋습니다. 상추는 줄뿌림을 하며, 광발아종자라서 흙은 아주 살짝만 덮어주어야 합니다. 상추 씨앗은 아주 작고 가볍습니다. 바람이 많이 부는 봄철에 씨앗을 고르게 뿌리는 것은 여간 힘든 일이 아닙니다. 인내와 집중력을 많이 발휘해야 합니다.

상추 봄파종

기온이 낮을 때 파종하는 봄파종은 발아가 관건입니다. 일찍 수확할 목적으로 3월 중하순에 하기도 하지만 통상 기온이 올라가는 4월부터 파종을 하게 되는데, 비닐을 씌워 기온을 높여주면 발아를 앞당길 수 있습니다.

상추를 빨리 먹으려고 서둘러 파종해도 첫 수확, 그것도 솎음수확*을 하려면 40일 정도가 걸립니다. 이럴 경우 종묘상에서 모종을 몇 포기 사다 심으면 다소 빠르게 상추를 수확해 먹을 수 있습니다.

상추는 기온이 올라가는 5월부터 급격하게 성장하며, 6월 말~7월 상순까지 재배하고 그 이후 꽃대가 올라오면서 꽃을 피우고 씨를 맺습니다. 상추는 고온을 만나면 꽃을 피우는데, 꽃이 핀 상추는 잎이 더 이상 자라지 않고 써져서 먹지 못하게 됩니다.

또한 봄 상추는 장마라는 복병을 만나게 되는데, 장마 때 잎이 연한 상추는 잎이 대부분 상합니다. 잎이 두터운 품종을 심거나 비가림을 해주면 피해를 다소 줄일 수 있습니다. 하우스가 아닌 노지에서 비를 가릴 수 있는 방법은 활대를 세우고 투명비닐을 덮는 것입니다. 비에 짓무른 상추 잎은 되도록 빨리 제거해줍니다.

상추 물 주는 모습

상추는 꽃이 피면 먹지 못한다

* **솎음수확** : 덜 자란 여린 잎을 솎으면서 수확하는 것.

상추 여름파종

봄에 파종한 상추는 7월이 되면서 꽃대가 올라와 먹지 못하게 됩니다. 그렇다면 가을파종 때까지 상추를 사먹어야 합니다. 그래서 추대 일자를 역계산해서 미리 씨앗을 뿌리면 상추를 계속해서 먹을 수 있습니다. 하지만 앞에서 이미 언급했듯이 기온이 30℃ 이상 올라가는 7~8월 파종은 되도록 피하는 것이 좋습니다.

상추 가을파종

상추 하면 가을 상추죠? 상추는 가을에 제일 맛이 좋습니다. 가을파종은 통상 9월부터 하며, 날이 서늘해 추대를 하지 않기 때문에 늦가을까지 재배할 수 있습니다. 또한 상추는 추위를 견디는 능력이 강해 서리가 내리거나 새벽 기온이 일시적으로 영하로 내려가도 문제될 게 없습니다. 그렇다고 추위를 무한정 견딜 수 있는 것은 아닙니다. 날이 지속적으로 추워지기 시작하는 11월에는 투명비닐을 씌워 생육기간을 연장할 수 있지만, 그 기간은 길지 않습니다.

상추는 서리를 맞아도 괜찮다

상추는 옮겨심어도 잘 자란다

파종 후 발아가 전혀 안되었는데 재파종하기에는 늦었거나, 발아가 들쭉날쭉해서 빈자리가 보기 싫은 경우가 있습니다. 이때는 다른 곳의 상추를 옮겨심어도 잘 자랍니다. 옮겨심을 경우 되도록 뿌리에 흙이 많이 붙어 있어야 좋으며, 활착시까지 물을 충분히 주어야 합니다.

상추를 옮겨심을 때는 되도록 뿌리에 흙이 많으면 좋다   옮겨심은 후 흙이 마르지 않게 물을 충분히 준다

상추 수확하기

부지런히 따자

상추는 맨 아래쪽 잎부터 위쪽으로 올라가면서 수확합니다. 아래쪽 잎부터 부지런히 따야 위쪽 잎이 크면서 새잎이 나옵니다. 특히 흙에 닿아서 먹을 수 없게 된 잎은 빨리 제거해주면 좋습니다.

햇볕을 직접 받지 않는 시간에 따자

햇볕이 강한 한낮에 따면 쓴맛이 강해지고 시들해서 신선도가 떨어지게 됩니다. 또한 잎에 물기가 없을 때 수확해야 오래갑니다. 따라서 상추 따기는 이슬이 없는 이른 아침과 저녁 시간대가 좋습니다. 비 온 후 상추 수확은 되도록 피하는 것이 좋습니다.

깨끗이 따자

상추를 수확할 때는 줄기에 잎이 남아 있지 않도록 깨끗이 따야 합니다. 잎의 일부가 줄기에 남아 있으면 그 부분이 무르면서 줄기를 상하게 할 수도 있습니다. 비 오는 날 특히 심하게 나타납니다. 그리고 상추 끝부분을 남김없이 따야 줄기 손상 없이 오래 수확할 수 있습니다.

먹을 수 없게 된 잎은 제거한다   상추는 깨끗이 따자

필자의 상추 재배 기록 (양주시)

구분	파종일 (직파)	발아	추대	폐기	비고
봄재배	3.14	3.22	7.22		비닐 보온
여름재배	6.24	7.1	10.5		
가을재배	9.1	9.9	없음	11.08	

※ 품종 : 아바타. 추대 일자는 품종이나 지역에 따라 차이가 있을 수 있음

6월 12일에도 상추 5종을 파종했습니다. 그런데 몇 장 수확하는가 싶었는데 추대가 시작되었고, 결국 8월 7일 추대하지 않은 1종을 제외하고 상추를 모두 폐기해야 했습니다. 상추는 품종에 따라 다소 차이는 있지만, 더위를 견디는 능력이 강하고 추대가 늦은 품종을 선택하는 것이 중요합니다. 그러나 이를 알기란 쉽지 않기 때문에 오랜 경험이 필요합니다.

- **대**** 그래도 본전치기하고도 남는 건 상추가 최고인 것 같아요.^^ 맛도 최고, 자라는 것도 최고.
- **버**** 상추 없는 텃밭이란 상상도 못할 일이지요. 저는 한참이나 전에 씨앗을 뿌려놨는데 싹이 나오고 있는지……. 이번 주말에나 가게 되는데 궁금합니다.
- **so**** 따뜻한 지역이라 놀고 먹는 느낌입니다. 가을에 파종한 상추 내버려둬도 자기들끼리 잘 자라니 봄 되면 모종 옮겨 크면 뜯어먹습니다. 상추 빨리 맛보고 싶어서 비닐 씌워 겨울에도 몇 잎 따먹었다지요. (전남 광주)
- **해**** 상추도 한여름에 모르고 뿌렸더니 안되더라고요.^^ㅎㅎ
- **꿈**** 여름엔 담배상추로 갑니다. 잎도 두껍고 추대도 늦습니다. 비가 많이 와도 그닥 짓무르지 않더라고요.

잎을 먹는 채소 ❷

시금치 넣고 김밥 싸서 소풍 가요

분류 명아줏과
원산지 아시아
연작장해 1~2년
재식거리 포기 간격 20~25cm / 줄 간격 15cm
직파 ○ **육묘** ×
퇴비 10kg **복합비료(완효성)** 300g
추비 없음 **비고** 2평 기준

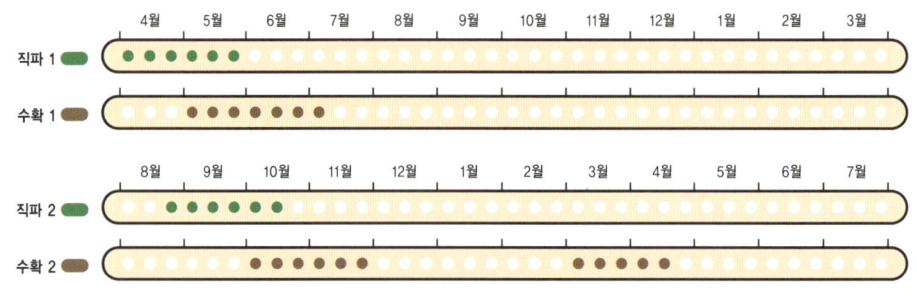

뽀빠이가 좋아하고 한국인의 밥상에 가장 많이 올라오는 국민 나물인 시금치는 비타민과 미네랄이 풍부한 채소로 알려져 세계적으로 많이 먹고 있으며, 우리 몸에 필요한 비타민 A, B1, B2, C, 섬유질, 요오드 등이 골고루 함유되어 있는 필수 영양식입니다. 특히 철 등의 무기질이 풍부하며, 프로비타민 A인 베타카로틴과 엽산도 비교적 많이 포함되어 있습니다.

시금치는 기온이 5℃만 넘어가면 언제든지 파종이 가능합니다. 발아하는 데는 기온에 따라 많은 차이를 보이지만, 자라는 기간은 다른 작물에 비해 길지 않아 수확이 빠릅니다. 시금치는 기온이 15~20℃일 때 파종하면 좋습니다. 시금치는 서늘한 기후를 좋아하고 더위에는 약합니다. 기온이 25℃를 넘어가면 성장하지 않기 때문에 한여름에 재배하는 것은 되도록 피하는 것이 좋습니다. 재식거리는 20~25cm 정도로 하며 줄뿌림을 합니다.

시금치에 해를 끼치는 해충에는 달팽이 정도가 있지만 피해가 크지 않아 무농약 재배가 가능합니다. 시금치는 크게 일반재배와 월동재배로 나눕니다. 씨앗은 일반재배용과 월동재배용이 따로 있습니다. 일반재배용(서양계)은 씨앗이 둥글둥글하고, 월동재배용(동양계)은 씨앗이 뾰족하며 가시가 있습니다.

달팽이 피해를 입은 시금치

일반재배용 시금치 씨앗

시금치밭 만들기

시금치밭은 평이랑으로 만듭니다. 두둑 넓이는 80~100cm 정도로 하고, 포기 간격은 20~25cm로 합니다. 시금치는 밭을 가리는 성질이 있으며, 토양의 산도는 pH6~7인 중성 혹은 약알칼리성을 좋아합니다. 산성인 땅에서는 시금치가 잘 안됩니다. 산성? pH? 복잡하죠? 신경쓰지 말고 그냥 심으세요. 이것저것 다 따지다가는 농사 못합니다. 경험상 우리나라 토양은 시금치가 안될 정도로 산성화되어 있지는 않은 것 같습니다.

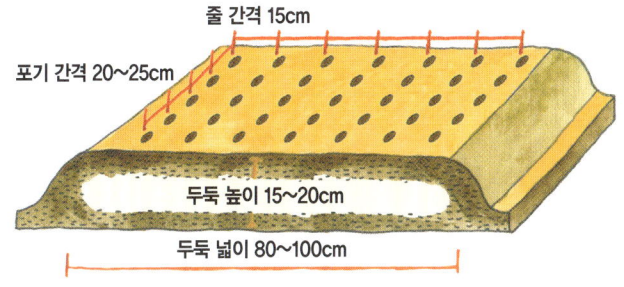

시금치밭 만들기

시금치 파종, 솎음

시금치는 통상 줄뿌림을 합니다. 이후 싹이 나면 1~2회 솎아주고, 줄 간격은 15cm 정도를 주며, 먼저 크는 것부터 솎음수확을 합니다.

시금치 싹

시금치 봄재배

봄파종은 통상 날씨가 따뜻해지는 4월부터 하며 5월부터 수확이 가능합니다. 그러나 시금치는 고온을 만나면 추대하기 때문에 그전에 모두 수확해야 합니다. 또한 봄파종은 장마라는 복병을 만나게 되므로 시기를 잘 맞추어 되도록 장마를 피해가는 것이 좋습니다.

봄재배는 추대하기 때문에 빨리 수확한다   추대된 시금치

시금치 가을재배

시금치는 봄재배에 비해 가을재배가 맛이 더 좋습니다. 8월 하순~9월 중순까지 파종하며 10월부터 수확합니다. 가을재배는 추대를 하지 않기 때문에 날이 추워져도 수확할

수 있습니다.

시금치 월동재배

시금치는 월동재배가 제일 맛이 좋습니다. 파종시기는 10월 1~20일이며 이듬해 이른 봄부터 수확합니다. 추위를 견디는 능력이 강해 무보온으로 월동이 가능하며, 비닐로 보온해주면 수확이 다소 빨라집니다.

월동재배용 씨앗은 가시가 있습니다. 하지만 일반재배용 씨앗을 심어도 월동이 가능합니다. 이듬해 봄부터 수확할 수 있지만 추대가 되기 때문에 수확할 수 있는 기간이 길지는 않습니다.

월동재배용 시금치 씨앗은 가시가 있다

바닥에 붙어 있는 시금치 수확은 밑동을 칼로 도려내는 것이 수월하다

필자의 시금치 재배 기록 (양주시)

구분	직파	발아	1차 솎음수확	아주수확	비고
가을재배	2012.9.9	2012.9.16	2012.10.13	2012.11.15	
월동재배	2012.10.2	2012.10.13	2013.3.26	2013.4.24	일부 추대됨
봄재배	2013.4.16	2013.4.30	2013.5.21	2013.5.31	

포항초 시금치는 어디서 구하나?

시금치 하면 포항초(浦項草)입니다. 제가 농사짓기 전 마트에 가면 납작하게 생긴 포항초 시금치를 볼 수 있었습니다. 값은 일반 시금치에 비해 다소 비싸지만 맛이 좋아 자주 사다 먹었습니다. 그 후 농사를 짓게 되면서 포항초 시금치를 심어보려고 종묘상을 여러 군데 돌아다녔지만 '포항초'라는 시금치 종자는 구할 수가 없었으며 납득이 가도록 설명해주는 사람 또한 없었습니다. 그래서 포항에 사는 지인에게 종자를 부탁했다가 다음과 같은 얘기를 들었습니다.

▶ 포항초는 포항의 고유 브랜드다.
▶ 포항의 지리적 여건, 그리고 바닷바람의 영향으로 잎이 길게 자라지 못하고 뿌리를 중심으로 옆으로 퍼져 자라기 때문에 뿌리부터 줄기와 잎까지 영양분이 고르게 퍼져서 일반 시금치에 비해 당도가 높을 뿐 아니라 저장기간도 길다.
▶ 종자가 따로 있는 게 아니고 아무 씨앗이나 심어도 포항에서는 포항초가 되는 것이다.

결국 포항초 시금치를 직접 재배하고 싶으면 포항으로 이사 가야 합니다.

심**	올 가을엔 단풍여행 갈랍니다. 물론 시금치 넣은 김밥 싸들고~ 그러려면 이번 주엔 시금치를 심어야겠네요.
비**	시금치를 심어보기 전에는 단지 쓴지 별 관심도 없었고 알지도 못했는데. 직접 길러 봄에 먹어보니, 세상에나 대박~~~! 시금치가 배추 속처럼 달더라고요. 월동 시금치 짱입니다!
초**	월동 시금치 너무 맛있지요. 이른봄에 시금치나물 무쳤더니 딸내미가 설탕 넣었냐고 하더군요. 곧 현장학습 가는데 김밥 싸주려고 넉넉히 남겨놨답니다. ^^
자**	작년 가을에 시금치 왕창 심어놓고 겨울에도 봄에도 신나게 먹었습니다. 나물부터 김밥, 국…… 안 들어가는 데가 없으니 활용하기도 좋고요.
동**	8월 초에 뿌린 시금치가 왜 싹이 안 나오나 했더니 더워서 그런 거군요. 이제야 원인을 알았네요. 우리 애들이 시금치를 엄청 좋아하는데 서늘해질 때를 기다려야겠습니다.

된장과 찰떡궁합 근대

잎을 먹는 채소 ❸

분류 명아줏과
원산지 유럽 남부
연작장해 없음
재식거리 포기 간격 30cm / 줄 간격 15~20cm
직파 ○ **육묘** △
퇴비 10kg **복합비료(완효성)** 300g
추비 없음 **비고** 2평 기준

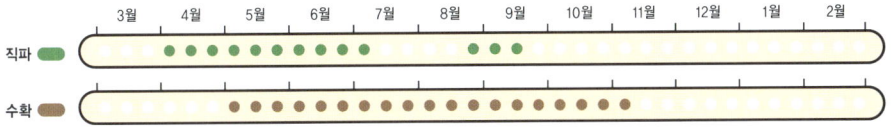

근대는 더위와 건조에 강하고 추위에도 강하므로 봄부터 가을에 걸쳐 언제라도 파종해 1년 내내 재배할 수 있습니다. 별다른 해충이 없어 재배가 쉽고 맛이 좋기 때문에 텃밭의 감초처럼 재배되고 있으며, 몇 포기 없어도 나물을 만들거나 국을 끓여 먹기에 부족함이 없을 정도로 잘 자랍니다. 파종일 기준으로 30일 정도면 수확할 수 있을 정도로 생육이 다소 빠른 편입니다. 여름파종은 고온다습하고 장마로 인해 재배가 다소 힘들지만, 더위에 강해 여름에도 잘 자라며 기후가 따뜻한 남쪽 지역에서는 월동재배도 가능합니다.

근대밭 만들기

근대의 생육온도는 18~20℃이고 서늘한 기온에서 잘 자라지만 한여름에도 비교적 잘 자라는 작물이고, 토양을 그다지 가리지 않습니다. 생육기간이 길어 충분한 밑거름과 재배기간 중 웃거름을 1회 정도 주기도 하지만 정해진 시기와 양은 없습니다. 약간 습한 토양이 적합하나, 배수 또한 잘되는 토양이어야 잘 자랍니다. 멀칭재배, 비멀칭재배를 하며 다 자랐을 때를 생각해서 포기 간격은 30cm 정도로 하고, 이후 발아하면 줄 간격을 15~20cm까지 솎아줍니다.

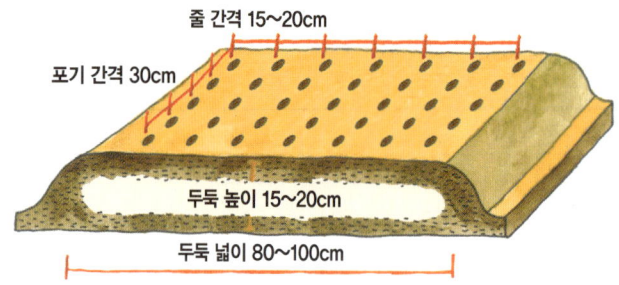

근대밭 만들기

근대 파종, 발아

근대 씨앗의 발아온도는 9~35℃이나 최적 발아온도는 25℃로 봄과 가을에 쉽게 발아됩니다. 근대 씨앗은 하나로 보이지만 사실 3~4개의 씨가 모여 있는 것으로, 심었을 때 1알의 씨앗에서 3~4개의 싹이 자랍니다. 근대는 발아가 다소 까다로운 작물이므로 발아율을 생각해서 다소 촘촘히 줄뿌림을 하고 발아 후 점차적으로 솎아줍니다. 통상 발아는 10일 정도 걸리고 발아까지 건조하지 않게 물을 줍니다. 싹이 튼 후 2~3회 풀을 제거해주면서 솎아줍니다.

근대 씨앗은 큼직해서 뿌리기 좋다

근대 싹

근대 솎음, 수확

본잎이 2매일 때부터 솎아주며 최종 간격이 될 때까지 2~3차례 더 솎아줍니다. 시중에 파는 근대는 잎이 굉장히 크지만 직접 재배하는 근대는 잎이 어린이 손바닥만할 때 수확합니다. 솎음한 것도 버리지 말아야겠죠? 솎음한 여린 근대로 된장국을 끓이면 입에서 살살 녹습니다. 근대는 상추처럼 아래 잎부터 땁니다. 잎줄기가 아래로 처진 것을 수확하는데, 아래 잎을 1번에 3~4장 정도 따며, 잎을 늘 5장 정도 남겨둡니다.

다 자란 근대의 키는 30cm가 넘는다

근대 병충해, 추대

근대는 이렇다 할 병충해가 없어 해충에게 뺏길 일도 없고 무농약 재배가 가능합니다. 추대는 통상 6월 중하순부터 시작되는데 품종, 기후, 재배 여건에 따라 추대하지 않기도 합니다. 추대시 또는 키가 커져서 잎이 필요 이상으로 커지거나 억세진 경우, 또는 장마로 인해 잎줄기가 망가진 경우 밑둥을 지면에서 바짝 베어내면 새로운 잎을 계속 수확할 수 있습니다.

추대된 근대

근대 갈무리

근대는 수분 함량이 높아 장기간 보관이 어렵습니다. 되도록 빨리 먹는 게 좋으나 부득이 보관해야 할 경우에는 신문지에 싸서 냉장보관하면 2~3일은 갑니다. 장기간 보관하려면 데쳐서 얼리거나 말려서 나물로 이용합니다.

근대는 어린잎이 맛이 좋다

겸** 근대는 벌레도 안 꼬이고 참 잘 자랍니다. 8줄 뿌렸는데 이제는 자라는 속도가 빨라서 감당이 안됩니다. ㅠㅠ 제 얼굴만한 것은 데쳐서 쌈으로 먹고 연한 잎은 국을 끓입니다.

산** 장마 전에 부추처럼 시원하게 이발해줍니다. 서리 전까지 문제없이 크지요. 근대된장국이 물린다면 근대를 살짝 데쳐서 말려보세요. 아주 맛있는 나물이 됩니다.

너** 월동한 근대 중 몇 개는 꽃이 피었어요. 잎을 계속 수확해 먹을 땐 꽃피울 새도 없어서 계속 자라네요. 그리고 봄에 심은 근대는 아직도 계속 수확하고 있어요. 밑둥을 바싹 잘라주면 순이 또 올라오고, 자르면 또 올라와서 1번 파종으로 2년 재배는 거뜬한 것 같아요. ㅎㅎ

전** 봄파종 후 추대될 때 바짝 잘라내니 새로 잎이 올라와서 가을까지 먹고 겨울나고도 올해 봄 5월까지 잘 먹었어요. 근대, 착한 작물입니다. ㅎㅎ (전주)

서** 열무는 벼룩잎벌레 때문에 망사가 되었는데 근대는 깨끗합니다. 해충들이 근대를 싫어하나 봅니다. ㅎㅎ

문 걸어잠그고 **아욱**국을 먹자

분류 아욱과
원산지 북유럽
연작장해 거의 없음
재식거리 포기 간격 25~30cm / 줄 간격 20cm
직파 ○ **육묘** △
퇴비 5~10kg **복합비료(완효성)** 300g
추비 없음 **비고** 2평 기준

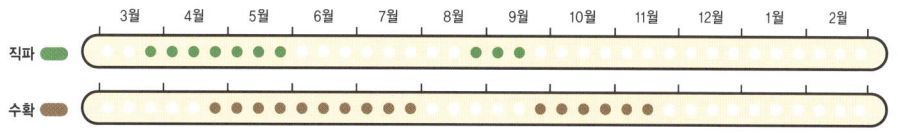

잎과 줄기로 국을 끓여 먹는 아욱은 기온이 15℃를 넘어가는 시기라면 언제든지 파종이 가능합니다. 주로 봄재배와 가을재배를 합니다. 특히 가을 아욱은 문 걸어잠그고 먹는다고 할 정도로 맛이 뛰어납니다. 재식거리는 25~30cm 정도로 합니다. 파종 후 30일부터 수확이 가능하며, 수확기가 지나면 줄기가 단단해져서 맛이 떨어지므로 줄기를 잘라주어 새로운 싹을 키워 수확합니다. 특별한 병충해가 없어 재배는 무난합니다.

아욱밭 만들기

아욱밭은 평이랑으로 만듭니다. 두둑 넓이는 80~100cm, 두둑 높이는 15~20cm, 포기 간격은 25~30cm, 줄 간격은 20cm 정도로 합니다.

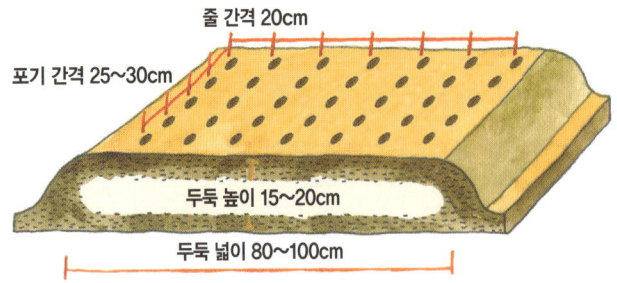

아욱밭 만들기

아욱 파종, 봄재배

봄파종은 3.20~5.30일, 가을파종은 8.20~9.20일 정도에 합니다. 줄뿌림 직파를 하며, 발아 후 솎음수확을 합니다.

아욱 싹　　　　　　　　　　　솎음수확 줄 간격은 20cm

아욱 솎음

아욱은 파종 후 30일가량 지나면 폭풍 성장합니다. 이때부터 솎음수확을 합니다. 솎음은 자라는 것을 봐가면서 몇 번에 걸쳐 하는데, 최종 줄 간격은 20cm의 거리를 둡니다. 아욱은 이때가 잎이 연해서 제일 맛이 좋습니다.

◀ 6월 9일 : 수확기가 지난 아욱은 줄기가 단단해지고 잎이 억세져서 맛이 떨어집니다. 이럴 때는 지면에서 10~20cm 남기고 잘라줍니다.

◀ 6월 13일 : 새로운 싹이 나오면 키워 수확합니다.

아욱 추대와 장마

아욱은 비교적 짧은 기간에 수확이 끝나는 채소입니다. 수확할 수 있는 기간이 얼마 안 된다는 말입니다. 통상 6월이 되면 추대가 되는데 잎이 손바닥만큼 커지고 질겨져서 먹기가 거북스럽습니다. 이런 특성을 고려해서 일찍 파종하는 것이 좋습니다. 추대된 아욱은 정리하거나 몇 포기 남겨두었다가 씨앗을 채종해도 됩니다. 하지만 키가 커져버린 아욱이 고온다습, 장마 등으로 인해 쓰러지기 때문에 쉽지는 않습니다.

꽃대가 올라오고 장마에 쓰러진 아욱

아욱 가을재배

아욱 하면 가을 아욱이죠? 파종시기는 8월 하순부터 9월 중순이며, 9월 하순부터 수확이 가능합니다. 가을 아욱은 문 걸어잠그고 먹는다고 할 정도로 맛이 뛰어납니다. 또한 가을 아욱은 선선한 기온으로 인해 추대를 하지 않습니다. 아욱은 첫서리를 맞아도 죽지는 않지만 잎이 쳐지기 때문에 서리를 맞추지 않고 수확하는 것이 좋습니다.

초** 저는 아욱 포기수가 얼마 안될 땐 잎을 따지만 너무 많으면 모가지를 수확합니다. 그럼 금방 곁순이 나오죠. 마트에서 사는 건 질겨도 밭에서 어릴 때 수확하니 입에서 살살 녹아요. ^^

행** 저는 아욱 수확 후 살짝 삶고 된장 양념에 조물조물해서 1번 먹을 만큼 냉동보관한 후에 국 끓여 먹는답니다. 한겨울에도 문 걸어잠가요. ㅎㅎ

묵** 아내가 매일 아욱국만 끓여요. 저는 아욱을 좋아하는데 우리 애들은 싫은가 봅니다. 아욱국 나오면 또 아욱이야? 어~ 욱~~~ 그럽니다. ㅎㅎ

소** 아욱은 밑둥에서 10cm 정도 남기고 자르니 또 연한 새순이 올라오더라고요. 2주 정도 되니 다시 수확이 가능했습니다.

잎을 먹는 채소 ❺

여름철 대표 김치 열무

분류 십자화과
원산지 팔레스타인 지역
연작장해 약 1년
재식거리 포기 간격 20~25cm / 줄 간격 5cm
직파 ○ **육묘** ×
퇴비 5~10kg **복합비료(완효성)** 200g
추비 없음 **비고** 2평 기준

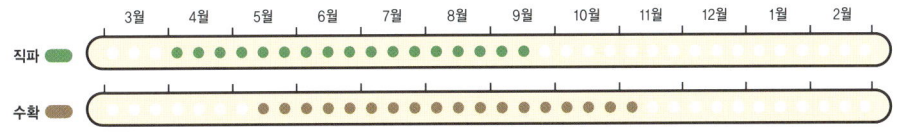

 텃밭에서 재배하는 작물 중에 열무를 빼놓을 수 없습니다. 열무는 한겨울을 제외하고는 연중재배가 가능한 작물입니다. 그래서 한 작물을 수확한 후 다음 작물을 심기가 시기적으로 애매할 때 심으면 좋습니다. 서늘한 기후를 좋아하는 채소이고, 자라는 데 가장 적당한 온도는 20℃ 전후지만 추위에 강해 0℃에도 피해를 입지 않습니다.
 열무의 생육기간은 45일 정도이고, 하절기에는 30일 정도로 수확이 다소 빠릅니다. 열무의 발아온도는 15~30℃이며, 35℃ 이상에서는 발아가 어려우므로 고온다습한 한여름 파종은 피하는 것이 좋습니다. 또한 봄재배의 경우 추대가 되므로 추대가 늦는 품종을 선택하는 것이 좋습니다.

열무밭 만들기

두둑 넓이는 90~120cm 정도의 평이랑으로 합니다. 포기 간격은 20~25cm 정도로 하며, 생육기간이 짧으므로 비료는 전량 밑거름으로 주고 추비는 하지 않습니다.

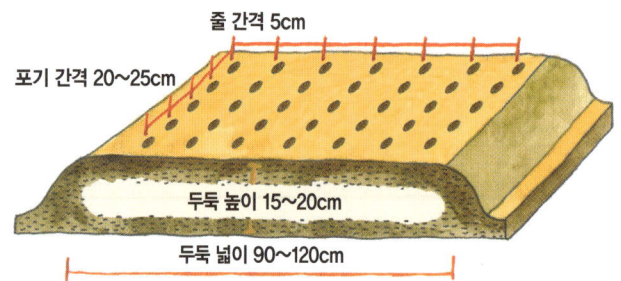

열무밭 만들기

열무 씨 뿌리기

열무는 옮겨심기가 안되므로 직파를 합니다. 열무를 파종하는 방법은 점뿌리기와 줄뿌리기가 있습니다. 점뿌리기는 구멍을 만들고 열무 씨앗을 3~4개씩 심은 후 씨앗 두께의 2~3배 정도 흙으로 덮어주는 방법이고, 줄뿌리기는 씨앗을 줄에 맞춰 뿌리고 흙으로 덮어주는 방법입니다. 통상 줄뿌림을 많이 하는데 발아 후 일일이 솎아주는 번거로움이 따릅니다.

열무는 직파한다

열무 싹

열무 재배

열무는 발아시 또는 발아 후 비교적 많은 수분이 필요합니다. 씨를 뿌린 뒤 가물면 발아가 잘 안되므로 틈틈이 물을 주어 땅에 적당한 습기를 유지시켜주어야 합니다. 솎아주기는 발아한 뒤부터 1주일마다 병든 것, 발육이 부실한 것 또는 지나치게 웃자란 것 등을 먼저 솎아가며 총 3~4회에 걸쳐 해줍니다. 줄 간격은 5cm 정도로 하며 대체로 본잎이 6~7장 자랄 때까지 솎아줍니다. 그러나 솎는 횟수를 줄이거나 전혀 솎지 않고 밀식재배*를 해서 다소 웃자라게 키워 연한 잎을 수확하기도 합니다. 또한 열무는 너무 자라면 억세지기 때문에 늦지 않게 수확하는 것이 좋습니다.

열무는 밀식재배를 하기도 한다

열무의 병충해

열무에 해를 끼치는 해충으로는 벼룩잎벌레와 나비(나방) 유충이 있습니다. 벼룩잎벌레는 발아 후 떡잎부터 해를 끼쳐서 피해가 상당합니다. 비단노린재도 열무의 주요 해충입니다.

벼룩잎벌레 피해를 입은 열무 잎

비단노린재 피해를 입은 열무 잎

● **밀식재배** : 빽빽하게 심어 재배하는 재배법.

열무 수확하기

열무의 수확시기는 파종일 기준으로 45일 정도이며, 하절기에는 30일 정도로 빠릅니다. 작물의 생육을 봐가면서 너무 늦지 않게 수확을 결정합니다. 수확이 늦으면 잎이 억세져서 먹지 못하게 됩니다. 또한 무가 커져서 열무가 아닌 동치미용 무를 수확할 수도 있으며 이 무 역시 억세서 먹지 못합니다.

수확이 늦어버린 열무

마트에서 열무를 산 적이 있습니다. "농사짓는 사람이 열무를 사다 먹어?" 이런 생각을 하는 사람도 있겠지만 농사를 짓는다고 해서 모든 채소를 자급자족할 수 있는 건 아닙니다. 그런데 장마 통이라서 그런지 열무 상태가 그리 좋지 않았습니다. 구멍이 뽕뽕 뚫려서 이파리 몇 장 연결하면 어망으로 써도 될 정도였고, 게다가 벌레는 어찌나 많은지 튀어다니고 기어다니면서 거실 바닥을 점령해버렸습니다. 이를 본 아내의 얼굴이 일그러지면서 "벌레 구멍난 건 약 안 친 유기농 채소라서 좋은 거다"라는 믿음이 깨어지고 말았습니다. 사람들은 벌레 먹은 자리가 보이면 약 안 쳐서 좋은 거라고 말합니다. 그러나 막상 그 채소를 손질해서 김치를 담가야 한다면 달가워하지 않습니다. 돈을 주고 사온 거라면 더더욱 그렇습니다. 벌레 먹은 채소, 동전의 양면이 아닐까요?

리** 열무김치를 좋아하다 못해 사랑하는 1인입니다. 지난주에 3차 파종했는데 싹이 올라오자마자 벼룩잎벌레들이 기다렸다는 듯이 물어뜯기 시작합니다.ㅠㅠ

제** 열무김치는 비벼도 맛나고 신김치로 먹어도 맛있지요. 밥도둑입니다. 저는 주로 국수에 비벼 먹습니다. 비 그치면 열무부터 파종해야겠네요.^^

열** 열무는 물김치도 맛나고 어릴 땐 나물로 먹어도 최고지요~~~^^

과** 작년에 벼룩잎벌레가 다 뜯어먹었어요. 벼룩잎벌레가 무서워서 열무 재배 안 합니다.ㅠㅠ

꼬** 저는 이제 떡잎 나옵니다. 가뭄으로 발아가 들쭉날쭉.ㅠㅠ 그런데 벼룩잎벌레들이 구멍을 뽕뽕.ㅠㅠ 예상한 일이지만 짜증이 확 나서 갈아엎고 시금치나 뿌릴까 생각 중입니다.

잎을 먹는 채소 ❻

코가 찡한 갓

분류 십자화과
원산지 중앙아시아
연작장해 1~2년
재식거리 포기 간격 30cm / 줄 간격 15cm
직파 ○ **육묘** ×
퇴비 10kg **복합비료(완효성)** 300g
추비 1회 **비고** 2평 기준

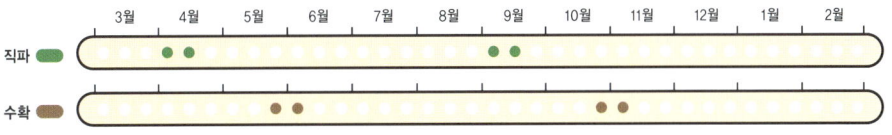

갓 하면 김장할 때 쓰는 청갓, 홍갓, 그리고 돌산갓이 생각나죠? 그중에서도 갓 하면 당연 돌산갓입니다. 갓 중에서도 특히 여수 돌산갓이 유명한 이유는 남쪽의 따뜻한 해양성 기후와 비옥한 토질의 자연환경에서 최고의 갓이 생산되기 때문입니다.

갓은 우리나라 어디서든 잘 자라는 채소입니다. 독특한 향과 매운맛 때문에 병충해가 거의 없어 농약을 칠 필요 없이 자연 그대로 두어도 아주 잘 자랍니다. 돌산갓은 배추와 모양이 비슷합니다. 고온다습에 잘 견디고 추위에도 강해서 서리를 맞아도 문제없으나, 봄재배는 추대하기 때문에 빨리 수확하는 것이 좋습니다. 토양 적응성이 좋아 웬만한 토양에서 잘 적응하나 유기질이 풍부하고 보수력이 좋은 땅에서 더 잘 자랍니다. 여기서는 돌산갓 위주로 설명하고, 김치의 부산물로 쓰는 청갓이나 홍갓은 돌산갓 재배에 준합니다.

갓밭 만들기

갓은 줄뿌림이나 점뿌림을 하며 포기 간격은 30cm로 합니다. 봄재배는 4.1~4.20일, 가을재배는 9.1~9.20일경이 좋습니다. 가을재배시 파종일을 앞당겨 조기수확을 하거나 순차 파종을 하기도 합니다.

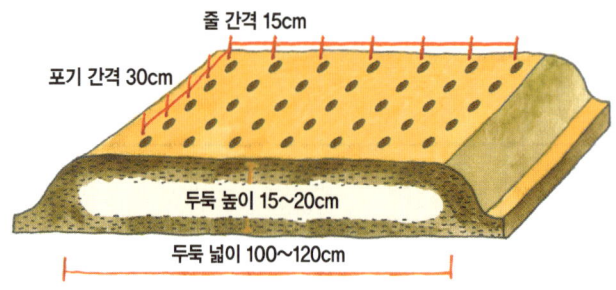

갓밭 만들기

갓 재배관리

갓은 유기질이 풍부하고 보수력이 좋은 곳에서 잘 자라므로 가물지 않게 물을 자주 주어야 합니다. 자칫 물이 부족하면 잎이 거칠어지고 매운 맛이 더 심해집니다. 솎음은 본잎이 2~3매일 때 하며, 줄 간격은 15cm 정도로 약간 촘촘하게 솎아 웃자란 듯이 재배하는 것이 갓의 품질을 좋게 하기 때문에 밀식재배를 하기도 합니다.

갓 싹

 갓은 특별히 언급할 만한 병충해는 없습니다. 생육 초기에 벼룩잎벌레, 그리고 배추좀나방이 공격을 합니다. 파종 20일 후에 웃거름을 줍니다. 추비는 솎음 이후에 하는 것이 좋으며 골 사이에 NK비료를 주고 물을 줍니다.

갓은 서리에 강하다

갓은 추위에 강하므로 서리를 맞아도 문제없습니다. 그러나 날이 추워지면 늦지 않게 수확하는 것이 좋습니다.

11월 2일 오전

11월 2일 오후

갓 수확하기

봄파종은 60일, 가을파종은 40~50일 후 50cm 정도 자랐을 때 수확하며 아침 일찍 수확하는 것이 수분 손실을 막아주어 좋습니다.

돌산갓은 배추만하게 크다

갓은 다른 채소에 비해 단백질 함량이 높고 비타민 A와 C가 많은 것이 특징입니다. 갓은 갓을 주원료로 한 갓김치를 만들어 먹을 수 있습니다. 또한 가을 김장철에 배추김치의 양념 재료로도 많이 이용됩니다. 독특한 향과 톡 쏘는 매운맛이 있으면서도 섬유질이 적고 잎과 줄기가 연하고 부드러워 김장김치의 감칠맛을 한층 돋워주는 부재료입니다.

방** 갓은 서리를 맞으면 안된다고 알고 있었습니다. 그래서 미처 자라지도 않은 거 몽땅 뽑고 억울해서 땅을 치고 통곡했습니다.ㅠㅠ

버** 돌산갓은 추위와 서리를 맞아야 제맛이 드는 것 같습니다. 갓의 알싸하고 톡 쏘는 매운맛 때문에 해마다 갓을 심게 됩니다.

정** 제가 심은 갓은 먹기가 곤란할 정도로 너무 쏘아서 지금 담아 내년에 먹으려고 준비 중에 있습니다. 톡 쏘는 것을 좋아하는 사람들이 의외로 많은가 봅니다.ㅎㅎ

돌** 갓은 매워서 해충이 없을 줄 알았는데 구멍이 송송~~~ㅠㅠ 나쁜 벌레들.

잎을 먹는 채소 ❼

꽃보다 배추

분류 십자화과 **원산지** 아시아
연작장해 5년
재식거리 포기 간격 45~50cm / 줄 간격 50cm
직파 ○ **육묘** ○
퇴비 20kg
복합비료(완효성) A방법 없음 / B방법 800g
추비 A방법 3~4회 / B방법 생략 **비고** 2평 기준

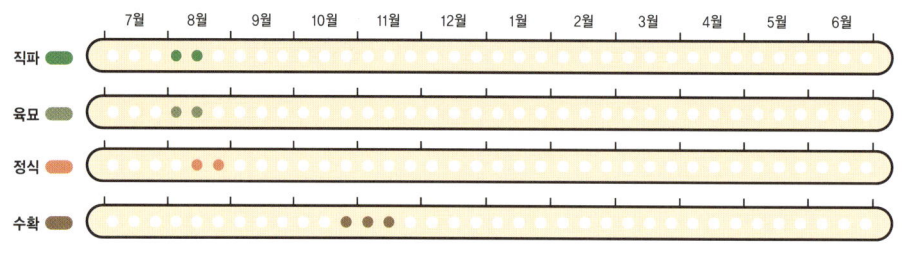

배추는 크게 봄배추와 김장배추가 있습니다. 속이 차는 정도에 따라 결구, 반결구, 불결구 배추로 나뉩니다. 요즘은 속이 꽉 차는 결구 배추가 대부분이며, 반결구 품종(얼갈이배추)은 일부만 재배하고 불결구 품종은 거의 재배하지 않습니다.

배추는 서늘한 기후를 좋아하는 저온성 채소로, 생육에 알맞은 온도는 20℃ 정도입니다. 통상 노지* 봄배추는 3~4월에 파종해서 6월에 수확하는데, 수확기인 6월에 온도

• **노지** : 벽으로 가리거나 지붕이 덮여 있지 않은 땅.

가 높기 때문에 재배가 어렵습니다. 제가 3년간 봄배추를 재배했는데 대부분 반타작도 못했고 1포기도 못 건진 해도 있었습니다. 그 이후로 재배를 포기했습니다. 그럼 이 시기에 나오는 배추들은 뭘까요? 대부분 1~2월에 하우스에서 재배하는 배추와 고랭지에서 재배한 배추들입니다. 이런 이유로 노지 봄배추 재배는 권장하지 않으며 이 책에서는 김장배추 위주로 설명합니다.

배추는 직파할까, 육묘할까, 모종을 살까?

김장배추의 정식 시기는 8.15~8.20일경이 좋으며 육묘기간은 15~20일 정도입니다. 육묘 시작일은 육묘기간을 역계산하면 됩니다. 직파할 경우 육묘일을 기준으로 합니다. 그러나 김장배추 육묘나 직파는 한여름 삼복더위에 해야 하는데 고온다습한 기온 때문에 여간 힘든 게 아닙니다. 그래서 일반적으로 모종을 사서 심습니다.

김장배추 직파나 육묘는 고온다습한 날씨로 고되기 때문에 모종을 사서 심는 게 좋다

배추 품종 선택

김장배추는 불암배추(불암3호, 불암플러스), 휘파람골드, 추노, 추월, CR맛배추, 항암배추 등 종묘회사마다 품종이 다양합니다. 그러나 대부분 그 지역에서 선호하는 모종을 재배하기 때문에 품종 선택의 폭은 넓지 않습니다. 우리나라에서는 불암배추를 가장 흔하게 심습니다.

배추는 일반 배추와 CR계열 배추로 나눌 수 있습니다. CR계열 배추는 뿌리혹병에 저항성을 갖는 품종입니다. 뿌리혹병은 무사마귀병이라고도 하는데, 토양에서 발병하며 방제가 어려운 병해입니다. 뿌리에 작은 혹이 발생해 점차 커지면서 수분, 양분의 흡수가 감소되고 생육이 현저히 나빠집니다. 사람으로 치자면 암인 셈입니다. 낮에는 시들시들하다가 해가 넘어가는 저녁 무렵에는 쌩쌩해지는 증상을 보입니다. 이런 과정을 반복하다가 심한 경우 죽게 됩니다. 그러나 이 문제는 육종 기술의 발달로 해결되었습니다. 이 배추가 CR계열 배추이며 현재 나오는 배추는 대부분 CR계열 배추입니다. 모종을 살 때 CR계열 배추인지 꼭 물어보세요.

CR계열 배추를 심자

배추 모종 고르기

모종은 너무 크지 않고 웃자라지 않은 짱짱한 것을 고릅니다. 큰 모종은 작은 모종에 비해 활착이 불리하므로 너무 큰 모종보다는 작은 모종을 고르는 것이 좋습니다. 그렇다고 손톱만한 모종을 고르라는 말은 아닙니다. 모종은 조금 여유 있게 준비했다가 남게 되면 빈 공간에 심어 일찍 뽑아 먹거나 이웃과 땜빵용으로 나누어 심습니다.

웃자라지 않은 짱짱한 배추 모종

웃자란 배추 모종

배추밭 만들기

배추농사는 시작부터 험난합니다. 왜냐면 30℃ 넘어가는 8월의 폭염에 밭을 만들어야 하기 때문입니다. 김장배추는 1줄심기 또는 2줄심기를 많이 하며 포기 간격은 45~50cm, 줄 간격은 50cm 정도로 합니다. 2줄심기의 경우 서로 엇갈려 심으면 공간을 많이 확보할 수 있습니다.

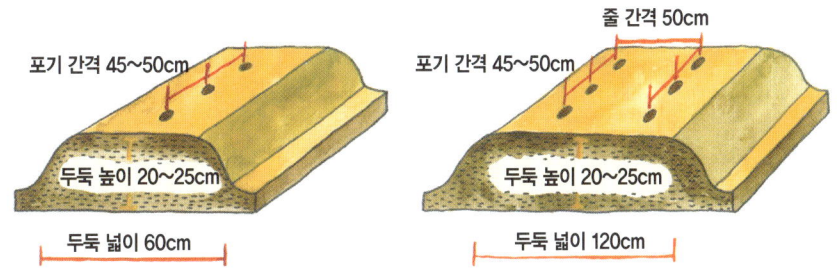

배추밭 만들기

배추 정식하기

45~50cm의 간격으로 모종에 붙어있는 흙만큼 구멍을 뚫어주고 물을 넉넉히 부어줍니다. 잎이 연한 배추의 정식은 다른 모종에 비해 옮겨심기가 조심스럽습니다. 떡잎이 묻히지 않는 깊이로 심어주며 고갱이*에 흙이 들어가지 않게 해줘야 합니다. 또한 틈새 없이 흙으로 채워서 내부에 수분을 유지하도록 해줍니다.

배추 정식은 한여름에 하는데 여린 모종이 고온을 견디지 못하고 죽기도 합니다. 이런 피해를 조금이라도 줄이려면 튼튼한 모종으로 골라 심고, 되도록 햇볕이 약해지는 저녁 무렵이나 흐린 날, 또는 비가 약하게 오는 날에 심는 것이 좋습니다. 또한 폭우나 태풍 등 기상 여건이 좋지 않다면 정식 시기를 늦추는 것이 좋습니다.

심는 간격은 45~50cm

고갱이에 흙이 들어가지 않게 심는다

● **고갱이** : 풀이나 나무의 줄기 한가운데 있는 연한 심.

배추 물 주기

배추는 수분이 90% 이상인 작물로 많은 물을 필요로 합니다. 특히 결구하는 시기에 그렇습니다. 이 시기에는 밭이 가물지 않게 물을 줘야 합니다. 멀칭재배의 경우 포기 사이에 구멍을 뚫고 충분한 양의 물을 주며, 수확기가 다가온 배추에는 물을 주지 않아도 됩니다.

물 주기는 멀칭, 비멀칭에 따라 다르고 토양 수분에 따라서도 다르겠지만, 보통 포기당 2~3리터는 주어야 합니다. 그런데 물을 많이 주면 배추가 싱거워진다고 물을 전혀 주지 않거나 죽지 않을 정도로만 야박하게 주는 농부도 있습니다. 그게 맞다면 배추 심고 비가 자주 오면 큰일나게요? 배추에 물을 많이 주면 싱거워진다는 얘기가 왜 나왔는지 모르겠지만 입증된 사례는 없습니다.

배추 추비하기

김장배추는 약 100일(육묘기간 포함)간의 짧은 기간 동안 속성으로 키워야 하는 작물입니다. 특히 11월에는 날이 추워지기 때문에 그전에 어느 정도 결구가 되어야 합니다. 그러기 위해서는 화학비료의 도움이 필요합니다.

화학비료는 정식 후 15일 간격으로 3~4회 줍니다. 또한 결구 무렵 천일염을 10일 간격으로 2회 정도 주면 배추의 당도가 높아져 맛있는 배추가 됩니다. 반드시 천일염이어야 하며 맛소금 등 가공된 소금은 안됩니다. 배추의 당도라고 하니 웃긴 말 같지만, 배추의 당도가 높을수록 고소한 배추가 됩니다. 그러나 완효성 복합비료를 밑거름으로 사용했을 때는 추비를 하지 않아도 결구가 됩니다.

추비는 한 뼘 이상 떼고 준다

추비는 한꺼번에 주는 게 아니고 소량을 3~4회 나누어서 준다

배추 추비 예시 (정식일 8.20)

일자	구분	A방법	B방법	비고
9.5	추비 1차	○	×	NK비료
9.20	추비 2차	○	×	NK비료
10.1	천일염 1차	○	○	선택사항
10.5	추비 3차	○	×	NK비료
10.10	천일염 2차	○	○	선택사항
10.20	추비 4차	○	×	NK비료 (생육에 따라 생략 가능)

웃거름과 천일염 주기는 포기와 포기 사이에 최소 한 뼘(20cm) 이상 거리를 둡니다. 화학비료를 주는 양은 티스푼으로 하나 정도 주며, 천일염은 화학비료의 2배 정도 양을 줍니다.

배추의 성장은 기후와 밑거름, 재배여건에 따라 큰 차이를 보입니다. 추비는 배추의 성장과정을 지켜보면서 해야 하며, 성장이 빠른 경우 추비 횟수를 줄이거나 간격을 벌리는 것이 좋습니다. 하지만 지금쯤이면 배추가 얼마나 커야 하는지를 알 수 있기까지는 오랜 경험이 필요합니다. 화학비료는 조금 모자란 듯 주는 것이 좋습니다. 너무 많이 주면 배추의 성장은 빠르지만 맛이 떨어집니다. 4등분을 해야만 하는 항아리만한 배추보다는 작고 맛있는 배추를 목표로 하세요.

벌레로부터 배추를 사수하라!

배추는 다른 작물에 비해 벌레가 많이 꼬이는 작물이며, 심는 순간부터 수확할 때까지 벌레와 힘겨운 싸움을 해야 합니다. 정식 후 제일 먼저 덤비는 벌레는 벼룩잎벌레입니다. 벼룩잎벌레는 생장점을 공격하기 때문에 방치하면 배추가 망사가 됩니다.

벼룩잎벌레 피해를 입은 배추

배추흰나비 애벌레

배추의 단골 해충은 청벌레라고 불리는 배추흰나비 애벌레입니다. 그리고 배추좀나방과 파밤나방 유충도 배추농사를 힘들게 하는 원흉입니다. 배추흰나비 애벌레는 배추와 색깔이 같은 보호색을 띠고 있기 때문에 잘 안 보입니다. 그래도 이것들이 아무리 꼭꼭 숨어도 배설물은 어찌할 수 없지요. 배추에 벌레 똥이 보이면 뭔가 있는 겁니다. 살살이 뒤져서 잡아내야 합니다.

산 넘어 산으로 느려 터진 달팽이도 꼬입니다. 이것들은 인해전술로 나옵니다. 잡아도 잡아도 끝이 없습니다. 느리다고 얕보면 큰코다칩니다. 배추에 꼬이는 벌레는 손으로 잡을 수 있는데, 배추가 커져 손이 안 들어가게 되면 잡기가 여간 힘든 게 아닙니다. 무리하게 잡다가는 배추가 다 찢어집니다. 이럴 때는 젓가락이나 핀셋을 이용하면 수월하며, 배추 숨이 죽는 한낮에 잡는 것이 좋습니다. 배추는 결구하기 시작하면 사실상 벌레를 잡을 수 없으므로 결구 전에 승부를 봐야 합니다.

달팽이

섬서구메뚜기

이게 끝이 아닙니다. 메뚜기도 먹고살겠다고 가세합니다. 흔히 섬서구메뚜기, 방아깨비, 벼메뚜기 따위가 덤비는데, 메뚜기는 죽이기가 괴롭습니다. 하지만 내 배추를 사수하기 위해서 동정은 금물입니다. 메뚜기는 주변환경에 영향을 많이 받는 것 같습니다. 밭 근처에 풀밭이나 논이 있으면 많이 보입니다. 제가 처음 섬서구메뚜기를 봤을 때는 살려주었습니다. 저도 자식을 키우는 입장인데 새끼를 업고 있으니까 불쌍해서요. 하지만 속지 말아야 합니다. 등 위에 있는 것은 새끼가 아니라 성충 수컷입니다.

배추를 괴롭히는 최고의 진상은 뭐니뭐니해도 진딧물입니다. 배추 진딧물은 토양에서 올라오는데 배춧잎에 가려 잘 보이지 않으며, 배추가 결구되기 시작하면 손을 쓸 수가 없기 때문에 미리 방제해야 합니다.

사실 진딧물 때문에 배추의 성장이 눈에 띄게 나빠지거나 배추가 크게 잘못되지는 않습니다. 배추 크는 속도가 빠르기 때문입니다. 그러나 배추 켜켜이에 낀 진딧물 때문에 배추를 폐기하거나 일부 알배기만 건지게 될 수도 있습니다. 일단 배추에 진딧물이 끼면 방제가 어려우니 사전에 방제하는 것이 정신적으로나 시간적으로 이득입니다. 진딧물! 뒷북치지 마세요.

진딧물 피해를 입은 배추

한랭사로도 막기 힘든 벌레들

각종 해충으로부터 배추를 보호하려는 목적으로 한랭사를 치기도 합니다. 그러나 달팽이나 메뚜기, 나비, 나방 등 외부에서 침입하는 해충은 방어가 되지만 토양 해충인 벼룩잎벌레나 진딧물은 한랭사로도 막을 수 없습니다.

그런데 제가 배추 정식 후 바로 한랭사를 치고도 나비에게 당한 적이 있습니다. 저뿐 아니라 주변 밭도 마찬가지였습니다. 아직까지 뚜렷한 원인을 찾지 못했으며 그 후로는 한랭사를 사용하지 않고 있습니다. 한랭사를 쳤더라도 너무 안심하지 말고 잘 살펴야 낭패가 없겠습니다.

한랭사로는 벼룩잎벌레나 진딧물은 방어할 수 없다

한랭사를 맹신하지 말자

블로그이웃들의수다

맥** 그제 밭에 가보니 한랭사 안에 배추흰나비가 날아다니고 있지 않겠어요? 이미 구멍난 배추도 여러 개고. 올해는 모종 심고 바로 한랭사 쳐서 나비가 들어갈 틈도 없었을 텐데. 아리송하네요.

케** 전 올해 김장김치 담으려고 한랭사 맹신했다가 초토화됐어요. 1주일 사이에.ㅠㅠ 그래도 잡고 다시 쳤어요. 여기 농장에 도둑이 많아서. 아무튼 믿었던 한랭사~~ 멘붕입니다.

섹** 추비하면서 한랭사 걷고 배추 속 확인해보니 벌레 똥이 보이는 겁니다. 부랴부랴 20여 마리 잡고, 지난 화요일에 다시 10마리 잡고. 결국 약 1번 치기로 해서 어제 속 차기 시작한 배추지만 결국 쳤습니다.

강** 저도 한랭사 쳤어요. 근데 벌레가 갉아먹고 있네요. 잡을 엄두가 안 나 오늘은 한랭사 걷어 치우고 약을 뿌려볼까 고민 중입니다.

결구, 배추 벌려주기

정식 후 배추의 생육 과정은 크게 '활착 → 엽수 늘림 → 결구'의 3단계로 볼 수 있습니다. 활착이 된 배추는 엽수˙를 많이 늘리는 일이 중요합니다. 김장배추는 90장의 잎이 나오는데 엽수를 늘리는 시기가 지나면 더 이상 잎을 늘리지 않고 키만 자랍니다. 이때가 10월 상순경이며 평균 기온이 15℃ 이하가 됩니다. 이때부터는 잎이 적든 많든 결구를 시작합니다. 그러므로 뒤늦게 잎을 늘리거나 속을 차게 하려고 배추를 묶어도 소용이 없습니다. 결론적으로 배춧잎이 만들어진 만큼 결구가 되기 때문입니다.

배추를 벌려주는 이유는 그렇게 함으로써 결구 시기를 다소 늦출 수 있기 때문입니다. 그러면 엽수가 더 많이 생기고 통풍이 잘되며, 햇빛이 속까지 잘 비치기 때문에 광합성이 활발해져서 좀더 실한 배추를 키울 수 있을뿐더러 벌레도 잡을 수 있습니다.

배추 벌려주기는 아침 시간대는 잎이 부서질 우려가 있으므로 숨이 죽은 대낮이나 해질 무렵이 좋고, 4~5일 간격으로 2~3회 정도 해줍니다. 벌려준 배추는 하루 정도 지나면 원래대로 돌아옵니다. 참고로, 배춧잎 벌려주기는 반드시 해야 하는 일은 아닙니다.

● **엽수** : 잎의 수.

배추 벌려주기 전. 잎이 모이기 시작할 때부터 배추 벌려주기를 한다

배추 벌려주기 후. 무리하게 벌려주지는 말자

배추의 병해

배추에 발생하는 병해는 크게 무름병과 노균병이 있습니다.

무름병은 밑둥이 물러지면서 포기 전체가 시들거리는 병으로, 무른 부분에서 악취가 심하게 납니다. 고온다습할 때 많이 발병하며, 무에서도 종종 나타나는 증세입니다. 제 경험상 9월에도 한여름처럼 기온이 무더울 때 발병이 심했으며 날이 선선해지는 10월이 되면서 증세가 잦아들었습니다. 무름병 균은 토양에 존재하는데 병증이 심한 토양에서는 밭을 만들 때 또는 정식 전에 살균제를 살포하면 피해를 줄이거나 막을 수 있습니다.

무름병으로 시들어가는 배추

무름병에 걸린 배추는 밑둥부터 썩어가며 심한 악취를 풍긴다

노균병은 기온이 낮아지는 가을로 접어들면서 비가 자주 내릴 때, 물 빠짐이 나쁘거나 촘촘하게 심어 통풍이 나쁜 경우 주로 발생합니다. 노균병 균 역시 토양에 존재하는데 대부분 잎에 발병합니다. 처음에는 연한 황색의 작은 반점이

배추 노균병

생기다가 점차 커지고, 심한 경우 배추가 말라버립니다. 전업농가인 경우 상품성이 떨어지기 때문에 주기적으로 약제를 살포하지만 노균병으로 인해 배추가 죽을 정도는 아니므로 소규모 텃밭에서는 크게 신경쓸 일은 아닙니다.

배추의 생리장해

①은 잎 끝이 마르는 현상으로 석회(칼슘) 결핍에 의한 증상입니다. ②는 배춧잎에 검은 줄이 생기는 현상으로 붕소 결핍 때문입니다. 위 두 증세는 비가 많이 오지 않는 해에 발생이 심한 것으로 보아 토양의 수분과 밀접한 관련이 있습니다. 배추밭이 가물지 않도록 물을 주어야 하는 이유입니다.

① 칼슘 결핍

② 붕소 결핍

③은 배추 밑둥에서 새로운 생장점이 생겨 자라는 것으로 액아 또는 측아라고 합니다. 이렇게 자라난 것을 새끼배추 또는 방울배추라고 하며, 주로 생육 초기에 나타나지만 중기나 후기에도 나타날 수 있으며, 배추 1개에서 5~10개까지 발생하기도 합니다. 액아가 자라면 양분이 분산되어 본 배추의 생육이 늦어집니다. 커지면 제거하기 힘들기 때문에 되도록 빨리 제거해주는 것이 좋습니다. 액아의 발생 원인으로는 배추가 어릴 적 해충이나 폭우 등으로 생장점이 피해를 당했거나, 질소 비료 과다, 고온건조하거나 양분이 불균형한 것 등이 있습니다. 액아가 발생하는 품종이 있다는 주장도 있습니다.

④는 배추에 단풍이 들었네요. 왜 그럴까요? 아마도 배춧잎이 노화해서 그렇다고 생각할 겁니다. 하지만 틀렸습니다. 배춧잎은 수확 때까지 푸르러야 합니다. 저 증세는 황화현상이라고 하며 마그네슘 결핍 증상입니다. 이 역시 토양에 수분이 부족할 경우 나타나는데, 주로 겉잎에 발생하므로 큰 문제는 없습니다.

③ 액아　　　　　　　　　　　　　　　　④ 황화현상

　배추의 병해와 생리장해의 원인을 살펴보면 가물어도 안되고 습해도 안된다는 사실을 알 수 있습니다. 배추농사, 쉽지 않습니다.

첫서리

첫서리는 대개 10월 중하순에 내리는데(서울, 경기 기준) 작물에 큰 시련을 줍니다. 서리 맞고 생을 마감하는 작물이 있는가 반면 아무 문제 없는 작물도 있습니다. 배추는 문제없는 작물 중 하나이며, 오히려 서리를 맞아야 맛이 좋아진다고 합니다. 배

배추는 서리를 맞아도 끄떡없다

추가 얼었을 때 만지면 부서질 수 있으니 만지지 않는 것이 좋습니다. 서리 맞은 배추는 기온이 영상으로 회복되면 말짱해집니다.

배추 묶기

배추는 동해를 입지 말라고 묶어줍니다. 그런데 사람들은 대부분 배추를 묶어야 결구가 된다고 생각해서 배추가 조금 커진다 싶으면 바로 묶어줍니다. 배추는 묶어주지 않아도 반드시 결구가 됩니다. 오히려 일찍 묶어주면

배추는 추위를 잘 견디라고 묶어준다

광합성 작용을 못해서 통이 덜 찹니다.

그럼 배추는 언제 묶어야 할까요? 배추는 추위에 강한 작물이며 -6℃까지는 견딜 수 있습니다. 물론 낮에는 영상의 기온이어야 합니다. 하지만 배추가 추위를 무한정 견딜 수 있는 것은 아닙니다. 날이 지속적으로 추워지면 묶어주는 것이 좋습니다.

배추를 묶는 방법은 아래로 늘어진 배춧잎을 모두 모아 전체를 골고루 감싸게 하면서 최대한 포기 윗부분을 묶어줍니다. 허리를 묶으면 보온 효과가 떨어집니다. 묶는 끈은 볏짚이 좋으나 구하기 힘든 경우에는 폭이 넓은 헝겊이나 비닐끈을 사용합니다.

배추 수확하기

배추는 김장 일자를 기준으로 최종 수확을 합니다. 김치냉장고가 없었던 예전에는 덜신 김치를 먹으려고 김장을 최대한 늦추었으나 요즘은 김치냉장고가 있어서 날이 따뜻할 때 김장을 하는 추세입니다.

배추 수확은 기온이 영상으로 올라가는 한낮에 하는 것이 좋습니다. 이른 아침에 하게 되면 추워서 힘들기도 하지만 배추 겉잎이 얼어서 부서질 수 있기 때문입니다. 배추 아주수확*은 서울, 경기를 기준으로 11월 초순부터 하며 11월 중에는 대부분 김장을 마치게 됩니다. 김장 일자를 어떻게 잡는지에 따라 배추 묶는 수고를 하지 않아도 됩니다. 경험상 배추는 기후에 따라 차이가 있지만 11월 20일까지는 묶지 않아도 괜찮았습니다.

배추 수확

● **아주수확** : 밭에 남은 작물을 최종적으로 전부 수확하는 것.

배추 저장하기

김장하고 남은 배추는 겨우내 유용한 먹을거리가 됩니다. 배추의 적정 보관온도는 0~3℃이며 배추에 물기가 있으면 거꾸로 세워 말린 다음 신문지에 싸서 어두운 장소에 쌓아둡니다. 이때 겉잎은 최대한 떨어지지 않게 합니다.

가정에서는 대개 베란다에 보관하는데 이때는 어둡게 해주는 것이 중요합니다. 또한 신문지로 포장한 배추는 아이스박스나 스티로폼 상자, 김치냉장고에 넣어두면 보관기간을 다소 연장할 수 있습니다. 배추를 뿌리째 저장하면 저장기간이 길어진다는 얘기도 있는데, 제 경험상 뿌리가 걸리적거려 취급하기 힘들고 저장성에 큰 차이가 없었습니다.

배추는 겉잎을 떼지 않고 어두운 곳에 보관한다

✌ **수다 하나** : 무에 비해서 김장배추는 참 어렵습니다. 제가 배추농사 1~2년은 별 재미를 못 봤습니다. 유기농 한다고 퇴비만 잔뜩 붓고 농사를 지었으니 제대로 된 배추가 될 리 없지요. 게다가 약 안 친다고 일일이 손으로 잡는 노가다를 강행했습니다. 출근 전 바짓가랑이에 이슬 묻혀가며 허리가 아프도록 젓가락질을 해야 했습니다. 1포기에서 벌레를 15마리까지 잡은 적도 있습니다. 이러니 배추 꼴이 어떻겠습니까? 벌레가 파먹어서 너덜너덜, 벌레 잡겠다고 들쑤셔서 너덜너덜. 그 후로는 결구 전까지 약을 쳐서 잡으며, 이후로는 벌레가 거의 없다시피했습니다.

✌ **수다 둘** : 김장배추는 다른 작물에 비해 병충해가 많은 편입니다. 특히 모든 해충은 김장배추에서 볼 수 있을 정도로 많이 꼬이고 손도 많이 갑니다. 그만큼 배추를 돌보는 시간이 많아야 하지만, 그랬다고 해도 손으로 해충을 완벽하게 잡을 수는 없습니다. 배추흰나비 애벌레는 주로 겉잎을 파먹습니다. 양반 벌레에 속합니다. 노른자인 고갱이만 집중 공격하는 벌레도 있습니다. 주로 배추좀나방과 파밤나방 애벌레인데, 똥도 팥알만하고 징그러울 정도로 큼지막합니다. 녀석들은 고갱이를 들쑤셔놔서 배추를 버리게 만듭니다. 따라서 시간여유가 없는 경우 살충제 사용을 생각해볼 필요가 있습니다.

✌ **수다 셋** : 배추는 8월 중하순에 정식해 11월에 수확하는 가을 김장배추 재배가 일반적입니다. 그러나 배추가 귀한 추석 무렵에 이용할 목적으로 재배하는 추석배추도 있습니다. 추석배추는 생육기간이 90일 정도인 김장배추와는 달리 60일로 짧지만, 그 안에 결구가 되는 배추입니다. 그러나 추석이 빠르고 늦어짐에 따라 파종시기가 일정하지 않으며, 해발 400~800m 고랭지에서 재배해야 하기 때문에 일반 노지재배로는 제약이 있습니다.

그** 김장배추밭 삽질하다가 텃밭농사 때려칠 뻔했습니다. 이거 땅은 질척이고 날은 가마솥이니…….

겨** 저도 첨엔 젓가락으로 벌레 잡았는데 이젠 손으로 과감히 꽥~~~~~T^T 여린 아녀자에서 무지막지한 아낙네로 변신하는 순간이라고나 할까요. ㅎㅎ

은** 전 다음주에 뒤집기 한판 하려고요. 남쪽이라 아직 여유가 있네요. 여기는 9월 초가 되어야 배추 모종이 나온다고 하니, 무밭부터 먼저 뒤집을까 하네요. (광양)

꽃** 액아 발생은 종자마다 다른 것 같습니다. 제가 심는 더존CR배추는 5년째 아무 이상 없더라고요. 아버지가 심었던 불암플러스는 액아 때문에 고생했고, 품종을 바꾸니 괜찮다고 하시네요.

아** 작년에 불암배추에서 새끼배추가 자랐습니다. 첨엔 잘라줬는데 그 옆에서 또 생기고. 좀 크니까 그냥 잘라내기 아까워 그냥 뒀다가 가을에 쌈배추로 먹었지요. 버리지 않고 먹었지만 만약 전업농에서 그런 일이 있다면 손해가 클 것 같아요.

건강을 증진하는 슈퍼푸드 양배추

분류 십자화과
원산지 지중해 연안
연작장해 3년
재식거리 포기 간격 45~50cm / 줄 간격 50cm
직파 ○ **육묘** ○
퇴비 20kg **복합비료(완효성)** 600g
추비 3회 **비고** 2평 기준

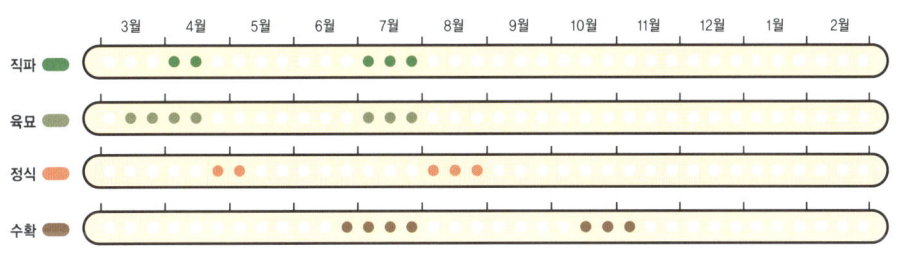

양배추는 서양의 3대 장수 식품으로 꼽힐 만큼 영양과 효능이 널리 알려져 있습니다. 칼슘, 식이섬유, 비타민C, 미네랄 등이 다량으로 포함되어 있으며 다이어트, 위염, 위궤양, 피부미용, 암 예방에도 좋은 만능 건강 식품입니다.

양배추는 크게 일반 양배추와 적색 양배추가 있습니다. 작형 또한 봄재배와 가을재배로 나눕니다. 봄재배는 5월 상순에 정식해서 7~8월에 수확하고, 가을재배는 8월에 정식해서 10~11월에 수확합니다. 더위와 추위를 견디는 능력이 뛰어나서 재배가 무난합니다.

양배추는 육묘할까, 모종을 살까?

양배추의 육묘기간은 통상 30~40일 정도입니다. 가을재배의 경우 8월에 정식을 하며 육묘는 한여름에 하게 되는데 고온다습한 날씨 때문에 쉽지 않습니다. 양배추는 소비가 많지 않아서 적은 양을 심으므로 씨앗을 사는 것보다 모종을 사서 심는 것이 유리합니다.

양배추밭 만들기

양배추는 1줄심기 또는 2줄심기를 합니다. 1줄심기의 포기 간격은 45~50cm, 두둑 넓이는 60cm로 하며, 2줄심기의 두둑 넓이는 120cm, 줄 간격은 50cm로 합니다. 2줄심기할 때 엇갈리게 심으면 공간을 많이 확보할 수 있습니다. 생육기간은 품종에 따라 다르지만 평균 100일 정도로 길기 때문에 밑거름을 넉넉히 넣어주고 추비는 3회 실시합니다.

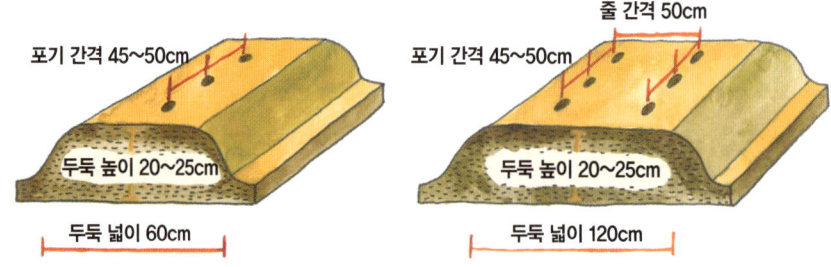

양배추밭 만들기

양배추 정식하기

45~50cm의 간격으로 구근파종기의 크기만큼 구멍을 뚫어주고 물을 충분히 부어줍니다. 물이 빠진 후 떡잎이 묻히지 않게 심어줍니다. 양배추는 모종 옮겨심기가 비교적 쉬운 편입니다. 배추 모종에 비하면 거저 먹기이고 활착률 또한 90% 이상으로 좋습니다. 양배추는 한여름 고온에도 무던히 잘 자랍니다.

양배추 정식하기

양배추 재배과정

◀ 5월 10일 : 정식

◀ 5월 27일 : 활착

◀ 6월 11일 : 늘어난 엽수

◀ 7월 17일 : 결구

양배추 물 주기

양배추는 수분이 많이 필요한 작물입니다. 생육기간 내내 가물지 않도록 물을 잘 주어야 합니다. 특히 결구기에는 수분 흡수가 많으므로 이때 물 주기에 특히 신경써야 합니다. 물 주기는 뜨거운 한낮보다는 온도 변화가 적은 아침이나 저녁 시간이 좋습니다.

양배추 추비하기

정식 후 20일 간격으로 3회 추비를 줍니다. 포기 사이에 구멍을 뚫고 티스푼 하나 정도를 준 후 흙을 덮어줍니다. 통상 추비와 물 주기를 함께 실시합니다.

추비는 20일 간격으로 3회 한다

양배추 추비 (예시)

작형	정식일	추비 1차	추비 2차	추비 3차	비고
봄재배	5.1	5.21	6.11	6.21	NK비료
가을재배	8.5	8.25	9.15	10.5	NK비료

양배추의 해충

양배추의 해충은 크게 진딧물과 배추흰나비가 있습니다. 진딧물은 어린 싹이나 잎 뒷면에 떼를 지어 붙어서 작물의 즙액을 빨아먹습니다. 잎이 위축되어 오그라들고 심하면 포기가 죽기도 합니다. 정식 전 토양살충제를 치거나 진딧물이 꼬이면 해당 약제를 살포합니다.

　배추흰나비는 봄, 가을에 피해를 주며 심한 피해를 받은 양배추는 결구하지 못합니다. 정식 후 수시로 관찰해 늦지 않게 방제합니다.

배추흰나비 성충

배추흰나비 유충

해충 피해를 입은 양배추

첫서리

양배추는 추위를 견디는 능력이 뛰어납니다. 첫서리나 눈이 와도 괜찮습니다. 날이 지속적으로 추위지기 시작하면 아주수확을 합니다.

첫눈을 맞은 양배추

양배추 수확, 저장하기

양배추는 일반 배추에 비해 저장성이 무척 좋습니다. 저장온도는 0~2℃, 습도는 95%가 좋으며 가정에서는 냉장고에 보관하는 것이 무난합니다. 신문지에 싸서 채소칸에 넣어두면 2달가량 저장할 수 있습니다. 그러나 봄재배의 경우 냉장고에 저장하기에는 한계가 있기 때문에 바로 소비하는 것이 좋습니다.

가을재배는 첫서리 이후인 10월 중순부터 수확하며, 기온이 영하로 내려가지 않는 장소에 보관합니다. 가정에서는 베란다에 보관하는 것이 무난하며, 직사광선이 들지 않는 어두운 곳에 둡니다. 이 방법으로 이듬해 2월까지 저장이 가능한 것을 확인했습니다.

양배추는 배추보다 저장력이 좋다

양배추의 저장온도는 0~2℃, 직사광선이 들지 않는 어두운 곳에 둔다

필자의 양배추 재배 기록 (양주시)

정식	첫 수확	최종 수확	비고
2011.5.10	2011.7.17	2011.8.4	봄재배
2012.4.28	2012.6.22	2012.8.10	봄재배
2013.4.28	2013.7.9	2012.8.3	봄재배
2014.3.30	2014.6.6	2014.7.26	봄재배
2014.8.13	2014.11.05	2014.11.16	가을재배

양배추는 다른 작물에 비해 소비가 많지 않습니다. 그래서인지 종묘상에서 양배추 모종을 보기가 쉽지 않습니다. 2015년 봄의 일입니다. 양배추 모종을 사려고 근처 종묘상을 모두 다녀봤지만 구할 수가 없었습니다. 찾는 사람이 많지 않고 많이 심지도 않아서 아예 재배농가에서 모종을 만들지 않는다는 겁니다. 수지타산이 안 맞는다는 얘기지요. 씨앗을 사서 육묘를 하기엔 너무 늦어 난감했는데, 친구가 모종 1판(25포기)을 구했다며 절반인 12포기를 건네주었고, 혼자 심기엔 너무 많아 다른 옆지기와 나누어 심었습니다. 그런데 잎만 무성하고 결구가 안되는 겁니다. 결국 그해

봄 양배추는 모두들 나비 밥 주는 것으로 끝이 났습니다. 실패한 원인을 분석해봤습니다. 친구가 모종을 구한 곳은 종묘상이 아닌 길거리였고 우리는 이 모종이 문제였던 것으로 결론을 내렸습니다. 쌈채소류를 제외한 모종은 되도록 믿음이 가는 종묘상이나 모종 재배농가를 이용하는 것이 좋습니다.

결구가 안되어서 폐기한 양배추

조** 　개인적으로 양배추를 좋아합니다. 키우고 싶어 종묘상에 갔더니 종묘상 언니가 말리더라고요. 벌레 감당할 수 있겠냐고요. 처음엔 손으로 몇 마리씩 잡아냈습니다. 그래도 매일 몇 마리씩 생기네요. 결국 감당이 안돼서 약 뿌렸어요. ㅠㅠ

예** 　벌레에는 장사가 없지요. 특히 양배추는 배추흰나비 때문에 돌아버릴 지경입니다. 작년엔 아예 벌레들에게 헌납했어요. 올해는 봄수확을 해볼까 합니다. 가을에 심어서 봄에 거두는데, 벌레의 공격도 덜하고요. 남쪽에 사는 특혜라고나 할까? 겨울은 거뜬히 나더라고요.

슈** 　제 양배추가 구멍이 났기에 달팽이 짓인 줄 알았더니 통통한 청벌레가 1마리 들어앉아 있더라고요. 한랭사 꼼꼼이 쳤는데 그 안으로 어찌 들어갔는지 의문입니다. ㅠㅠ

해** 　양배추는 버릴 게 없더라고요. 삶아서 쌈 싸먹고 샐러드, 볶음요리에도 넣고, 김치 담고 국도 끓입니다. 아~ 양배추에 벌레 잡으러 가야겠네요.

쌈의 지존, 쌈의 종결 당귀

분류 미나릿과
원산지 한국, 중국, 일본
연작장해 2~3년
재식거리 포기 간격 30~40cm / 줄 간격 20~30cm
직파 ○ **육묘** ○
퇴비 10kg **복합비료(완효성)** 300g
추비 없음 **비고** 2평 기준

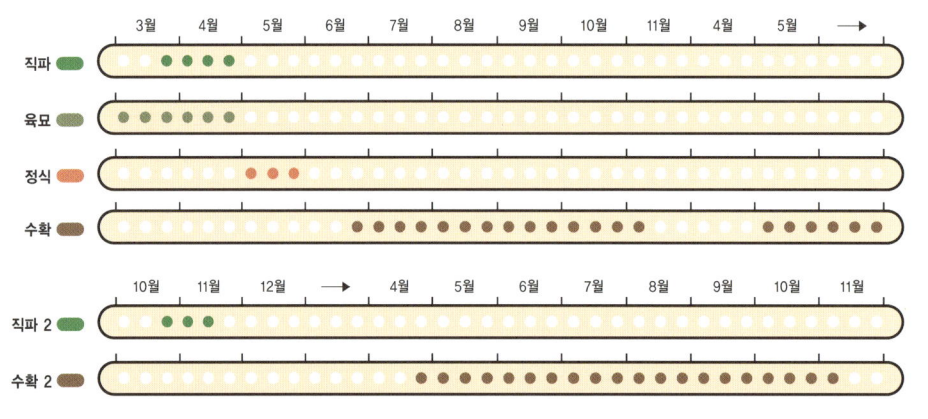

당귀는 크게 참당귀와 왜당귀로 나눕니다. 왜당귀는 일당귀 또는 잎당귀라고도 부릅니다. 참당귀는 야생에서 흔히 볼 수 있으며 뿌리를 먹고, 왜당귀는 대개 잎을 먹습니다. 왜당귀는 직파, 육묘 모두 가능하고 생명력이 강해 재배하기 쉽습니다. 또한 독특한 향으로 입맛을 돋우며 몸에 좋은 웰빙 식품으로, 특히 여성을 위한 약초라고 할 만큼 부인과질환에 많이 사용되는 채소입니다. 이 책에서는 왜당귀 재배법을 설명합니다만, 참당귀도 왜당귀 재배에 준합니다.

장독 옆에서 자라는 왜당귀

당귀는 발아가 까다롭다

당귀 씨앗에는 발아 억제 물질이 있어 발아가 까다롭습니다. 야생에서는 씨앗이 떨어지면 겨우내 얼었다 녹는 과정이 반복되면서 발아 억제 물질이 제거되어 봄에 싹이 틉니다. 농가에서 그냥 파종하면 실패할 확률이 매우 높거나 발아기간이 상당히 길어집니다. 그래서 인위적으로 발아 억제 물질을 제거한 후에 파종해야 성공률을 높일 수 있습니다. 제거 방법은 물에 3일 이상 담가두고 수시로 물을 갈아주면 됩니다. 흐르는 물 또는 변기 물탱크에 담가두기도 하며, 손에 붙지 않게 그늘에서 물기를 말린 후 파종합니다.

흐르는 물에 당귀 씨앗을 담가두어 발아 억제 물질을 제거한다

당귀밭 만들기

당귀는 물 빠짐이 좋고 자갈이 많지 않은 밭이 좋습니다. 너무 비옥하지 않고 토심이 깊은 밭이 좋으며, 여러해살이 작물이므로 밭 한켠 또는 자투리 땅에 심어야 밭을 효율적으로 사용할 수 있습니다. 또한 꽃을 피우면 씨앗이 떨어져 이듬해 자연 발아가 되기 때문에 비멀칭재배를 해야 합니다. 당귀의 키는 50~60cm 정도까지 자랍니다. 나중에 완전히 자라는 시기의 키를 생각해서 포기 간격 30~40cm, 줄 간격은 20~30cm 정도로 합니다.

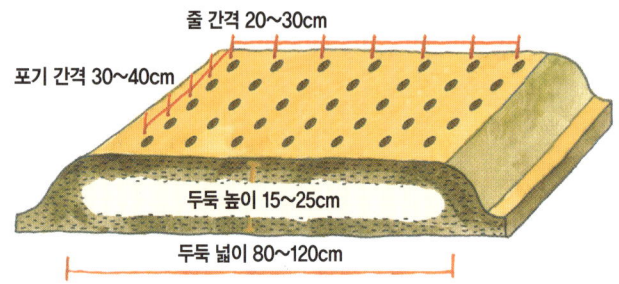

당귀밭 만들기

당귀는 직파할까, 육묘할까?

당귀 씨앗의 평균 발아기간은 15일 이상으로 길며 종자의 수명이 짧기 때문에 묵은 씨앗을 파종하는 것은 되도록 피하는 게 좋습니다. 또한 직파할 경우 발아시까지 흙이 마르지 않게 지속적으로 수분관리를 해야 하며, 풀이 먼저 자라기 때문에 풀에 묻혀 실패할 확률이 높습니다. 따라서 직파보다는 육묘를 권장합니다.

당귀는 육묘부터 옮겨심기까지 50일 이상 시간이 걸리고 이 역시 실패할 확률이 크기 때문에 안전하게 모종을 사다 심는 방법도 있습니다. 자신의 실력과 형편에 맞는 방법을 선택하세요.

당귀 모종을 사서 심어도 된다

당귀 재배과정

◀ 3월 20일 : 발아율을 감안해서 씨앗은 1구에 3~5개 정도를 넣어줍니다. 이후 물기가 마르지 않게 수분관리를 해줍니다.

◀ 4월 10일 : 발아 시작

◀ 4월 28일 : 본잎 나오기 시작

◀ 5월 1일 : 옮겨심기

당귀의 해충

당귀의 주요 해충은 진딧물입니다. 주로 여린 잎에 피해를 주며, 고온다습하거나 가뭄이 심할 때 공격을 많이 받습니다. 수시로 확인해서 방제합니다.

진딧물 피해를 입은 당귀

당귀 수확하기

당귀는 연초록색의 다소 연한 잎을 수확합니다. 진초록색 잎은 억세서 쌈으로 먹기 힘듭니다. 이럴 경우 말려서 물을 끓여 먹습니다. 연한 잎을 수확하기 위해 햇볕을 가려주면 조금 도움이 됩니다만 그 기간이 길지는 않습니다.

여린 잎을 수확한다

햇볕 가리기

억세진 잎은 밑둥을 바짝 베어내면 새로운 싹이 다시 나오는데 이를 길러서 계속 부드러운 잎을 수확합니다. 밑둥을 베어내는 횟수는 연 2회 정도가 좋습니다. 너무 자주 베어내면 생육이 저하될 수 있습니다.

6월 19일 : 밑둥을 베어낸다

6월 25일 : 새로 싹이 나온다

베어낸 잎은 잘 말려서 차로 이용합니다. 말리는 도중 잎이 갈변하지 않도록 하는 게 중요합니다. 가정용 건조기로 말릴 경우 시간이 다소 걸리더라도 온도를 낮게 설정합니다. 35~40℃ 정도가 무난합니다. 자연 건조를 할 경우 통풍이 잘되는 반 그늘에서 말립니다.

다 마른 당귀 잎은 온도가 높고 습기가 많은 곳에 보관하면 변색되고 해충이 발생할 수 있으므로, 온도가 낮고 건조한 곳에 저장합니다.

당귀 말리기

당귀의 겨울나기

왜당귀는 무보온으로 겨울나기를 할 수 있습니다. 겨울나기를 하는 동안 기존의 잎은 사그라지고 이듬해 봄 새로운 잎이 돋아납니다.

3월 21일 : 겨울을 나고 새로운 잎이 돋아난 당귀

왜당귀는 꽃이 피고 씨를 맺게 되면 잎이 시들고 뿌리는 목질화되어 생명이 끝납니다. 그러면 종자를 잘 채취해서 서늘한 곳에 보관했다가 이듬해 봄에 다시 파종해도 되지만, 종자가 떨어진 자리에서 새로운 싹이 나도록 해도 됩니다. 이듬해 봄 씨앗이 떨어진 자리에서 엄청나게 많은 싹이 올라옵니다. 이 싹을 다 키우면 너무 비좁기 때문에 자라는 것을 봐서 솎아주거나 다른 곳으로 옮겨심습니다. 저는 옆지기들에게 나누어주어 후하게 인심을 썼습니다.

당귀는 2~3년째에 꽃을 피운다

씨를 맺은 당귀는 생을 마감한다

당귀 씨앗

이듬해 봄 당귀 씨앗 자연 발아

당귀 재배 요약

1년차	2년차	3년차
봄파종 → 발아 → 겨울나기	싹 출현 → 개화 → 씨 맺음	땅에 떨어진 씨앗 자연 발아

당귀는 통상 위와 같은 패턴으로 반복됩니다. 여기서 주목할 것은, 땅에 떨어진 씨앗은 발아 억제 물질을 제거하는 수고를 하지 않아도 발아가 된다는 사실입니다. 따라서 봄파종에 실패했다면 가을파종을 하는 방법도 있습니다. 가을파종은 씨앗을 뿌려도 발아가 되지 않고 겨울을 나도록 시기를 조절하는 것이 중요합니다. 10월 하순~11월 중순경이 좋으며 땅이 얼기 전에 파종을 마칩니다.

✌ **수다 하나** : 야생에서 자라는 참당귀는 산골짜기 냇가 근처에서 주로 볼 수 있습니다. 잎보다는 주로 뿌리를 이용합니다. 당귀 중에는 개당귀(지리강활)라는 것도 있습니다. 이 개당귀는 독초이므로 반드시 구분할 줄 알아야 합니다. 저도 개당귀를 볼 때가 있는데 참당귀와 구분하기가 쉽지 않습니다. 개당귀가 꽃도 더 예쁘고 향도 더 진하게 납니다. 결론적으로 야생에서 전문지식 없이 식물(특히 버섯)을 채취하는 것은 항상 주의해야 한다는 겁니다. 잘못하면 병풍 뒤에서 향 냄새를 맡게 될 수도 있습니다.

✌ **수다 둘** : 반평생 텃밭농사를 지으신 제 모친의 이야기입니다. 해마다 직파로 왜당귀를 심으시는데, 발아가 잘되는 해가 있는 반면 발아가 안되는 해도 있는데 그때는 10% 미만으로 저조하다고 합니다. 정확한 원인은 알 수 없지만 그해의 기후, 온도, 강우량과 밀접한 관련이 있는 것으로 추정하고 있습니다.

심** 　당귀는 아무래도 자연 발아가 최선인 듯해요. 당귀 키우는 곳은 매년 손대지 말고 그대로 두면 떨어진 씨앗들이 그 자리에서 바글거리며 올라오는 게 육묘보다 발아율이 더 높지요.

누** 　당귀는 발아가 어렵다고 해서 육묘를 했습니다. 대략 1달 이상 걸린 것 같네요. 90% 이상 발아는 했으나 작아서 심기가 여간 힘든 게 아니었습니다. ^^;

솔** 　작년에 모종 몇 포기 사다 심었는데 꽃이 피더니 겨울에 죽지 않고 올해 다시 싹이 나더군요. 그리고 씨앗이 떨어져 자손들이 많이 생겼어요. 이 녀석들 무럭무럭 커야 될 텐데. ^^;

비** 　몇 년 전 모종을 사다 심어서 아주 잘 먹고 있습니다. 겨울엔 방치하다시피 두어도 봄에 쑥쑥 새싹이 올라오더군요. 장아찌 담기도 하고 다른 쌈채소에 곁들여 먹으면 참 좋아요.

꿈** 　발아가 까다로운 게 흠이지만 완전 매력적인 작물입니다. 당귀를 심고부터는 치커리, 쑥갓, 청경채는 퇴출된 지 오래입니다.

건강한 쓴 채소 고들빼기

잎을 먹는 채소 ⑩

분류 국화과
원산지 한국, 아시아
연작장해 없음
재식거리 포기 간격 30~35cm / 줄 간격 15~20cm
직파 ○ **육묘** △
퇴비 10kg **복합비료(완효성)** 300g
추비 없음 **비고** 2평 기준

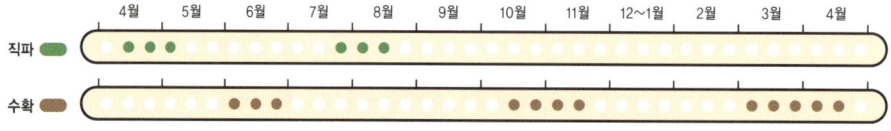

고들빼기는 해가 잘 드는 곳이라면 전국 산야, 도로변, 밭둑, 과수원 등 어느 곳에서든지 쉽게 볼 수 있습니다. 비교적 토양을 가리지 않아 척박한 땅에서도 잘 자라지만, 인위적으로 재배할 경우 토심이 깊고 배수가 좋은 비옥한 토양이 좋습니다. 수확은 언제나 가능하지만 추대 전에 수확해야 합니다. 추대가 되면 잎이 억세지고 뿌리에 심이 생겨서 식용이 곤란해집니다. 잎과 뿌리 모두를 이용하며 쌈이나 무침, 특히 고들빼기김치는 빼놓을 수 없는 별미입니다. 또 고들빼기는 식욕을 돋우고, 피를 맑게 하고, 위장을 튼튼하게 해서 소화 기능을 좋게 해주는 효능이 있습니다.

고들빼기밭 만들기

뿌리가 곧게 뻗는 직근성작물이므로 밭을 되도록 깊게 갈아주는 것이 좋습니다. 두둑 넓이는 120cm 정도로 합니다. 종자가 작고 가볍기 때문에 두둑 표면은 되도록 평평하게 하고, 배수가 좋지 않은 곳은 두둑을 높여주는 것이 좋습니다.

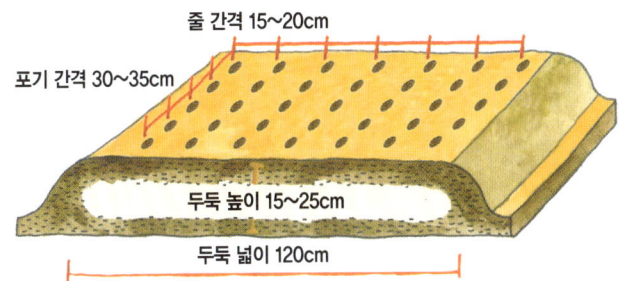

고들빼기밭 만들기

고들빼기 파종

제가 본 씨앗 중 제일 작고 가벼운 씨앗이 고들빼기 씨앗입니다. 고들빼기는 씨앗을 어떻게 뿌리는지가 관건입니다. 먼지처럼 작은 씨앗을 고르게 뿌리기란 사실상 불가능에 가까우며, 더욱이 바람이라도 불면 죄다 날아가버립니다. 그럼 어떻게 뿌리면 될까요?

잘 마른 고운 모래에 골고루 섞은 후 모래째 뿌립니다. 간단하죠? 저는 모래를 구하기가 마땅치 않아서 밭흙을 곱게 쳐서 뿌리는데, 흙이 뭉쳐져서 고르게 뿌려지지는 않았습니다. 할 수만 있다면 모래에 섞어 뿌리는 게 좋습니다.

파종 방법은 통상 줄뿌림과 흩어뿌림을 하는데, 줄뿌림의 경우 골을 아주 얕게 판 후 뿌립니다. 줄뿌림, 흩어뿌림 모두 씨앗이 몰리지 않게 고르게 뿌리는 것이 중요합니다. 또한 고들빼기는 흙을 덮으면 발아하지 않습니다. 씨를 뿌린 후 손바닥으로 가볍게 다독거려 씨앗이 흙에 밀착되도록 해주며, 발아시까지 토양의 수분이 마르지 않도록 수분관리를 잘 해줍니다.

고들빼기 씨앗

고들빼기 씨앗은 모래에 섞어 뿌린다

고들빼기 재배관리

고들빼기는 씨앗도 작을뿐더러 발아도 까다로운 편입니다. 파종 후 흙의 수분이 마르지 않게 수분관리에 신경을 써야 합니다. 발아기간은 10~15일 정도로 다른 작물에 비해 느린 편이고, 발아 후 초기 생육 또한 매우 더디기 때문에 풀에게 밀려 생육에 많은 지장을 받습니다.

풀밭이 된 고들빼기밭

제초는 3~4회 정도 한다

고들빼기의 제초 작업은 수작업에 의존해야 합니다. 고들빼기보다 커버린 풀을 뽑기란 쉽지 않은 일이고, 집중하지 않으면 원치 않는 고들빼기를 뽑는 일도 허다하게 일어납니다. 따라서 발아 후 수시로 풀을 뽑아줘야 합니다. 이런 이유 때문에 흩어뿌림보다는 줄뿌림이 좋습니다. 풀 작업은 본잎이 2~4매가 되었을 때가 가장 적당하며, 이후에는 잡초 발생량을 봐가면서 해줍니다. 제초 작업과 동시에 싹이 촘촘하게 난 곳은 솎아주거나 싹이 나지 않은 빈자리로 옮겨줍니다.

고들빼기는 특별한 병충해 없이 무난하게 재배할 수 있습니다. 그러나 장마철에는 무름병으로 뿌리가 물러버리기도 하므로 배수로를 잘 정비해 물이 고여 있지 않도록 합니다.

고들빼기 추대

파종 후 기온이 차츰 낮아지는 가을에는 고들빼기가 추대하지 않습니다. 그러나 봄재배는 추대합니다. 잎이 먹을 만큼 자라면 수확하거나, 추대가 시작되면 일시에 수확합니다. 고들빼기는 2년생으로, 무보온으로 겨울나기가 가능합니다. 겨우내 잎과 줄기는 모두 사그라져버리지만 뿌리는 살아 있어서 이듬해 봄에 새잎이 올라옵니다. 이때의 고들빼기는 잎과 뿌리가 실하고 쓴맛이 거의 없어 제일 맛이 좋습니다. 그러나 기온이 올라가면 추대하기 때문에 수확할 수 있는 기간이 길지 않으므로 종자용만 남겨두고 모두 수확합니다.

한여름 고들빼기 수확은 추대 전에 한다

봄파종은 추대한다

고들빼기 갈무리

고들빼기의 쓴맛은 입맛을 돋울 뿐 아니라 위 건강에도 좋습니다. 잎과 뿌리를 김치나 무침, 쌈이나 장아찌 등 보통 채소처럼 이용할 수 있습니다. 쓴맛이 강해 먹기가 힘든 경우 물에 담가 쓴맛을 우려내거나 데쳐서 이용하기도 합니다. 고들빼기 하면 뭐니뭐니해도 고들빼기김치입니다. 막 담아도 곰삭아도 맛있는 고들빼기김치는 인삼김치로도 불리며, 둘이 먹다가 다 죽어도 모를 만큼 맛이 좋습니다.

고들빼기김치는 약이나 마찬가지

여러 종류의 고들빼기

우리나라에는 여러 종류의 고들빼기가 있습니다. 고들빼기, 이고들빼기, 두메고들빼기, 왕고들빼기, 가는잎왕고들빼기, 까치고들빼기 등 다양하며, 꽃의 모양은 거의 비슷해서 잎의 모양으로 구분합니다.

이중 주변에서 가장 흔하게 볼 수 있는 고들빼기는 왕고들빼기입니다. 번식력이 왕성해서 길가, 논밭 주변, 심지어 밭 한가운데 작물을 심은 곳에서도 볼 수 있습니다. 왕고들빼기는 고들빼기와는 달리 키가 1~2m까지 자랍니다. 어린 왕고들빼기는 잎과 뿌리를, 이후에는 잎을 이용합니다.

어린 왕고들빼기

왕고들빼기 잎은 쌈으로 이용한다

수다 하나 : 고들빼기는 홀씨로 번식하기 때문에 어디든지 날아가서 번식합니다. 우리 주변 어디에서든지 쉽게 볼 수 있는 것은 이 때문입니다. 고들빼기뿐만 아니라 모든 나물류는 채취 지역에 따라 중금속 오염도가 다르게 나타날 수 있으므로 오염 가능성이 높은 도심 도로변과 공단, 시골의 야생에서도 개나 고양이 등 짐승의 배설물에 오염됐을 가능성이 있는 지역에서 채취해 섭취하는 것은 주의할 필요가 있습니다.

수다 둘 : 고들빼기는 파종 후 발아까지 흙이 마르지 않게 수분관리를 잘해야 한다고 했습니다. 제가 파종 후 물 주기를 잊어버린 적이 있습니다. 그리고 다음날 밭에 갔더니 고들빼기 심은 곳에 달에서나 볼 수 있을 법한 분화구가 수십 개 생겨났습니다. 아…… 내 고들빼기.ㅠㅠ 대체 저건 누구의 짓일까요? 범인 색출을 위해 현장 CCTV를 돌려본 결과 참새의 소행으로 밝혀졌습니다. 참새는 흙목욕을 좋아합니다. 날개를 마른 흙에 비비거나 흙을 뒤집어쓰면서 깃털에 붙은 기생충을 털어내는 것입니다. 파헤쳐진 분화구를 조심스레 메꾸어 수습을 했지만 이미 때는 늦었습니다. 결국 발아가 부진해서 빈자리가 더 많았고 고랑에서 자라는 고들빼기를 보면서 한숨을 쉬어야 했습니다. 고들빼기는 흙을 덮으면 발아하지 않습니다.

참새가 망치고 간 고들빼기밭

고랑에서 자라는 고들빼기

 블로그이웃들의수다

마** 우리 동네에서는 고들빼기 씨앗은 안 삽니다. 동네가 고들빼기 천지라. 고들빼기김치 정말 좋아합니다. 빨리 서늘해졌으면 좋겠네요. 김치 담가 먹게요.^^

버** 고들빼기를 몇 해 재배해보니 균일한 발아가 제일 어려웠습니다. 흙에 섞어 흩어뿌림을 하는데 군데군데 이가 빠져 보기 싫고, 어떤 곳은 너무 빽빽하게 나고. 육묘를 하기 전에는 어쩔 수 없다고 봅니다.

죠** 제가 엄청 좋아하는 고들빼기랍니다. 고들빼기김치의 쌉쌀한 맛은 생각만 해도 행복하지요.

달** 3번 파종해서 고들빼기 코빼기도 못 봤습니다. 왜 그런가 했더니 상추처럼 흙을 덮어서 그랬네요.ㅠㅠ 이번에는 자신 있습니다.^^

고** 고들빼기는 야성이 강한 작물이라 대충 흩뿌려두어도 잘 자라요. 다만 씨앗이 워낙 잘아서 골고루 뿌리기가 힘들고 발아시기에 폭우라도 오면 관리가 힘들어서 문제지요.

열매를 먹는 채소 1 | 5포기만 심어도 실컷 딸 수 있는 고추
열매를 먹는 채소 2 | 하루가 다르게 자라는 오이
열매를 먹는 채소 3 | 덩굴째 굴러들어온다는 호박
열매를 먹는 채소 4 | 건강의 상징, 보랏빛 가지
열매를 먹는 채소 5 | 손이 많이 가는 토마토
열매를 먹는 채소 6 | 밥할 때 넣고, 아이들도 잘 먹는 완두콩
열매를 먹는 채소 7 | 뼈에 좋은 홍화
열매를 먹는 채소 8 | 콩 심은 데 콩 난다
열매를 먹는 채소 9 | 스마트시대 눈 건강은 결명자
열매를 먹는 채소 10 | 솥 올려놓고 옥수수 따러 가자
열매를 먹는 채소 11 | 당뇨 잡는 여주
열매를 먹는 채소 12 | 순지르기의 종결 참외
열매를 먹는 채소 13 | 하나만 따도 본전 뽑는 수박

여섯째마당

수확의 기쁨 2배, 열매채소

열매를 먹는 채소 ❶

5포기만 심어도 실컷 딸 수 있는 고추

분류 가짓과
원산지 아메리카
연작장해 3년
재식거리 포기 간격 40~50cm / 줄 간격 60~70cm
직파 × **육묘** ○
퇴비 20kg **복합비료(완효성)** 800g
추비 4회 **비고** 2평 기준

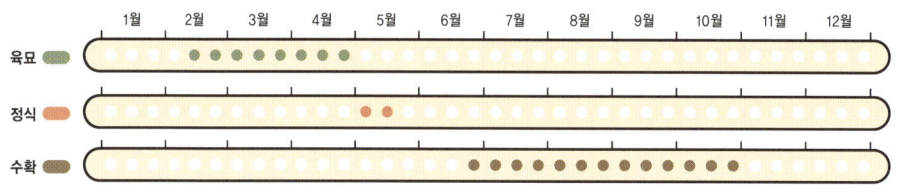

농사 중 제일 어렵고 힘든 작물은 바로 고추입니다. 육묘기간이 무려 3달 가까이 됩니다. 고추는 원래 열대성작물이며 다년생인데 우리나라에 와서는 계절적인 요인으로 단년생이 되었습니다. 또 우리나라 기후에 맞게 품종을 개량하다 보니 추위에 약하게 되었고, 고온다습한 장마철에는 각종 병해로 약을 가장 많이 쳐야 하는 작물이라는 불명예를 안게 되었습니다. 그리고 반드시 연작을 피해야 하는 작물 중 하나입니다.

고추 품종 선택

고추만큼 품종이 다양한 작물도 없을 겁니다. 해마다 새로운 품종이 쏟아져나옵니다. 우리나라에 가장 많이 심는 작물이다 보니 종묘사에서 사활을 거는 것이겠지요. 고추는 크게 일반 고추와 내병계 고추가 있습니다. 내병계 고추는 PR계 고추라고도 합니다. 일반 고추는 청양고추, 아삭이고추, 오이고추, 그리고 단고추인 피망과 파프리카 정도가 있습니다. PR계 고추는 역병에 저항성을 갖는 품종입니다. 고춧가루를 만드는 고추는 대부분 PR계 고추입니다.

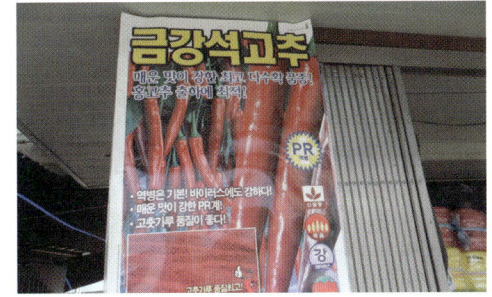

PR계열 고추 포스터

고추밭 만들기

고추는 대개 1줄심기를 합니다. 2줄심기를 하기도 하는데 나중에 고추 따기가 불편해서 많이 하지는 않습니다. 이 책에서는 1줄심기 위주로 설명합니다.

고추는 병이 많을뿐더러 가지마다 열리는 많은 식구를 먹여 살려야 하기 때문에 질 좋은 퇴비를 사용해 토양을 건강하게 만들어주어야 합니다. 특히 석회와 붕소가 부족하면 생리장해가 많이 나타나기 때문에 비료는 모자라지 않게 넉넉히 줍니다.

두둑 넓이는 60~70cm, 높이는 30cm 이상으로 높게 하고, 포기 간격은 40cm로 합니다. 고랑 넓이는 60cm 정도가 적당합니다. 고랑이 좁으면 다니기 힘들어서 고추 딸 때 죽어납니다. 토양에 의한 병균 감염을 차단하기 위해 대부분 멀칭재배를 하며, 고랑에는 부직포를 깔아 풀을 잡고 흙이 튀는 것도 방지합니다.

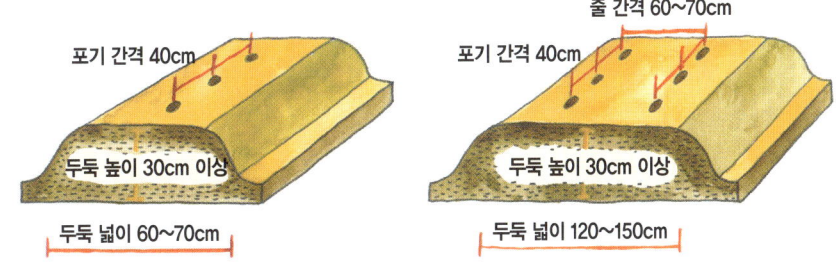

고추밭 만들기

고추 정식하기

고추 정식은 통상 기온이 충분히 올라가고 늦서리의 피해가 없는 5월부터 합니다만 근래 들어서는 온난화의 영향으로 조금씩 빨라지는 추세입니다. 고추는 자기 그림자도 싫어할 정도로 일조가 중요하므로 그늘지지 않게 작물 배치에 신경을 많이 써야 합니다.

고추 정식은 다른 작물에 비해 쉬운 편입니다. 멀칭재배의 경우 모종에 붙어 있는 흙의 넓이와 깊이만큼 구멍을 뚫기 위해서 나무로 제작해서 사용하기도 합니다.

재식거리에 맞춰 구멍을 뚫는 모습

고추 모종은 심기 쉽다

자, 이제 고추 정식을 마쳤습니다. 하지만 이제부터 험난한 일정이 시작됩니다. 고추는 심는 순간부터 병충해와 싸워야 하기 때문입니다.

고추 지지대 세우기

5월에는 봄바람이 심하게 붑니다. 키가 큰 고추는 바람에 상하기 쉬우므로 되도록 빨리 지지대를 설치하고 줄을 매줍니다. 지지대는 고추 1포기에 지지대 하나(1:1)를 세우면 가장 좋습니다. 그러나 고추는 많은 양을 심기 때문에 지지대가 많이 필요하고 그러자면 당연히 비용이 커지기 때문에 통상 지지대 하나에 고추 3포

고추에 1:3 지지대 세우기

기(1:3)를 매줍니다. 이후 키가 커질 때마다 쓰러지지 않게 계속 줄을 매주어야 합니다. 여기서 중요한 점! 고추 정식은 다른 작물과 달리 줄 맞춰서 똑바로 심어야 합니다. 왜 그럴까요? 고추는 통상 1:3 지지대를 세우는데 줄이 맞지 않으면 줄을 매줄 수가 없기

때문입니다.

방앗다리

고추는 자라면서 두 갈래로 갈라집니다. 이따금 세 갈래로 갈라지기도 하는데 생육에 문제가 있는 것은 아니고 오히려 좋은 일입니다. 갈라지는 부분을 1차분지라고 하는데 이곳에서 제일 먼저 꽃이 피고 열매를 맺습니다. 그 열매를 '방앗다리'라고 합니

방앗다리

다. 방아채에서 발로 디디는 부분을 방앗다리라고 하는데, 그것과 모양이 흡사해서 이런 이름이 붙었습니다. 방앗다리는 1~3개 정도 달리는데 품종과 재배 환경에 따라서 달라집니다.

첫 열매인 방앗다리는 꽃이 필 때 또는 열매가 막 열렸을 때 제거하는데, 이유는 다수확을 위해서입니다. 사람이든 식물이든 첫 자손은 애지중지하는데 그러다 보면 자연히 다음 자손에 소홀하게 되기 때문에 제거해줘야 번식에 치중하게 된다는 막연한 근거 때문입니다. 그러나 제거하지 않기도 합니다. 어느 쪽의 수확량이 많은지 명확한 근거는 없습니다.

고추 곁순 제거

방앗다리 아래쪽으로 마디 사이에서 곁순이 나오는데 되도록 빨리 제거해줘야 합니다. 곁순 제거가 늦어지면 전체적인 성장이 늦어지기 때문입니다. 고추 곁순 제거는 발생하는 시기가 다르기 때문에 2~3회 정도 합니다. 이를 번거롭게 여겨 한번에 1차분

고추 곁순은 빠르게 제거해준다

지 아래쪽 곁순과 잎을 몽땅 훑어버리기도 하는데, 이맘때 고추는 잎 1장이 중요한 역할을 하기 때문에 고추가 어느 정도 성장할 때까지는 잎을 따지 말아야 합니다.

곁순 제거와 고춧잎 따기는 되도록 맑은 날 하는 것이 좋습니다. 이유는 제거된 부분이 빨리 아물도록 하기 위해서입니다. 혹시 모를 병원균으로부터 감염되는 것을 사전에 차단하는 것이지요.

고추 물 주기

고추는 고온에는 강하지만 건조에는 약한 작물입니다. 또한 토양이 건조해지면 진딧물 발생률이 높아지기도 합니다. 토양이 건조하지 않게 수분관리를 잘해주어야 수확을 많이 할 수 있습니다. 물을 주는 양은 토양에 따라 달라지기 때문에 정해진 양은 없습니다. 고추는 포기 사이에 구멍을 뚫고 물을 줍니다.

고추 물 주기

고추 추비하기

고추는 생육기간이 매우 길고 비료 요구도가 많은 다비성작물입니다. 그래서 양분이 끊어지지 않게 웃거름을 주는데, 이때 주는 간격과 횟수는 정해진 것이 없습니다. 통상 정식일 기준으로 20일 후에 1차 추비를 하며 30일 간격으로 4차까지 실시합니다. 예를 들어보겠습니다.

고추 추비 (예시)

정식일	1차 추비	2차 추비	3차 추비	4차 추비
5.5	5.25	6.25	7.25	8.25

웃거름을 줄 때는 뿌리와 너무 가깝지 않게 포기와 포기 사이에 구멍을 뚫은 뒤 1수저(30g 정도)를 넣어주고 흙으로 덮어줍니다. 비료를 주는 제일 좋은 시기는 토양에 습기가 있을 때 인데, 이때 주는 것이 비료의 흡수를 높일 수 있습니다. 그래서 추비와 물 주기는 같이 하면 좋

고추 웃거름 주기

습니다. 이 경우 물을 먼저 주고 그다음 비료를 준 후 흙을 살짝 덮어줍니다.

고추의 충해

고추의 주요 해충으로는 진딧물과 담배나방이 있습니다. 진딧물은 주로 토양에서 발생해 줄기를 타고 올라옵니다. 포기에 개미가 보이면 진딧물이 있는지 유심히 살펴봐야 합니다. 진딧물은 여린 새순의 즙액을 빨아먹습니다. 담배나방은 열매에 알을 낳

담배나방 유충

으며 알에서 깬 유충이 고추를 뚫고 들어가 속을 파먹으며 자랍니다. 피해를 입은 열매는 정상적으로 성장하지 못하고 물러서 떨어지게 됩니다.

고추의 역병

어제까지 말짱하던 고추가 갑자기 시들시들하면서 결국에는 말라 죽습니다. 이 증세는 크게 역병, 시들음병, 풋마름병으로 나누는데, 구분하기 쉽지 않습니다. 일단 발병하면 치료는 비관적입니다. 발병한 포기를 빨리 뽑아 격리하거나 불태워서 다른 포기로 추가 감염을 막는 조치를 취해보았으나 별 효과는 없었습니다.

그럼 도대체 역병은 왜 걸리는 걸까요? 이 병균은 토양에 존재하는데, 비 덕분에 이동하기 쉬운 장마철에 집중적으로 발병합니다. 특히 물빠짐이 좋지 않은 토양에서는 발병률이 더욱 높아집니다.

대책으로는 고랑을 넓게 해서 짧은 시간에 많은 비가 집중적으로 내리더라도 빗물이 신속히 빠지도록 해주고, 두둑을 높게 만들어 뿌리가 장시간 물에 잠기지 않게 하며, 정식 전 살균제를 사용하는 방법이 있습니다. PR계열 고추를 심는 이유가 이 때문이지만, 그랬다고 역병을 백퍼센트 피해갈 수 있는 건 아닙니다. 토양마다 다르지만 한번 발병한 토양은 해마다 피해가 반복됩니다. 근본적인 대책은 연작을 피하고 휴작하거나 농사를 짓지 않은 새 흙으로 객토를 하는 방법 등이 있지만 현실성은 떨어집니다.

고추에게 내일은 없다

고추의 탄저병

고추농사 최대 난적은 바로 탄저병입니다. "고생 끝에 낙이 오지만, 장마 끝에는 탄저 온다"는 우스갯소리까지 있을 정도입니다. 해마다 탄저에 강하고 수확량이 많은 신품종이 개발되고 있지만 아직도 완전히 극복되지는 않았습니다.

탄저는 잎에 걸리는 잎탄저와 열매에 걸리는 열매탄저로 나누는데, 대부분 열매에 발병합니다. 탄저균 역시 토양에 잠복해 있으며 비가 많이 오는 장마철에 주로 발병합니다. 비가 내릴 때 빗방울이 흙의 알갱이 위에 떨어지면 이때 탄저균이 홀씨 형태로 공기 중을 떠돌다가 고추 열매나 잎에 붙어 감염시킵니다.

바람이 많이 부는 지역에서는 탄저의 확산 속도가 빠릅니다. 앞에서 1차분지 아래쪽 잎을 모두 따준다고 했습니다. 잎이 더 이상 큰 역할을 하지 않아 필요없다는 이유도 있지만 주 목적은 빗물이 튀어 탄저균에 감염될 수 있기 때문입니다. 그래서 고추는 비를 맞지 않도록 하우스에서 많이 재배합니다. 그랬다고 백퍼센트 탄저로부터 안전하지는 않습니다. 노지재배에 비해 다소 안정적일 뿐이지 이 역시 탄저로부터 자유로울 수 없습니다.

탄저에 감염된 고추

탄저에 감염된 고추는 발병 부위에 나이테 모양이 나타나고 병든 부위가 단단해집니다. 탄저인지 구분하는 것은 초보자에겐 쉽지 않습니다. 생리장해인 칼슘 결핍 증상과 비슷하기 때문에 무척 혼란스럽습니다. 탄저가 오기 시작하면 해당 약제를 살포해서 다른 포기로 전염되는 것을 막아야 합니다.

"고추는 비 오기 전에 탄저약 살포하고, 비 온 후 3시간 이내에 탄저약 살포한다"는 얘기가 있습니다. 말도 안되는 얘기라고요? 아닙니다. 이 얘기는 고추 재배의 공식처럼 통용되고 있고 고추를 재배하는 사람이라면 관습처럼 하는 일입니다. 발병하면 치료가 힘들기 때문에 예방 위주로 재배해야 합니다.

저는 해마다 고추를 재배합니다. 홍고추보다는 풋고추가 목적이고 가족이 소비할 수 있을 만큼만 소량 심습니다. 그러나 풋고추 몇 개 따는가 싶으면 장마가 와 역병으로 대부분 죽었고, 남은 고추도 탄저로 8월을 넘기지 못하고 모두 죽었습니다. 어느 해엔 고추를 살려볼 심산으로 작정하고 화학농약인 역병약 3회, 탄저약 8회를 살포했지만 결과는 마찬가지였습니다. 고추농사, 결코 쉽지 않습니다.

고추의 생리장해

다음 사진은 왜 그럴까요? 보는 순간 고추가 병이 났다는 생각이 들 겁니다. 저 증세는 칼슘 결핍에 의한 생리장해이며 나중에는 검은색 곰팡이가 핍니다. 초기에는 탄저와 구분하기 어렵습니다.

칼슘 결핍에 의한 생리장해

양분이 부족하면 생육부진으로 개화* 수가 줄거나 꽃이 떨어지는 낙화현상, 착과**가 되더라도 열매가 노란색으로 변색되면서 곯아 떨어지는 낙과가 발생하기도 합니다. 낙

● **개화** : 꽃이 핌.
●● **착과(着果)** : 열매가 달리는 것.

화와 낙과의 원인에는 여러 가지가 있지만 대부분 칼슘 결핍에 의한 생리장해입니다.

- ▶ Q : 우리 밭은 칼슘이 부족하지 않은데 왜 칼슘 결핍이 올까요?
- ▶ A : 토양에 칼슘이 충분하더라도 작물이 이를 흡수하지 못하면 결핍이 올 수 있습니다. 주로 수분 부족이나 과습, 고온 등이 흡수를 방해합니다. 고추에 주기적으로 물을 주었습니까?
- ▶ Q : 고추에 물을 줘도 되나요? 그러다가 역병이나 탄저 걸리는 것 아닌가요?
- ▶ A : 대부분 고추는 물을 싫어한다고 알고 있습니다. 고추는 물로 인해 역병이나 탄저가 발생하지만, 한편 물을 좋아하는 작물이기도 합니다.

고추 수확, 말리기

홍고추는 여무는 대로 수시로 따줍니다. 그래야만 다른 고추들이 빠르게 여뭅니다. 고추는 맨 먼저 달린 아래쪽부터 붉게 익어가는데, 표면에 주름이 살짝 보일 때가 수확의 적기입니다. 꼭지 부분에 파란색이 남아 있으면 따지 말고 익기를 기다려야 합니다. 막 딴 홍고추는 물고추라고도 하며 관(貫)이라는 단위를 사용합니다. 1관은 정확히 말하면 3.75kg이지만 대부분 약식으로 4kg을 1관이라고 부릅니다.

수확한 물고추는 물에 잘 씻은 다음 말립니다. 이렇게 말린 고추를 건고추라고 하는데 단위는 근(斤)을 사용합니다.(1근은 600g) 물고추를 햇볕이나 기계(건조기)에 말리는데, 순수하게 햇볕에 말린 고추를 태양초라고 합니다. 대부분의 사람들은 20%쯤 비싼 이 태양초 고추를 선호하는데, 왠지 기계에 말린 것보다 건강에 좋을 것 같은 막연한 믿음 때문입니다. 그러나 햇볕에 고추를 말리려면 날씨가 좋을 때라도 열흘 가까이 말려야 하며, 도중에 비라도 오게 되면 걷어서 다시 널고 뒤집어주는 일을 반복해야 합니다. 이렇게 말리는 동안 온갖 먼지를 뒤집어쓰게 되는데 과연 믿고 먹을 수 있을까요? 차라리 건조기에 말린 고추가 깨끗하고 태양초 고추에 비해 색도 예쁩니다. 본인이 직접 말리지 않는 이상 태양초 고추를 너무 맹신하지 않는 것이 좋습니다.

햇볕에 고추 말리기

첫서리

고추는 서리를 맞게 되면 잎이 시꺼멓게 변색되고 열매 또한 물러져서 먹을 수 없게 됩니다. 따라서 서리 오기 전에 홍고추뿐 아니라 익지 않은 파란 고추도 모두 따서 쟁여놓습니다.

고추는 서리를 맞으면 죽는다

🖐 **수다 하나** : 고추농사는 마지막까지 징합니다. 모친과 고춧가루를 빻으러 가면 방앗간 입구부터 매운 내가 진동을 합니다. 재채기 연거푸 몇 번 하고 밖으로 쫓겨나와야 합니다. 매운 고추 하면 청양고추죠? 청양고추를 빻을 때는 주인들도 "매워~~"를 연발하며 화장솜으로 코를 틀어막고 있습니다. 우리 차례가 되면 모친께서는 아무리 매워도 잠시 동안 들어가 있습니다. 자리를 비울 경우 일부 비양심적인 방앗간에서 값싼 중국산 고추를 섞거나 일부를 빼돌리기도 하기 때문입니다. 고춧가루 빻을 때는 자리를 지키는 것이 좋습니다.

✌ **수다 둘** : "고추씨는 반만 빼주세요." 고춧가루를 빻을 때는 고추씨를 넣고 빻거나 안 넣고 빻거나 합니다. 고추씨를 빼는 기계가 따로 있으며 원하는 만큼 고추씨를 빼내고 가루를 냅니다. 고추씨를 얼만큼 빼야 하는지 정해진 양은 없으며 개인의 취향에 따라 다릅니다. 씨를 모두 빼면 색이 예쁘고 맛이 좋지만 양이 줄어듭니다. 반면 씨를 모두 넣어 빻으면 양은 다소 많아지지만 색이 탁하고 맛이 텁텁해집니다.

큐** 아, 고추농사 정말 어려워요. 파프리카, 피망, 몸값 높은 단고추들 딸만 하면 역병 와서 다 보내고……. 올해는 돈 아까워 패스했습니다.

농** 담배나방은 근본적으로 박멸이 불가능한 듯입니다. 각종 약제를 다 살포해도 소용없더군요. 그때만 없어졌다가 다시 날아오니 도리가 없습니다.

버** 고추, 정말로 어렵지요. 저는 고춧가루는 바라지도 않고, 바라는 것이라고는 그저 서리 올 때까지 주말마다 풋고추나 한 줌씩 따먹는 것입니다.

날** 고추농사 짓는다 했더니 다들 약통을 지고 살 각오 하라더군요. 그만큼 병충해에 약한 게 고추인가 봅니다.

열매를 먹는 채소 ❷

하루가 다르게 자라는 **오이**

분류 박과
원산지 인도 북서부
연작장해 2년
포기 간격 30~40cm
직파 ○ **육묘** ○
퇴비 20kg **복합비료(완효성)** 600g
추비 2~4회 **비고** 2평 기준

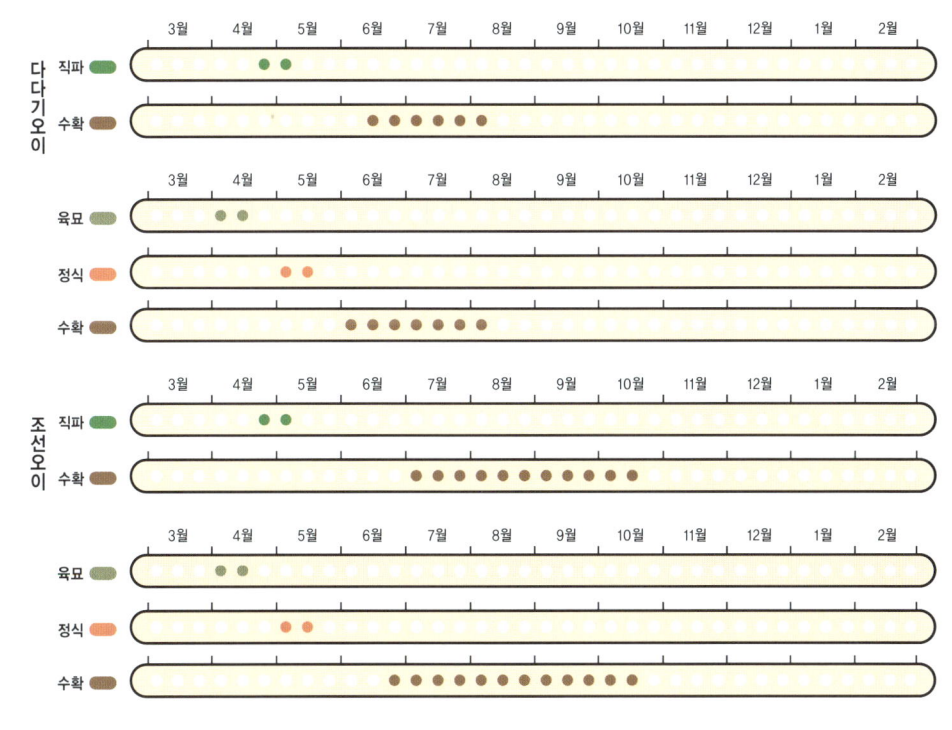

오이는 크게 다다기오이와 조선오이로 나눌 수 있습니다. 다다기오이는 마트 등에서 흔히 볼 수 있는 개량종으로, 종자는 채종하지 않는 것이 좋습니다. 다다기오이는 수명이 짧습니다. 대개 5월에 정식해서 6월 상순부터 수확을 시작하는데, 7월 중순부터 급격히 노쇠해지고 7월 하순부터는 줄기가 시들어버립니다. 수명을 다한 것입니다.

조선오이는 5월에 정식해서 6월 하순부터 수확할 수 있습니다. 수명이 길어 서리 내릴 때까지 수확할 수 있습니다. 그러나 열매가 불규칙하게 달립니다. 일반 오이와 같이 심으면 교잡*될 수 있으므로 되도록 멀리 심는 것이 안전합니다.

다다기오이는 쭉쭉빵빵

조선오이는 펑퍼짐

오이밭 만들기

오이는 물이 많아도 안되고 건조에도 약하기 때문에 토양의 물리성이 좋아야 합니다. 2평당 퇴비 20kg과 복합비료 600g을 뿌리고 깊이 갈아야 하며, 토양의 수분이 일정하게 유지되어야 하기 때문에 멀칭재배가 좋습니다. 두둑 높이는 20~30cm, 두둑 넓이는 40~50cm, 포기 간격은 30~40cm로 합니다.

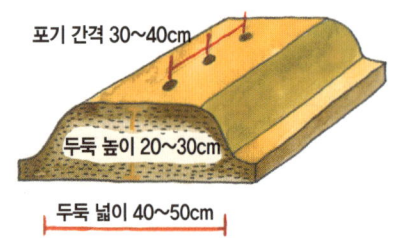
오이밭 만들기

● **교잡** : 품종, 계통, 성질이 다른 두 개체를 교배하는 것.

오이 육묘하기

다다기오이는 시중에서 씨앗과 모종을 구입할 수 있지만 조선오이는 씨앗을 팔지 않기 때문에 직접 모종을 만들어야 합니다. 조선오이는 왜 씨앗을 안 팔까요? 고정종자이기 때문입니다.

오이의 육묘기간은 30~40일 정도입니다. 통상 씨앗은 1개만 넣습니다.

4월 20일 : 조선오이 떡잎이 나온 모습

5월 8일 : 본잎이 2~3장 나온 모습

오이 지지대 세우기

덩굴을 뻗는 오이는 지지대를 세우고 줄을 매주거나 유인망을 씌워 재배합니다. 지지대는 대개 알루미늄으로 만든 것을 사용합니다. 가볍고 튼튼하며 녹이 슬지 않아 오랫동안 사용할 수 있습니다. 보통 2.1~2.4m짜리를 사용합니다. 지지대는 대부분 튼튼하게 합장식으로 세웁니다. 합장식을 A자형이라고도 합니다.

합장식(A자형) 지지대 설치한 모습

교차점은 끈이나 철사로 견고하게 묶는다

합장식 지지대를 세우기 전에 생각해봐야 할 것이 있습니다. 고랑에 풀이 자라게 되면 난감하다는 것입니다. 제가 합장식 지지대를 설치한 후에 고랑에 풀 뽑으러 기어들어간 적이 있습니다. 그게 미련한 짓임을 알기까지는 채 1분도 안 걸렸습니다. 따라서 지지대를 세우기 전에 부직포 등을 깔아서 풀을 원천차단하는 것이 좋습니다.

고랑의 풀은 원천 차단하자

지지대 2개의 상단 부분을 교차시킨 후 땅속으로 견고하게 박아줍니다. 교차되는 부분에는 또 하나의 지지대를 가로질러주고, 교차점은 끈으로 견고하게 묶어 비바람에 쓰러지지 않게 고정시킵니다.

굵은 나뭇가지를 이용해서 만든 오이 지지대

나뭇가지와 끈을 이용해서 만든 오이 지지대

> **TIP 오이 지지대 박는 요령**
>
> 오이 지지대는 길기 때문에 땅에 깊숙이 박기가 힘듭니다. 또 깊숙이 박으면 지지대 길이가 짧아집니다. 이럴 때는 지지대가 쓰러지지 않을 정도로만 살짝 박고 바로 옆에 튼튼한 말뚝을 같이 박아서 고정시키면 좋습니다.
>
>
> 말뚝을 이용하면 더 튼튼해진다

오이망 치기

지지대를 세웠으면 그다음은 유인줄을 매야 합니다. 끈으로 그물처럼 매기도 하지만 대부분 오이망을 사용합니다. 오이망 치기는 생각보다 쉽지 않습니다. 잘못하다 엉키면 사실상 풀지 못하게 되고 그러면 버려야 합니다. 하지만 원리만 알면 아주 쉽고 편하게 오이망을 칠 수 있으며 다른 용도로도 활용할 수 있습니다.

오이망은 폭 1.8m 길이 100m

오이망은 포장을 뜯으면 꽈배기 과자처럼 둘둘 말려 있으며, 아주 얇고 가벼운 나이론 끈으로 만들어졌습니다. 사람의 힘으로는 끊을 수 없을 정도로 질깁니다.

검은색 부분은 위와 아래쪽에 걸리게 되며 위아래 구분은 따로 없습니다. ①처럼 윗줄과 아랫줄 끈에 손을 넣은 후, 지지대 위아래 시작점부터 끝점까지 줄을 맨 다음 묶여 있는 매듭을 풀어줍니다.

오이망의 시작과 끝은 ②번과 같이 묶어서 구분이 되어 있습니다. 이제 저 시작 부분을 끌고 끝까지 망을 펴면서 가면 됩니다.

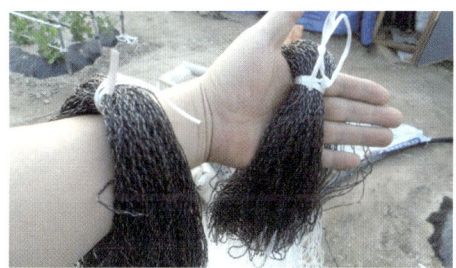
① 오이망 위,아래는 검은색이다

② 오이망 시작 지점

③처럼 마름모 모양이 찌그러지지 않게 펴면서 고정시켜줍니다. 남은 오이망은 역순으로 묶은 다음 잘 넣어둡니다. ④번은 다른 용도로 사용한 예입니다. 오이망으로 고추를 유인하기도 하며, 덩굴성작물을 유인하는 데도 사용합니다.

③ 오이망 설치한 모습

④ 오이망으로 고추를 유인하는 모습

오이 옮겨심기

오이의 재식거리는 재배 방식이나 품종에 따라 달라지지만 통상 30~40cm 정도로 합니다. 너무 가까우면 잎이 햇볕을 충분히 받지 못하고 관리도 힘들며, 반대로 너무 넓게 심으면 품질은 다소 좋아지지만 단위 면적당 수확량이 떨어집니다. 그럼 모종을 먼저 심어야 할까요, 지지대를 먼저 세워야 할까요? 사실 정답은 없습니다. 자신이 편한 대로 형편대로 하면 됩니다. 통상 지지대와 유인줄(망)을 먼저 치고 모종을 심습니다.

모종 심기는 늦서리가 내릴 염려가 없는 5월 상순경이 적절하며, 모종은 지면보다 조금 높게 심은 후 주변의 흙을 밑둥으로 모아서 가볍게 눌러주어 지면과 평행이 되도록 심습니다. 또한 봄바람에 모종이 꺾이지 않도록 지탱해주면 좋습니다.

심는 간격은 30~40cm

바람에 모종이 상하지 않게 고정

오이 순지르기

오이는 줄기를 한없이 뻗는 작물입니다. 순지르기를 하지 않을 경우 아주 난감한 상황에 처하게 됩니다. 자기들끼리 얽히고설켜서 뭐가 뭔지 모르게 되고, 결국 유인을 할 수 없는 지경에 이르게 되면 손을 들어야 합니다. 통풍도 나빠져서 병충해가 많아지고, 많은 식구를 먹여 살려야 하기 때문에 열매도 부실해집니다. 당연히 수확량도 적어지지요. 오이 순지르기는 몇 가지 방법이 있는데 가장 보편화된 방법을 알아보겠습니다.

다다기오이 순지르기

오이는 맨 아래 떡잎이 쌍으로 나옵니다. 이를 쌍떡잎식물이라고 합니다. 떡잎 위쪽으로는 잎이 서로 어긋나게 나오면서 줄기를 뻗고 성장합니다. 잎이 나오는 부분을 마디라고 합니다. 이 마디에서 열매 하나가 달리고 아들줄기가 나옵니다. 이 아들줄기가 자라면서 또다시 잎이 어긋나게 나오고 계속 열매가 달립니다. 오이 재배는 이 아들줄기를 어떻게 관리하는지가 관건입니다.

우선 어미줄기 다섯 마디까지 잎은 그냥 두고 아들줄기(곁순)와 열매는 모두 제거해 줍니다. 가능하다면 오이가 막 달렸을 때 하는 게 좋으며 아까워하면 안됩니다. 아깝다고 그냥 두면 열매가 달리긴 하는데 모양도 이상하고 형편없습니다.

다다기오이에 적합한 순지르기

오이 순지르기는 위 그림의 A, B 2가지 방법으로 합니다. 6번째 잎이 나오면 열매가 열리면서 아들줄기가 나옵니다. 이 아들줄기를 제거하고 열매 하나를 키우는 게 A 방법이고, B는 열매 2개를 키우는 방법입니다. A와 B 2가지 방법을 병행해도 됩니다. A, B는 결국 아들줄기를 자르는 것을 말합니다. 위 방법은 다다기오이에 적합하며 초보 농사꾼에게는 A 방법을 권장합니다.

조선오이 순지르기

조선오이는 열매가 상당히 불규칙하게 달립니다. 잘 달리는 해가 있는 반면 8월이 되도록 수꽃만 피우면서 열매를 안 달아줄 때도 있습니다. 기후와 육묘 기술의 영향이라는 주장도 있지만 명확하게 입증된 사례는 없습니다.

어미줄기 마디마디에 달리는 다다기오이와 달리 조선오이는 어미줄기에서는 수꽃만 피면서 열매가 달리지 않고 아들줄기와, 아들줄기의 곁순인 손자줄기에서 열매가 달리므로 2개의 곁순을 유인한 후 다다기오이와 같은 방법으로 재배합니다.

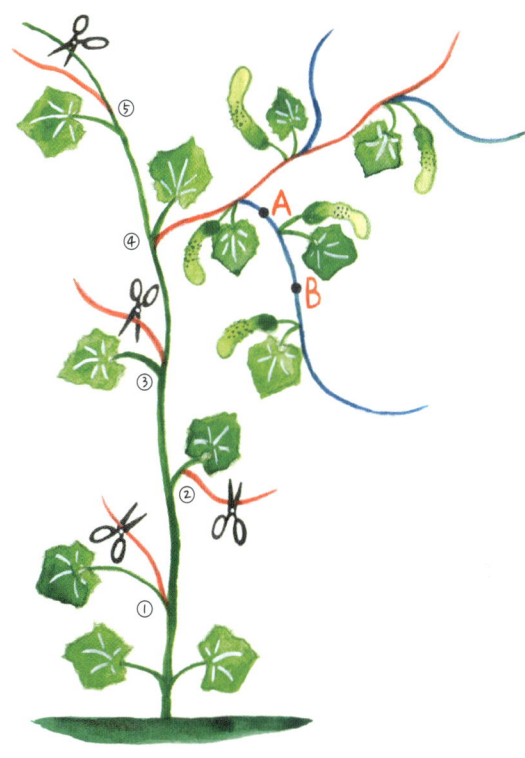

조선오이에 적합한 순지르기

아들줄기 2개를 유인하는 이유는 어느 한쪽이 열매를 달아주지 않을 경우를 대비해서입니다. 결국 조선오이는 2개의 아들줄기를 유인해야 하므로 넉넉한 공간을 확보해야 합니다. 조선오이도 A 또는 B에서 순지르기를 합니다.

 고추, 호박, 오이 등 열매채소는 '저온단일'이라는 조건으로 육묘해야 합니다. 여기서 '저온'은 사실 '온도차'라고 하는 게 정확한 말입니다. 밤낮의 온도 차이가 11℃ 정도가 이상적이므로, 야간에 15℃라면 주간에는 26℃가 되어야 합니다. 그리고 주간에 30℃에 도달하면 환기를 해야 하고 12℃ 이하로 내려가지 않게 유의해야 합니다. 그리고 '단일'은 햇볕 받는 시간을 8시간 정도로 맞추는 것을 말합니다. 아침에는 보온을 다소 늦게 열고 저녁에는 일찍 닫습니다.

오이 유인하기

오이는 줄타기를 못하는 작물 중 하나입니다. 유인망이 있음에도 엉뚱한 곳으로 가기 때문에 이를 소홀히 하면 바닥을 기고 있는 오이를 보면서 한숨을 쉬어야 하는 일이 발생합니다. 오이 유인은 노끈이나 빵끈, 집게를 이용해서 망에 고정시켜주면 됩니다.

집게로 오이 유인하는 모습

오이 수분관리

"오이밭에 웃옷 벗고 들어가면 오이 맛이 쓰다"는 농사 속담이 있습니다. 웃옷을 벗을 정도면 온도가 높고 가문 상태이므로 토양의 수분이 부족해 오이 맛이 쓰다는 뜻입니다. 수분 함량이 95%인 오이는 많은 물을 필요로 합니다. 수분이 부족할 경우 열매가 잘 크지 않고 오이 맛이 써지므로 물 주기를 잘해야 합니다. 초기에는 1번에 많이 주고 자주 주지 않으며, 수확기엔 자주 주되 많이 주지 않습니다. 그럼 물 주기는 언제가 좋을까요? 아침과 저녁이 좋습니다.

> **TIP 수확한 후 오이 쓴맛 없애기**
> 오이의 쓴맛은 물에 잘 녹으므로 꼭지 부분을 잘라버리거나 물에 담가두면 쓴맛이 대부분 없어집니다.

오이 재배관리

하루가 다르게 잘 자라는 애들을 보고 "오이 크듯 한다"는 말이 있듯이 오이는 생육이 무척 빠릅니다. 그러나 처음에는 모양도 예쁘고 미끈한 열매가 달리다가 어느 순간부터 기형과가 달리기 시작합니다.

주로 굽어지는 곡과(曲果), 밑이 굵은 곤봉과, 꼭지 근처의 어깨 부분은 정상인데 아래로 갈수록 가늘어지는 선세과(先細果) 등의 생리장해가 발생합니다. 원인에 대해서 많은 의견이 있지만 양분, 햇볕, 수분의 불균형이 원인으로 보입니다. 아깝다고 키워봐야 먹을 것이 없으니 열매가 어릴 적에 제거해주는 게 다른 열매를 위해서도 좋습니다. 만약 어쩔 수 없이 먹기 곤란한 기형과를 수확했다면 버리지 말고 얼굴 마사지용으로 사용합시다. 피부에 양보하세요.

곡과

곤봉과

● **기형과(畸形果)** : 정상적인 형태의 과일과 모양이 다른 이상 형태의 과일.

오이 추비하기

많은 식구를 먹여 살려야 하는 오이는 수확하기 시작하는 날부터 20일 간격으로 2~3회 웃거름을 줍니다.

오이 추비 (예시)

구분	첫 수확일	추비 1차	추비 2차	추비 3차	비고
다다기오이	6.10	7.1	7.21		NK비료
조선오이	7.1	7.20	8.10	9.1	NK비료

오이의 병충해

오이는 진딧물이 잘 꼬이는 작물 중 하나입니다. 정식 전 토양살충제를 살포하거나 진딧물이 발생하면 해당 약제를 뿌려 방제해줍니다. 오이는 다른 작물에 비해 노균병이 심한 작물입니다. 제가 노균병을 치료해보려고 여러 가지 방법을 써봤지만 잘되지 않았습니다. 그러나 수확에는 큰 문제가 없었습니다.

진딧물 피해를 입은 오이

노균병

오이 잎 따주기

오이 잎은 노화가 빠르며 30~35일이 지나면 광합성 능력이 급속도로 떨어지면서 시들어버립니다. 수명을 다한 겁니다. 그래서 오이를 수확할 때마다 맨 아래쪽부터 노화해서 기능을 하지 못하는 잎을 제거해줍니다. 그

노화된 잎은 제거한다

래야 통풍도 좋아지고 다른 잎이 햇볕을 많이 받게 됩니다.

오이 수확은 수시로 하자

오이는 언제 따면 좋을까요? 제일 맛이 좋을 때 따야 합니다. 한낮에는 뜨거운 태양볕을 받아 신선도가 떨어지므로 이른 아침 또는 땅거미 질 무렵이 좋습니다.

다다기오이는 꽃이 핀 후 7~10일이면 수확이 가능한데 너무 자라면 뻣뻣해서 맛이 없습니다. 조선오이는 조금 작다 싶을 때 수확하는 게 부드럽고, 수확시기를 놓쳐서 커버리면 차라리 계속 키워서 늙은 오이로 만듭니다. 늙은 오이를 노각이라고 하는데 30~40일 정도면 만들어집니다.

오이는 이른 아침이나 땅거미 질 때 따자

조선오이 노각

오이 채종하기

조선오이는 고정종자입니다. 씨앗을 받아서 계속 심을 수 있습니다. 채종은 잘 익은 노각을 반 갈라서 속을 긁어낸 후 씨앗에 붙어 있는 종피•를 제거한 다음 잘 말려서 보관하면 됩니다.

조선오이 씨앗 채종

● **종피** : 식물의 씨앗을 감싸고 있는 껍질.

✌ **수다 하나** : 아낌없이 주는 조선오이 노각은 별미입니다. 1개만 있어도 1끼 반찬으로 손색이 없습니다. 반면 다다기오이 노각은 천대를 받습니다. 종자 채종도 하지 않을뿐더러 대부분의 사람들이 먹지 않고 버립니다. 저 역시 버립니다. 그럼 아깝게 왜 버릴까요? 이에 대해 명확히 알려진 이유는 없지만 맛이 없어서 그런 것 같습니다. 남들이 그러는 데는 그럴만한 이유가 있는 겁니다.

✌ **수다 둘** : 다다기오이는 아쉽게도 7월 중하순경에는 끝물이 됩니다. 수명이 짧아서 그렇습니다. 그럼 다다기오이는 내년 봄을 기약해야 할까요? 그렇지 않습니다. 또 심으면 됩니다. 흔히 가을 오이라고 하며 7월 중 육묘 또는 직파를 하면 서리 내릴 때까지 계속 재배할 수 있습니다. 가을 오이는 종묘상에서 모종을 팔기도 합니다. 하지만 7월은 장마로 인한 일조 부족으로 모종이 웃자라고 고온다습한 기후로 인해 재배가 다소 까다로우며 봄재배에 비해 수확량도 다소 떨어집니다.

그**   어제 오이망과 씨름 한판 했습니다. ㅋㅋ 이게 원리를 알면 이해가 되는데요, 죽자사자 덤비니까 아주 엉망이더라고요. 아무튼 수작업으로 마무리는 했습니다. ^^

가**   작년에 오이 곁순 관리 못해서 밀림을 만들었어요. 나중에 통풍이 안되어서 누렇게 되었거든요. 완전 초보 중에 초보라……. ㅠㅠ

소**   작년에 그대로 두었더니 줄기가 너무 많이 번져서 밀림이 되었어요. 품종이 그런지 오이가 엄청 열렸는데 우거지다 보니 진딧물에 흰가루병에 난리도 아니었어요.

유**   작년엔 조선오이 정말 수꽃만 피워대더니 올해는 초반부터 많이 열리네요. 기후랑 관계 있는지?

질**   7월 초에 직파한 다다기오이가 많이 열려서 이웃들과 나누고 있는데 정말로 기분이 좋습니다. 9월에 먹는 오이가 더 맛있습니다. 찬바람을 맞아서 그런가 봅니다.

덩굴째 굴러들어온다는 **호박**

분류 박과
원산지 열대, 남아메리카
연작장해 없음
포기 간격 60cm 이상
직파 ○ **육묘** ○
퇴비 20kg **복합비료(완효성)** 800g
추비 3회 **비고** 2평 기준

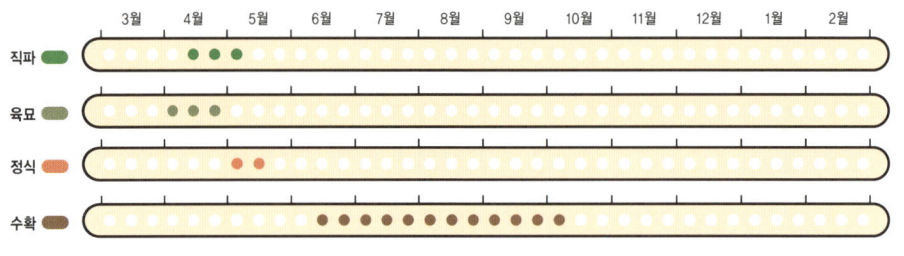

호박은 품종이 매우 다양합니다. 지금도 해마다 신품종이 계속 나오고 있습니다. 대체로 동양계 호박과 서양계 호박으로 구분합니다. 또 호박은 덩굴성 호박과 비덩굴성 호박으로 나눌 수 있습니다. 비덩굴성 호박은 재배면적이 협소한 주말농장이나 베란다, 옥상 등에서 재배하면 좋습니다.

어떤 호박을 심을까?

주키니호박은 비덩굴성 호박입니다. 땅호박이라고도 부르며, 재배면적이 협소한 주말농장이나 옥상 또는 화분재배도 가능합니다. 정식 후 빠르게 수확할 수 있지만 맛은 덩굴성 호박에 비해 다소 떨어집니다. 생육기간도 짧으며 장마 후 급격히 노쇠해 끝물이 됩니다. 애호박을 먹습니다.

주키니호박

주키니호박은 위로 유인한다

마디애호박은 덩굴성 호박입니다. 생육이 길어 서리 내릴 때까지 수확이 가능합니다. 애호박을 먹으므로 늙히지 않아야 합니다. 사정상 밭에 자주 갈 수 없다면 조금 작더라도 일찍 수확하는 게 좋습니다. 수확시기를 놓치면 너무 커버려서 버려야 하는 안타까운 일이 발생합니다.

맷돌호박도 흔하게 심는 덩굴성 호박입니다. 숙과용호박이라고도 합니다. 애호박과 늙은호박을 수확합니다.

마디애호박

맷돌호박

미니단호박은 완숙과를 수확하며 수확 후 2주 이상 후숙*해 당도를 높인 다음 쪄서

● **후숙** : 과일을 수확한 후 먹기에 가장 알맞은 정도로 익히는 것.

먹습니다. 당도가 높아(15브릭스*) 아이들, 특히 영유아들이 있는 가정에서 인기가 많습니다. 참고로, 사과와 배는 평균 10브릭스, 파인애플은 평균 14브릭스입니다.

땅콩호박은 스쿼시호박의 일종인 덩굴성 호박입니다. 모양이 예뻐 관상용으로 좋습니다. 부드럽고 단맛이 강하며 단호박에 비해 영양 성분이 뛰어나 이유식, 카레, 수프 등에 많이 사용됩니다.

미니단호박

땅콩호박

국수호박도 있습니다. 호박에서 면발이 나옵니다. 완숙과를 수확한 후 후숙합니다. 그리고 끓는 물에 삶은 다음 찬물에 담가 면을 뽑습니다. 신기하죠?

동아호박은 엄청난 덩치를 자랑합니다. 동아박이라고도 부릅니다. 제대로 자라면 무게가 10kg이 넘으며 주로 약용으로 쓰입니다. 장아찌로 먹어도 맛이 그만입니다.

국수호박 면 뽑기

동아호박

- **브릭스(brix)** : 과일의 당도를 재는 단위.

이상 호박의 종류에 대해서 알아보았습니다. 이 외에도 호박의 종류는 아주 많습니다. 특성을 고려해서 어떤 호박을 심을 것인지 선택하세요.

호박밭 만들기

호박은 어느 토양에서나 잘 자라지만 비료를 많이 필요로 합니다. "호박은 거름밭"이라고도 할 정도입니다. 뿌리를 깊게 뻗고 많은 열매를 키워야 하기에 비료를 충분하게 주고 깊이 갈아줍니다. 또한 덩굴이 충분히 뻗어갈 수 있는 공간을 생각해서 심을 곳을 정합니다.

통상 호박은 밭 가장자리에 심어 작물을 심지 않는 곳으로 유인하거나 울타리 밑에 심은 후 울타리 위로 유인합니다. 여건상 밭 한가운데 심어야 하는 경우에는 1줄심기를 하며 포기 간격은 60cm 이상, 두둑 넓이는 90~120cm, 두둑 높이는 20~25cm 정도로 합니다.

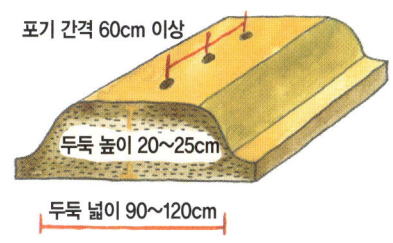

호박밭 만들기

호박 파종하기

호박은 발아력이 좋은 작물로 직파를 많이 합니다. 파종시기는 4월 중순경이 좋으며, 우선 물을 흠뻑 주고 씨앗은 4~5개를 넣어줍니다. 이후 발아가 되면 최종적으로 1포기만 키웁니다.

◀ 4월 15일 : 맷돌호박 직파

◀ 4월 28일 : 발아 시작

◀ 5월 8일

호박 육묘하기

귀한 씨앗이나 고가의 씨앗은 육묘를 하는 게 좋습니다. 호박 씨앗 1알이 50,000~65,000원 하는 것도 있습니다. 금테는 안 둘렀습니다. 이런 씨앗은 안전하게 육묘를 해야겠죠? 육묘는 4월 상순부터 하며 육묘기간은 30일 정도입니다. 씨앗이 큼직해서 1구짜리 단일 트레이를 사용하며 씨앗은 1개만 넣습니다.

◀ 4월 5일 : 단호박 육묘 시작

◀ 4월 17일 : 발아 시작

◀ 4월 22일 : 본잎 나오기 시작

◀ 5월 1일 : 옮겨심기

호박 옮겨심기

늦서리 피해가 없는 5월 초순부터 모종을 심습니다. 두둑 넓이는 90~120cm, 포기 간격은 60~100cm의 간격을 둡니다. 본잎이 5~6장일 때가 옮겨심기의 적기로, 모종 높이와 넓이만큼 구덩이를 판 후 물을 충분히 주고 물이 빠진 다음 모종을 심습니다.

호박 모종 옮겨심기

호박 순지르기

잎이 무성해졌습니다. 이젠 뭘 해주면 될까요? 바로 순지르기입니다. 그런데 순지르기는 초보 농사꾼이 제일 어려워하는 일입니다. 어미줄기나 아들줄기를 잘라야 하는데 혹시 잘못되지 않을까 걱정되는 게 사실입니다. 그러나 너무 걱정할 건 없습니다. 호박은 크게 다음의 4가지 방법으로 재배합니다.

① 어미덩굴만 기른다.
② 어미덩굴 + 아들덩굴 1개만 기른다.
③ 어미줄기 적심하고 아들덩굴 2개를 기른다. 참고로, 아들덩굴 3개를 기르기도 한다.
④ 방임한다

　순지르기는 ①~③번 중 하나를 선택하면 됩니다. 저는 공간이 좁은 곳에서는 ①번 방법으로 하고 경우에 따라서는 3가지 방법을 모두 합니다. 그러나 도저히 못하겠다는 분은 ④번 방임하면 됩니다. 그냥 두는 것이지요.

호박 순지르기 방법

아들덩굴을 유인할 때는 세력이 좋은 곁순 3, 4번을 유인합니다. 그러나 꼭 3, 4번을 유인할 필요는 없고 1, 2, 3, 4, 5번 곁순(아들줄기) 중 세력이 가장 좋은 곁순을 유인하면 됩니다. 그리고 어느 방법으로 하든지 5번째 마디까지 달리는 열매와 꽃은 모두 제거해주고 이후에는 순지르기를 하지 않습니다.

호박 곁순 모습. 손가락이 가리키는 곳이 2번째 곁순

호박 유인하기

호박농사는 유인이 관건입니다. 유인을 어떻게 하는지에 따라서 농사의 성패가 결정된다고 해도 틀린 말이 아닙니다. 대개 포복재배와 망을 이용해서 유인하는 방법이 있습니다.

땅바닥으로 기도록 하는 포복재배는 유인이 비교적 쉬운 편이나 잎줄기가 무성해지면 열매를 찾기가 힘듭니다. 잘못하면 줄기를 밟을 수 있기 때문에 호박 따기가 조심스럽습니다. 또한 비가 며칠 집중되는 장마철에는 호박이 썩는 것을 감수해야 합니다.

주변의 지형지물을 이용한 유인 방법도 있습니다. 아래 사진에서는 나무를 이용해서 사다리를 만들어 유인했습니다. 버려지는 구조물을 활용한 아이디어가 돋보입니다.

포복재배

지형지물을 이용

망 유인재배도 있습니다. 호박을 따기 쉬운 장점이 있지만 공간을 많이 차지하고 다른 작물에 그늘 피해를 준다는 단점이 있습니다. 망 유인재배 변형은 열매를 따기 쉬운 장점과 버려지는 공간 활용도는 좋지만 망이 쳐지지 않게 견고히 설치해야 하는 부담이 따릅니다. 어느 방법이든 본인이 쉽게 할 수 있는 방법을 선택하세요.

망 유인재배

망 유인재배 변형

호박의 개화

호박꽃 참 예쁘죠? 왜 못생긴 사람을 호박꽃에 비유하는지 모르겠습니다. 호박은 수꽃과 암꽃이 따로 핍니다. 당연히 암꽃에서 열매가 달리는데 수정은 벌들이 알아서 해줍니다. 벌이 없는 겨울이나 이른봄에 하우스에서 재배하는 전업농가는 수정액을 뿌리거나 수정벌을 이용하기도 합니다.

예쁘게 핀 호박꽃

수정벌은 전문적으로 사육하는 농가에서 판매하며, 벌의 종류가 무척 다양합니다. 대부분 우리나라 벌보다 활동성이 우수한 서양 벌이 많으며, 하우스 내에 벌통을 설치한 후 풀어둡니다. 수정액은 식물 호르몬제의 일종으로, 개화시마다 꽃이 젖을 정도로 뿌립니다. 토마토, 가지, 수박, 호박, 참외, 딸기, 멜론 등 열매를 수확하는 작물에 사용합니다.

호박 추비하기

호박은 거름밭이라고 했습니다. 생육기간이 길고 많은 열매를 맺어야 하는 호박은 밑거름이 넉넉했어도 적절한 추비가 이루어져야 작황이 좋아집니다. 추비는 통상 3회 합니다. 1회는 정식하고 2주 후, 2회는 첫 암꽃이 피었을 때, 3회는 지난번 추비하고 15일 지나서 합니다.

첫 암꽃이 피었을 때라……. 어렵죠? 농사가 그렇습니다. 이것저것 따지고 복잡하게 생각하면 한도 끝도 없습니다. 추비 일자가 며칠 빠르고 며칠 늦었다고 큰일나는 건 없습니다. 그렇다면 다음의 예시표를 참고해서 편리하게 추비해보세요.

덩굴성 호박 추비 (예시)

정식일	추비 1차	추비 2차	추비 3차	비고
5.5	5.25	6.15	7.5	정식일 기준 20일 간격

자연 낙과

여린 과가 착과 도중 노랗게 말라 떨어져버리는 현상을 낙과라고 합니다. 주로 수정이 늦어지거나 장마철 일조가 부족할 때, 과습할 때 발생합니다.

주키니호박 자연 낙과

호박의 병충해

호박의 단골 해충은 호박과실파리입니다. 흰가루병은 주로 잎에 발생하며 줄기에도 종종 발생합니다. 처음에는 흰색의 얼룩이 지며 점차 발병이 심해지면서 잎에 밀가루를 뿌려놓은 것 같은 증상으로 변합니다. 심한 경우 잎이 시들어 고사합니다. 시든 잎은 되도록 빠르게 제거해서 다른 잎으로 감염되는 것을 막아줍니다. 주로 고온건조할 때 발생이 심하며 치료보다는 예방 위주로 약제를 살포합니다. 경험상 치유는 잘 안되었지만 줄기가 뻗고 새로운 잎이 계속 나오면서 포기가 죽는 일은 없었습니다. 무시해도 좋으니 치료가 안된다고 너무 고민하지 않아도 됩니다.

흰가루병이 발생한 호박잎

호박 수확, 보관하기

호박잎은 서리를 맞으면 죽습니다. 애호박 또한 얼어서 먹지 못하게 되므로 서리가 내리기 전에 모두 수확해야 합니다.

호랑이는 죽어서 가죽을 남기고 호박은 늙은호박을 남깁니다. 늙은호박은 요긴한 먹을거리이자 건강식품이죠? 건강원에서 즙을 내리거나 떡, 엿, 죽으로 먹어도 별미입니다. 늙은호박은 일찍 만들지 않는 것이 좋으며 가능한 한 서리 오기 전에 수확하는 것이 좋습니다. 이유는 저장성이 떨어지기 때문입니다.

동양계 호박은 개화 후 50일 정도의 기간이 지나야 늙은호박이 됩니다. 자신이 사는 지역의 서리 내리는 일자를 역계산해서 늙은호박을 만들 것인지 알아본 다음 시기상 늙은호박으로 만들지 못할 것 같은 호박은 애호박으로 이용합니다. 너무 빨리 늙어버린 호박은 일찍 수확하지 말고 그대로 매달아둡니다.

늙은호박의 저장기간은 길지 않습니다. 12~18℃의 온도를 유지하면 그런대로 장기저장이 가능하다고 합니다만 쉽지 않습니다. 대부분 이듬해 1월을 넘기기가 힘들었습니다. 늙은호박은 아끼다 똥 되는 수가 있습니다. 아끼지 말고 빨리 먹는 게 상책입니다.

공중부양 중인 늙은 호박

호박 하면 호박잎을 빼놓을 수 없습니다. 찌거나 데쳐서 쌈으로 또는 된장찌개에 넣어 먹습니다. 호박잎은 되도록 연한 잎을 따는데, 정해진 크기는 없습니다. 먹기 좋은 크기의 부드러운 잎을 여러 곳에서 나누어 땁니다. 한곳에서만 많이 따면 생육에 지장을 받으니 조심하세요. 그럼 어떤 호박잎을 먹으면 될까요? 아무 잎이나 먹어도 된다는 의견도 있지만 맛이 덜하기 때문에 잎에 마블링(?)이 있는 맷돌호박이나 애호박 잎을 먹어야 한다는 의견이 우세합니다. 결국 어떤 호박잎을 먹을지는 자기 선택입니다.

호박은 마블링이 있는 작고 부드러운 잎을 먹는다

은** 호박, 저는 어미덩굴을 적심하고 세력 좋은 아들줄기 2개 살려놓았네요. 이것도 어릴 때 해야지, 좀 키우고 하려니 헷갈려서 죽는 줄 알았어요.

빵** 호박 순지르기 해줘야 한단 소리는 들었지만, 어떻게 해줘야 하는지 감이 없었습니다. 밭에 가서 봐도 잎은 5개 난 거 같은데 뭘 어쩌란 말인가…… 하고 쳐다만 보다 오고. 속 편하게 방임재배할까 고민 중입니다.ㅠㅠ

므** 덩굴로 퍼지는 호박은 거침없이 퍼져 주말농장에서 적합하지 않아 올해는 주키니호박으로 달려봅니다. 열매를 많이 맺어준다니 기대가 됩니다.

은** 드디어 저도 미니단호박을 맛보게 되었습니다. 정말 맛난 호박이네요. 까다로운 아들내미 입맛에도 맞는지 맛있게 잘 먹네요.^^ 내년에 더 많이 심어야겠어요.

마** 눈먼 장님 뒷걸음질치다가 쥐 잡았는지 전 첫해에 국수호박 너무 잘돼서 호박 들고 나가서 장사했습니다. 파느라고 혼났어요.ㅎㅎ 다니는 성당에 가서 사람마다 붙잡고 호박 가져가겠냐고, 그러겠다고 하면 국수 뽑는 요령 가르치고 나눠줬습니다. 옆집에도 인심 팍팍 쓰고요. 생각 없이 맨 아래 땅에 심고 지지대 세워서 줄을 매줬는데 거길 벗어나서 온 집 안을 다 점령하고 옆집까지 넘어갔더랬어요. 옆집에 넘어간 건 모두 옆집 거 하면서 떠넘겼지요. 그러고 나니 겁나서 이제 국수호박은 못 심겠어요.ㅎㅎ

열매를 먹는 채소 ❹

건강의 상징, 보랏빛 **가지**

분류 가짓과
원산지 인도
연작장해 2~3년
재식거리 포기 간격 45~50cm / 줄 간격 40cm
직파 × **육묘** ○
퇴비 20kg **복합비료(완효성)** 600g
추비 4회 **비고** 2평 기준

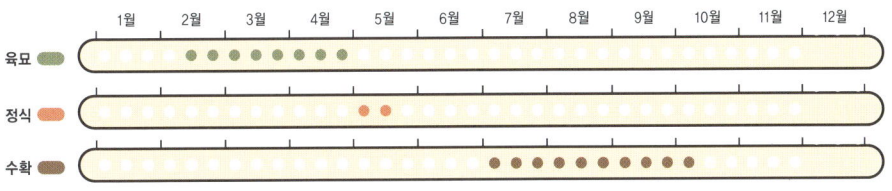

가지는 다른 채소에 비해 섬유소 함량이 많고 열량이 적어 성인병 예방에 좋으며, 항암물질로 알려진 폴리페놀 함량이 많은 채소입니다. 고온성작물로 여름에 왕성하게 잘 자라며, 육묘기간이 길어 소규모 도시농부들은 씨앗을 구해서 재배하는 것보

탐스럽게 열린 가지

다는 모종을 구입해 심는 것이 좋습니다. 통상 5월 상순에 모종을 심으면 7월부터 서리 내릴 때까지 수확할 수 있습니다. 생육기간이 길어 비료 성분이 많아야 잘 자라고 물빠

짐이 좋은 밭이 좋습니다.

가지밭 만들기

물이 잘 빠지는 밭이 좋으며, 퇴비 20kg, 완효성 복합비료 600g을 넣고 밭을 일군 다음 최소 1주일 경과 후에 모종을 심습니다. 포기 간격은 45~50cm, 두둑 넓이는 50cm 혹은 100cm, 두둑 높이는 25~30cm 정도로 하며, 생육이 길어 멀칭재배가 좋습니다.

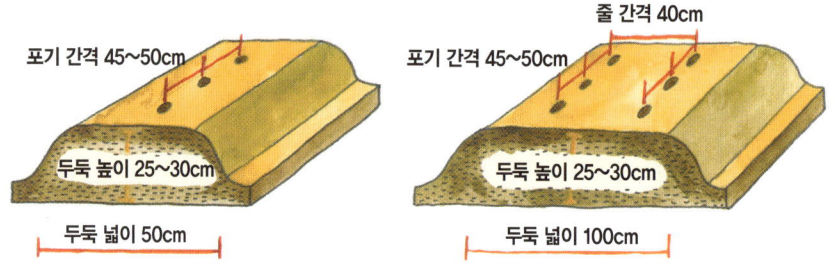

가지밭 만들기

가지 모종 구입

모종은 잎에 윤기가 흐르고, 잎 사이의 간격이 좁고, 줄기가 튼튼하며, 꽃이 1~2개 피어 있는 것을 고르도록 합니다. 가지는 5인 가족 기준으로 3~4포기 정도면 충분합니다. 더 심으면 장사를 해야 할지도 모릅니다. 너무 많이 심지 않는 것이 좋습니다.

가지는 모종을 구입해서 심는 게 좋다

가지 모종 심기

모종을 심는 시기는 통상 첫서리 피해가 없는 5월부터 심습니다. 보통 1줄심기를 많이 합니다. 심기 전에 물을 충분히 주고 모종의 흙이 약간 보일 정도로 얕게 심는다는 기분으로 심습니다.

가지 곁순 정리

가지는 자라면서 가지가 2갈래로 갈라지면서 가지마다 1번째 열매를 맺습니다. 열매는 고추처럼 정가운데 열리지 않고 조금 위쪽에 열립니다. 가지는 곁순이 많이 나오는데 이를 정리하지 않으면 잎이 무성해져서 햇볕이 차단되어 생육에 지장이 생깁니다. 그래서 갈라지는 가지 아랫부분의 곁순을 모두 제거해줍니다. 이후 1번째 열매를 수확하면 남겨놓은 잎도 제거합니다. 다른 책에서는 1번, 2번 가지와 바로 아래쪽 가지(곁순)를 키우는 방법을 소개하는데, 지지대 세우기도 힘들뿐더러 포기가 너무 우거져서 권장하지 않습니다. 농사 쉽게 지어야겠죠?

두 갈래로 갈라지는 아래쪽 곁순은 제거한다

가지 지지대 세우기

가지 재배는 특별한 방법이 없습니다. 장마 때 쓰러지지 않도록 지지대를 세워서 묶어주고, 잎이 너무 무성하지 않게 가지치기를 해줍니다. 또한 병든 잎, 노화한 잎, 벌레 먹어서 제 기능을 하지 못하는 잎은 제거해주는 것이 일조와 통풍에 좋습니다.

기형과는 되도록 빨리 제거해준다

기형과는 빠르게 제거해주어서 다른 열매가 잘 열리도록 해줍니다. 지지대는 통상 1:1로 세우며 작물이 자랄 때마다 계속 묶어줍니다. 그런데 가지는 사람 키만하게 키가 커지고, 가지가 넓게 퍼지기 때문에 지지대 하나 갖고는 감당이 안됩니다. 자라는 것을 봐서 3~4개 더 세워야 관리하기 좋습니다.

1줄심기 1:1 지지대를 세운 모습

엇갈려 2줄심기. 지지대 끈으로 유인한 모습

가지 추비하기

생육기간이 긴 가지는 5월부터 10월 서리 내릴 때까지 많은 자식들을 먹여 살려야 하는데, 오랜 기간 열매를 맺고 자라기 위해서 밑거름만으로는 부족합니다. 특히 거름이 끊기면 열매가 부실해지고 잘 자라지 못하게 됩니다. 웃거름 주기는 정식일 기준으로 25~30일 후에 1차 추비를 하며, 이후 20~25일 간격으로 3번 정도 웃거름을 줍니다. 웃거름을 줄 때는 뿌리와 너무 가깝지 않게 포기와 포기 사이에 구멍을 뚫은 뒤 1수저 (30g 정도)를 넣어주고 흙으로 덮어줍니다.

가지 추비 (예시)

정식일	1차 추비	2차 추비	3차 추비	4차 추비	비고
5.5	6.5	6.30	7.25	8.20	NK비료

가지의 병충해

빛이 닿지 않아 착색이 안돼서 회색을 띠는 열매와 갈색썩음병에 걸린 열매는 빨리 제거해줍니다. 가지의 주요 해충은 이십팔점박이무당벌레입니다. 서리 올 때까지 지긋지긋하게 볼 수 있는데, 수시로 잡는 방법이 제일 좋습니다.

착과 후 빛이 닿지 않거나 부족해 발생하는 착색 불량과

고추역병균의 침입으로 발생하는 갈색썩음병

이십팔점박이무당벌레 피해를 입은 가지

가지 수확, 갈무리

가지를 손으로 따기란 사실상 불가능할 정도로 어렵습니다. 잡아당기고 빙빙 돌리고 난리를 쳐야 합니다. 힘은 힘대로 들고 잘못하다간 가지가 찢어지거나 꺾일 수도 있기 때문에 가위로 한방에 따야 서로 편합니다.

가지 수확은 가위로!

열매는 조금 작다 싶을 때 따자

수확은 품종에 따라 다르지만 꽃이 핀 후 20~30일 정도 후에 하며, 열매가 조금 작다 싶을 때 수확하는 게 좋습니다. 밭에 자주 갈 수 없는 형편이라면 조금 어린 열매를 수확하는 게 좋습니다. 조금 더 키우고 싶어 기다리다간 시기를 놓쳐 너무 크고 단단한 열

매를 수확하게 될 수도 있습니다. 이런 열매는 씨가 생겨서 먹기도 거북스럽습니다.

    가지의 저장온도는 10~12℃인데, 냉장보관이 힘들며 상온보관은 더욱 힘듭니다. 따라서 되도록 빨리 먹어야 하고, 미처 먹지 못한 가지는 말려서 저장합니다.

가지를 생으로 먹는 사람이 있습니다. 무슨 맛으로 먹느냐고 하면 도리어 못 먹는 제가 이상하다고 합니다. 지금 생각해보니 저도 어릴 적엔 먹은 기억이 어렴풋이 납니다. 특별히 맛이 있어서는 아니었고 심심풀이 정도였던 것 같습니다. 맛이 있었던 것 같기도 하고 없었던 것 같기도 하고, 부드러우면서 비릿한 맛? 그런데 지금은 3일은 굶어야만 먹을 수 있을 것 같습니다. 아내는 제가 매일 술을 퍼마셔서 비위가 약해진 탓이라고 핀잔을 합니다. 정말 생 가지를 먹는 사람은 비위가 좋은 사람일까요?

파**   올해 가지를 처음 심어봤는데 잎도 벌레가 먹고 열매에도 이상한 자국이 있어서 왜 그런가 했더니 그게 다 이십팔점박이무당벌레 짓이었군요. 밭에 가서 요놈들부터 잡아야겠네요. ㅋ

전**   작년에 10포기 심었는데 얼마나 잘 열리는지 채 못 먹고 버린 게 더 많았습니다. ㅠㅠ 그래서 올해는 딱 1포기만 심었습니다.

지**   작년에 가지 심었는데, 우리 식구들은 거의 먹지 않더라고요. 가지에 요오드가 많이 함유되어 있어 몸에도 좋다고 하는데, 정말 안 먹더라고요. 그래서 올해 가지는 심지 않았습니다.

길**   전 요즘 가지 수확해서 생으로 먹고 있어요. 제가 아침으로 가지와 오이, 당근을 잘라서 회사에서 나눠 먹는데, 사람들이 가지를 생으로 먹는 건 처음이라고 하네요. ㅋㅋ

나**   가지는 이상하게 못 생긴 게 많이 달립니다. 쭉쭉빵빵은 가뭄에 콩 나듯 하고, 못생기고 뚱뚱한 녀석들만……. 영향 불균형이 아닐까 생각하고 있습니다.

열매를 먹는 채소 ❺

손이 많이 가는 **토마토**

분류 가짓과
원산지 남아메리카
연작장해 3년
재식거리 포기 간격 40~50cm / 줄 간격 50~60cm
직파 × **육묘** ○
퇴비 20kg **복합비료(완효성)** 600g
추비 없음 **비고** 2평 기준

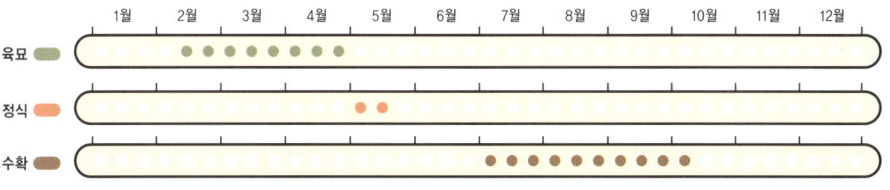

토마토는 다른 작물에 비해 손이 많이 가는 작물입니다. 지지대를 반드시 세워야 하며 수시로 곁순을 제거해야 하고 유인 또한 소홀히 할 수 없습니다. 특히 열과현상과 생리장해가 심해 노지재배는 결코 쉽지 않습니다. 모든 작물이 마찬가지지만 특히 토마토는 하늘이 도와야 하기에 소량재배를 권장합니다.

방울토마토

토마토밭 만들기

토마토는 1줄심기가 좋습니다. 땅은 깊게 갈아주고 두둑 넓이는 50~60cm, 두둑 높이는 20cm 이상으로 하며, 포기 간격은 40~50cm로 넓게 심어줍니다. 토마토는 물빠짐이 좋아야 합니다. 또한 칼슘이 부족하면 생리장해가 나타나므로 칼슘이 모자라지 않게 넣어줍니다. 만약 칼슘을 넣지 못했다면 주기적으로 칼슘제를 엽면시비해줍니다.

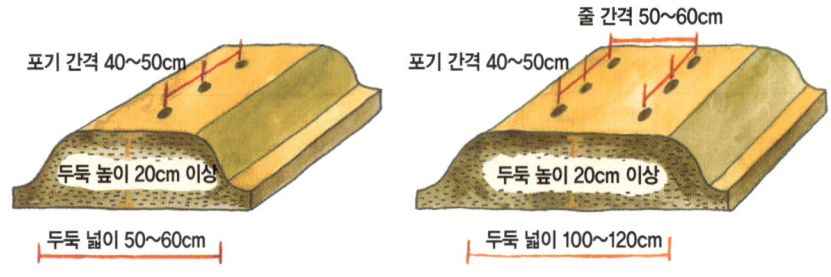

토마토밭 만들기

토마토 모종 심기

토마토는 육묘기간이 길기 때문에 일반적으로 모종을 삽니다. 모종은 마디 간격이 짧고 잎의 색이 진한 초록색이 좋으며, 줄기가 굽지 않은 튼튼한 모종을 고릅니다. 모종에 꽃이 피었는데 사도 괜찮으냐고요? 괜찮습니다. 첫 꽃이 핀 모종은 그만큼 성장이 빠르기 때문입니다.

첫 꽃이 핀 토마토 모종

토마토는 크게 찰토마토와 방울토마토로 나눕니다. 찰토마토는 붉은색으로 익는데, 근래 들어 흑색이 나는 흑토마토도 나왔습니다. 방울토마토도 종류가 다양합니다. 둥그렇게 열리는 게 있고 대추처럼 길쭉하게 열리는 것이 있습니다. 익었을 때 붉은색 또는 노란색을 띠는 품종도 있습니다. 기호에 맞는 품종을 선택합니다.

토마토 모종은 통상 첫서리 피해가 없는 5월부터 심습니다. 심기 전에 물을 충분히 주고 모종이 기울어지지 않게 똑바로 심습니다.

토마토 지지대 세우기

토마토는 키가 2m 이상 자라기 때문에 지지대 역시 2m 이상 세워줍니다. 그럼 지지대를 안 세워주면 어떻게 될까요? 난리납니다. 바람에 쓰러지거나 허리가 꺾여버립니다. 지지대는 1:1 또는 합장식으로 세우는데, 통상 1:1로 세웁니다. 이유는 합장식보다 세우기가 쉽고 관리 또한 쉽기 때문입니다.

토마토는 대부분 1:1 지지대를 세운다

그럼 모종을 먼저 심으면 좋을까요, 지지대를 먼저 세우면 좋을까요? 답은 없습니다. 자신이 편한 방법으로 하면 됩니다. 다만 모종을 먼저 심고 지지대를 세울 경우 뿌리가 다치지 않을 정도로 간격을 두어야 합니다. 한 뼘 정도가 적당합니다.

토마토 유인하기

토마토는 유인이 제일 번거로운 작업입니다. 키가 커질 때마다 계속 묶어줘야 합니다. 이를 소홀히 하게 되면 허리가 꺾여 줄기가 상하고 죽을 수도 있습니다. 유인은 대개 끈으로 하는데, 8자 매듭을 묶어주며 줄기가 굵어지는 것을 감안해서 약간 헐렁하게 여유를 두고 묶어줍니다.

지지대에 묶는 8자 매듭은 전 작물에 적용된다

토마토 곁순 제거

토마토는 자라면서 원줄기와 잎 사이에서 곁순이 나오는데 되도록 빨리 제거해줍니다. 곁순은 성장이 왕성하기 때문에 제거가 늦어지면 원순과 곁순의 구별이 힘들게 됩니다.

토마토 곁순은 제거한다

찰토마토입니다. 어느 쪽이 곁순일까요?

오른쪽 사진에서는 ①번이 곁순입니다. ②번에는 꽃 몽우리가 달렸습니다. 하지만 시간이 지나면 곁순에서도 꽃이 핍니다. 곁순이 너무 커버려 자르기 아까운 경우 2개를 다 키우기도 하지만, 많이 하는 방법은 아닙니다.

곁순 제거는 일회성이 아니고 토마토 키가 커질 때마다 지속적으로 해줘야 합니다. 곁순이 어릴 적에는 손으로도 쉽게 꺾어서 제거할 수 있지만 어느 정도 자라면 가위로 자르는 것이 상처 없이 제거하는 방법입니다. 그런데 곁순 제거 안 하고 다 키우면 열매도 더 많이 따고 좋은 거 아니냐고요? 절대 그렇지 않습니다.

곁순을 수시로 제거해서 정석대로 키운 토마토는 통풍도 잘될뿐더러 보기에도 단정하고 관리하기 쉽습니다. 반면 곁순을 제거하지 않고 방임으로 키운 토마토는 수확은 커녕 열매 찾기도 힘들어 보입니다.

곁순을 제거해 정석대로 키운 토마토   곁순을 제거하지 않고 방임으로 키운 토마토

토마토는 맨 아래 잎부터 급격히 노쇠합니다. 이런 잎은 광합성 기능이 떨어지며 통풍을 방해하고 양분만 축내므로 신속히 제거해줍니다.

노쇠한 아래쪽 잎은 제거한다

토마토는 곁순을 심어도 잘 자란다

곁순 제거가 늦어져 너무 커버린 곁순은 버리기 아까울 때가 있습니다. 이럴 때는 곁순을 잘라 심어도 잘 자랍니다. 크기는 20~30cm 정도가 좋으며, 심는 깊이는 쓰러지지 않을 정도로 합니다. 심은 곁순에서 뿌리가 나오는데 활착시까지 물을 충분히 줘야 살 수 있습니다. 또한 곁순 심기가 너무 늦어지면 결실을 볼 수 없으므로 6월 중으로는 마

치는 것이 좋습니다.

토마토 곁순은 심어도 잘 자란다

막대 등으로 구멍을 뚫은 후 쓰러지지 않을 정도로 심어준다

토마토의 개화

제일 먼저 핀 꽃을 1화방*이라고 합니다. 꽃의 개수는 찰토마토보다 방울토마토가 더 많습니다. 즉 방울토마토가 열매가 더 많이 열린다는 말입니다. 찰토마토는 6~8개 정도이고 방울토마토는 10~15개 정도의 꽃이 피는데 한 화방에서 너무 많은 열매가 열리지 않도록 꽃의 맨 끝부분을 잘라 열매 수를 조절해줍니다. 과실나무

잘 익은 찰토마토

열매를 솎아주는 이치와 같다고 할 수 있습니다. 하지만 그냥 두어야 한다는 주장도 있습니다.

토마토 수확하기

곁순을 제거하고 유인을 하다 보면 드디어 맨 아래쪽 1화방의 열매부터 붉게 익어갑니다. 만세삼창 부르며 기쁜 마음으로 토마토를 수확합니다. 수확은 방울토마토가 다소 빠릅니다. 정식일 기준으로 50~60일 정도이고, 이 무렵 찰토마토는 막 붉은빛이 돌기 시작합니다. 조금 덜 익은 찰토마토는 상온에 두면 붉게 익습니다. 반면 방울토마토는 상온에 두어도 붉어지지 않기 때문에 완전히 붉어진 후에 따야 합니다.

● **화방** : 꽃집. 즉 열매가 열린 가지.

토마토의 열과현상, 역병, 충해, 생리장해

그런데 토마토 몇 개 따는가 싶으면 ①번 같은 지경이 됩니다. 왜 그럴까요? 비를 맞아서 그렇습니다. 찰토마토, 방울토마토 모두 비를 맞으면 갈라집니다. 특히 비가 많이 오는 장마철에는 건질 것이 없습니다. 그래서 토마토는 하우스재배를 많이 합니다. 아쉽게도 우리 같은 소규모 텃밭지기들에게는 열과를 피하기란 사실상 불가능합니다.

게다가 ②번처럼 시들시들 죽어가기도 합니다. 농사가 그렇습니다. 시들시들 죽어가서 원인을 알아보면 만만한 역병이랩니다. 뭐가 됐든 속상한 일이지요. 주로 장마 이후 과습할 때 증세가 많이 나타납니다.

① 열과현상이 생긴 토마토

② 토마토 역병

산 넘어 산입니다. ③번 나방 유충도 먹고살겠다고 덤빕니다. ④번 이십팔점박이무당벌레도 합세하지만 열매에 직접적인 가해를 하지 않아서 피해는 봐줄 만합니다. 손으로 잡을 수 있는 정도였습니다.

③ 나방 유충 피해

④ 이십팔점박이무당벌레 출현

갈수록 가관입니다. ⑤번은 또 왜 그럴까요? 생리장해 중 하나로 칼슘 결핍 증세인 배꼽썩음입니다. 방울토마토보다 크기가 큰 찰토마토에서 흔히 나타납니다. 배꼽썩음이 발생한 열매는 보는 즉시 제거해줍니다. 토마토 농사, 참 힘들지요?

⑤ 배꼽썩음

토마토 원순 적심

원줄기의 맨 윗부분 화방 위 잎 1~2장을 남겨놓고 생장점을 잘라줍니다. 토마토는 대개 5~6화방까지만 키웁니다. 제가 7화방까지 키워본 적이 있는데 토마토 키가 지지대보다 커져서 지지대 길이를 연장해야 했습니다. 토마토 몇 개 더 따자고 하기에는 공이 너무 많이 들어가더군요. 그럼 왜 5~6화방까지만 키울까요? 원순을 적심하지 않으면 계속 성장하면서 위쪽 화방에 꽃이 피고 열매를 맺으면 밑에 있는 열매들이 제대로 자라지 못하거나 채 여물기도 전에 기온이 떨어져 농사가 끝나게 되기 때문입니다.

토마토의 원순을 잘라준다

 **주인장의 수다**

토마토는 열과현상이 심한 작물로, 노지재배시 불만이 많은 작물 중 하나입니다. 비가림재배를 하지 않는 이상 어쩔 수 없는 일입니다. 그래서 다른 대안을 생각하던 중 과육이 두터운 품종을 심으면 열과현상이 거의 없을 거란 생각이 들었습니다. 마침 이웃에게서 이탈리아산 '산마르자노' 품종의 씨앗을 얻을 수 있었습니다. 그런데 토마토의 육묘기간은 60~80일 정도인데 4월에 육묘를 해야만 했습니다. 조금 늦게 심고 그만큼 덜 먹기로 한 겁니다. 7월이 되자 다른 밭에서는 토마토가 나오기 시작했는데 산마르자노 토마토는 이제 1화방 꽃이 피기 시작했고 결국 아내와 아이들의 토마토 타령에 시달려야 했습니다. 그러던 8월 중순의 어느날, 드디어 감격의 첫 수확을 했습니다. 산마르자노 토마토는 방울토마토보다 월등히 크고 과육이 두터웠으며 예상대로 열과현상은 경미했습니다. 그런데 맛이 문제였습니다. 도대체 단맛이 안 나는 겁니다. 찰토마토 맛도 아니고 그렇다고 방울토마토 맛도 아니고. 결국 가족들이 외면하는 바람에 그 해 토마토는 사다 먹어야 했습니다. 농사짓는 사람이 알아야 할 게 있습니다. 안 먹는 작물, 특히 아내가 원치 않는 작물은 심지 말아야 합니다.

산마르자노 토마토

 **블로그이웃들의 수다**

쟁** 찰토마토는 썩고 방울이는 터지고 해서 욕심 버리고 딸랑 방울이 3포기 심었습니다. 이거라도 잘 따 먹었으면~~

조** 곁순 제거는 수시로 해야 할 것 같습니다. 때를 놓쳐버리니 어떤 게 원순이고 어떤 게 곁순인지 모르겠더라고요. ^^

UR** 매년 토마토를 키우다가 열과가 계속 발생해서 2년 전부터 안 키우거든요. 이게 다 비를 맞아서 그런 거였구나.

운** 작년에 토마토 잘 키웠는데 새들이 대부분 쪼아먹어서 제대로 된 토마토는 구경도 못하고, 새들이 남긴 것만 먹었습니다.ㅠㅠ

날** 올해 방울토마토는 잘 달리고 있지만 찰토마토는 역병으로 2포기 죽었습니다. 작물 하나 온전하게 제대로 키워내기가 참 어렵다는 걸 농사지으면서 알게 되네요.

열매를 먹는 채소 ❻

밥할 때 넣고, 아이들도 잘 먹는 **완두콩**

분류 콩과
원산지 지중해 연안
연작장해 5년
재식거리 포기 간격 20cm / 줄 간격 45~60cm
직파 ○　**육묘** ○
퇴비 20kg　**복합비료(완효성)** 600g
추비 없음　**비고** 2평 기준

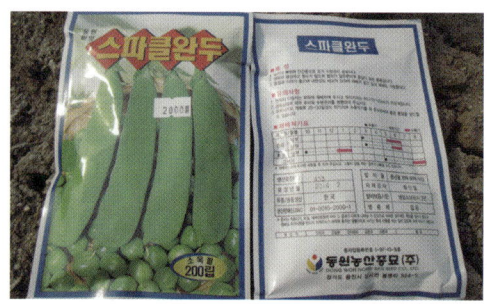

시판 중인 비덩굴성 완두 씨앗

완두콩은 서늘한 기후를 좋아해서 땅이 풀려 호미만 들어가면 심는다고 할 정도로 추위에 강한 작물이지만 반드시 5년간 연작을 피해야 합니다. 남쪽에서는 가을파종 후 겨울나기를 하기도 합니다.

완두콩은 덩굴성과 비덩굴성이 있습니다. 대부분 비덩굴성을 심는데, 키가 허리춤까지 자라는 비덩굴성 완두콩도 줄을 매줘야 안정적으로 자랍니다. 대개 완두콩과 감자를 같이 심습니다. 완두는 병충해에 강하고 척박한 토양에서도 뿌리만 내리면 잘 자라는 작물이므로 재배에 특별한 어려움은 없습니다.

완두콩 연작장해

2년	초기 수확량에 비해 50% 감소
3년	초기 수확량에 비해 90% 감소

완두콩밭 만들기

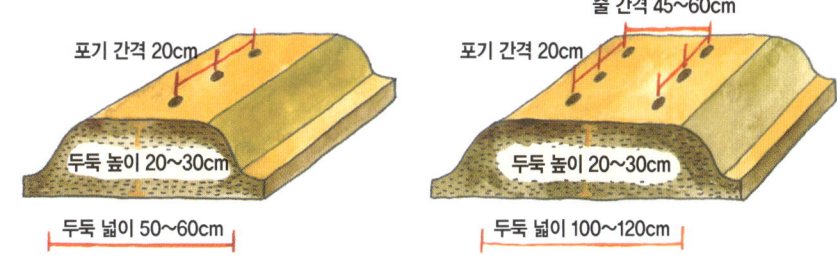

완두콩밭 만들기

완두콩 재배과정

◀ 4월 1일 : 파종. 완두콩의 재식거리는 20cm 정도로 하며 심는 깊이는 5cm 정도로 합니다. 일반적으로 완두콩은 한 구멍에 1포기를 키우지만 저는 욕심을 내서 3포기까지 키워봤습니다. 그러나 3포기는 비좁아서 무리였고 2포기 정도가 적당했습니다.

◀ 씨앗이 여유 있다면 발아율을 생각해서 1~2알 정도 더 넣습니다. 이후 발아가 되면 튼튼한 2포기만 남기고 1포기는 제거해줍니다. 완두콩은 1줄심기나 2줄심기가 적당합니다. 3줄심기는 가운데 열매를 따기가 힘들기 때문에 권장하지 않습니다.

◀ 4월 15일 : 싹이 납니다. 토양의 수분, 온도에 따라 다소 차이는 있겠지만 완두는 파종 후 15일째부터 싹이 나기 시작합니다.

◀ 비덩굴성 완두콩도 덩굴을 뻗는데 이때 지지대를 세웁니다. 줄이나 그물망, 잔 나뭇가지 등으로 최대한 빨리 유인을 해줘야 합니다. 또한 이맘때는 봄바람이 심하게 불기 때문에 북을 줘서 여린 싹이 꺾이지 않게 해줍니다.

◀ 유인 줄은 30cm 간격으로 3~4단 정도 쳐줍니다.

◀ 잔 나뭇가지를 이용해 유인하기도 합니다.

◀ 5월 10일 : 꽃이 핍니다.

◀ 5월 18일 : 꼬투리 달리기 시작. 파종일 기준으로 40일부터 꽃이 피기 시작하고, 먼저 핀 꽃부터 꼬투리가 달리기 시작합니다.

◀ 6월 3일 : 첫 수확. 파종 후 60일 정도가 지나면 수확할 수 있습니다. 완두콩 수확은 일시에 하는 것이 아니라 잘 익은 것을 골라서 순차적으로 하기 때문에 부지런히 따야 합니다. 수확시기는 꼬투리를 보고 판단하는데 과피에 그물무늬가 생기면 수확합니다. 수확이 이르면 삶을 때 뭉그러지고, 늦으면 뻣뻣해서 먹기 힘들며 맛과 식감이 떨어집니다. 사진에서 왼쪽이 수확 적기에 이른 완두입니다. 오른쪽은 아직 수확하기 이릅니다.

◀ 6월 10일 : 완두의 키는 1.2~1.5m 정도이며, 수확할 수 있는 기간은 10~14일 정도로 길지 않습니다.

◀ 굴파리 피해

◀ 6월 12일 : 완두콩은 영양도 풍부하지만 농약을 치지 않아도 재배가 가능해 재배하기 쉬운 작물입니다. 굴파리가 잎에 낙서를 하지만 크게 문제될 건 없습니다. 파종일 기준으로 70일이 지나면 잎이 노쇠해지고 끝물이 되어 아주수확을 합니다.

완두콩 갈무리

수확이 늦어 바짝 마른 완두콩은 물에 불려서 먹거나 종자로 사용할 수 있습니다.

바짝 마른 완두콩

채종해 종자로 이용

완두콩은 짧은 기간에 먹을 경우엔 냉장실에 꼬투리*째 보관하는 것이 좋고, 장기간 보관할 때는 콩을 깐 다음 냉동실에 보관하는 것이 좋습니다. 냉동실에 보관하면 1년이

● **꼬투리** : 콩이나 팥 등 콩과 식물의 열매를 감싸고 있는 껍질.

지나도 맛 좋은 완두콩밥을 먹을 수 있습니다.

껍질을 까서 냉동보관

예**   저는 완두콩을 꼬투리째로 쪄서 먹어요. 보라색으로 피는 품종이 있다고 하는데 듣기만 했지 못 봤어요.

새**   완두콩. 꼬투리째 쪄서도 먹고, 밥에도 넣어 먹고, 카레에도, 짜장에도~~ 재배도 쉽고 요모조모 쓸모가 많지요.

빌**   완두콩은 제일 일찍 나오는 콩이죠. 하얀 쌀밥에 넣어서 먹으면 최고입니다.

버**   완두콩이 제대로 영글지 않아서 밥에 넣었는데 으깨졌답니다.ㅠㅠ 조금 일찍 딴 것 같습니다. 꼬투리에 그물망이 선명할 때까지 기다려야겠습니다.

송**   저는 작년 완두콩 길러본 것으로 올해는 패스했어요. 굴파리 습격이 무서워서요. 그거 때문에 온 채소까지 다 굴파리 피해를 본 것 같아요. 그냥 1자루 사서 몽땅 까놓고 편하게 실컷 먹으렵니다.

열매를 먹는 채소 ❼

뼈에 좋은 **홍화**

분류 국화과
원산지 이집트
연작장해 거의 없음
재식거리 포기 간격 15~20cm / 줄 간격 30cm
직파 ○ **육묘** ×
퇴비 15~20kg **복합비료(완효성)** 600g
추비 없음 **비고** 2평 기준

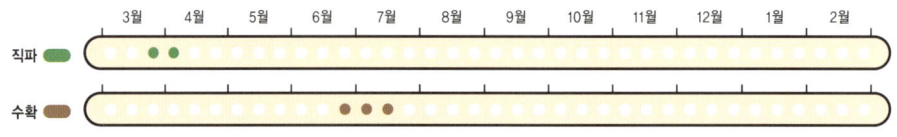

홍화에는 다른 어떤 식물보다 칼슘이 많이 들어 있을 뿐만 아니라 온갖 미량원소들이 골고루 들어 있어 뼈를 강화하는 데 탁월한 효과가 있습니다. 교통사고 후유증, 만성골수염, 말기 골수암, 골다공증, 퇴행성관절염, 노인성 뼈질환, 부러진 목뼈, 금간 갈비뼈 등을 꾸준한 홍화씨 복용으로 치료한 사례가 널리 알려져 있습니다.

홍화는 우리나라 전역에서 재배 가능하며, 봄과 가을에 파종하나 가을파종의 경우 겨울을 나야 하기 때문에 일부 따뜻한 지역을 제외하고 대부분의 지역에서는 봄파종만 가능합니다.

홍화밭 만들기

홍화는 직파를 하며 육묘는 하지 않습니다. 배수가 잘되는 토양이 좋으며 멀칭재배가 좋습니다. 퇴비 15~20kg, 완효성 복합비료 600g을 밑거름으로 넣으며 통상 추비는 하지 않습니다. 파종시기는 3월 하순부터 4월 상순까지가 좋으며, 줄 간격 30cm, 포기 간격 15~20cm, 두둑 넓이 60~80cm, 두둑 높이 20cm로 밭을 만듭니다. 파종하는 깊이는 3~5cm, 씨앗은 4~5개를 넣고 흙을 덮어줍니다.

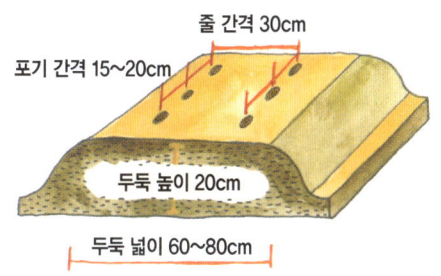

홍화밭 만들기

홍화 재배과정

◀ 4월 15일 : 4월 3일 직파했는데 15일에 발아하기 시작합니다.

◀ 5월 2일 : 본잎이 2~3매일 때 1차 솎음을 하며, 6~7매일 때 2차 솎음을 합니다. 그러나 이것이 원칙은 아니므로 자신의 형편대로 하면 됩니다. 저는 한번에 아주솎음을 했고 1포기만 남겼습니다. 2포기를 키워야 한다는 주장도 있지만 1포기가 적당한 것 같습니다. 2포기를 키운다면 포기 간격을 30~40cm로 해야 할 것 같습니다.

◀ 5월 20일 : 열대작물로 따뜻한 기후를 좋아하는 홍화는 기온이 올라가면서 자라는 속도가 빨라집니다.

◀ 5월 30일 : 홍화는 크게 가시가 있는 홍화와 가시가 없는 홍화가 있습니다. 재배하기는 가시가 없는 홍화가 좋으나 가시가 있는 홍화를 더 알아줍니다. 가시가 있는 홍화는 찔리면 피가 날 정도로 아픕니다. 씨앗은 육안으로 구별이 안 되므로 섞이지 않게 잘 관리해야 합니다. 사진은 가시가 있는 홍화입니다.

◀ 5월 30일 : 가시가 없는 홍화입니다.

◀ 6월 8일 : 꽃봉오리가 맺히기 시작했습니다.

◀ 6월 10일 : 우엉수염진딧물은 홍화의 주요 해충입니다. 가물 때 많이 발생합니다. 늦지 않게 방제를 해야 합니다.

◀ 6월 17일 : 꽃이 피기 시작합니다. 홍화 꽃을 잇꽃이라고도 하는데, 선조들은 꽃잎에서 노란색과 빨간색 물감을 얻어 옷감을 물들이는 데 썼다고 합니다. 천연 염색 재료인 셈입니다. 홍화는 개화시에는 노란색인데 점차적으로 붉은색으로 변하며, 수확기에는 선홍색이 됩니다.

◀ 6월 21일 : 노란색, 붉은색 꽃이 만개했습니다. 홍화는 가뭄에 강합니다. 그러나 개화기인 6월 중하순에는 장마기간이라 비가 많이 오면 결실이 떨어집니다.

◀ 6월 30일 : 비바람에 쓰러진 홍화. 홍화는 비바람 등에 잘 쓰러지기 때문에 꽃이 피기 전에 필히 지지대를 설치해야 합니다. 쓰러지고 나서 뒷북치지 맙시다.

◀ 7월 6일 : 수확기가 되었습니다. 꽃이 갈색으로 변하기 시작합니다.

◀ 7월 10일 : 잎과 줄기, 꽃이 모두 누렇게 변하기 시작합니다.

◀ 7월 17일 : 비가 와서 수확이 늦어졌습니다. 홍화는 수확기에 비를 많이 맞으면 씨가 얼룩이 지고 검은색을 띕니다.

◀ 7월 25일 : 홍화 타작은 조심스럽습니다. 코팅한 면장갑을 2개나 끼었는데도 손가락을 찔리기 일쑤입니다. 줄기째 베어서 햇볕에 바싹 말리고, 막대로 두드리거나 발로 밟아서 씨앗을 분리한 후 키나 채로 알곡만 골라냅니다.

◀ 홍화씨는 잘 말린 뒤 통풍이 잘되고 습기가 없는 그늘에 보관합니다.

홍화씨 먹는 법

우선 홍화씨를 타지 않을 정도로 잘 볶은 다음 다음 방법 중 하나로 먹습니다.

① 가루로 만들어 먹기 : 가루를 내서 성인 1일 3회, 식후 1티스푼 복용

② 차로 만들어 먹기 : 물 4리터에 60g을 넣고 1시간 정도 충분히 끓여서 복용

③ 환으로 만들어 먹기 : 가정에서는 환을 만들기 쉽지 않으므로 시판되는 홍화환을 사서 복용

단, 주의사항이 있습니다. 임신한 여성이 칼슘을 보충하기 위해 홍화씨를 먹는 것은 권장할 만하지 않습니다. 뱃속에 있는 아기의 뼈가 너무 단단해지고 또 산모의 골반뼈도 튼튼해져 출산시 산모와 아기 모두 위험해질 수 있기 때문입니다.

자동차회사에 다니던 지인이 교통사고로 장기간 병원에 입원한 적이 있습니다. 홍화를 먹으면 회복이 빠르다는 의사의 권유로 홍화를 구하려고 했지만 지금처럼 인터넷이 발달하지 않았고 홍화 재배가 많지 않던 시절이라 발품을 팔아서 재배농가를 찾아다녔다고 합니다. 가격 또한 비싸서 장기간 복용하기에는 부담이 많았습니다. 게다가 홍화를 볶아서 파는 바람에 종자로도 사용할 수가 없었습니다. 몇 차례 재배농가를 찾아가서 종자를 부탁했지만 거절당했고요. 그러던 어느 날 우연히 재배농가의 차가 고장나서 오도 가도 못하고 있는 것을 고쳐주고 답례로 종자용 홍화씨를 얻어왔다고 합니다. 현대판 문익점 같은 이야기입니다.

ja** 여긴 고흥이에요. 파종은 9월 중순부터 10월 말 또는 2월 초중순 사이에 합니다.

유** 제 밭은 지금 홍화 꽃이 만개했습니다. 노란색, 빨간색 반반입니다. 가시홍화를 심었는데

사**   벌써부터 타작이 걱정입니다. 아무래도 가시 때문에 손바닥이 벌집이 되지 싶네요.

사**   예전에는 홍화씨가 귀해서 가격도 엄청나게 비쌌는데 요즘은 재배가 늘어서 가격이 많이 착해졌어요. 뼈는 건강할 때 지켜야겠지요. 꾸준히 먹으면 뼈 건강, 특히 골다공증에 좋다고 합니다.

구**   전 염색용으로 써볼까 싶어 조금 심어봤는데 꽃이 정말 예뻐요. 뼈 건강에도 좋고 눈도 즐겁습니다.

Cr**   예전 울 마님 아기 가졌을 때 몇 번 끓여먹었다가 장모님에게 혼난 기억이…….ㅠㅠ 산모는 먹으면 안된다고 하네요.

콩 심은 데 콩 난다

분류 콩과
원산지 중국
연작장해 1년
재식거리 포기 간격 30~40cm / 줄 간격 30cm
직파 ○ **육묘** ○
퇴비 0~10kg **복합비료(완효성)** 없음
추비 없음 **비고** 2평 기준

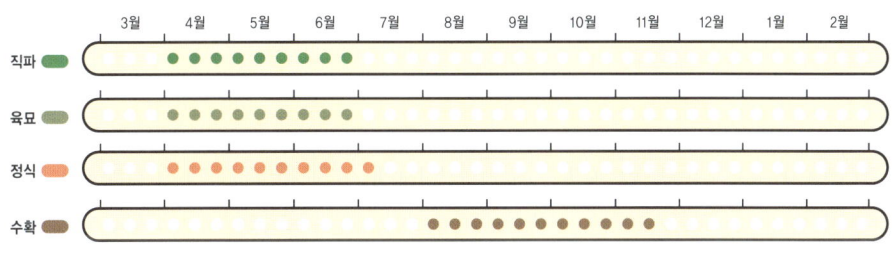

어떤 콩을 심을까?

콩의 종류는 아주 많습니다. 메주를 쑤는 메주콩, 콩나물을 길러 먹기 좋은 서목태(쥐눈이콩)와 오리알태, 된장과 두부를 만들 때 주로 사용하는 백태(흰콩), 조림용으로 많이 이용하는 흑태, 겉모양은 검은색이지만 속은 푸른 서리태(속청), 껍질이 파래서 푸른콩이라고 불리는 청태 등이 있습니다. 논두렁에 흔하게 심는 콩은 메주콩이며, 어떤 콩이든 재배 방법은 같습니다.

콩 심는 시기

콩의 파종시기는 아주 폭넓습니다. 언제 심는지에 따라 수량의 차이가 크게 나타나는데, 너무 이르면 저온에 의한 피해나 너무 웃자라 쓰러지는 피해를 입을 수 있으며, 너무 늦게 심으면 수확량이 크게 떨어집니다.

파종시기는 4월부터 7월 상순까지이나 통상 기온이 충분히 올라가는 6월 상순경에 심습니다. 이러한 콩의 특성을 이용해 단작, 후작*, 윤작을 해서 토지의 이용도를 높일 수 있습니다. 단작인 경우 5월 중순~하순이 좋으며, 감자 후작으로 심을 경우 봄감자를 3월 중하순에 심어 6월 중하순에 수확하고 콩을 6월 하순~7월 상순에 파종하면 10월 중하순에 수확할 수 있습니다.(중부 지역 기준)

콩밭 만들기

콩은 거름을 안 줘도 되고 아무 땅이나 물기가 약간 있는 땅이면 잘 자랍니다. 물만 잘 빠지면 됩니다. 퇴비를 줄 경우 다른 작물의 절반 정도만 주며, 질소 성분이 많지 않도록 합니다. 질소가 많아지면 웃자라기 쉬우며 수확이 줄어듭니다.

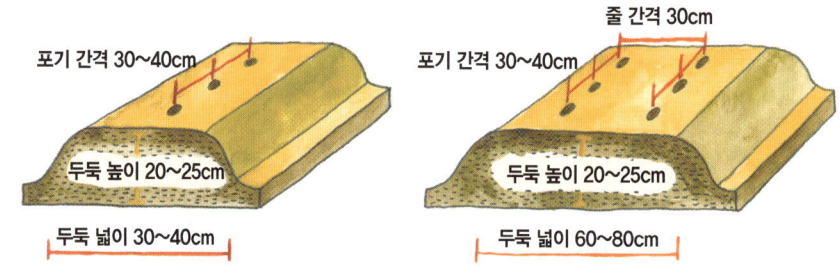

콩밭 만들기

콩은 직파할까, 육묘할까?

콩은 통상 1구멍당 2포기씩 키웁니다. 그러나 서리태는 통상 1포기만 키웁니다. 제가 서리태를 2포기 키워봤는데 관리가 힘들었으며 수확량도 큰 차이가 없었습니다. 직파

● **후작**: 같은 땅에 한 해 동안 농작물을 여러 번 심는 경우 나중에 지은 농사를 이르는 말.

를 할 경우 3알씩 30~40cm 간격으로 심습니다. 3알씩 심는 이유는 발아되지 않는 씨앗이 있을 수 있기 때문입니다.

콩은 심는 간격에 따라 수확량에 차이가 있는데 우리나라 재배농가에서는 단위 면적당 최대한의 수확량을 내려고 20cm씩 밀식재배를 하기도 합니다. 그러나 지나친 밀식재배는 금물이며 저는 최소 30~40cm의 간격을 두는 것을 권장합니다.

심는 깊이는 3~5cm가 좋으며 더 깊으면 발아가 안되고 너무 얕으면 토양의 수분이 충분치 않아 발아가 안됩니다. 이후 싹이 나오면 1포기를 속아내어 최종 2포기만 키웁니다. 조류 피해가 심하거나 후작으로 심을 경우 육묘를 해서 시기를 맞출 수 있습니다. 육묘는 트레이 넓이와 콩알의 크기에 따라 1알 또는 2알을 넣습니다.

콩 육묘

본잎이 2장 이상 나오면 옮겨심기를 한다

콩 정식하기

장마 등으로 심는 시기를 놓쳐 키가 커져버린 콩은 적심(순지르기) 후 정식을 하면 잘 자랍니다.

서리태는 1포기씩 키운다

일반 콩은 2포기씩 키운다

콩 적심하기

우리나라의 여름은 1~2차례의 태풍과 3~4차례 많은 비가 오기 때문에 콩이 연약하게 자라고 쉽게 쓰러집니다. 특히 키가 큰 콩은 바람에 쉽게 쓰러집니다. 그래서 콩은 키를 되도록 작게 키워야 합니다. 그럼 어떻게 해야 작게 키울 수 있을까요? 바로 적심(순지르기)을 하는 것입니다. 생장점인 원순을 잘라 더 이상 키가 크는 것을 막고 곁순의 생육을 촉진시켜 수확량을 증대합니다. 콩은 생육기간 중 2회 순지르기를 합니다. 때로 3회를 하기도 합니다.

콩 순지르기 1차
콩 순지르기의 주 목적은 수확량 증대와 쓰러지는 것을 방지하는 것입니다. 콩 순지르기 1차는 본잎이 5~7장 나왔을 때 원순을 잘라줍니다. 콩 원순을 따면 곁순이 무성하게 나옵니다.

콩 순지르기 (1차)

콩 순지르기 2차

콩 순지르기 2차는 꽃이 피기 1주일 전에 마쳐야 합니다. 그러나 파종일자가 다르고 품종마다 개화시기가 다르기 때문에 이를 알기란 쉽지 않습니다. 그럴 때는 이렇게 하면 됩니다. 수시로 곁순이 자라는 것을 살펴보면서 6~7번째 잎이 나오기를 기다렸다가 바로 순지르기를 하면 됩니다. 별거 없죠?

2차 순지르기는 포기당 곁순의 생장점 5개를 잘라주게 됩니다. 사진에서 화살표가 가르키는 생장점 5개를 제거해주면 됩니다. 포기 수가 많으면 일일이 생장점을 찾아서 제거할 수 있지만 양이 많은 경우에는 무모한 일입니다. 그럼 어떻게 하면 쉽게 할 수 있을까요? 눈대중으로 하면 됩니다.

콩 순지르기 (2차)

곁순의 5번째 위쪽 생장점을 제거한다

콩 순지르기 실전

콩의 윗부분을 움켜쥐고서

생장점 윗부분을 이파리까지 모두 자른다

이렇게 잘라도 1주일 지나면 잎이 무성해진다

저 높이가 대략 무릎 정도 됩니다. 전업농 또는 많은 양의 콩을 심는 경우 낫이나 예초기로 자르기도 하는데 대부분 무릎 높이를 기준으로 자릅니다.

7월 31일 : 콩 순지르기 2차   8월 8일 : 8일 경과 후 모습

그러나 콩 순지르기를 반드시 해야 하는 것은 아닙니다. 늦게 파종하거나 잘 자라지 않는 경우에는 순지르기가 필요없으며, 키가 작은 품종에서는 순지르기 효과가 크지 않으므로 심는 간격을 조절해 쓰러지는 것을 방지하는 것이 좋습니다.

콩 북주기

비바람에 잘 쓰러지는 콩은 순지르기만으로는 도복을 막을 수 없으므로 북주기를 해야 합니다. 멀칭재배인 경우는 북주기를 할 수 없습니다. 이 경우 줄을 매서 도복을 막아줍니다. 비멀칭재배인 경우 2~3회 북주기를 합니다. 고랑의 흙을 퍼서 밑둥에 두둑히 덮어줍니다.

비바람에 쓰러진 콩

북주기를 하지 않았거나(비멀칭) 줄을 미리 매지 않은 경우(멀칭) 장마 때면 콩이 쓰러지는 난감한 일이 발생합니다. 일으켜세워서 북주거나 줄을 매줘야 하는데, 이 과정에서 잎줄기가 꺾이거나 상하게 됩니다.

콩의 해충

좋은 품질의 콩을 안전하게 생산하기 위해서는 반드시 콩 꼬투리가 달리는 시기로부터 15일 간격으로 2~3회 정도 병충해 방제를 해야 합니다. 콩의 주요 해충은 톱다리개미허리노린재입니다. 노린재는 덜 여문 어린 콩의 꼬투리에 침을 박아서 즙액을 빨아먹습니다. 이들은 날아다녀서 방제가 쉽지 않습니다. 약제 살포는 이슬을 맞아 비행 능력이 떨어지는 이른 아침에 해야 효과가 좋습니다.

콩 꽃

콩 꼬투리

톱다리개미허리노린재

서리태

서리를 맞은 다음 수확한다고 하는 서리태는 겉은 검지만 속은 파랗다고 해서 속청이라고도 합니다. "밭에서 나는 쇠고기"라고 불릴 정도로 단백질과 각종 영양소가 많이 들어 있어 콩 중에 단연 으뜸입니다. 그러나 서리태 재배는 다른 콩에 비해 공이 많이 듭니다. 우선 생육기간이 깁니다. 11월 중하순이 되어야 타작을 할 수 있습니다. 또한 멀칭, 비멀칭 모두 줄을 매줘야 합니다. 왜 그럴까요? 서리태 역시 2회 순지르기를 하지만 특성상 키가 커서 북주기만으로는 도복을 막기에 역부족이기 때문입니다. 이런 재배과정 때문에 다른 콩에 비해 가격이 70~80% 더 비쌉니다.

서리태는 서리를 맞아도 잎이 시퍼렇다

콩 타작하기

잎의 색이 누렇게 변하고 꼬투리가 갈색으로 마르면 베어낸 후 충분히 말립니다. 말리는 과정에서 비를 맞지 않게 하는 것이 중요합니다. 비를 맞게 되면 콩에 곰팡이가 슬거나 썩을 수 있기 때문에 수확 전 일기예보를 참고합니다. 며칠 잘 말린 다음 꼬투리가 벌어질 정도가 되면 막대나 도리깨 등으로 콩을 떨어내고, 채나 키를 이용해서 알곡만 골라냅니다.

콩은 비를 맞추지 말고 충분히 말린다

저는 키와 채가 없습니다. 키가 있다 하더라도 키질을 해본 적이 없습니다. 많은 양의 콩을 심지 않기에 사자니 아깝고 안 사자니 타작이 문제이고, 그래서 저는 조금 원시적인 방법으로 합니다.

우선 콩 꼬투리만 땁니다. 잘 마른 콩대는 잎이 모두 떨어지고 꼬투리만 매달려 있습니다. 손으로 훑으면 쉽게 딸 수 있습니다. 꼬투리를 자루에 넣고 입구를 묶은 후 막대로 두드리거나 발로 지근지근 밟습니다. 그다음 선풍기를 이용해 콩깍지와 검불, 먼지 등을 날려 알곡만 골라냅니다.

잘 마른 콩대는 잎이 떨어진다

콩 타작을 위한 자루는 튼튼해야 한다

선풍기 바람을 이용해 콩깍지 등 제거

이 과정도 복잡하다면 손으로 일일이 까는 방법도 있습니다. 시간이 많이 걸리는 단점이 있지만 벌레 먹은 콩이나 쭉정이, 깨진 콩 등을 골라낼 수 있는 장점이 있습니다.

콩 저장하기

타작한 콩은 잘 펴서 말린 후 건조하고 서늘한 곳에 보관합니다. 대개 상온에 보관합니다. 그러나 겨울에는 보관이 잘되지만 봄이 되고 여름이 오면 신경을 좀 써야 합니다. 잘못하면 벌레가 생길 수 있기 때문입니다.

콩은 페트병에 보관하면 좋다

냉장고에 보관하면 좋겠지만 가정에서는 냉장고의 여유공간이 그렇게 넉넉하지 않습니다. 이때는 플라스틱 페트병을 이용하면 좋습니다. 페트병을 깨끗이 닦고 물기를 잘 말린 다음 콩을 담아 뚜껑을 닫아서 서늘하고 그늘진 곳에 보관하면 1년이 지나도 벌레가 생기지 않습니다.

수다 하나 : 6월 16일 육묘 중인 서리태를 심었습니다. 2줄심기로 심고 가운데 빈자리에는 드문드문 고구마 줄기를 끊어다 심었습니다. 서리태와 고구마의 불편한 동거는 순조로운 듯 보였습니다. 그러나 곧 둘 중 하나를 포기해야 하는 딜레마에 빠지게 되었습니다. 고구마를 캐자니 갈 길 먼 서리태가 무사하지 못하고, 서리태를 기다리자니 고구마가 위험하고……. 결국 큰 기대를 안 했던 고구마 수확을 늦추기로 했습니다. 11월 13일 콩대를 뽑고 고구마를 캤습니다. 수확한 고구마는 당일에 몇 개를 쪘습니다. 괜찮았고 아주 맛있게 먹었습니다. 그러나 3일 후에는 대부분 썩기 시작해서 거의 다 버려야 했습니다. 고구마는 추운 곳에 있으면 안됩니다.

논두렁에 예쁘게 자란 메주콩

수다 둘 : 논두렁에 심은 메주콩을 봤습니다. 2대씩 심었고 키도 작았습니다. 콩은 키를 작게 키워야 한다고 했습니다. 예쁘게 가꾸어진 콩을 보면서 이 논 주인은 농사를 제대로 잘 짓는 사람이라는 생각이 들었습니다.

새** 작년에 신경 써서 순지르기 잘한 콩은 알이 실하게 영글었고요, 바빠서 대충 한 것은 꼬투리가 쭉정이가 많더군요. 순지르기~ 요것을 잘해야 콩농사 좀 지었다 할 수 있는 거죠.*^^*

오** 작년에 서리태를 너무 늦게 심어 못 먹어서 올해는 결사적으로 얼찍 심었더니 완전 밀림이 되었어요. 넘어지고 부러지고 난리도 아니네요. 이웃 분들이 이래 가지고는 콩 못 먹는다고 30cm만 남기고 낫으로 쳐주라고 해서 눈물 머금고 왕창 잘라주었네요.

천** 2차 순지르기 하고 나면 보너스~ 콩잎을 다 챙기세요~ 콩보다 콩잎에 영양성분이 더 많다고 하지요. 저는 콩잎을 먹기 위해 콩을 심는다고 할 정도로 콩잎을 좋아해요. 어렸을 적 많이 먹고 자랐기에. ㅎㅎ

산** 누가 콩 재배가 쉽다고 하는지…… 미워요~~ 타작 후 쭉정이, 깨진 콩, 벌레 먹은 콩 골라내느라 눈 빠질 지경입니다. 아이고, 허리야~~ㅠㅠ

스마트시대 눈 건강은 **결명자**

분류 콩과
원산지 북아메리카
연작장해 2~3년
포기 간격 50cm 이상
직파 ○ **육묘** ○
퇴비 10kg **복합비료(완효성)** 600g
추비 없음 **비고** 2평 기준

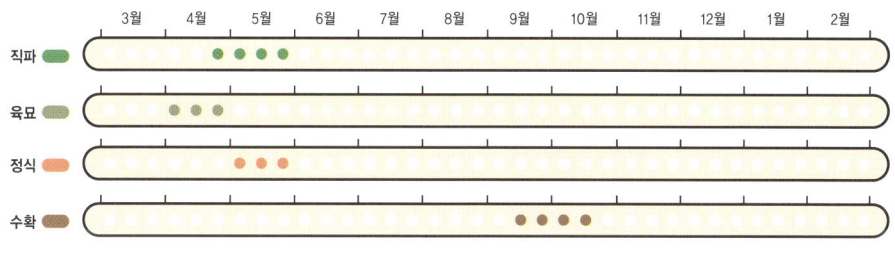

"몸이 100냥이면 눈이 90냥"이라는 옛말이 있습니다. 스마트폰이나 컴퓨터를 많이 접하는 현대인의 눈 건강에 좋은 결명자는 병충해가 없는 작물이라 재배하기가 쉽습니다. 키가 2m 가까이 자라기 때문에 잘 쓰러집니다. 지지대를 꼭 세워서 쓰러지지 않게 해 줘야 합니다.

결명자밭 만들기

결명자는 곁가지가 엄청나게 번식하기 때문에 두둑 넓이는 60cm 이상으로 넓게 하는 것이 좋고, 두둑 높이는 20~25cm 정도로 하며, 포기 간격은 50cm 이상으로 합니다.

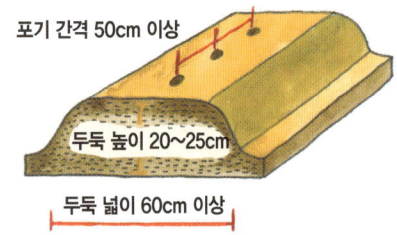

결명자밭 만들기

결명자는 직파할까, 육묘할까?

결명자 심는 시기는 폭이 넓습니다. 조금 늦어도 큰 문제는 없으며, 대개 4월 하순~5월 초순까지 심습니다.

결명자는 직파나 육묘 모두 괜찮습니다. 씨앗을 물에 24시간 담가두었다가 물기를 말리고 파종하면 발아를 앞당길 수 있습니다. 그러나 그냥 파종해도 무방합니다. 파종 시 3~4개 정도 넣은 후 점차적으로 솎아가면서 최종적으로 1포기만 남깁니다. 2포기는 안되냐고요? 말리고 싶습니다. 욕심내지 말고 1포기만 키우세요.

육묘 중인 결명자

직파한 결명자

결명자 재배관리

결명자의 초기 생육은 답답할 정도로 느립니다. 저게 언제 자라서 결실을 맺나 하는 의구심마저 듭니다. 그러나 날이 무더워지는 7월로 접어들면 폭풍 성장을 합니다. 결명자 잎에서는 지린내 같은 냄새가 나는데, 저는 처음에 누가 방뇨를 한 줄 알았습니다. 이 냄새 때문에 해충이 없는 게 아닐까 생각해본 적도 있습니다. 낮에는 잎을 펴고 있지만 해가 넘어가기 시작하는 저녁에는 나비처럼 잎을 접습니다.

결명자는 무더운 날씨에 잘 자란다

결명자의 개화

결명자는 7월 중순경부터 본격적으로 꽃을 피우기 시작하며 꽃은 10월까지 계속 핍니다. 개화기간은 2주 정도이고 꽃 하나가 꼬투리 하나가 됩니다. 작물 중 결명자만큼 씨앗 대비 수확량이 많은 작물도 없을 겁니다.

꽃 하나가 꼬투리 하나가 된다

만개한 결명자 꽃

먼저 핀 꽃부터 꼬투리가 달리기 시작합니다. 초록색의 꼬투리는 실처럼 가늘지만 시간이 지날수록 크고 굵어지면서 갈색으로 여물어갑니다.

여물지 않은 꼬투리는 실처럼 가늘다

결명자 지지대 세우기

다 자란 결명자는 키가 1~2m까지 크게 자라 비바람에 잘 쓰러집니다. 경험상 북주기로는 쓰러짐을 막을 수 없었으며, 미리 지지대를 세워주어야 합니다. 곁가지가 많이 발생해 통행에 지장을 주기 때문에 옆줄을 매어주면 좋습니다.

결명자는 2m까지 자란다

쓰러지지 않게 지지대를 세워주고 옆줄을 매준다

결명자 꽃 따기

결명자는 10월이 되어도 계속 꽃을 피우고 새로운 꼬투리도 계속 달리는데 시기상 여물지 못한 채 겨울을 맞게 됩니다. 이 꽃을 제거해주면 다른 열매로 양분을 집중하기 때문에 좋습니다. 하지만 굳이 따지 않아도 됩니다. 저는 눈에 보이는 정도만 제거해줍니다.

시기상 여물지 못한 꽃은 제거한다

결명자 수확하기

결명자는 먼저 달린 맨 아래쪽 꼬투리부터 누렇게 변하면서 여무는데, 잘 여문 꼬투리는 흔들면 씨앗이 흔들리는 소리가 납니다. 이 무렵이 9월 중하순이며, 수확시기가 늦어지면 꼬투리가 갈라지면서 땅으로 쏟아져버립니다.

결명자를 수확하는 방법은 크게 2가지로 나눌 수 있습니다. 1번째는 먼저 여문 꼬투리부터 수시로 수확하는 방법입니다. 시간이 많이 걸린다는 단점은 있지만 잘 여문 꼬투리를 오래도록 수확할 수 있다는 장점이 있습니다. 양이 많지 않은 경우에 적합합니다.

2번째 방법은 적당한 시기에 모두 베어서 말리는 방법입니다. 넓은 깔개와 말릴 만한 공간이 필요합니다. 또한 말리는 동안 비를 맞지 않도록 해야 합니다. 양이 많거나 시간 여유가 없을 때 적합합니다. 그런데 이때 완전히 여물지 않은 시퍼런 꼬투리는 괜찮을까요? 괜찮습니다. 시퍼런 꼬투리도 마르면서 누렇게 되고 알맹이 또한 검어집니다. 그러나 알이 채 차지 않은 작은 꼬투리는 버리는 것을 감수해야 합니다. 종자는 잘 여문 꼬투리에서 채종합니다.

잘 여문 꼬투리 　　　　　　　　　결명자 베어 말리기

결명자 타작하기

결명자는 줄기에 매달려 있으면 꼬투리가 자연적으로 갈라지면서 씨앗이 쏟아지는데, 일단 따게 되면 아무리 잘 여문 꼬투리라도 갈라지지 않습니다. 그래서 인위적으로 타작을 해야 합니다.

　타작은 꼬투리가 잘 말라야 하기 쉬우며, 농사를 마치고 겨울에 해도 됩니다. 타작하는 방법으로는 일일이 꼬투리를 까는 방법이 있는데, 소량일 때는 할 만하지만 양이 많으면 무리입니다. 손으로 꼬투리를 깔 수 없는 경우 자루에 넣어서 막대로 두드리거나 발로 밟아서 꼬투리를 부수면 됩니다. 결명자는 아주 단단하기 때문에 발로 밟아도 부서지지 않습니다. 이후 채나 키, 선풍기 바람 등을 이용해 알곡만 골라냅니다.

결명자 저장하기

결명자 저장은 아주 쉽습니다. 상온에 보관하며 영하의 기온에도 동해 피해가 없습니다. 또한 저장 중 벌레도 나지 않습니다.

페트병에 결명자 보관

✌ **수다 하나** : 결명자의 효능은 눈 건강, 변비 증상 완화, 위장장애 개선, 간 건강, 숙취 해소, 심혈관질환에 좋은 것으로 알려져 있습니다. 결명자를 먹는 방법은 물에 넣어 끓이거나 결명자주, 결명자환, 분말을 이용하는 방법 등이 있습니다. 그런데 '결명자는 3세 이하 영아에게 먹이면 해롭다 vs 괜찮다' 두 의견이 분분합니다. 아마도 결명자의 차가운 성질 때문인 것 같습니다. 동의보감에 "결명자의 맛은 달고 쓰며 성질이 차기 때문에 몸이 차가운 사람에게는 적합하지 않다"고 기록되어 있습니다. 그래서 찬 성질을 완화시키고 비린맛을 없애 물 맛도 구수하게 할 목적으로 볶아서 복용을 합니다. 지극히 개인적인 생각이지만, 논란의 여지가 있다면 영아에게는 먹이지 않는 게 좋은 것 같습니다.

✌ **수다 둘** : 결명자는 재래시장이나 인터넷을 통해 재배농가에서 구입할 수 있으며, 먹기 좋게 티백으로 포장된 제품도 출시되고 있습니다. 그러나 일부 비양심적인 곳에서는 중국산 결명자를 국내산으로 둔갑시켜 판매하기도 합니다. 결명자의 효능이 떨어지는 것보다 싼값에 수입해서 부당이득을 취하는 게 더 문제입니다. 중국산 결명자 식별법은 국내산에 비해 알갱이가 작고 윤기가 나며 길쭉한 것이 특징이지만 육안으로 식별하기는 쉽지 않습니다.

귀** 밭 가운데 빈 공간 남아서 결명자 심으려고 했는데 큰일날 뻔했습니다. 결명자가 엄청 크는군요.

연** 결명자 팬입니다~~ 아직은 눈에 효과는 모르겠지만 좋으려니 하고 열심히 끓여 먹고 있습니다. 물 맛도 구수하니 좋고 해서 올해는 결명자를 많이 심을 생각입니다.^^

예** 결명자, 눈에는 정말 좋은가 봐요. 백내장 수술하신 분이 먹고 눈이 편해졌다고 하더군요. 전 밭이 모자라서 패스~~~~

동** 2년 전에 수확한 결명자 아직도 먹고 있어요.ㅋㅋ 병충해가 전혀 없다는 말에 솔깃해서 왕창 심어 무진장 수확. 이 집 저 집 나눠주고 퍼주고도 내년까지 먹을 수 있을 것 같아요.ㅋ 눈 건강은? 글쎄요, 효과를 보고 있는지는 잘 모르겠지만 경제적인 면에선 확실히 덕을 보고 있네요.ㅎㅎ

열매를 먹는 채소 ❿

솥 올려놓고 **옥수수** 따러 가자

분류 볏과　**원산지** 남아메리카
연작장해 거의 없음
재식거리 포기 간격 1포기 25~30cm,
2포기 45~50cm / 줄 간격 45~50cm
직파 ○　**육묘** ○
퇴비 20kg　**복합비료(완효성)** 600g
추비 2회　**비고** 2평 기준

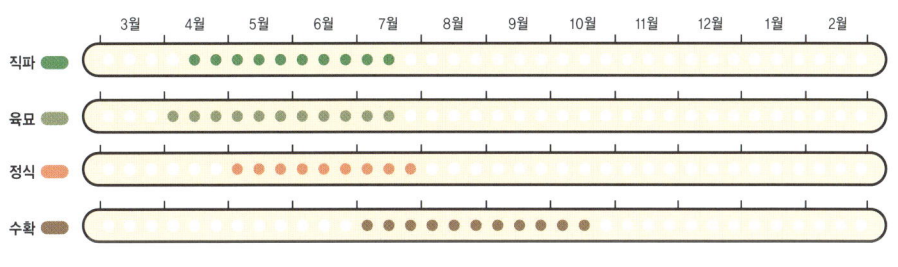

　　여름철의 별미인 옥수수는 따뜻한 기후를 좋아해 한여름에 가장 잘 자랍니다. 발아온도 또한 최저 8~11℃, 최적 32~34℃이며 40℃의 고온에서도 발아가 되기 때문에 우리나라 어느 곳에서든 손쉽게 재배할 수 있습니다. 옥수수는 식용과 사료용이 있는데, 현재 식용 옥수수는 대학찰옥수수와 미백2호를 흔히 재배합니다. 그러나 옥수수는 대부분 개량되어 있어서 종자를 해마다 구입해야 합니다. 남녀노소 누구나 좋아하는 쫀득쫀득한 옥수수는 솥 걸어놓고 따러 간다지요? 옥수수알 길게 2줄 남겨 하모니카를 불어봅시다.

옥수수밭 만들기

옥수수는 다비성작물입니다. 키를 2m 이상 키워야 하고 열매도 2개 달아야 하기 때문에 양분을 많이 필요로 합니다. 그래서 밑거름을 넉넉하게 넣어주어야 합니다. 밭을 갈기 전 2평당 퇴비 1포(20kg), 복합비료 600g을 밑거름으로 줍니다.

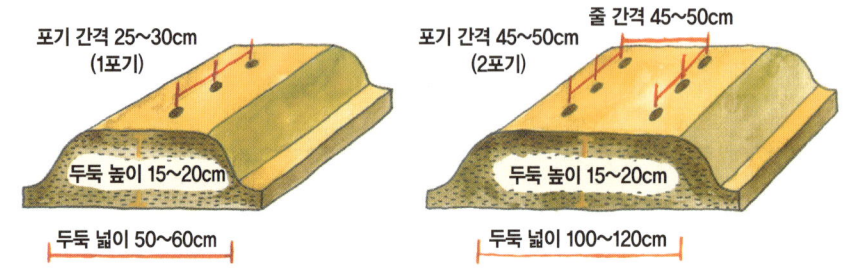

옥수수밭 만들기

옥수수 파종하기

옥수수는 직파 또는 육묘 후 옮겨심기를 합니다. 옥수수는 1포기씩 심을 경우 25~30cm, 2포기씩 심을 경우는 45~50cm의 재식거리를 둡니다. 직파인 경우 심는 깊이는 5cm 정도로 하며, 정식은 뿌리에 달린 상토 깊이만큼 심습니다. 일반적으로 1줄심기 또는 2줄심기를 하며 멀칭재배가 좋습니다. 옥수수는 키가 2m까지 자라서 다른 작물에 그늘 피해를 주기 때문에 작물 배치를 고심해야 합니다.

옥수수 육묘

더운 날씨에 잘 자라는 옥수수는 파종시기가 정해져 있지는 않습니다. 보통 4월부터 7월 중순(서울, 경기 기준)까지 파종을 합니다. 봄파종은 여름에, 여름파종은 가을에 수확할 수 있습니다.

옥수수는 1포기 또는 2포기를 심는다

2포기 심는 모습

옥수수 웃거름 주기

옥수수는 2번 정도 추비를 해야 실한 옥수수를 수확할 수 있습니다. 추비시기는 옥수수 키가 무릎 높이일 때 1번, 수술이 나왔을 때 1번 줍니다. 수술을 흔히 '개꼬리'라고 부릅니다.

옥수수 곁순 제거

옥수수는 무릎 높이만큼 자랐을 때 밑둥에서 곁가지가 나오는데 이를 측지라고 합니다. 측지 발생은 재배 환경이나 품종에 따라 다릅니다. 측지는 제거해야 된다는 의견이 있으나 제거하지 않아도 수확량에는 별 차이가 없습니다. 일반적으로 측지 제거는 1~2회 정도 합니다.

옥수수 측지

옥수수 북주기

키가 2m 이상 크는 옥수수는 비바람에 잘 쓰러집니다. 특히 태풍이 불면 피해가 막심합니다. 그래서 드러난 뿌리를 흙으로 덮어 북주기를 하지만, 북주기 작업도 힘들고 효과도 크지 않습니다. 그래서 도복을 막고자 줄을 매주기도 합니다. 일단 쓰러진 옥수수는 흙이 굳기 전에 되도록 빨리 일으켜세워야 합니다.

밖으로 드러난 옥수수 뿌리

비바람에 쓰러진 옥수수

옥수수 수술

옥수수는 키가 커지면서 제일 먼저 수술(개꼬리)이 발생합니다. 그리고 아래쪽에 1번째 열매(이삭)가 열리고 그 아래쪽으로 2번째 열매가 달리기 시작합니다. 수술에는 아주 많은 양의 꽃가루가 있습니다. 수술이 나오면 많은 벌들이 모여들어 벌의 양식이 되는데, 벌이 움직일 때 떨어지는 꽃가루 외에는 벌이 직접적으로 수정을 도와주지는 않습니다.

옥수수 수술, 일명 개꼬리

옥수수 암술

꽃가루

옥수수는 자연적인 방법으로 수정을 합니다. 바람이 불거나 외적 요인으로 옥수숫대가 흔들리면 꽃가루가 떨어지면서 암술(수염)에 붙어 수정이 됩니다. 그러니까 옥수수 수염 하나가 옥수수 1알이 되는 겁니다. 옥수수는 군락재배를 하는데 이런 이유 때문입니다. 띄엄띄엄 심으면 수정이 잘 안돼서 이가 빠진 옥수수가 많이 나옵니다.

그러나 다른 종과 교잡도 많이 발생합니다. 특히 바람이 많이 부는 지역에서는 교잡 피해가 심합니다. 교잡을 방지하려고 400m 정도의 거리를 두고 심기도 합니다만, 주변에서 다른 품종을 심게 되면 현실적으로 교잡 피해를 막을 수 없습니다.

옥수수의 병충해

옥수수의 주요 해충은 멸강나방과 조명나방 정도가 있습니다. 이들은 야행성으로 낮에는 보기가 쉽지 않습니다. 이들이 옥수수 잎과 줄기에 알을 낳으면 유충이 옥수수에 해를 가합니다. 이들의 피해는 기후와도 밀접한 관련이 있는 것 같습니다. 비가 많이 오는 해는 피해가 많았고, 비가 안 와서 가문 해는 피해가 거의 없다시피했습니다.

나방 유충

해충 피해를 입은 옥수수

옥수수 수확하기

옥수수는 수술이 나오고 25~30일 후에 수확하게 됩니다. 수확시기는 수염을 보고 판단합니다. 수확시기가 다가온 옥수수는 수염이 자연적으로 말라서 거뭇거뭇해지는데, 겉 껍질을 벗겨 이삭의 알곡이 충분히 차 있는지 확인하고 알곡을 손톱으로 눌렀을 때 탄력이 느껴지며 터뜨렸을 때 내부의 액체가 약간 나오는 정도가 적정한 수확시기입니다. 수확이 너무 이르면 쪘을 때 설겅거리며 먹을 게 없고 수확이 늦으면 뻣뻣해서 맛이 떨어집니다.

옥수수는 대부분 열매를 2개 맺습니다. 위쪽의 1번째 열매가 먼저 열리고 뒤이어 아래쪽에 2번째 열매가 열리는데, 2번째 열매는 크기도 작고 엉성합니다. 1포기에 열매 하나를 수확한다고 생각하면 마음이 편합니다. 아쉽게도 옥수수는 재배에 들인 공에 비해 소출은 많지 않습니다.

옥수수는 이른 아침에 따는 것이 제일 좋다

옥수수의 수확시기는 길지 않습니다. 같은 날 심었다고 동시에 여물지는 않지만 보통 수확기간은 10~15일 정도입니다.(품종에 따라 차이가 있을 수 있습니다.) 이후에는 뻣뻣해져서 쪄먹을 수가 없게 됩니다. 이럴 경우 한꺼번에 심지 말고 순차 파종을 하면 옥수수를 계속 먹을 수 있습니다. 봄철에는 15일, 성장이 빠른 여름철에는 20일 이상의 간격을 둡니다.

옥수수 찌기

옥수수는 시간 싸움입니다. 따는 순간부터 당분이 전분으로 바뀌기 때문에 집에 오기 직전에 따고, 최대한 빠른 시간에 삶아야 맛이 좋습니다. 솥 걸어놓고 옥수수 따러 간다는 말이 나온 건 이 때문입니다.

옥수수를 맛있게 찌는 방법은 이렇습니다. 옥수수가 물에 잠기지 않을 정도의 물을 붓고 기호에 따라 굵은 소금(천일염)이나 감미료를 넣은 후 센불로 끓을 때까지 삶고 약불로 20분 정도 더 삶습니다. 막 딴 옥수수는 자체의 당분이 매우 높아서 감미료를 넣지 않아도 맛이 좋습니다. 저는 천일염만 1줌 넣습니다. 수확 후 하

옥수수는 딴 다음 빨리 쪄야 한다

루 이상 지난 옥수수는 당분이 대부분 전분으로 변하므로 이때는 감미료를 넣고 충분히 찌는 것이 먹기가 좋습니다.

옥수수수염

옥수수수염

옥수수수염은 버리지 말고 잘 씻어 바싹 말린 후 차로 마시면 좋습니다. 옥수수수염은 이뇨 작용, 신장염 치료에 좋고 붓기를 제거하는 데 효능이 있다고 알려져 있습니다. 실제로 옥수수수염으로 만든 음료가 판매되고 있기도 합니다.

옥수수 저장, 갈무리

옥수수는 그냥 보관하는 것보다 쪄서 냉동보관하는 것이 좋고, 이후 해동하지 않고 다시 찌거나 전자레인지에 데워서 먹습니다. 수확시기를 놓쳐 딱딱해진 옥수수는 직사광선이 들지 않고 통풍이 잘되는 곳에 걸어서 말립니다. 잘 마른 옥수수는 볶아서 물을 끓이거나 뻥튀기를 합니다. 뻥튀기는 누구나 좋아하는 군것질거리죠.

옥수수 말리기

추억의 뻥튀기

팝콘옥수수

영화 볼 때 누구나 한번쯤 먹어봤을 팝콘은 종자가 따로 있습니다. 일반 옥수수로는 절대 팝콘이 만들어지지 않습니다. 팝콘옥수수의 재배법은 일반 옥수수 재배에 준합니다. 일반 옥수수와 달리 팝콘옥수수는 완전히 여문 완숙과를 수확하기 때문에 수확시기를 신경 안 써도 되며, 일반 옥수수보다 알갱이가 작고 단단합니다.

그럼 팝콘을 만들어볼까요? 요리 초보자도 할 수 있을 정도로 아주 쉽습니다. 준비물은 다음과 같습니다.

- ▶ 뚜껑이 있고 속이 깊은 프라이팬
- ▶ 팝콘옥수수 알 1+1/2컵
- ▶ 버터 또는 식용유
- ▶ 맛소금 또는 감미료

팝콘을 튀기기 위해서는 속이 깊고 뚜껑이 있는 프라이팬이 필요합니다. 먼저 버터를 넣고 다 녹으면 옥수수를 넣으면 되는데, 옥수수가 팝콘이 되면서 엄청나게 부풀어오르기 때문에 처음에는 조금만 튀겨본 후 양을 가늠해서 넣는 것이 좋습니다. 버터가 없으면 식용유를 사용해도 됩니다.

옥수수를 넣은 후부터는 뚜껑을 닫고 옥수수에 열이 골고루 전달되도록 프라이팬 손잡이를 잡고 한번씩 흔들어주는 것이 좋습니다. 중불에서 약 3~5분 지나면 팝콘이 튀겨지는데, 이때부터는 약불로 줄여서 계속 흔들어주며, 아직 튀겨지지 않은 옥수수들이 바닥으로 가게 해주면 골고루 튀겨집니다.

튀겨진 팝콘을 그릇에 옮겨담다 보면 덜 튀겨진 옥수수들이 몇 알씩 있는데 아까워서 다음번에 오래 튀기다 보면 이미 튀겨진 팝콘들이 타버릴 수 있으므로 어느 정도는 과감히 버리는 것이 좋습니다. 다 튀겨진 팝콘에 맛소금 또는 취향에 따라 설탕이나 파우더 등 첨가물을 넣고 골고루 섞어주면 맛있는 팝콘을 즐길 수 있습니다.

옥수수가 튀겨지기 시작하면 뚜껑을 절대 열면 안된다

맛있게 튀겨진 팝콘

 **주인장의 수다**

저와 함께 농사를 짓는 옆지기는 한동안 옥수수를 심지 않았습니다. 소출도 많지 않고 뒷정리가 힘들다는 이유도 있었지만 마트나 도로변 재배농가에서 얼마든지 옥수수를 사다가 먹을 수 있다는 이유가 더 크게 작용한 것 같습니다. 그러던 어느 날 따자마자 바로 찐 옥수수를 한번 먹어보고는 해마다 옥수수를 심습니다. 심지어 밭에서 바로 옥수수를 찌기도 합니다. "옥수수는 최대한 빨리 쪄야 한다!" 아무리 강조해도 지나치지 않습니다. 맛있는 옥수수, 직접 농사를 짓는 사람만의 특권입니다.

 **블로그 이웃들의 수다**

아** 흑흑…… 전 동쪽에다 옥수수 심었어요. 바로 뒤에 있는 감자 잘 될라나…….ㅠㅠ

사** 사먹는 사람은 절대 느끼지 못할 맛이지요.^^ 파는 건 벌써 며칠을 돌다 오는 거니깐요. 막 딴 옥수수, 둘이 먹다 둘 다 죽어도 모릅니다.^^;

난** 옥수수. 따자마자 복더위에 한 솥 찌고 나면 온 집 안이 찜질방으로 변해서 찌는 것도 무섭고, 옥수숫대도 처치 곤란이고, 뿌리는 더더욱……. 그래도 해마다 봄만 되면 1알이라도 더 심으려고 기를 씁니다. ㅎㅎ

과** 옥수수는 제가 엄청 좋아하는데, 그놈의 뿌리에 엉킨 비닐 걷어내려면 개고생~~~ 비멀칭을 하자니 풀이 무섭고…….ㅠㅠ

ch** 옥수수 뿌리에 꽉 끼어 빼기 힘든 멀칭비닐……. 쪼가리 쪼가리 작게 떨어지고 끊어지고…… 왕짜증이죠. 그렇다고 그냥 내버려둘 수도 없죠. 그래서 저는 멀칭 후 옥수수 심었다가 옥수수가 어느 정도 자라면 옥수수 심은 곳 멀칭을 쭉 찢어 넓혀놓습니다. 그러다 이것마저 위험하다 싶으면 멀칭 완전히 제거합니다. 그럼 풀 안 나냐고요? 무시해도 좋을 만큼 조금 나옵니다. 조금씩 나는 것은 손으로 뽑아주면 됩니다.

열매를 먹는 채소 ⑪

당뇨 잡는 **여주**

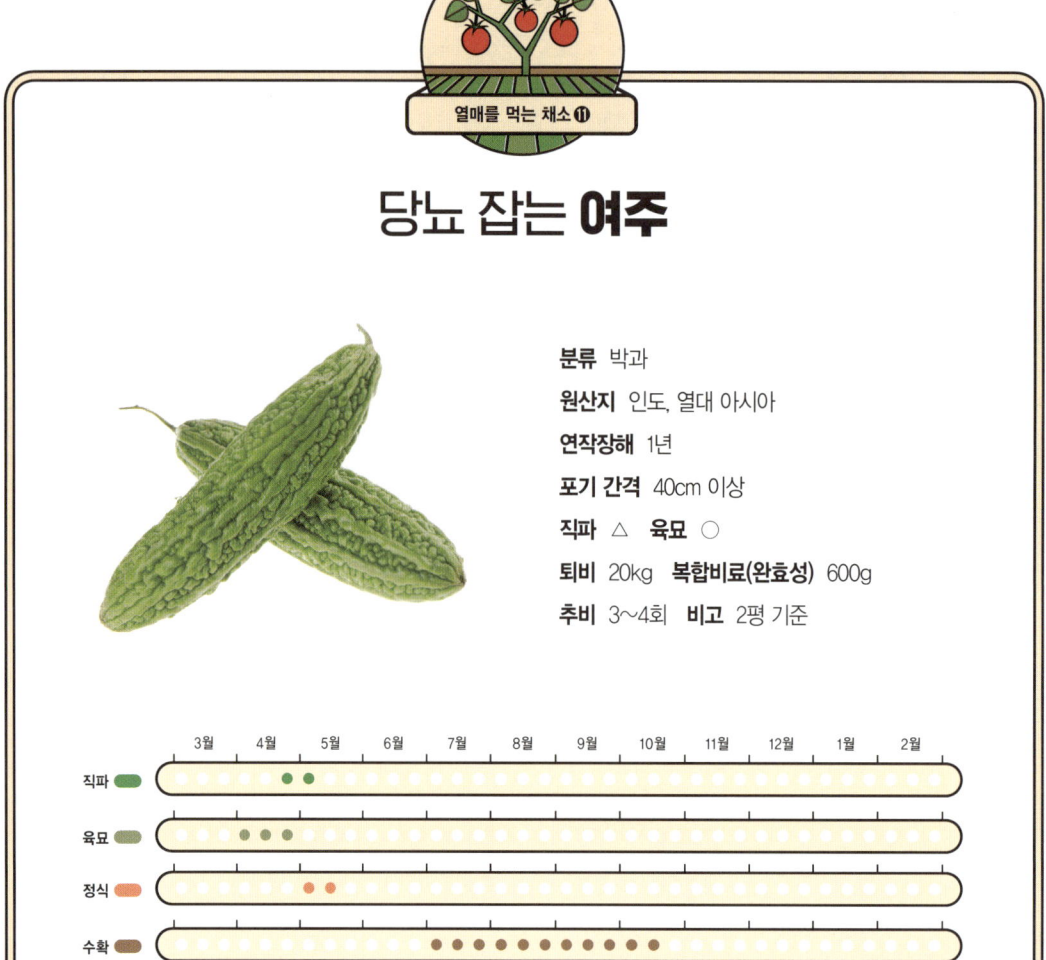

분류 박과
원산지 인도, 열대 아시아
연작장해 1년
포기 간격 40cm 이상
직파 △ **육묘** ○
퇴비 20kg **복합비료(완효성)** 600g
추비 3~4회 **비고** 2평 기준

천연 혈당강하제 여주는 쓴오이, 여자, 고야 등으로 불립니다. 다른 열매채소에 비해 내서성*이 강한 여름 채소로, 고온에서도 착과가 이루어져 고온기 재배가 용이합니다. 재배도 쉬워서 작은 텃밭에 1~2포기만 심어도 많은 양을 수확할 수 있고, 7월부터 10월까지 수확이 가능합니다.

- **내서성(耐暑性)** : 더위를 견디는 능력.

어떤 여주를 심을까?

여주의 재배온도는 20~30℃이며, 18℃ 이하나 36℃ 이상에서는 암꽃이 잘 피지 않아 수확량이 떨어집니다. 여주는 오이처럼 길쭉한 여주가 있고 둥그런 모양의 여주가 있습니다. 둥그런 여주를 토종 여주라고 부르기도 합니다. 효능은 상대적으로 수확량이 적은 둥근 여주가 좋다고 하지만 밝혀진 사례는 없습니다. 어떤 것을 심을지는 본인의 선택입니다.

길쭉한 모양의 여주   짤막하고 둥근 모양의 여주

여주밭 만들기

유인 방법에 따라 다르겠지만 여주는 통상 1줄심기를 하며 멀칭재배를 합니다. 2평당 퇴비 20kg, 완효성 복합비료 600g을 넣어줍니다. 뿌리가 굵고 깊게 뻗는 작물이므로 땅은 되도록 깊게 갈고, 두둑 넓이는 50~60cm, 두둑 높이는 20cm 이상으로 합니다.

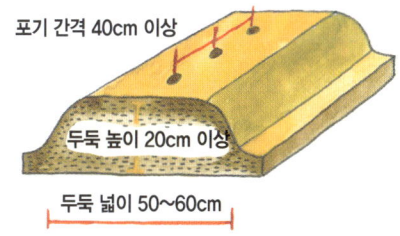

여주밭 만들기

여주 육묘하기

여주는 통상 육묘를 합니다. 직파를 해도 되지만 많이 하지는 않습니다. 씨앗의 껍질이 단단해 발아에 많은 시간이 걸립니다. 그래서 발아를 앞당길 목적으로 씨앗의 꼭지 부분을 자르거나, 자르지 않고 12시간 정도 물에 불려서 심기도 합니다. 이때 4시간에 1번씩 물을 갈아줍니다. 꼭지를 반드시 잘라야 하는 것은 아니며 물에 불리지 않아도 됩니다. 저는 둘 다 하지 않습니다. 육묘용 트레이는 너무 작지 않으면 되고 씨앗은 1~2개씩 넣습니다. 이후 싹이 날 때까지 상토가 마르지 않게 수분관리를 해주며, 싹이 나면 1포기만 키웁니다.

여주 씨앗은 단단하다

꼭지를 자르고 심으면 발아가 빠르다

여주 모종 심기

모종 심기는 늦서리가 내릴 염려가 없는 5월 상순경이 좋습니다. 어린 묘일 때 뿌리의 활착이 좋기 때문에 본잎이 2~3매일 때가 정식 적기입니다. 여주는 절대 깊게 심지 말고 얕게 심어야 합니다.

포기 간격은 40cm 이상으로 한다

여주 순지르기

여주는 어미줄기에서 암꽃 발생이 적어 수확량도 적어지므로 본잎이 5~6매일 때 어미줄기를 자르고 생육이 왕성한 아들줄기 2개를 유인하며, 이후 발생하는 손자줄기는 제거하지 않습니다. 열매는 아들줄기와 손자줄기에서 잘 열립니다. 그러나 순지르기가 어렵다면 방임재배를 해도 됩니다.

여주는 세력이 좋은 곁순 2개를 키운다

여주 재배 방법

덩굴성인 여주는 지지대를 세워서 망을 씌운 후 유인을 합니다. 여주는 줄기가 엄청나게 뻗는 작물입니다. 유인할 공간을 넉넉히 확보하지 않으면 난감한 상황에 빠지게 됩니다. 일반적으로 아치형 또는 합장식 지지대에 유인하는데, 이렇게 하면 열매를 손쉽게 딸 수 있는 장점이 있습니다. 또한 여주는 다른 열매채소에 비해 수분 요구도가 높기 때문에 토양에 수분이 부족하지 않게 수분관리를 해줍니다.

하우스 파이프 유인

합장형 지주 유인

나무를 이용한 터널형 유인

여주의 개화

여주는 다른 작물과는 달리 날이 무더워지는 7월부터 본격적으로 성장합니다. 꽃은 통상 7월부터 피며 날이 서늘해지는 10월에 접어들면서는 거의 피지 않습니다.

여주의 해충

여주에 해를 가하는 해충은 진딧물과 노린재가 있습니다. 진딧물은 어린 묘의 생장점에 피해를 주기 때문에 수시로 살펴 방제를 합니다. 노린재는 과피에 상처를 내며, 심하면 과피가 짓무르기도 합니다. 경험상 노린재가 주는 피해는 크지 않았으며 방치해도 큰 문제는 없었습니다.

여주 꽃이 핀 모습

여주에 피해를 주는 해충 노린재

여주 웃거름 주기

덩굴성작물인 여주는 잎이 많고 다른 열매채소에 비해 비료 요구도가 높으므로 추비를 3~4회 실시합니다. 추비시기는 첫 열매를 수확하는 시점을 기준으로 20~25일 간격으로 합니다.

여주 추비 (예시)

첫 수확, 추비 1차	추비 2차	추비 3차	추비 4차	비고
7.5	7.25	8.15	9.5	20일 간격
7.5	7.30	8.25	9.20	25일 간격

여주 수확, 채종하기

여주는 제때 수확해야 합니다. 어리고 부드러운 열매를 수확해야 먹기 좋기 때문에, 적당한 크기의 어린 열매를 즉시즉시 따내는 것이 좋으며, 수확 중 덩굴이 상하지 않게 주의해야 합니다. 가위로 따는 게 제일 좋습니다. 수확이 늦어지면 주황색으로 변하기 시작하는데, 2~3일이면 전체가 주황색으로 변하고 열매가 터지면서 씨앗이 쏟아집니다. 터진 열매는 통상 먹지 않으며, 씨앗은 종자로 사용할 수 있습니다.

여주는 어린 열매를 수확하자

수확시기를 놓친 여주

여주 보관하기

여주의 보관기간은 길지 않습니다. 열매를 하나씩 신문지에 싼 후 비닐로 밀봉해 냉장보관하는 게 일반적이나 보관기간은 길어야 1주일 정도이며, 상온에 방치하면 1~2일 정도밖에 안 갑니다. 이처럼 여주는 장기보관이 어려워서 말린 후 보관하는 것이 제일 좋습니다.

여주 말리기

여주 먹는 법

모든 채소가 그렇듯이 여주도 생으로 먹을 때가 가장 좋습니다. 그러나 여주는 고유의 쓴맛 때문에 생으로 먹기가 힘듭니다. 갈아서 우유나 주스에 타 먹는 방법이 일반적입니다. 요리를 할 경우 살짝 데쳐서 무침이나 볶음으로 먹을 수 있고, 부침을 할 때 썰어서 넣기도 합니다. 말린 여주는 타지 않게 볶아서 차로 마시면 1년 내내 여주를 먹을 수 있습니다.

✌ **수다 하나** : 여주는 둥근 것과 오이처럼 길죽한 것이 있다고 했습니다. 이중 둥근 여주는 언제부터인지는 알 수 없지만 오래전부터 관상용으로 흔하게 재배된 것 같습니다. 저도 어릴 때 본 적이 있습니다. 이 둥근 모양의 여주를 대부분 토종 여주라고 하는데, 이는 올바른 표현은 아니라고 봅니다. 여주의 원산지는 인도나 열대 아시아입니다. 토종 여주보다는 재래종 여주라고 불러야 할 것입니다.

✌ **수다 둘** : 우리나라에서 여주는 관심을 많이 받는 작물은 아니었습니다. 그러던 중 모 방송국의 《생로병사의 비밀》(2013년 9월 25일 방영)이라는 프로그램에 소개된 후부터 전폭적인 지지를 받게 되었습니다. 바로 여주가 갖고 있는 당뇨 개선 효능 덕분입니다. 방송 이후 여주의 몸값이 치솟았으며 실제로 마트에서 오이만한 여주 하나가 2,000원에 판매되기도 했습니다. 자연히 여주를 재배하는 농가가 늘어났고 결국 여주 가격이 폭락해 똥값이 되고 말았습니다. 우리나라처럼 매스컴의 영향을 많이 받는 민족도 없을 겁니다. 뭐가 어디에 좋다더라 하면 노린재라도 잡아먹을 정도로 극성이니 말입니다. 안타까운 일이 아닐 수 없습니다. 농사에 정답 없고 자식 키우는 데 정답 없듯이 이 세상에 만병통치약 또한 없습니다.

즐** 어릴 때 동네에 관상용으로 여주 키우기 바람이 불어 다들 심었는데, 익은 여주가 떨어질 때 지저분하다고 한 해 키우고는 사라졌어요. 건강식품으로 다시 돌아와서 반갑네요. ㅎㅎ

허** 말린 여주로 차 잘 끓여 먹고 있어요. 쓴 듯하지만 뒷맛은 깔끔해서 먹을 만합니다. ^^

안** 여주 말린 거 구입해서 물 끓여먹고 있습니다. 쌉싸름한 맛이 나기는 하지만 당뇨인 신랑이 먹으면 효과를 보는 것 같습니다. 돼지감자랑 같이 차로 먹고 있습니다.

연** 제가 당뇨가 있을랑 말랑 해요. 건강검진에 아슬아슬하게 나왔는데, 내년 봄에 꼭 심으렵니다. 어릴 적엔 많이 봤는데 저 맛없는 열매가 저런 효능을 지녔을 줄이야~

비** 저도 올해 여주 2그루 재배해보려고요. 검색해보니 당뇨에 좋다 하네요. 제가 당뇨에 좋다는 건 솔깃하거든요. 병충해도 별로 없고, 저렇게 많은 열매를 달아주니 손 많이 안 가고 열매는 많이 따고~ 맘에 들어요.

열매를 먹는 채소 ⑫

순지르기의 종결 **참외**

분류 박과
원산지 인도
연작장해 3년
재식거리 유인 방법에 따라 다름
직파 × **육묘** ○
퇴비 20kg **복합비료(완효성)** 800g
추비 없음 **비고** 2평 기준

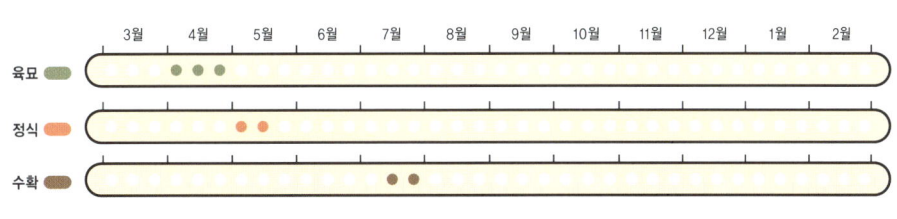

참외는 다른 열매채소에 비하면 열량과 비타민이 많아서 식품으로 가치가 높을 뿐 아니라 시원한 맛이 있어서 전통적으로 여름철 과일로 인기가 많습니다. 참외는 다른 작물에 비해 순지르기가 복잡하고 유인을 잘해야 하는 작물이지만 재배는 그리 어렵지 않습니다. 주요 해충은 진딧물이고 생육 초기에 노균병이 돌기도 하지만 무시해도 될 정도입니다.

참외밭 만들기

참외는 줄기를 많이 뻗는 작물이라 유인을 어떻게 하는지가 관건입니다. 다음 사진 중 ①번은 재식거리 40cm, 1줄심기, 왼쪽으로 유인한 것입니다. 공간이 넉넉하지요?

②번은 엇갈려 2줄심기, 포기 간격은 120cm, 두둑 넓이는 100cm로 했습니다. 처음에는 공간이 넉넉할 줄 알았는데 나중에는 좁아서 애를 먹어야 했습니다. 참외는 공간을 충분히 확보해주어야 통풍도 잘되고 재배하기도 좋습니다.

① 1줄심기 후 왼쪽 공간으로 유인

② 엇갈려 2줄심기 후 두둑에서 유인

참외 유인 방법

참외의 유인 방법은 다양합니다만 보통 다음 3가지로 정리할 수 있습니다. 무엇보다 중요한 것은 많이 심으려고 욕심 부리지 말고 공간을 넉넉히 주는 것입니다.

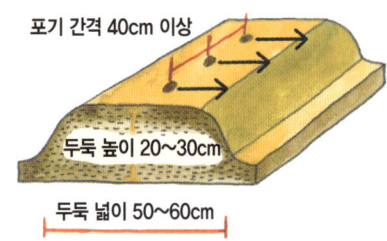
참외밭 만들기 ① 빈 공간으로 유인

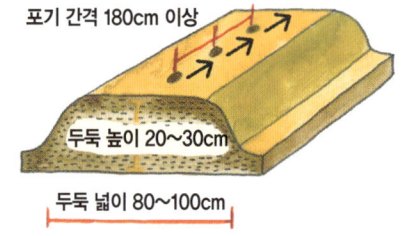
참외밭 만들기 ② 1줄심기, 두둑에서 유인

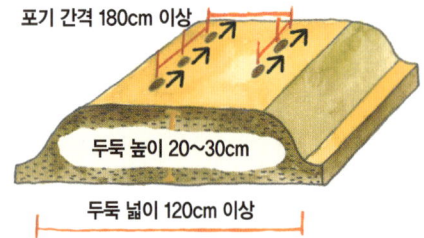
참외밭 만들기 ③ 엇갈려 2줄심기, 두둑에서 유인

참외 옮겨심기

참외는 기온이 충분히 올라가는 5월 상순부터 심습니다. 모종 크기만큼 구덩이를 판 후 물을 충분히 줍니다. 참외는 진딧물이 많이 꼬입니다. 모종을 심기 전 진딧물 살충제로 사전에 차단하는 것이 좋으며, 이후 진딧물이 발생하면 적시에 방제해야 합니다.

참외 정식시기인 5월에는 봄바람이 심하게 불어 모종이 상할 수 있습니다. 바람에 모종이 상하지 않게 지지대를 대주었습니다.

정식 전 진딧물 살충제를 넣은 모습

바람에 상하지 않도록 지지대를 대준다

나뭇가지를 이용해 지지대 세우기

참외 순지르기

참외 순지르기는 다음 그림과 같이 합니다. 어미줄기에서 아들줄기 3개를 유인한 후 아들줄기에서는 손자줄기 4개를 유인하고, 손자줄기에서 3~4개의 결실을 보게 됩니다. 이론적으로 1포기에서 9~12개의 참외를 수확합니다. 참외 순지르기는 1회성으로 끝나는 일이 아니고, 순이 자라는 것을 늘 살펴서 적당한 시기를 놓치지 않고 반복해야 합니다. 또 포기마다 성장속도가 다르기 때문에 짬이 날 때마다 챙기지 않으면 시기를 놓쳐 버리게 됩니다.

참외 순지르기 (검은색 : 어미줄기, 초록색 : 아들줄기, 보라색 : 손자줄기)

어미줄기 적심

본잎이 5장 나왔을 때 어미줄기를 적심합니다. 어미줄기 1, 2의 곁순인 아들줄기를 제거하고 3, 4, 5번 곁순인 아들줄기를 키웁니다.

어미줄기 적심

아들줄기가 자라는 모습

아들줄기 적심

8번째 잎이 나오면 각각의 아들줄기를 적심합니다. 아들줄기 1~4번 곁순인 손자줄기를 제거하고 5, 6, 7, 8번 곁순인 손자줄기를 키웁니다.

참외 순지르기는 아들줄기까지는 할 만합니다. 이제는 손자줄기가 나오기를 기다렸다가 관리를 잘 해주면 됩니다. 별것 없죠?

아들줄기 적심 이후 손자줄기를 유인한다

참외는 손자줄기에서 수확한다

참외는 암꽃과 수꽃이 따로 핍니다. 그런데 아들줄기에 암꽃이 피었습니다. 아까워하지 말고 가차없이 제거해줍니다. 그냥 두면 안되냐고요? 물론 그냥 두어도 참외가 됩니다. 그러나 굵은 참외를 수확하기 위해서는 제거해야 합니다.

아들줄기에 핀 참외 수꽃　　　　　　　　　아들줄기에 핀 참외 암꽃

참외 노균병

참외는 잎에 황색 반점이 생기는 노균병에 걸립니다. 심한 경우 잎 전체로 번지며 잎이 말라서 죽게 됩니다. 하지만 경험상 참외 노균병은 무시해도 될 정도였습니다.

노균병에 걸린 참외 잎

참외 재배과정

◀ 5월 31일 : 아들줄기에서 손자줄기가 나오기 시작하면 정신이 하나도 없습니다. 자기들끼리 뒤엉켜서 어느 줄기가 어느 줄기인지, 이게 아들인지 손자인지 당최 분간이 안 갑니다. 물론 공간이 넉넉하다면 문제될 건 없지만 참외 몇 개 따자고 땅을 너무 많이 할애하자니 그것도 어렵습니다. 아무튼 어미줄기 적심하고, 아들줄기 적심하고, 암꽃도 피는 족족 따줬다면 절반 정도 한 겁니다.

◀ 6월 16일 : 처음에는 넓어 보이던 공간이 빈틈 하나 없이 참외 덩굴로 들어차고 계속해서 줄기를 뻗습니다. 그냥 두면 고랑까지 침범해서 다닐 수도 없게 됩니다. 지금부터 뻗는 줄기는 손자 또는 증손자줄기입니다. 손자, 증손자 따지지 말고 보이는 족족 잘라주면 됩니다.

◀ 6월 26일 : 참외가 굵어집니다.

◀ 7월 15일 : 참외가 익어갑니다.

◀ 7월 21일 : 참외를 수확할 수 있는 기간은 약 20일 정도로 길지 않습니다. 이후에는 잎과 줄기가 급격히 노쇠하면서 끝물이 됩니다.

참외농사는 하늘이 도와야 한다

모든 농사가 그렇지만 특히 참외농사는 장마가 성패를 좌우합니다. 가물어야 당도가 높아지는 참외는 며칠 비를 맞으면 곯아버리고 말짱한 참외도 싱거워서 먹기가 힘들 정도입니다. 이런 참외를 물참외라고 합니다. 비가 며칠 계속 오면 일조가 부족해서 싱거워지는 것은 어쩔 수 없지만 곯는 것은 어느 정도 방지할 수 있습니다. 받침대를 대줘서 과가 직접 바닥에 닿지 않게 해주면 됩니다. 받침대를 사용하면 통풍이 잘되고 과일의 성장이 빨라지며 짓무르거나 곯는 것을 사전에 방지할 수 있습니다.

장마에 곯아버린 참외

받침대를 대준 모습

주인장의 수다

✌ **수다 하나** : 모든 농산물은 귀할 때 먹어야 만족도가 높아집니다. 물론 하우스가 아닌 이상 5월, 6월에 참외를 먹을 수는 없습니다. 그럼 참외가 귀한 8~9월에 먹는 건 어떨까요? 통상 참외는 5월 상중순에 정식을 하고, 7월 중하순에 수확하며 이후 끝물이 됩니다. 그렇다면 정식을 늦춰보면 어떨까요? 8월 10일부터 수확한다고 가정해보겠습니다. 70일을 역계산하면 6월 1일에 심으면 얼추 맞습니다. 물론 오차는 있을 수 있으며, 9월이 되면 기온이 내려가는 것을 감안했을 때 6월 중에는 정식을 마치는 게 좋습니다.

✌ **수다 둘** : 통상 참외를 심은 자리에 김장 작물을 심습니다. 이때 미처 익지 못한 퍼런 끝물 참외들은 대부분 버려지게 됩니다. 끝물 참외는 잘 익은 참외에 비해 덜 달지만 살이 단단하고 아삭해 참외김치, 참외무침, 참외장아찌를 담가 먹을 수 있습니다. 힘들게 지은 농사, 갈무리도 알차게 해봅시다.

블로그이웃들의 수다

고**   참외 수확기에 꼭 장마와 겹쳐 물러버려서 재미를 못 봐 포기한 작물이지만, 맘속에는 여전히 키워야 한다는 맘이 자리하고 있네요. 순지르기는 터득한 지 오래인데요! 간이 비닐하우스를 해주면 장마기간에 무르는 것을 피할 수 있지 않을까 연구 중입니다.

마**   저는 작년까지 두둑 높이고 넓게 하고 배수로 정비도 잘했는데도 6월 말에 잠깐 제대로 된 거 따먹고 나머지는 물참외.ㅠㅠ 올해는 수박, 참외 포기하고 5월 중순부터 슈퍼에 가서 사다 먹고 있어요.

으**   올핸 장마가 쉽게 지나가야 참외도 수박도 건질 텐데요. 참외와 수박은 비가림재배가 답입니다.

미**   저도 처음 농사지을 때 꿈이 많았지요. 참외, 수박 몇 포기 심고 푸른 꿈에 젖어 주렁주렁 달린 수박, 참외 꿈꾸며 잠시 행복했답니다. 그런데 금방 꿈에서 깨더군요. ㅎㅎ 아들줄기 잘라주고 손자줄기 한창 키우던 중 장마를 만나 썩어버렸어요. 어찌어찌 살아남아 주먹만하게 달린 참외가 물참외더군요. 그뒤론 패스.

복**   오늘 아침에도 먹은 참외가 이렇게 순지르기가 어려운 작물이었다니…….

열매를 먹는 채소 ⓭

하나만 따도 본전 뽑는 **수박**

분류 박과
원산지 아프리카
연작장해 5년
재식거리 유인 방법에 따라 다름
직파 ×   **육묘** ○
퇴비 20kg   **복합비료(완효성)** 800g
추비 2회   **비고** 2평 기준

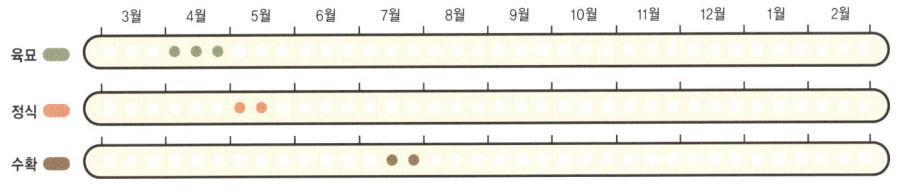

여름을 상징하는 대표적인 과일인 수박은 순지르기와 유인만 잘한다면 그리 어렵지 않은 작물입니다. 수박의 수분 함량이 94.5%로 많고, 당질도 많이 함유되어 있습니다. 당질은 과당과 포도당이 대부분을 차지해 무더운 계절에 갈증을 풀어주고 피로회복도 도와줍니다. 그러나 관리를 제대로 못하면 참외만한 수박을 따야 하는 참담함을 겪게 됩니다. 덩굴이 길게 뻗어 공간을 많이 차지하지만 순지르기와 유인, 그리고 적시에 추비를 해준다면 엄청난 기쁨을 가져다줍니다. 내 손으로 직접 키운 수박을 들고 시원한 계곡으로 물놀이를 가볼까요?

수박은 육묘할까, 모종을 살까?

수박의 육묘기간은 30~40일 정도입니다. 본인의 여건을 고려해서 결정하세요. 씨앗을 사게 되면 양이 많아 부담스러우니 모종을 구입하는 게 좋습니다. 씨앗은 통상 1개씩 넣습니다.

4월 5일 육묘 시작

5월 1일

수박밭 만들기

수박밭은 충분한 햇볕을 받을 수 있는 곳이 좋으며, 넓은 공간을 필요로 하기 때문에 평이랑을 만듭니다. 건조에는 어느 정도 강하나 습해에는 약해서 두둑을 높게 만들어야 합니다. 또한 장마철에는 물빠짐이 좋아야 하므로 고랑을 넓게 만들고 두둑은 약간 경사지게 합니다.

수박 유인하기

덩굴을 길게 뻗는 수박은 유인을 어떻게 하는지가 중요합니다. 유인 방법을 살펴보겠습니다. 통상 ③과 ④를 많이 사용합니다만, 여기에 제시한 수치는 절대치가 아니며 여건에 따라 달라질 수 있습니다.

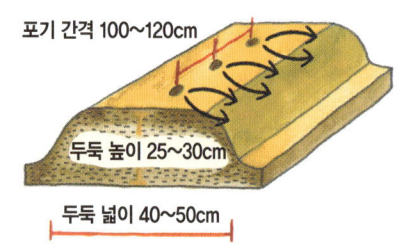
수박밭 만들기 ① 빈 공간 한쪽 방향으로 유인

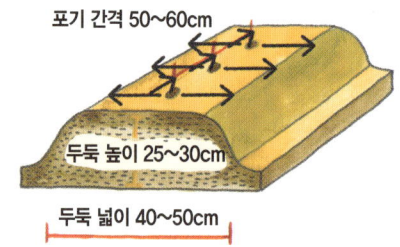
수박밭 만들기 ② 빈 공간 양쪽 방향으로 유인

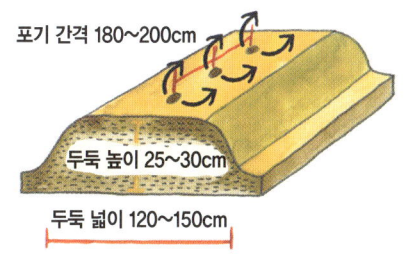
수박밭 만들기 ③ 두둑에서 한쪽 방향으로 유인

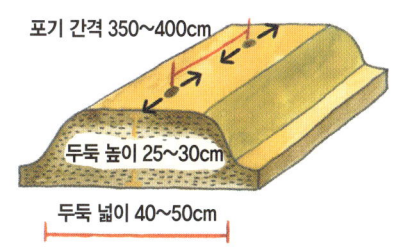
수박밭 만들기 ④ 두둑에서 양쪽 방향으로 유인

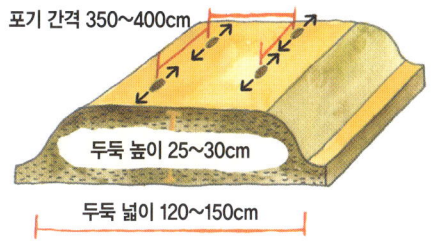
수박밭 만들기 ⑤ 엇갈려 2줄심기, 두둑에서 양쪽 방향으로 유인

수박 옮겨심기

기온이 충분히 올라가는 5월 상순부터 심습니다. 맑은 날이 좋으며 모종 크기만큼 구덩이를 판 후 물을 충분히 줍니다. 수박의 주요 해충은 진딧물입니다. 밭을 만들 때나 정식 전에 진딧물 약제를 미리 뿌려서 사전에 방제하는 것이 좋습니다.

정식 전 진딧물 약제를 넣은 모습

5월 14일 : 옮겨심기

수박 재배과정

◀ 5월 31일 : 어미줄기 적심. 본잎이 5장 나왔을 때 어미줄기를 적심하고 생육이 제일 왕성한 아들줄기 2개를 유인합니다. 밭의 모양에 따라 다르겠지만 통상 이랑과 나란히 좌측과 우측으로 유인하며, 각각 열매 1개를 수확하게 됩니다. 그러니까 1포기에서 수박 2개를 따게 되는 겁니다.

◀ 6월 7일 : 날이 무더워지는 6월부터는 수박의 성장이 빨라집니다.

◀ 6월 9일 : 열매를 제거합니다.

◀ 손자줄기를 제거합니다.

◀ 덩굴손을 제거합니다.

◀ 핀을 박아 유인합니다.

◀ 15번째 마디 표시. 15마디까지 열리는 열매, 손자줄기, 덩굴손은 모두 제거하고 유인은 멀칭핀 등으로 합니다. 15번째 마디에 눈에 잘 띄는 막대나 리본으로 표시해놓으면 잎을 다시 세지 않아도 됩니다.

◀ 6월 24일 : 착과. 16~20마디 사이에 열리는 열매 하나를 키웁니다. 비가 오면 짓무를 수 있으니 과가 땅에 닿지 않게 받침대나 스티로폼 상자, 짚 등을 깔아줍니다. 이후부터 달리는 열매는 모두 제거합니다. 수박 1개가 익으려면 40~50장의 잎이 필요합니다. 착과 후 손자줄기도 계속 자라게 해 많은 잎이 달리도록 해줍니다. 그러나 이때부터는 잎이 많아지고 줄기가 서로 엉켜서 어느 줄기가 어느 줄기인지도 모르게 됩니다. 너무 형식에 치우치지 말고 고랑으로 뻗어 통행에 지장을 주거나 필요 이상으로 많이 뻗는 손자줄기를 제거해주면 됩니다. 손자줄기에서 잎 1~2장 정도만 키우면 무난합니다.

◀ 7월 3일 : 하루만 지나도 아들줄기, 손자줄기가 나올 정도로 생육이 빨라서 때를 놓치면 참외만한 열매를 제거해야 하는 아까운 일이 일어나기도 합니다. 양분이 분산되어 생육이 늦어지므로 되도록 빨리 제거해줍니다.

수박 재배 요약

수박 재배

① 어미줄기 적심, 생육이 빠른 아들줄기 2개만 유인

② 아들줄기 15마디까지 손자줄기, 열매, 덩굴손 제거

③ 16~20마디에서 착과, 이후 달리는 열매는 제거

④ 착과된 수박이 자라려면 잎이 40~50장 필요하므로 잎은 계속 유지

결론적으로 1포기에서 수박 2개를 땁니다.

수박 추비하기

웃거름은 정식일 기준으로 20일 간격으로 2회 합니다.

수박 추비 (예시)

정식일	추비 1차	추비 2차	비고
5.10	6.1	6.21	NK비료

수박 수확하기

수확시기를 알 수 있는 방법은 이렇습니다. 열매가 더 자라지 않고 과피의 색이 짙어질 때쯤 두드려봐서 경쾌한 소리가 나면 수확합니다. 그러나 어디까지나 이론일 뿐 정확히 알기란 쉽지 않습니다. 그럴 때는 이렇게 하면 됩니다. 정식일을 기준으로 60~70일 후에 수확합니다.

7월 11일

7월 15일 수확 (정식 후 60일째)

맛있는 수박 고르는 법

우선 수박 모양을 봅니다. 보기 좋은 수박이 맛있는 수박입니다. 껍질에 윤기가 돌며 줄무늬가 선명하고 꼭지가 싱싱해야 합니다. 이런 수박을 골랐다면 이번에는 두드려 봐서 통통 경쾌한 소리가 나면 잘 익은 수박입니다. 단, 너무 두드리면 수박 깨집니다.

레**   수박을 몇 포기 심었으나 고작 3~4덩이가 전부였습니다. 그것도 참외만하게 열렸어요. 순지르기가 복잡해서 방치하다시피했는데, 올해는 제대로 해볼 생각입니다.

새**   전 아무 생각 없이 수박 먹을 생각으로 모종 2개 사다 심었는데……. 이런, 생각보다 까다롭네요. ㅠ.ㅠ 커다란 수박을 기대하고 있지만 왠지 많이 불안하네요.

둘**   야심차게 수박 2포기 심었습니다. 1개만 건져도 기적이라 생각하면서. 열렸나 확인했더니 다음날 떨어져버리기를 반복하고 이제 4개가 달렸네요. 수박, 쉽지 않습니다. ㅠㅠ

뿌리를 먹는 채소 1 | 감자에 싹이 났다 잎이 났다 묵찌빠
뿌리를 먹는 채소 2 | 덕 있는 작물 고구마
뿌리를 먹는 채소 3 | 뽑는 재미가 쏠쏠한 당근
뿌리를 먹는 채소 4 | 심심풀이 땅콩
뿌리를 먹는 채소 5 | 울금 농사는 거저 먹기
뿌리를 먹는 채소 6 | 땅속의 배 야콘
뿌리를 먹는 채소 7 | 천연 인슐린의 보고 뚱딴지
뿌리를 먹는 채소 8 | 텃밭농사의 최고봉 김장무
뿌리를 먹는 채소 9 | 처녀 총각 모두 좋아하는 총각무
뿌리를 먹는 채소 10 | 대한민국 대표 향신료 파
뿌리를 먹는 채소 11 | 알싸한 향과 아삭한 식감의 쪽파
뿌리를 먹는 채소 12 | 세계 10대 슈퍼푸드 마늘
뿌리를 먹는 채소 13 | 양파 하루 반 개 먹으면 보약보다 낫다

일곱째마당

건강을 책임지는 든든함, 뿌리채소

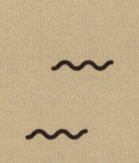

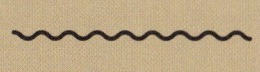

뿌리를 먹는 채소 ❶

감자에 싹이 났다 잎이 났다 묵찌빠

분류 가짓과
원산지 남미 안데스
연작장해 2~3년
재식거리 포기 간격 25~30cm / 줄 간격 40~50cm
직파 ○ **육묘** △
퇴비 20kg **복합비료(완효성)** 600g
추비 없음 **비고** 2평 기준

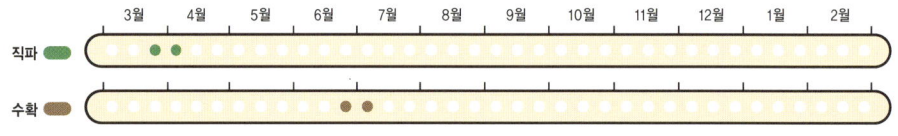

감자 종자 구입

감자를 심으려면 우선 종자용 감자가 있어야 합니다. 종자용 감자를 씨감자라고 하는데, 감자의 수확량은 이 씨감자에 의해 결정됩니다. 감자는 단위 면적당 종자 소요량이 많아 종자비가 차지하는 비중이 다른 작물에 비해 높은 편이지만, 수확한 감자를 다음 해의 종자로 사용하면 씨감자의 퇴화가 일어나 수확량이 적어지기 때문에 매년 씨감자를 바꾸어주는 것이 바람직합니다. 이런 것을 보급종 씨감자라고 합니다. 대단위로 감자를 재배하는 전업농들도 해마다 많은 비용을 들여 보급종 씨감자를 삽니다. 씨감자는 대개 3월부터 나오며, 종묘상이나 인터넷 등에서 구입할 수 있습니다. 물론 보급종 씨감자를 살 것인지, 수확한 감자를 씨감자로 쓸 것인지 선택은 본인의 몫입니다.

씨감자에 싹이 나기 시작한 모습

보급종 씨감자는 4kg, 10kg, 20kg 단위로 판매합니다. 사실 소량재배하는 경우 4kg도 많은 양입니다. 그러나 애석하게도 내가 원하는 양만큼 살 수가 없습니다. 판매자 입장에서는 나누어 파는 게 번거로운 일이기도 하고, 또한 종자법에 의거해 소분 판매는 금지되어 있기 때문입니다. 이럴 경우 이웃과 나누어 심으면 경제적입니다. 그리고 씨감자는 생산지에서 약품 처리를 하지 않기 때문에 남은 보급종 씨감자는 안심하고 먹어도 됩니다.

구입한 씨감자는 직사광선이 들지 않는 따뜻한 곳에 둡니다. 가정에서는 거실이 무난합니다. 파종이 가까워지면 감자는 싹이 나기 시작합니다.

어떤 감자를 심을까?

감자는 찌거나 반찬으로 좋은 품종이 있고, 과자나 라면 등 가공식품용으로 적합한 품종이 있습니다. 현재 국내에서 흔하게 재배하는 품종으로는 남작, 수미, 두백, 그리고 컬러 감자인 자영, 홍영, 하령 등이 있습니다.

남작은 분이 나는 감자라고 할 만큼 전분 함량이 높아 쪄먹는 용도로 좋습니다. 식어도 딱딱하지 않고 포슬포슬합니다. 하지만 반찬으로 사용하기에는 으스러진다는 단점이 있습니다.

수미는 팔방미인입니다. 재배가 용이해서 가장 많이 심는 품종 중 하나입니다. 우리나라에서는 80% 정도가 수미 감자를 심습니다. 수미 감자로 만든 과자 제품도 나왔죠? 수미는 반찬으로 사용해도 무난하고 쪘을 때도 포슬포슬합니다. 그러나 식으면 딱딱해지는 단점이 있습니다.

두백은 남작과 수미의 장점만 따서 만든 품종으로, 쪄먹어도 좋고 반찬을 했을 때도 으스러지지 않습니다. 제가 가장 선호하는 품종이기도 합니다.

컬러 감자는 항암 효과, 노화 방지, 중풍 억제, 고혈압이나 성인병 예방 등 다양한 효능을 갖고 있습니다. 품종으로는 자영, 홍영, 하령 등이 있으며 다이어트 식품으로도 인기가 좋습니다. 감자의 아린맛이 없어 샐러드나 생즙은 물론 감자로 만드는 모든 요리에 사용할 수 있습니다.

밋밋한 감자는 가래!

감자 자르기

씨감자는 가격이 비싸니까 적당한 크기로 잘라서 심습니다. 자를 때는 자른 조각이 30~40g이 되도록 하며, 씨눈이 3~4개 이상 들어가도록 합니다. 씨눈은 감자에서 움푹 들어간 부분이며 보통 감자 1개에 씨눈이 10~20개 있습니다.

그런데 초보 농사꾼에게는 이게 쉽지가 않습니다. 어떤 게 씨눈인지 희미한 것은 잘 알 수가 없습니다. 저 역시 처음에는 감자를 들고 쩔쩔맸습니다. 그래서 감자 자르기는 저울을 이용하면 쉽게 할 수 있습니다. 감자를 저울에 달아보면 몇 등분을 해야 하는지 판단이 서겠죠? 대개 주먹만한 것은 4등분하고 이보다 작은 감자는 2등분, 계란만한 것은 자르지 않고 통으로 심으면 됩니다.

감자 1개에는 씨눈이 10~20개 있으며 이 씨눈에서 싹이 난다   감자 자르기는 절단면의 면적이 적을수록 좋다

감자를 자를 때는 한 감자에 있을지도 모르는 병균이나 바이러스가 다른 감자로 옮겨가는 것을 방지하기 위해 칼을 2개 이상 준비해서 끓는 물에 담가 소독합니다. 그리고 찬물에 담가 식힌 다음 감자 자르고 다시 끓는 물에 소독하는 과정을 반복합니다. 물론 칼 소독은 반드시 해야 하는 일은 아닙니다. 그래도 혹시 모르는 일이니 하는 편이 좋겠지요.

칼을 여러 개 준비해서 소독하며 감자를 자르자

감자 절단면이 썩지 않도록 소독하는 의미로 종이를 태워서 재를 묻히기도 하는데, 이 역시 하는 사람도 있고 하지 않는 사람도 있습니다. 저는 딱 1번 해보고는 번거로워서 다시 하지 않습니다.

자른 감자는 2~3일 정도 통풍이 잘되는 따뜻한 반그늘에 두어 아물이●를 해줍니다. 아물이를 마친 감자는 절단면이 마르면서 다소 쭈글거립니다. 경우에 따라서는 흰 곰팡이가 살짝 피기도 하지만 큰 문제는 없습니다. 아물이 역시 꼭 해야 하는 일은 아닙니다. 바쁠 때는 밭에서 바로 감자를 잘라 심기도 하니까요.

아물이를 할 때는 절단면이 바닥에 닿지 않게 한다

● **아물이** : 큐어링과 같은 뜻이나, 통상 감자의 절단면을 말리면서 치유하는 것을 아물이라고 함.

산광최아

그런데 의문점이 하나 생깁니다. 자른 감자 조각에 씨눈이 없는 경우도 있지 않을까요? 물론 그런 경우도 간혹 있습니다. 그래서 감자를 자르면서 씨눈이 없는 조각이 있는지 확인하는 작업도 필요합니다. 그렇지만 이 역시 번거롭고 어려울 수 있으니 좀더 쉬운 방법을 제시하겠습니다.

바로 심기 전에 미리 싹을 틔워보는 것입니다. 이 과정을 '산광최아'라고 합니다. 산광최아로 싹을 미리 틔우면 초기 생육을 앞당길 수 있고, 그 과정에서 말썽의 소지가 있는 감자를 미리 골라낼 수 있다는 장점이 있습니다.

산광최아 방법은 별것 없습니다. 15℃ 이상의 따뜻한 반그늘에 20~25일 정도 두면 됩니다. 저는 거실 창가 쪽에 둡니다. 산광최아 역시 하기도 하고 하지 않기도 합니다. 산광최아를 할 경우에는 심고자 하는 날짜를 기준으로 역계산해서 실시하면 됩니다. 그러나 반드시 20~25일을 지켜야 하는 건 아닙니다.

산광최아로 미리 싹 틔우기

감자밭 만들기

밭을 갈기 전 2평당 퇴비 1포(20kg), 복합비료 600g을 뿌려줍니다. 또한 토양 해충인 굼벵이의 피해가 심한 곳에서는 토양살충제를 미리 뿌려줍니다. 두둑 높이는 25~30cm, 두둑 넓이는 1줄심기인 경우 50~60cm, 2줄심기인 경우 110~120cm 정도로 하고 깊게 갈아줍니다. 통상 감자는 추비를 하지 않습니다. 그러면 감자는 1줄심기가 좋을까요, 2줄심기가 좋을까요? 정답은 없습니다. 통상 1줄심기를 많이 합니다.

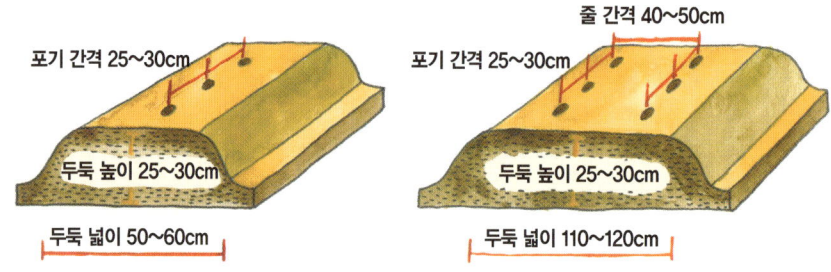

감자밭 만들기

감자 심기

감자는 다른 작물과 달리 심은 곳으로부터 위쪽에서 감자가 열리기 때문에 깊게 심어줍니다. 포기 간격은 25~30cm, 심는 깊이는 10~15cm 정도로 합니다. 감자를 넣고 흙은 다 덮지 말고 절반 정도만 덮은 다음 싹이 나오면 마저 덮어주는 것이 좋습니다.

감자의 절단면은 어느 방향으로 가게 심어야 할까요? 이 역시 정답은 없습니다. 어느 방향으로 가게 심어도 싹이 납니다. 그러나 산광최아를 한 경우 싹이 부러질 우려가 있으므로 절단면이 아래쪽으로 가게 심는 것이 좋습니다. 저는 어느 경우든 절단면이 아래로 가게 심습니다.

비멀칭재배

비멀칭재배는 멀칭재배에 비해 파종이 쉽습니다. 두둑을 파서 감자를 넣고 흙을 덮어줍니다. 장점으로는 멀칭재배에 비해 감자 맛이 다소 좋다는 것, 단점으로는 제초와 수분관리, 그리고 2~3회 북주기를 해야 한다는 것이 있습니다.

감자 비멀칭재배

검은색 비닐 멀칭재배

먼저 검은색 비닐로 멀칭을 하고 25~30cm 간격으로 구멍을 뚫은 다음 감자를 넣고 흙을 덮어줍니다. 제초가 완벽하게 되지만 구멍을 뚫어야 하는 수고를 해야 하고, 검은색 비닐이 햇볕을 차단하기 때문에 싹 나는 것이 다소 늦습니다.

검은색 비닐 멀칭재배

배색비닐 멀칭재배

검은색 비닐에 투명한 부분이 섞여 있는 비닐을 배색비닐이라고 합니다. 흰 부분이 1

줄짜리인 것과 2줄짜리인 것이 있습니다. 심는 방법은 비멀칭과 동일합니다. 심고 나서 비닐을 씌워 멀칭을 하고, 싹이 올라오면 비닐을 뚫어 싹을 꺼내줍니다. 비닐을 뚫어주는 시기가 늦으면 감자 잎이 화상을 입을 수도 있습니다.

배색비닐 멀칭의 장점은 투명한 부분으로 햇볕이 들어가 지열을 올려 싹의 출현이 다소 빠르다는 것입니다. 단점으로는 빛이 투과되는 부분에 풀이 자란다는 것이지요. 또한 감자가 커지는 시기에는 감자들이 흙 밖으로 튀어나오기도 하는데, 이 경우 감자가 빛을 받아 시퍼래지므로 일부 손실을 감수해야 합니다.

배색비닐 멀칭재배

햇볕이 들어가는 곳에서는 풀이 자란다

이상 3가지 재배법 중 싹 출현이 빠른 순서는 다음과 같습니다. 비멀칭재배 < 검은색 비닐 멀칭재배 < 배색비닐 멀칭재배

감자 싹 출현

감자는 품종, 심는 깊이, 기온과 지온에 따라 차이는 있지만 보통 파종 후 30일 정도면 싹이 나옵니다. 감자 싹은 다른 작물의 싹에 비해 두툼하고 튼튼합니다.

멀칭재배의 경우 감자 싹이 엉뚱한 곳으로 올라와서 비닐을 들치고 있기도 합니다. 싹이 날 무렵에는 부지런히 살펴서 비닐에 눌려 있는 불쌍한 감자 싹을 신속히 꺼내주어야 합니다.

싹이 비닐에 짓눌려 있으면 신속히 꺼내주자

감자 순지르기

감자 싹은 씨감자 1조각에서 3~5개, 많게는 10개까지 올라옵니다. 잘게 쪼갠 것보다 크게 쪼갠 것, 크게 쪼갠 것보다 통으로 심은 감자에서 싹이 많이 올라옵니다. 순지르기는 웃자라거나 병든 싹, 키가 작은 싹을 제거해줍니다. 경험상 순지르기는 싹의 길이가 한 뼘 이내인 10~20cm 정도일 때가 좋았습니다. 싹이 너무 크면 걸리적거려서 순지르기를 하는 것 자체가 힘들고 양분의 손실이 크며 생육도 더뎌집니다.

   순지르기는 할 수만 있다면 밑둥을 흙 속 부분까지 잘라야 합니다. 안 그러면 감자 싹이 다시 올라오기도 합니다. 그럼 감자 순은 몇 개를 남겨야 할까요? 이 역시 정답은 없습니다. 저는 굵은 줄기 2~3개를 남기며 자르기 아까운 경우 4개를 남기기도 합니다.

순지르기 블로그 이웃들의 투표

1개만 남긴다	4.8%
혹시 몰라서 2개를 남긴다	40.8%
2개는 불안해. 3개를 남긴다	12.1%
할 때마다 다르다. 2~3개를 남긴다	23.7%
3~4개가 좋은 것 같다	4.8%
감자 싹 많으면 좋은 것 아닌가?	2.4%
그냥 둔다	11.4%

감자 순지르기

감자 북주기

비멀칭재배의 경우 감자가 자라는 동안 3~4번의 북주기 작업을 해주어야 합니다. 감자가 흙을 밀고 나와 햇볕을 보게 하지 않기 위해서입니다. 고랑의 흙을 긁어서 두둑에 덮어줍니다.

북주기 전

북주기 후

멀칭재배는 북주기를 1회 해줍니다. 비닐 멀칭시에도 북을 주는 이유는 입구를 막아 풀이 나는 것을 억제할 수 있고, 내부의 수분을 유지해 땅이 굳는 것도 막을 수 있기 때문입니다. 또한 감자 싹이 자라는 데 의지가 되어 잘 자라게 해줍니다.

북주기를 하지 않은 감자

북주기를 하지 않을 경우 햇볕에 드러난 감자는 말할 것도 없고, 간접적으로 햇볕의 영향을 받은 감자도 먹을 수 없게 되기 때문에 일부 손실을 감수해야 합니다.

감자의 해충

감자의 주요 해충은 이십팔점박이무당벌레와 굼벵이가 있습니다.

이십팔점박이무당벌레는 감자 잎을 갉아먹고 삽니다. 사실 이십팔점박이무당벌레가 감자 잎을 파먹는 건 그리 큰 문제가 되지 않습니다. 먹어야 얼마나 먹겠습니까? 문제는 이놈들이 퍼질러놓은 알입니다. 이 알이 부화하면 쐐기벌레 같은 흉측한 녀석이 나오는데, 이것들이 엄청난 먹보들입니다. 순식간에 감자밭을 작살냅니다. 따라서 성충인 어미를 부지런히 잡아야 하고 알도 보이는 족족 제거해야 합니다.

이십팔점박이무당벌레

이십팔점박이무당벌레의 알

이십팔점박이무당벌레 유충은 흉측하게 생겼다

이십팔점박이무당벌레 유충 피해를 입은 잎

굼벵이는 감자를 갉아먹습니다. 피해를 당한 감자는 상품성이 떨어지게 되고 먹기도 곤란합니다. 굼벵이는 땅속에 살기 때문에 잡기가 사실상 불가능합니다. 피해가 심한 밭에서는 파종 전에 토양살충제를 뿌려서 미리 피해를 막아야 합니다.

굼벵이 피해를 입은 감자

감자 수분관리와 꽃 따기

감자는 꽃이 피고 30일쯤 지나면 캐기 시작합니다. 감자는 다른 작물에 비해 물을 많이 필요로 하지 않지만, 꽃이 피면서 감자가 굵어질 때는 물을 많이 줘야 합니다. 이맘때 물을 얼마나 잘 주는지에 따라서 감자농사의 성패가 좌우된다고 해도 과언이 아닙니다. 그런데 하필 물이 많이 필요한 시기가 봄에 가뭄이 들 때입니다.

감자 물 주기는 쉽지 않습니다. 특히 멀칭재배의 경우 포기 사이에 구멍을 뚫고 물을 줘야 하는데 감자 잎이 우거져 자칫하다간 줄기가 상하게 됩니다. 따라서 조심해서 물을 주어야 합니다. 관수시설이 잘되어 있는 밭에서는 고랑을 막고 물을 대기도 합니다. 물은 하루 정도 지나면 두둑과 고랑으로 모두 스며듭니다.

눈이 즐거운 감자꽃은 따야 할까요? 감자꽃 따기에서는 의견이 분분합니다. '꽃을 따줘야 감자가 실하게 든다' vs '꽃으로 결실을 보지 않기 때문에 안 따줘도 된다'는 의견이 팽팽합니다. 즉 감자꽃 따기는 본인의 선택입니다.

꽃이 피면 감자는 많은 물이 필요하다 　　　 감자꽃 따기는 각자 선택해서 한다

쓰러진 감자는 그대로 둔다

수확기에 다다른 감자는 잎과 줄기가 무성해지면서 키가 얼추 허리춤까지 자라 고랑을 지나다니지 못할 정도로 우거집니다. 특별한 사유가 없는 한 공연히 들어가지 않는 것이 좋습니다.

키가 큰 감자는 폭우에 쉽게 쓰러집니다. 기가 막히고 하늘이 원망스러운 일이기도 합니다. 그러나 어쩔 수 없는 일입니다. 하늘이 하는 일을 겸허히 수용해야지요. 그럼 쓰러진 감자 줄기는 어떻게 하면 좋을까요? 힘이 들더라도 북을 주거나 줄을 매서 일으키면 될까요? 그냥 두는 게 제일 좋습니다. 인위적으로 일으켜 세우다간 잎과 줄기가 더 상하게 됩니다.

무성하게 자란 감자 잎과 줄기 　　　 폭우에 쓰러진 감자 줄기

감자 수확하기

감자는 품종에 따라 차이는 있지만 대개 파종일로부터 90~100일이면 수확을 합니다. 일반적으로 하지인 6월 21일부터 캐기 시작합니다.

감자의 수확시기는 감자 줄기를 보고 판단합니다. 수확기가 다가온 감자 줄기는 옆으로 눕고 잎과 줄기가 시들기 시작합니다. 이제 캐도 된다는 신호입니다. 그런데 이때가 야속하게도 장마철입니다. 그래서 장마 때문에 감자가 썩을 것이 걱정되어 잎과 줄기가 시퍼런 감자를 캐는 경우가 많은데, 사실 배수만 잘된다면 큰 문제는 없습니다.

수확기가 다가온 감자는 잎과 줄기가 누렇게 되면서 눕기 시작한다

저는 해마다 장마 이후인 7월에 감자를 캤습니다. 감자는 호미 댈 때가 급격히 커지는 시기입니다. 충분한 생육기간을 확보해주어야 굵은 감자를 수확할 수 있습니다.

필자의 감자 재배 기록

연도	파종일	아주수확	품종
2011년	4.3	7.10	수미, 두백
2012년	4.1	7.8	두백
2013년	3.24	7.7	수미
2014년	3.25	7.20	두백
2015년	3.29	8.1	대서, 단오

감자는 되도록 맑은 날에 캡니다. 캔 감자는 고랑이나 두둑에 두어 햇볕에 흙을 말립니다. 감자는 햇볕을 보면 퍼래지기 때문에 장시간 노출시키면 안되고 흙이 마르면 바

로 상자에 담습니다.

대개 감자를 캐고 후속 작물로 김장무나 김장배추를 심습니다. 그동안 밭이 비게 되는데 그냥 두면 비로 인해 흙이 유실되고 풀이 자라게 됩니다. 멀칭비닐을 덮어두면 막을 수 있습니다.

감자는 맑은 날 캐고 햇볕에 오래 두지 않는다

감자 캔 자리는 풀이 자라는 것을 방지하기 위해 멀칭비닐을 덮어두면 좋다

감자 말리기, 저장하기

수확한 감자는 직사광선이 들지 않고 통풍이 잘되는 서늘한 곳에서 충분히 말려야 합니다. 이 과정을 큐어링(curing)이라고 합니다. 캐거나 운반하는 도중에 난 상처에 보호층을 만들어 세균이 침입하지 못하게 하는 일을 말합니다. 가정에서는 대개 베란다에서 하는데, 선풍기로 말려주면 큰 도움이 됩니다. 큐어링은 10~14일 정도 합니다.

큐어링을 하는 과정에서 부패하는 감자가 꼭 몇 개씩 있습니다. 이런 감자는 빠르게 제거해서 다른 감자로 부패가 확산되는 것을 막아야 합니다. 상처가 크게 난 감자일수록 부패할 가능성이 많고 저장성 또한 떨어지기 때문에, 수확시 따로 모아두거나 큐어링 과정에서 선별해서 이런 감자부터 먼저 먹습니다.

큐어링은 10~14일 정도 한다

상처난 감자는 큐어링 중 쉽게 부패가 된다

부패된 감자는 빠르게 제거해준다

큐어링을 마친 감자는 공기가 잘 통하는 플라스틱이나 나무상자에 담아 저장하는 것이 좋지만, 이런 상자를 구하기가 쉽지 않아 일반적으로 종이상자에 담아 보관합니다. 상자는 통풍이 잘되는 서늘한 곳에 두어야 합니다. 감자의 적정 저장온도는 2~4℃ 정도지만 전용창고가 없는 가정에서 정확하게 지키기는 힘듭니다.

감자의 휴면

저장 중인 감자는 일정 기간이 지나면 싹이 나기 시작하는데, 이는 휴면이 끝났기 때문입니다. 감자의 휴면기간은 품종, 저장 온도, 저장 조건에 따라 달라지며, 보통 50~100일 정도입니다. 싹이 나면 싹으로 양분을 집중시키기 때문에 감자가 쭈글쭈글해집니다. 싹은 바로 제거해주고, 싹이 난 감자는 되도록 빨리 먹어야 합니다. 감자 저장시 사과를 같이 넣어두면 싹이 나는 것을 방지할 수 있다고 합니다. 그래서 제가 해봤는데 큰 효과는 없었습니다.

감자는 휴면이 끝나면 싹이 난다

싹이 나면 제거해줘야 추가 손실을 막을 수 있다

 **주인장의 수다**

✌ **수다 하나** : 제가 감자를 캔 후 차에 4일 정도 싣고 다닌 적이 있습니다. 큐어링을 해야지 해야지 차일피일 미루다가 고온에 절반 정도가 부패해서 버려야 했습니다. 썩은 감자는 물컹물컹하고 물이 질질 흘렀으며 냄새가 아주 고약했습니다. 큐어링은 미루지 말고 최대한 빨리 합시다.

✌ **수다 둘** : 감자를 캐는 순서는 이렇습니다. ① 감자 줄기를 제거한다. ② 고랑에서 제초용 부직포를 걷어낸다. 부직포를 깔지 않은 경우 풀을 제거한다. ③ 멀칭비닐을 제거한다. ④ 감자를 캔다. ⑤ 캔 감자를 상자에 옮겨담고 고랑으로 흘러내린 흙을 정리한다. 감자 수확은 위의 순서대로 해야 낭패가 없습니다. 그런데 일부 사람들은 감자부터 캡니다. 그럼 자연히 흙에 멀칭비닐이나 고랑에 있던 풀이 파묻히게 되어 결국에는 복잡한 일이 일어납니다. 세상 모든 일이 그렇듯이 정해진 순서를 지키는 게 정도입니다.

 **블로그이웃들의 수다**

- **레**** 이십팔점박이무당벌레라…… 감자밭을 순회할 때는 체크 대상 1호네요.
- **수**** 저 어릴 때 부모님이 감자를 땅에 묻어놨다가 이른봄에 잘라서 심는 것을 봤어요. 물론 조금 쪼글쪼글거렸지만요.
- **새**** 씨감자 자르기. 저는 밭에서 대충 잘라 그냥 심었는데도 이상 없었습니다.
- **돌**** 씨감자, 이거 사다 심자니 비싸고 먹다 남은 거 심자니 수확량이 떨어지고. 참 고민입니다.
- **언**** 감자 순지르기가 뭔지 궁금했는데 1구멍에 여러 개의 싹이 나면 1개나 2개를 남기고 잘라준다는 얘기군요.

뿌리를 먹는 채소 ❷

덕 있는 작물 **고구마**

분류 메꽃과
원산지 남아메리카
연작장해 2년
재식거리 포기 간격 15~30cm / 줄 간격 30~40cm
퇴비 없음
복합비료(완효성) 없음
추비 없음

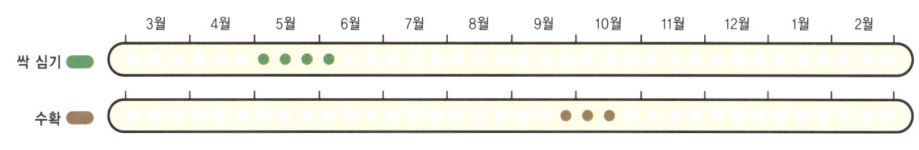

흰 눈이 소복소복 내리는 겨울날, 아궁이에 불 지피고 고구마를 구워 먹습니다. 고구마는 아주 척박한 땅만 아니면 거름을 안 해도 되고 특별한 병충해가 없어서 무난하게 재배할 수 있습니다. 심어놓고 손이 거의 안 가도 되는 작물 중 하나라 게으른 농사, 건달 농사라고도 합니다. 그럼 만만한 고구마 재배를 시작하겠습니다.

고구마밭 만들기

고구마는 거름(특히 질소 성분)이 많으면 줄기만 무성하고 고구마가 잘 달리지 않습니다. 이는 공식처럼 누구나 알고 있는 사실입니다. 그런데 그 이유는 뭘까요? 고구마는 생식성장을 하는 작물이라 영양성장과 생식성장이 적당한 균형을 이루어야 하기 때문입니다. 그래서 고구마는 되도록 거름을 주지 않는 것이 좋으며, 거름을 줄 때는 칼리

비료만 줍니다.

고구마는 거름기가 거의 없는 새 땅을 좋아합니다. 오랫동안 농사를 짓지 않던 땅이나 객토한 땅에서 고구마가 잘됩니다. 따라서 밭갈이를 할 때는 깊게 갈아서 새 흙이 나오게 하는 것이 좋습니다. 또한 고구마는 두둑을 높이고 깊게 갈아야 캐기가 쉽습니다. 두둑이 낮으면 고구마가 생땅에 박히기 때문에 캐기가 여간 힘든 게 아닙니다. 그래서 고구마 두둑은 넓고 높게 만듭니다.

고구마는 비닐 멀칭을 하는 것이 좋으며 통상 1줄심기를 합니다. 두둑 넓이는 70~80cm, 두둑 높이는 25~30cm 정도로 합니다. 고구마는 비탈진 밭에 심으면 좋습니다. 그렇게 하지 못할 경우 두둑이 살짝 경사지게 해서 물이 잘 흘러내리도록 하고, 고랑 또한 물빠짐이 좋아야 합니다. 비가 와서 물이 빠지지 않으면 뿌리가 호흡을 못해서 고구마 색깔이 검붉게 변하거나 썩을 수도 있습니다.

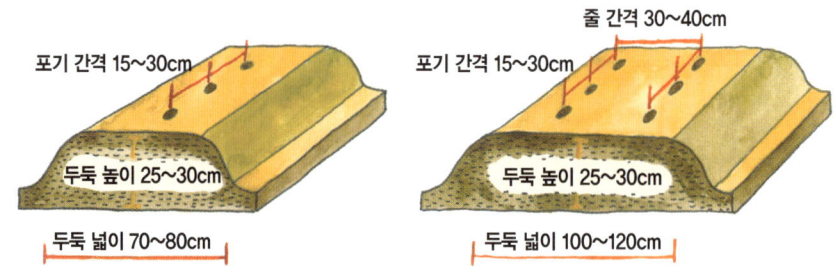

고구마밭 만들기

고구마의 해충

고구마에 해를 가하는 주요 해충으로는 굼벵이가 있습니다. 굼벵이는 땅속에서 고구마를 파먹고 삽니다. 굼벵이 피해가 심한 곳은 밭을 갈기 전에 미리 토양살충제를 뿌려야 합니다. 토양살충제는 가루로 되어 있어서 토양에 뿌리고 섞어줍니다. 약 치는 것이 내키지 않으면 굼벵이와 나눠먹으면 됩니다. 굼벵이가 파먹은 고구마도 맛이나 영양에는 변화가 없지만, 파먹은 자리가 시커멓게 멍이 들어 많이 깎아내야 하기 때문에 심한 경우 먹을 게 없게 되고, 저장성도 떨어집니다.

굼벵이 피해를 입은 고구마

고구마 싹 구하기

고구마는 다른 작물과는 다르게 씨앗을 심거나 육묘를 하지 않고 싹을 심습니다. 씨고구마를 땅에 묻어 싹을 틔우고 최소 30cm 정도까지 키워야 하는데, 이때 1달 이상 온도, 수분, 일조, 비료를 관리해주어야 합니다. 많은 시간과 공이 들어가고 싹을 키우

고구마 싹

는 게 쉽지 않기 때문에 싹은 구입하는 것이 좋습니다. 싹은 종묘상이나 인터넷을 통해 전문 재배농가에서 구입할 수 있습니다.

고구마 품종은 호박고구마, 밤고구마, 황금고구마, 자색고구마, 자황고구마 등 종류가 다양합니다. 흔히 호박고구마와 밤고구마를 심습니다. 경험상 고구마는 정식 후 모종이 잘 죽는 편입니다. 그래서 보식*, 즉 땜빵도 신경을 써야 합니다.

다음은 좋은 고구마 싹을 고르는 요령입니다.

▶ 줄기가 굵고 튼튼한 싹을 고른다.
▶ 길이가 최소한 30cm가 넘는 싹을 고른다.
▶ 잎이 시들거나 떨어져나가지 않은 싹을 고른다.

고구마 심는 시기

고구마 심는 시기는 폭이 넓습니다. 대개 5월 상순부터 심는데, 심지어 6월 하순까지 심기도 합니다. 최대한 일찍 심고 최대한 늦게 캐야 수확량이 많아집니다. 고구마의 생육 기간은 120~150일 정도입니다.

심는 간격은 통상 15~30cm로 심습니다. 최소한 20cm 이상 간격을 띄워야 고구마가 굵게 달립니다. 예전에는 큰 고구마를 선호했는데 요즘은 중간 정도 크기의 고구마가 인기가 많습니다. 그래서 크게 키우지 않으려고 일부러 심는 간격을 20cm 이하로 밀식

● **보식(補植)** : 심은 식물이 죽거나 상한 자리에 보충해서 새로 심는 것.

재배하기도 합니다.

고구마 싹은 어떻게 심는 것이 좋을까?

대부분의 작물은 곧게 세워 심는데 유독 고구마는 눕혀서 심습니다. 왜 그럴까요? 고구마는 땅에 심겨진 마디에서 뿌리를 내리고 고구마가 달리기 때문입니다. 곧게 심을 경우 고구마가 땅속 깊이 달려 수확이 어렵고 수확량도 적어집니다. 고구마 싹을 심는 방법은 대부분 수평심기와 개량 수평심기를 많이 합니다.

고구마 싹을 눕혀 심는 이유   고구마 싹 심는 방법

▶ 땅속 깊이 심지 않도록 한다.
▶ 최대한 눕혀서 심는다.
▶ 싹이 묻히는 마디는 3~4마디 정도가 좋다.

   고구마는 싹 심기가 농사의 성패를 좌우합니다. 옛날에도 그랬고 지금도 대부분의 사람들은 비닐을 찢고 흙을 판 후 싹을 묻는 방법으로 하는데, 이러면 심는 깊이가 일정하지 않을뿐더러 작업 속도가 늦어 시간이 많이 걸립니다. 그런데 고구마를 빨리 제대로 쉽게 심을 수 있는 기구가 나왔습니다.

   바로 이것입니다. 고구마 심는 호미 또는 간단히 고구마호미라고 합니다. 가격은 2,000~3,000원 정도로 착합니다. 하나 장만하면 두고두고 쓸 수 있고 후대에 물려줄 수도 있습니다. 고구마호미는 끝에서 손잡이까지의 길이가 31cm이며 고구마 심기에 적당하게 휘어져 있습니다.

고구마호미

끝이 약간 휘어져 있다

다음은 고구마호미를 이용해 고구마 싹 심는 방법입니다.

◀ 우선 고구마 싹의 줄기 끝부분 2~3cm 부분을 부러지지 않을 정도로 꺾어서 홈에 끼웁니다.

◀ 심고자 하는 방향과 깊이, 각도를 생각합니다.

◀ 거의 싹이 누워서 심어졌다는 생각이 들 정도로 지그시 찔러넣고 뺍니다.

◀ 흙이 들뜨지 않게 살짝 눌러줍니다.

별거 없죠? 초보자도 몇 번 연습하면 제대로 심을 수 있습니다. 흙에 묻히는 3~4마디에 잎이 붙어 있는 경우가 있습니다. 떼내고 심어도 되고 그냥 심어도 됩니다.

고구마 수분관리

고구마는 정식 후 활착시까지 초기 수분관리가 중요합니다. 흙이 마르지 않도록 물을 자주 주어야 활착률이 높아집니다.

▶ Q : 물은 얼마만큼 주어야 할까요?
▶ A : 익사할 만큼 많이 주면 좋습니다.
▶ Q : 물 너무 많이 주면 과습으로 죽지 않을까요?
▶ A : 고구마 싹을 물에 담가놓으면 죽나요? 아니, 뿌리가 나옵니다. 고구마 모종은 비 오기 전날 심으면 활착률을 높일 수 있습니다.

심을 때 있던 잎이 시들고 새로운 잎이 나온다

고구마는 심을 때 있었던 잎은 모두 시들어 죽고 새로운 잎이 나옵니다. 간혹 싹이 싱싱해서 활착이 빨리 된 경우에는 심을 때 있었던 잎이 모두 살기도 합니다.

고구마 생육관리

고구마는 생육기간 중 2~3회 정도 고구마 심은 사이에서 나오는 잡초를 뽑아주어야 합니다. 이 작업을 소홀히 하면 잡초가 성장해서 고구마가 잘 들지 않게 됩니다. 한여름에는 많은 영양(일조, 수분) 공급으로 고구마 줄기가 무성해지는데, 줄기를 적당히 잘라주어 너무 무성하지 않게 해줍니다. 고구마순은 이때부터 채취하며, 이때가 대략 8월입니다.

고랑에는 고구마 뿌리가 내리지 않도록 비닐이나 부직포 등으로 멀칭을 하는 것이 좋습니다. 고랑에 뿌리를 내리면 잔 고구마가 달리기도 하는데, 이 고구마가 제대로 자랄까요? 양분도 분산되기 때문에 고랑에 뿌리가 내리지 않도록 하는 게 좋습니다. 만약 고랑에 멀칭을 하지 못했다면 뿌리가 내리는 것을 방지하기 위해서 줄기를 들어서 뿌리를 끊어줍니다.

고구마 덩굴 뒤집기는 해야 할까요? 많은 농가에서 관습처럼 고구마 덩굴을 뒤집어줍니다. 그러나 고구마에 해롭기만 할 뿐 장점은 하나도 없으며 오히려 잎의 배열이 흐트러지기 때문에 광합성 능력이 떨어져서 수확량이 감소하게 됩니다.

고구마 덩굴 뒤집기는 통행로 확보 등 부득이한 사유가 없는 한 하지 않는 것이 좋다

고구마 꽃

고구마는 원래 우리나라에서는 100년에 1번 필 정도로 꽃을 피우지 않아 '행운'이라는 꽃말이 붙을 만큼 보기가 쉽지 않았습니다. 고구마 꽃은 원산지인 남아메리카의 아열대 기후에서 흔히 피는데, 이제 우리나라에서도 30℃ 이상 고온의 날씨가 계속되는 등 환경이 비슷해지면서 심심치 않게 꽃을 볼 수 있게 되었습니다. 결국 고구마 꽃이 핀다는 것은 행운이라는 꽃말과는 달리 반갑지 않은 일입니다.

고구마 꽃은 보기 힘들다

고구마 줄거리

고구마 줄거리는 껍질 벗기기가 힘들어서 그렇지 이만한 반찬이 없을 겁니다. 고구마 줄거리 껍질을 쉽게 벗기는 방법은 하루이틀 두었다가 약간 시들해졌을 때 혹은 살짝 데쳐서 벗기면 된다고 하는데, 제가 해보니 큰 차이는 없었습니다. 손질한 고구마 줄거리는 데쳐서 말리거나 냉동실에 보관합니다. 김치를 담가 먹거나 볶아서 먹으면 됩니다.

고구마 줄거리 손질하기

고구마 수확하기

고구마는 아침, 저녁 기온 차가 많이 나는 10월에 집중적으로 커집니다. 특히 10월에는 1주일만 늦게 캐도 수확량에 큰 차이를 보입니다. 그렇다고 너무 늦게 캐서 서리를 맞춰도 된다는 얘기는 아닙니다. "땅속에 있는 게 서리 왔다고 별일 있겠어?" 생각할 수 있는데 별일이 있습니다. 제가 서리 내린 다음 캔 적이 있습니다. 캘 때는 아무 이상 없어 보였는데 2달도 못 가서 전량 폐기해야 했습니다.

또한 고구마는 다른 작물과는 달리 갓난아이처럼 조심조심 다루어야 합니다. 상처가 안 나게 캐야 하는 건 물론이고 캔 고구마를 바닥에 놓을 때도 감자처럼 함부로 다뤄서는 안됩니다. 살살 내려놓아야 합니다. 상자에 담을 때도 살살 담아야 하고 옮길 때도 조심조심 옮겨야 합니다. 왜 그럴까요? 이유는 저장성 때문입니다. 고구마는 상처가 나거나 부딪혀서 멍이 들면 쉽게 썩는 성질을 갖고 있습니다.

고구마는 상처 없이 캐야 하고 폭발물을 다루듯이 조심조심 다뤄야 한다

고구마 저장하기

수확한 고구마는 큐어링을 해서 저장해야 썩지 않고 오래 저장할 수 있습니다. 고구마 큐어링은 땅속에서 양분 이동이 활발하던 고구마가 밖으로 나오면서 양분 이동이 멈추도록 햇빛이 잘 들고 바람이 잘 통하는 곳에서 3~5일 정도 말려주면 됩니다. 이 과정에서 고구마의 전분이 당분으로 바뀝니다. 고구마 껍질이 코팅되고 상처난 부분도 하얀 전분이 나와 병균이 침투하지 못하도록 상처 부위가 아뭅니다.

큐어링은 비가 오지 않거나 도난의 우려가 없다면 수확한 밭에서 하는 것이 좋습니다. 가정에서는 해가 잘 드는 마당이나 옥상, 베란다 등에서 하면 무난합니다. 큐어링을 하면 병 발생이 현저히 줄어들 뿐만 아니라, 저장 중 수분 증발량이 적어지고, 단맛이 증가하며, 저장성이 강해집니다.

9℃ 이하의 냉온을 접했거나 서리를 맞은 고구마는 저장해서는 안되며, 잘라지거나 상처난 것 또는 껍질이 많이 벗겨진 고구마는 저장 능력이 떨어지기 때문에 먼저 먹는 것이 좋습니다. 고구마 저장은 밀폐된 공간이나 냉장고는 반드시 피해야 합니다. 추운 베란다에 두어서도 안됩니다. 고구마는 갓난아이처럼 다루어야 한다고 했습니다. 갓난아이를 추운 베란다에 두면 될까요?

고구마의 알맞은 저장온도는 12~15℃로, 가정에서는 거실에 두는 것이 무난합니다. 날씨가 따뜻하다고 베란다에 두면 냉해를 입어 썩게 됩니다. 그래서 식량이 귀하던 옛날에는 아랫목에 두고 고구마와 한 방을 쓰기도 했습니다. 또한 고구마는 저장 중 자주 옮기면 좋지 않습니다. 고구마는 건드리면 건드릴수록 썩는 성질이 있습니다. 좋은 것 찾는다고 뒤적거리면 대부분 썩게 됩니다.

고구마는 추운 곳에 두면 안된다. 가정에서는 거실에 두는 것이 무난하다

정말 맛있는 꿀고구마

제가 농사를 짓기 시작하면서 한동안 고구마는 심지 않았습니다. 특별한 이유는 없고 고구마의 퍽퍽한 맛이 싫어서였습니다. 그러던 중 우연히 먹어본 금향이라는 품종의 고구마에 반해서 해마다 이 품종을 심습니다. 금향이 고구마는 꿀고구마 또는 첫사랑 고구마라고도 합니다. 당도가 높고 저장성도 다른 고구마에 비해 좋으며, 제대로 후숙이 된 경우 물고구마라고 할 정도로 수분 함량이 높아집니다. 식은 후에도 잘 넘어가 먹기 좋으며 퍽퍽한 맛이 없어 김칫국물 또한 생각나지 않습니다. 추천하는 제일 큰 이유는 100%에 육박하는 놀라운 활착률 때문입니다. 다른 품종의 고구마에 비해 보식이 거의 없기 때문에 초보자도 실패 없이 재배가 가능합니다. 추천합니다.

수다 하나 : 고구마를 주변에 나누어줄 경우 꼭 당부해야 할 것이 있습니다. 바로 고구마 보관입니다. "고구마는 추운 데 두면 썩으니 따뜻한 곳에 두어야 한다"고 꼭 얘기해주세요.

수다 둘 : 인터넷으로 고구마를 주문할 경우 택배로 받게 되는데 이때는 저장성이 떨어지기 때문에 장기보관은 하지 않는 게 좋습니다. 왜일까요? 고구마가 나빠서 그런 게 아닙니다. 재배농가에서 주문량만큼 박스에 옮겨 담고 또한 운송 도중에 받는 충격 때문입니다. 고구마는 되도록 건드리거나 옮기지 않는 것이 좋습니다.

hk** 주말농장에서 올해 처음 고구마를 심었는데요. 꿀고구마, 호박고구마 2종류 심었어요. 꿀고구마는 거의 다 살았는데 호박고구마는 5번 땜빵했는데도 워낙 가물어서 다 살지 못해서 속상했습니다. 내년엔 꿀고구마만 심을 거예요.

큰** 고구마, 생각보다 어려운 듯합니다. 처음에는 예쁘게 많이 나왔는데 갈수록 너무 크든지 너무 잘든지 하는 양이 늘어나네요. 아마 거름 양하고 물빠짐이 일정치 못해 그러려니 생각합니다.

풀** 주말농장 주인이 고구마는 비료 주지 말라더라고요. 퇴비 주고 싶은 거 안 줘봤죠. 올해 고구마 풍년 같아요.

안** 저희 아버지도 고구마를 캐실 때면 갓난아이 다루듯 하셨습니다. 밭에서 옮기실 때도 꼭~! 상자에 담아서 집으로 옮겨오셔서 겨울부터 이른봄까지 간식으로 잘 먹었습니다.

호** 작년에 금향이 사다 심었는데 진짜 꿀이 흘러요. 옛날 고구마 맛이 난다고 아주 좋아하신 분이 생각나네요. 아직 조금 남았는데 마지막까지 알뜰히 먹어야지요. ^^

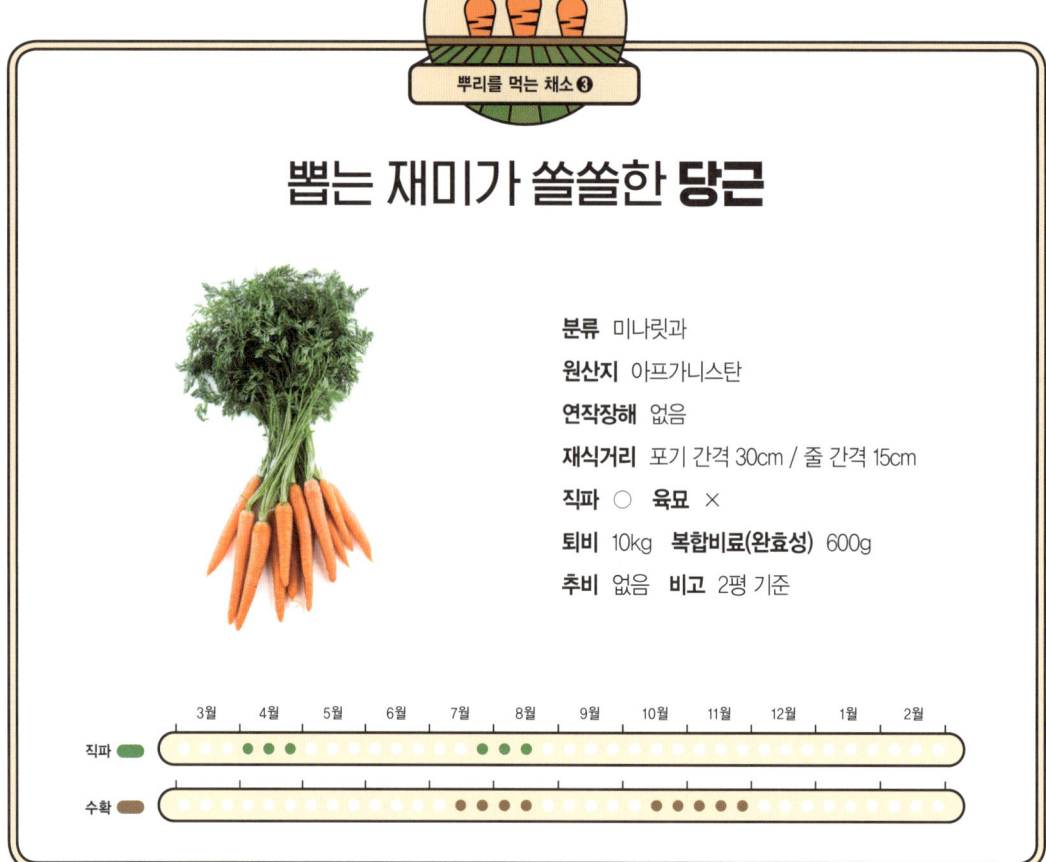

뽑는 재미가 쏠쏠한 당근

분류 미나릿과
원산지 아프가니스탄
연작장해 없음
재식거리 포기 간격 30cm / 줄 간격 15cm
직파 ○ **육묘** ×
퇴비 10kg **복합비료(완효성)** 600g
추비 없음 **비고** 2평 기준

당근은 베타카로틴을 함유하고 있는 대표적인 뿌리채소로, 우리나라에서 연중 먹는 채소입니다. 많은 음식에 들어가는 부재료이며 생식용, 주스용, 가공용으로도 많이 이용됩니다. 발아온도는 15~20℃로 선선한 기후를 좋아하지만, 높은 온도에서도 비교적 견디는 힘이 강합니다.

당근은 크게 봄재배와 가을재배로 나눕니다. 봄재배는 4~5월 중에, 가을재배는 7~8월에 파종합니다. 발아율이 60% 미만으로 낮아 싹 틔우기가 까다롭지만 일단 발아되면 특별한 충해가 없어서 무난하게 재배할 수 있습니다. 그러나 열근현상과 뿌리가 갈라지는 가랑이 당근이 많이 발생하는 작물이기도 합니다.

눈과 입이 즐거운 컬러 당근

당근 하면 일반적으로 주황색 당근을 떠올립니다. 그런데 항암과 항산화에 효능이 뛰어난 것으로 알려진 안토시아닌과 라이코펜 성분을 다량 함유한 보라색 당근과 노란색 당근도 있습니다. 주황색 당근보다 단맛이 뛰어나고 보기에도 좋은 컬러 당근을 심으면 텃밭이 알록달록 아름답겠네요.

보라색 당근 (자료 : 아시아종묘)

당근밭 만들기

당근은 뿌리가 곧게 뻗는 작물이므로 깊이 갈아야 합니다. 특히 돌이 있으면 뿌리가 갈리지므로 작은 돌 하나라도 다 골라내야 합니다. 토양에 수분이 너무 많으면 뿌리가 거칠어지고, 너무 건조하면 잘 자라지 못하므로 멀칭재배를 하기도 합니다. 이 책에서는 비멀칭재배 위주로 설명합니다.

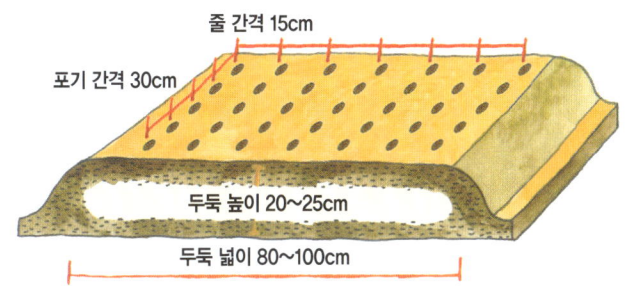

당근밭 만들기

당근 씨 뿌리기

뿌리채소의 기준은 직파라고 했습니다. 당근은 특히나 옮겨심으면 안됩니다. 또 발아율이 60% 미만으로 낮은 편이므로 씨앗을 다소 빽빽이 뿌립니다. 당근은 광발아종자라서 너무 깊게 묻으면 발아가 안되기 때문에 흙은 빛이 투과될 수 있을 정도로 살짝만 덮어 줍니다. 당근은 봄재배용과 가을재배용 씨앗이 따로 있습니다. 바꿔서 뿌려도 문제없다는 주장도 있지만 씨앗이 없어서 불가피한 경우 말고는 굳이 바꿔서 뿌릴 이유는 없다고 봅니다.

제 경우 봄재배는 기온이 낮아서 발아가 다소 늦었지만 발아하는 데 별다른 문제는 없었습니다. 그러나 가을재배는 비가 많이 와서 두둑의 흙이 쓸려내려가면서 씨앗이 함께 유실되기도 했습니다. 또한 어린 싹들이 쓰러지는 일도 종종 발생했습니다.

당근 싹

폭우에 쓰러진 당근 싹

당근 솎아주기

통상 당근은 3차에 걸쳐 솎아주는데 본잎이 2~3장 나올 때부터 시작해 본잎이 5~6장이 되면 솎음을 완료합니다. 그러나 시기에 맞춰 솎아주기란 쉽지 않습니다. 형식에 얽매이다 보면 농사가 힘들어집니다. 너무 늦지 않게만 솎아주면 됩니다. 점차적으로 솎아주면서 줄 간격이 15cm 정도가 되도록 합니다.

솎음 전

2차 솎음 후

최종 솎음 후 줄 간격은 15cm 정도

간격이 너무 가까운 당근

당근 북주기

당근은 자라면서 뿌리가 굵어지고 윗부분이 흙 위로 치솟아 올라오는데 그대로 두게 되면 노출된 부분이 녹색으로 착색되기 때문에 북주기를 해줘야 합니다. 북주기는 뿌리가 굵어지는 시기마다 하며, 통상 3~4회 정도 합니다. 그러나 잎이 우거지고 아래 잎이 늘어지기 때문에 북주기가 쉽지는 않습니다.

북주기는 3~4회 정도 한다

당근의 병해

당근의 주요 병해는 무름병입니다. 전 생육기에 발생하며 뿌리 상부부터 시작해 아래쪽으로 썩어 내려갑니다. 세균성 전염병으로, 고온다습하고 토양에 수분이 많은 경우 발병이 심합니다. 저장 중에 발병하기도 합니다. 무름병은 토양과 밀접한 관계가 있습니다. 제가 2년간 무름병 피해를 입었는데 밭을 다른 곳으로 옮기고부터는 피해가 없었습니다.

무름병 피해를 입은 당근은 심한 악취가 난다

당근 수확하기

당근 수확기는 다음과 같습니다.

▶ 조생종 : 파종일로부터 70~80일
▶ 중생종 : 파종일로부터 90~100일
▶ 만생종 : 파종일로부터 110~120일

수확시기에 다다른 당근은 잎이 무성하다

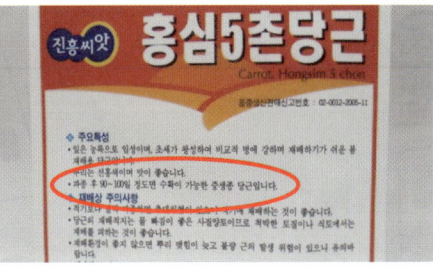

당근 재배 정보

　내가 심은 당근이 조생종*인지 중생종**, 만생종***인지는 씨앗의 봉투를 보면 알 수 있습니다. 파종일자를 역계산해보면 수확시기가 가늠이 됩니다. 다른 방법으로는 맨 가장자리 잎이 늘어지면서 땅에 닿을 때부터 수확하는 것이 있습니다. 그렇지만 잎이 우거지고 서로 엉켜서 이를 판단하기가 쉽지 않습니다. 제일 좋은 방법은 당근을 1~2개 뽑아보는 것입니다.

　그런데 노지 당근은 100개를 수확한다고 가정했을 때 미끈한 당근은 많아야 50개 정도이고 나머지는 열근현상, 가랑이 당근, 털복숭이 당근, 헐크 당근입니다. 수고에 비해 얻는 게 크지 않아 불만이 많은 작물입니다. 특히 뿌리가 갈라지는 열근현상은 노지재배에서는 피해갈 수가 없습니다. 감수해야 합니다.

• **조생종** : 같은 종류의 작물 중에서 일찍 성숙하는 품종.
•• **중생종** : 같은 종류의 작물 중에서 자라는 데 걸리는 시간이 중간 정도에 속하는 품종.
••• **만생종** : 같은 종류의 작물 중에서 자라는 시간이 길어 늦게 성숙하는 품종.

열근현상

뿌리가 갈라지는 가랑이 당근

당근은 고온에 추대가 됩니다. 봄재배의 경우 수확이 늦으면 꽃을 피우는데, 꽃을 피운 당근의 뿌리는 먹을 수 없습니다. 왜 그럴까요? 바로 아래 사진처럼 되기 때문입니다. 이를 심 또는 뼈대가 박혔다고 말합니다. 뼈대 부분은 칼도 안 들어갈 정도로 딱딱해 먹을 수 없기 때문에 폐기해야 합니다.

추대가 된 당근

뼈대가 박힌 당근

당근 저장하기

당근은 저장성이 뛰어난 작물 중 하나입니다. 저장 조건은 0℃, 습도 93%이며, 가정에서는 냉장고에 보관하는 것이 가장 무난합니다. 습기가 날아가지 않게 신문지에 싸두면 5~6개월 정도 저장할 수 있습니다. 당근은 추위에 강한 작물이어서 서리를 맞아도 괜찮기 때문에 서둘러 수확할 필요는 없습니다. 늦가을에 수확한 당근은 움저장하면 봄까지 거뜬하게 갑니다.

움저장은 수확한 작물을 얼지 않게

당근 움저장

저장할 목적으로 땅을 판 후 그 안에 보관하는 것을 말합니다. 물이 고일 수 있으므로 뚜껑 있는 통에 담아 묻는 게 좋으며, 많은 양의 당근을 저장해야 하는 경우에 적당합니다. 옛날 김장 담근 항아리를 땅에 묻는 것과 같다고 볼 수 있습니다. 양이 적은 경우에는 스티로폼 상자에 넣어서 서늘한 베란다에 두어도 됩니다.

필자의 당근 재배 기록

봄재배		가을재배	
2013.4.16	직파(줄뿌림)	2013.7.26	직파(줄뿌림)
2013.4.30	발아 시작	2013.8.06	발아 시작
2013.5.15	솎음 1차	2013.8.27	1차 솎음
2013.5.23	솎음 2차	2013.9.05	2차 솎음
2013.5.30	솎음 3차	2013.10.01	1차 수확
2013.6.4	솎음 4차	2013.11.10	아주수확
2013.7.7	1차 수확		
2013.7.10	아주수확		

당근, 특히 봄 당근은 너무 크게 키우지 않는 것이 좋습니다. 조금 더 키울 욕심으로 수확시기가 지나도록 뽑지 않으면 오히려 열근현상만 더 발생하고 식감도 떨어지며 심이 박히거나 뿌리 끝이 썩는 경우도 있습니다.

날** 당근 뿌렸는데 발아율이 저조하네요. 키우기 쉬운 줄 알았는데 의외로 까다로워 보입니다.

흑** 당근이 짜증날 만큼 안됩니다. 3년째 당근은 구경도 못하고 작년에야 겨우 이파리 뜯어먹는 걸로 만족했습니다. 근데 이건 뭐! 올해는 1봉지를 다 뿌렸건만 지금까지 새싹도 못 봤습니다. 아~ 속 터져!

하** 제가 봄 당근 심어서 빽빽이 싹이 나니깐 옆지기 할머니께서 몇 개만 옮겨심게 달라고 하시더군요. 그래서 뿌리채소는 옮기면 가랑이 당근이 된다고 설명을 해드렸더니 그런 경험이 있으신 모양입니다. 왜 그랬는지 이제야 알 것 같다고 하시더군요. 뿌리채소, 무조건 직파 합시다. ^^

크** 동네 땅마다 특색이 있는 것 같습니다. 저희 땅은 배추농사나 고추농사는 잘되는데 당근은 심었다 하면 무르는 게 많네요. 비트는 잘되는데. 동네 할머님들 말에 의하면 이 동네는 당근과 토마토는 했다 하면 망하는 땅이라고 합니다.

뿌리를 먹는 채소 ❹

심심풀이 땅콩

분류 콩과
원산지 브라질
연작장해 2년
재식거리 포기 간격 25~30cm / 줄 간격 40cm
직파 ○ **육묘** ○
퇴비 20kg **복합비료(완효성)** 600g
추비 없음 **비고** 2평 기준

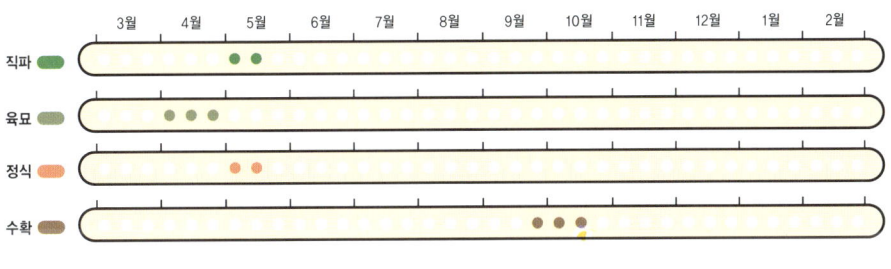

땅콩은 기온이 18~20℃ 정도가 되었을 때 파종해야 발아가 잘됩니다. 너무 일찍 파종하면 발아가 더디고, 발아해도 온도가 낮으면 생육이 불량하며 그 후의 생육에도 장애를 받을 수 있습니다. 한편 너무 늦게 심어도 생육기간이 짧아지면 빈 꼬투리와 덜 여문 꼬투리가 많아져 수확량이 떨어집니다. 직파할 경우에는 5월 상순경이 좋으며, 육묘기간은 20~30일 정도입니다. 통상 추비는 하지 않습니다.

땅콩밭 만들기

땅콩은 물이 잘 빠지고 해가 잘 드는 사질토에서 잘됩니다. 굼벵이 피해를 막기 위해서 토양살충제를 뿌린 후 깊이 갑니다. 멀칭 또는 비멀칭재배를 하며 멀칭재배시 땅콩 전용 비닐을 사용하기도 합니다.

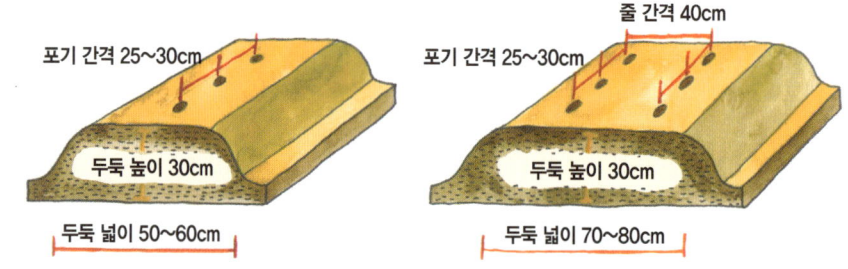

땅콩밭 만들기

땅콩 심기

포기 간격은 25~30cm, 2줄심기는 엇갈려 심어 공간을 확보해줍니다. 구멍을 뚫고 물을 충분히 줍니다. 심는 깊이는 4~5cm 정도이고, 땅콩 2~3개를 넣고 흙을 덮어줍니다. 물에 8시간 정도 불린 다음 심으면 발아를 앞당길 수 있습니다.

 싹이 나면 제일 튼튼한 싹 1~2포기를 키웁니다. 참 애매하죠? 그러나 농사에는 정답이 없습니다. 1포기를 키울 것인지 2포기를 키울 것인지 선택은 본인의 몫입니다. 저는 1포기만 키웁니다.

5월 8일 파종

5월 23일 싹이 나기 시작

멀칭비닐 제거

땅콩은 특이한 방법으로 번식합니다. 꽃이 피고 수정이 되면 씨방에서 가느다란 줄기가 자랍니다. 이 줄기를 자방병(子房柄)이라고 합니다. 끝이 뾰족한 이 줄기가 흙 속으로 파고 들어야 꼬투리가 생깁니다. 이런 모습을 보고 땅콩은 낙화생(落花生)이라고 합니다. 그래서 자방병이 발생하기 시작하면 비닐을 제거해줘야 하며, 제거하지 않을 경우 자방병이 비닐을 뚫지 못해 결실을 볼 수가 없습니다. 경험상 꽃이 피기 시작할 때 비닐을 제거하는 것이 좋았습니다.

7월 17일 자방병 발생

자방병이 발생하기 전에 비닐을 제거해야 수월하다

▶ Q : 멀칭하기도 힘든데 꼭 비닐을 제거해줘야 합니까?
▶ A : 앞에서 설명했듯이 비닐을 제거해줘야 자방병이 땅속으로 침투해서 열매가 달립니다. 이게 번거롭다면 비멀칭재배를 하는 방법이 있습니다. 물론 그러면 풀관리와 수분관리를 해야 합니다. 멀칭이냐 비멀칭이냐, 결국 본인의 선택입니다.
▶ Q : 땅콩 전용 비닐이 있다고 하던데요?
▶ A : 투명 또는 검은색 멀칭비닐이 있는데 잡초관리 측면에서 검은색이 좋습니다. 투명비닐은 지온을 높여 발아가 빠르다는 장점이 있지만, 빛이 투과돼 풀이 자라는 단점이 있습니다.

땅콩 북주기

땅콩농사의 성패는 북주기에 달려 있습니다. 자방병이 땅속에 잘 침투할 수 있도록 북주기를 해주면 많은 수확을 얻을 수 있습니다.

북주기는 꽃이 모두 진 후에 하는 것이 좋다

줄기가 부러지거나 꺾이지 않게 양옆으로 벌려준다

고랑의 흙을 퍼서 두툼하게 덮어준다

다른 방법으로는 호미 등으로 주변의 흙을 모아서 밑동에 두둑하게 덮어주기도 합니다. 그러나 북주기는 통상 장마와 겹치기 때문에 시기를 맞추기가 쉽지 않습니다.

땅콩의 병충해

땅콩에 해를 가하는 주요 해충에는 굼벵이가 있습니다. 굼벵이가 많은 밭에서는 밭 만들 때 또는 비닐 제거 후 살충제를 살포합니다. 굼벵이를 무시하면 빈 쭉정이만 수확하게 될 수도 있습니다.

검은무늬병은 8월 중순경부터 발병하는데, 아래쪽 잎에서 시작해 위쪽 잎으로 전염되며 잎이 낙엽화됩니다. 병원균이 균사로 토양에서 활동하는데, 대책으로는 이어짓기를 피하고 좋은 퇴비를 사용하는 방법이 있습니다. 그랬다고 안전이 보장되는 것은 아니며, 피해가 심한 경우 살균제를 살포해야 합니다. 저는 경험상 무시해도 될 정도였고 살균제를 사용해본 적은 없습니다.

땅콩의 주요 해충 굼벵이

검은무늬병

땅콩 수확하기

땅콩 수확은 직파한 경우 150일 정도이며 통상 9월 하순부터 수확을 시작합니다. 잎이 노래지기 시작할 때 몇 뿌리 캐보아 꼬투리 겉면에 그물무늬가 깊고 뚜렷해졌으면 수확합니다. 수확이 늦거나 비가 많이 와서 토양이 습할 경우 꼬투리에서 싹이 나기도 합니다.

땅콩 재배에 적합한 토양은 사질토라고 했습니다. 물빠짐이 좋기 때문도 있지만 땅콩을 캐기 쉬운 이유도 있습니다. 점질토에서는 수확하는 과정에서 땅콩이 죄 끊어지기 때문에 보물찾기를 해야 하는 일이 생깁니다.

땅콩 수확은 9월 하순부터   수확이 늦으면 싹이 난다

꼬투리가 끊어지지 않고 줄기에 붙어 있게 캐자   그물무늬가 뚜렷한 땅콩만 수확한다

캔 땅콩은 줄기째 한데 모아서 덜 여문 것, 썩거나 벌레 먹은 것을 골라내고 잘 여문 땅콩만 땁니다. 그런데 땅콩이 그렇습니다. 버리기 아까워서 다 따오는데 결국에는 버리게 됩니다. 애매한 것은 과감히 버리는 게 좋습니다.

수확한 땅콩은 잘 씻은 다음 흔들었을 때 씨앗 흔들리는 소리가 날 정 말리는 과정에서 쭉정이나 썩은 것을 다시 골라낸다. 이후 서늘하고
도로 잘 말린다   통풍이 잘되는 곳에 보관한다

수확기에 다다른 땅콩은 새나 쥐에 피해를 입기도 합니다. 그래서 이에 대한 대비도 해야 합니다. 새의 공격은 반짝이는 줄을 매주면 어느 정도 막을 수 있습니다. 쥐의 공격은 그물망을 씌우는 방법 정도가 있는데 효과는 그리 크지 않습니다. 쥐가 교묘히 망 밑으로 들어가서 피해를 주기 때문입니다. 이 밖에 고라니나 멧돼지의 피해가 예상되는 밭은 근본적으로 울타리를 쳐야 합니다. 만약 울타리를 치지 못할 형편이라면 재배하지 않는 것이 좋을 겁니다. 이들이 입히는 피해는 우리가 생각하는 것보다 큽니다.

오** 작년에 수확 직전에 새들에게 상당량 헌납한 쓰라진 기억이 있습니다. 새들이 얼마나 먹었는지 고랑에 껍질이 수북하더군요. 올해는 망을 씌워볼까 생각 중입니다.

동** 작년엔 비멀칭으로 했다가 긴 장마 폭우로 흙이 다 쓸려내려갔더랬지요. 그래서 올핸 멀칭으로 했는데, 그걸 벗겨줘야 하는군요. 아이고 소리가 절로 나옵니다.ㅠㅠ

유** 땅콩은 심기도 쉽고 기르기도 편한데다가 저장하기도 좋아 내년엔 더 많이 심으려고 하는데요. 문제는 잘 여문 걸 골라 따야 하는 게 사람 잡습니다.ㅠㅠ

달** 8월까진 땅콩농사가 제일 편하구나 했는데 밭이 산과 가까워서 그랬는지 온갖 새, 두더지, 고라니가 다 파헤치고. 정말 땅콩 1알 없는 줄기만 수확했네요.ㅠㅠ

하** 저는 땅콩 안 심어요. 심고 수확하기 전에 까치들이 재주 좋게 따가요. 줄기는 싱싱해도 캐보면 까치가 먼저 시식을 하고 갔더군요.ㅠㅠ

뿌리를 먹는 채소 ⑤

울금 농사는 거저 먹기

분류 생강과
원산지 열대 아시아
연작장해 없음
재식거리 포기 간격 30cm / 줄 간격 30cm
직파 ○ **육묘** ×
퇴비 20kg **복합비료(완효성)** 600g
추비 없음 **비고** 2평 기준

'신이 내린 식재료', '밭에서 나는 황금'이라고 불리는 울금은 생강과에 속하는 다년생 식물입니다. 주 성분인 커큐민은 울금의 노란 빛깔을 만드는 성분으로, 카레의 원료로 쓰이며 당뇨, 고혈압 같은 심혈관질환과 치매 예방에 효과적입니다. 염증이나 종양 성장을 억제하는 항염, 항암 작용이 뛰어나 최근에는 항암 치료에도 사용되고 있습니다. 또한 병충해가 전혀 없고 도복이 없어 손이 거의 안 가는 착한 작물 중 하나입니다.

울금 종자 준비

재배농가가 많지 않은 울금은 종자를 구하기가 쉽지 않습니다. 종묘상에서도 볼 수가 없습니다. 그래서 종자는 인터넷을 통하거나 주변 농가에서 얻어야 합니다. 그런 후 수확한 작물의 일부를 남겨서 종자로 사용합니다.

울금밭 만들기

울금은 배수가 잘되고 일조량이 풍부하며 통풍이 잘되는, 약간 습기 있는 토양이 좋습니다. 1줄심기가 좋고, 포기 간격은 30cm로 합니다. 생육기간이 길어 멀칭재배가 좋으며 통상 추비를 하지 않기에 밑거름을 넉넉하게 넣어줍니다.

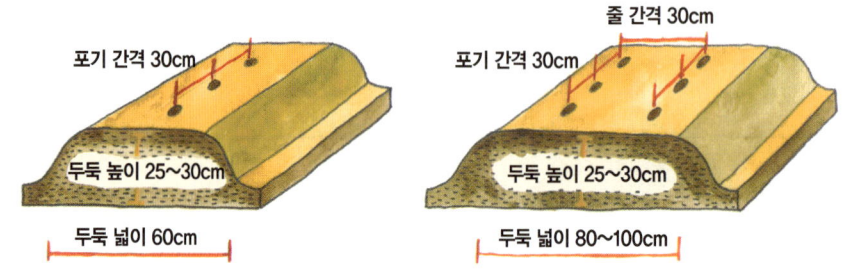

울금밭 만들기

울금 심는 시기

울금은 땅이 충분히 풀리는 5월부터 심습니다.(서울, 경기 기준) 빨리 심었다고 해서 싹이 빨리 나오지는 않으며, 지온과 기온이 충분히 올라가는 6월이 되어야 싹이 나기 시작합니다. 왜 싹이 안 나오나 애태우지 말고 마음을 비우고 기다리는 게 정신건강에 좋습니다. 제가 모종을 만들어보려고 4월 2일부터 육묘를 시작한 적이 있습니다. 그런데 5월 16일이 되도록 싹이 나오지 않아서 결국 직파를 해야 했습니다. 아까운 상토만 날렸습니다. 울금이 느려터졌다는 건 알았지만 이 정도일 줄은 몰랐네요.

울금 자르기

울금은 아래 사진처럼 생겼습니다. 저걸 다 심는 게 아니라 적당한 크기로 잘라서 심습니다. 1조각이 엄지손가락만하게 잘라서 심으면 됩니다. 그런데 울금을 자르다 보면 크기가 제각각이라서 고민이 많아지는 게 사실입니다. 너무 크기에 연연하지 말고 조금 큼직하다 싶게 자르면 됩니다. 울금은 발아가 느려터진 작물이라고 했습니다. 생육기간을 조금이라도 확보하기 위해서는 발아기간을 단축시키는 것이 좋습니다.

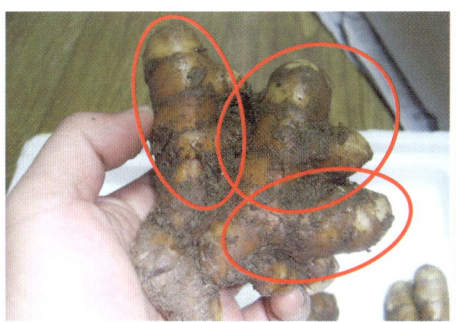
울금은 적당한 크기로 떼어서 심는다

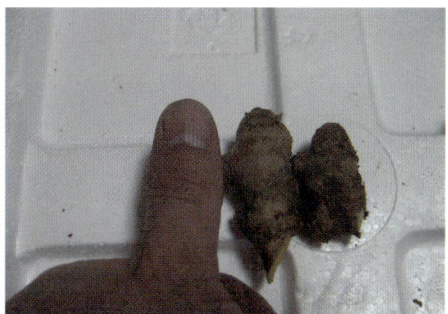
엄지손가락 크기 정도가 좋다

울금 촉 틔우기

◀ 3월 29일 : 스티로폼 상자에 울금 깔고 흙 덮고, 울금 깔고 흙 덮고, 흙이 마르지 않게 물을 준 후 뚜껑을 닫습니다. 그리고 따뜻한 실내에 둡니다.

◀ 5월 6일 : 3월 29일에 작업을 했는데 5월 6일 파종하려고 보니 저만큼 촉이 나왔습니다. 촉이 올라오기까지 무려 1달 넘게 걸린 것입니다. 정말 느리지요?

울금 파종하기

울금의 재식거리는 30cm 정도로 하며 1줄 또는 2줄로 심습니다. 싹이 날 때까지는 수분이 중요하므로 구덩이에 물을 충분히 준 후 촉이 위로 가게 세워서 심습니다. 흙은 2~3cm 정도 덮어줍니다.

울금 재배과정

◀ 6월 초순 : 싹이 하나둘씩 올라오고 있습니다.

◀ 6월 중순 : 날개를 펴기 시작합니다. 칸나 같지요?

◀ 7월 하순 : 많은 비가 오는 시기이지만 쓰러지지 않기 때문에 북주기나 줄매기를 하지 않아도 됩니다. 또한 병충해가 없어서 가물지 않게 수분관리만 해주면 됩니다.

◀ 8월 상순 : 밑둥에서 새로운 싹이 계속 올라오지만 제거하지 않습니다. 멀칭재배의 경우 구멍을 넓혀 비닐에 눌려 있는 싹을 꺼내줍니다.

◀ 8월 중순 : 한낮의 뜨거운 햇볕에는 잎을 말고 있습니다. 일조량을 조절하는 것 같습니다.

◀ 9월 중순 : 울금 꽃이 피었습니다. 울금농사의 소소한 기쁨 중 하나는 울금 꽃입니다. 울금 꽃은 9월 중순에 피어 10월 초순까지 볼 수 있는데, 잎과 줄기에 가려 잘 관찰하지 않으면 볼 수 없습니다. 경험상 울금 꽃은 개화율이 5% 미만으로, 흔하게 피는 꽃은 아닙니다.

◀ 10월 중순 : 서리 맞고 생을 마감합니다. 울금은 서리를 맞아도 별 문제는 없습니다. 그렇다고 한겨울에 캐도 된다는 얘기는 아니며, 땅이 얼기 전에 수확하는 것이 좋습니다.

울금 수확하기

울금은 호미로 캘 수 없기 때문에 뽑거나 삽으로 캐야 합니다. 안 뽑히는 토양에서는 삽으로 널찍이 흙덩어리째 뜬 후 흙을 털어냅니다.

다듬는 일은 되도록 밭에서 하고 세척은 집에서 하는 것이 좋습니다. 제가 시간이 없어서 줄기째 집에 가져와서 다듬은 적이 있는데, 옮기기도 힘들었고 거실에 흙 떨어지고 난리도 아니었습니다.

10월 하순 수확. 울금은 삽으로 캔다

다듬는 일은 밭에서, 세척은 집에서 한다

울금은 잘 안 씻어집니다. 조각 사이에 낀 흙은 여간해서는 씻기지 않습니다. 아깝지만 조각을 자르거나 부러뜨려야 깨끗하게 씻을 수 있습니다.

울금과 뿌리의 모습

조각을 잘라내야 깨끗이 흙을 씻을 수 있다

울금 갈무리

울금은 생으로 먹거나 말린 다음 먹는 방법이 있습니다. 생으로 먹을 때는 울금을 얇게 썰거나 채를 친 후 꿀 또는 각설탕에 재어둡니다. 울금주를 담기도 하며, 울금 엑기스를 만들어 먹을 수도 있습니다. 말려서 먹을 때는 음료수로 끓이거나 가루를 내어 여러 음식에 활용합니다.

커큐민이 많이 축적된 울금일수록 색이 진하다

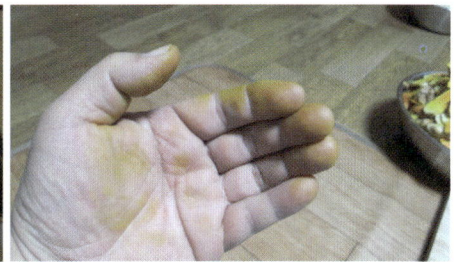
울금을 손질하면 손에 노란 물이 드는데 하루이틀 지나면 지워진다

울금 종자 보관하기

울금의 보관 온도는 10~12℃ 정도를 유지하는 것이 좋습니다. 추운 곳에 두면 얼어서 썩어버립니다. 종자용 울금은 스티로폼 상자에 보관하는 것이 무난합니다. 신문지에 싸서 두어도 되고 그냥 두어도 됩니다. 뚜껑을 덮어 울금 자체의 수분이 날아가는 것을 막아줍니다. 간혹 수분이 날아가 쪼그라들기도 하는데 종자로서는 아무 문제 없습니다. 가정에서는 춥지 않은 거실 한켠에 두는 것이 무난합니다.

울금 종자 보관은 스티로폼 상자에 넣어 거실에 두자

필자의 울금 재배 기록

2012년	3.19	5.6	6.1	6.7	11.2
	촉 틔우기	직파	싹 출현	날개를 펴다	수확
2013년	3.25	5.12	5.31	6.7	11.10
	촉 틔우기	직파	싹 출현	날개를 펴다	수확

겸** 울금 재배 2년차입니다. 울타리 삼아 조금씩 심고 있는데 수확이 생각보다 많아요. 울금은 착한 작물입니다. 병충해 없고 비 많이 와도 안 쓰러지고. 울금 작년에는 엑기스 담아서 거의 다 먹었고요, 올해는 잘 말려서 분말로 만들어 요리할 때 모든 음식에 넣어 먹어요. 특히

행**   삼겹살, 생선 구을 때 살살 뿌려서 사용합니다. 그리고 물도 끓여서 먹으려고 합니다.

행**   11월 8일 울금 캤습니다. 울금 잎이 병든 것으로 오인해 수확량이 적을 줄 알았는데 그렇지 않아 기분이 좋았습니다.^^ 캐면서 이웃 분들께 나눔도 많이 해드렸습니다 내년에 심을 종자만 남겨두고 건조기에 말리고 있습니다. 물 끓여 먹으려고요.^^;

날**   처음 심는 울금 5월 초에 심었는데, 1달이 되어가는데 싹이 안 나서 불안했는데 원래 오래 걸리는군요.ㅠㅠ 엄마가 콩 심는다는 거 제치고 울금 심었는데.^^;

봄**   울금은 새싹도 예쁘지만 날개를 펴니깐 더 예쁘고, 울금 꽃은 더 예쁩니다. 집에서 화분에 1포기쯤 관상용으로 키워도 좋겠어요.ㅋㅋ

버**   종자용 울금을 지인께 나눔 받았습니다. 플라스틱 통에 흙과 함께 묻어서 따뜻해 보이는 베란다에 두었더니 모두 죽었습니다.ㅠㅠ

뿌리를 먹는 채소 ❻

땅속의 배 야콘

분류 국화과
원산지 남아메리카
연작장해 없음
포기 간격 50cm
직파 × **육묘** ○
퇴비 20kg **복합비료(완효성)** 600g
추비 없음 **비고** 2평 기준

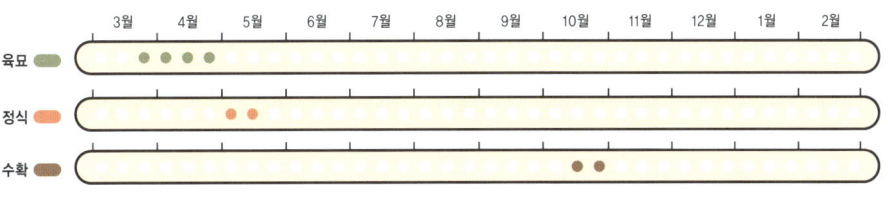

야콘은 '땅속의 배'로 불리기도 합니다. 고구마와 비슷하게 생겼고, 참마와 배의 중간 정도 맛이 납니다. 야콘은 불과 몇 년 전만 해도 우리에게 생소한 농산물이었지만 웰빙 시대를 맞아 많은 이들이 찾는 식품이 되었습니다. 콜레스테롤 감소 등 성인병 예방에 도움이 되는 작물로, 특히 당뇨, 골다공증 예방, 변비 치료, 동맥경화 예방에 효과가 있는 것으로 알려져 있으며, 다이어트 식품으로도 인기가 많습니다.

야콘

야콘 육묘하기

야콘은 직파를 하기도 하지만 싹이 나지 않는 경우가 많고 생육기간을 확보하기 위해 육묘를 하는 것이 좋습니다. 대부분의 농가에서 육묘를 합니다. 야콘의 육묘기간은 30~40일 정도이며, 햇볕을 충분히 봐야 웃자라지 않습니다.

야콘은 육묘를 하는 게 좋다

야콘 모종

야콘밭 만들기

두둑은 넓고 높게 만듭니다. 생육기간이 길어 멀칭재배가 좋으며, 두둑 넓이는 60~70cm, 두둑 높이는 30cm 이상, 포기 간격은 50cm로 하고 1줄심기가 관리하기에 좋습니다. 추비를 하지 않으므로 밑거름을 넉넉히 넣어줍니다. 퇴비 20kg, 완효성 복합비료 600g을 넣고 깊이 갈아줍니다.

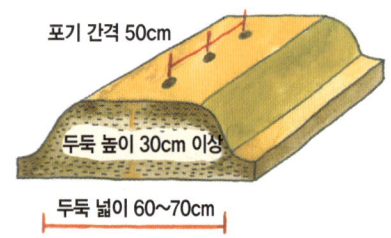
야콘밭 만들기

야콘 옮겨심기

서리 피해가 없는 한 최대한 일찍 파종하면 생산량이 늘어납니다. 통상 늦서리가 지난 5월부터 옮겨심기를 하며 재식거리는 50cm 정도로 합니다. 두둑에 모종 크기만큼 구멍

을 뚫은 후 물을 충분히 줍니다.

5월 5일 : 육묘시 싹이 2개가 올라오면 다 키워도 된다

야콘 재배과정

◀ 6월 중순 : 기온이 높고 일조량이 많은 여름으로 접어들면서 잎이 무성하게 자라기 시작합니다.

◀ 7월 중순 : 비가 많이 왔지만 쓰러지거나 잎이 짓무르지 않았습니다.

◀ 8월 중순 : 간헐적으로 꽃을 피웁니다. 꽃의 크기는 500원짜리 동전만하며 제거하지 않습니다.

◀ 8월 하순 : 태풍이 불었지만 쓰러지지 않았습니다.

◀ 9월 하순 : 키가 2m에 육박합니다. 통행로 확보를 위해서 옆줄을 매고 야콘 잎을 수확하기 시작했습니다.

◀ 10월 중순 : 첫서리를 맞고 생을 마감합니다.

야콘의 생리장해

야콘은 특별히 손이 가는 게 없는 작물입니다. 비바람에 쓰러지지 않으므로 지지대를 해주지 않아도 되며 곁순도 제거하지 않아도 됩니다. 다만 잎줄기가 우거져 통행에 지장을 주기 때문에 옆줄을 매주는 경우가 있습니다. 9~10월은 덩이뿌리가 비대해지는 시기이므로 수분관리에 신경을 써야 합니다. 그러나 이 시기에 비가 많이 오면 과습으로 인한 피해나 열근현상이 나타나므로 수분이 일정하게 유지되도록 신경을 씁니다.

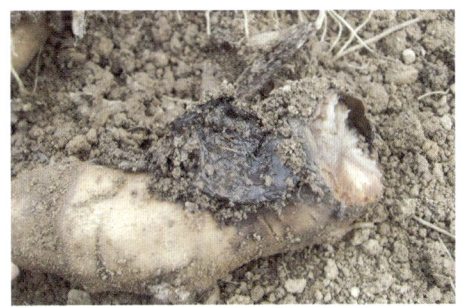
과습으로 덩이뿌리가 썩은 야콘

열근현상을 보이는 야콘

야콘의 해충

야콘에는 특별한 해충은 없으나 가끔 온실가루이가 발생하기도 합니다. 온실가루이는 아주 작으며 날아다닙니다. 주로 통풍이 나쁠 때 발생하며, 잎에 붙어서 즙액을 빨아먹습니다. 그러나 제 경우 이들이 입힌 피해는 미미했고 이로 인해 작물의 생육이 크게 나빠지지는 않아서 무시해도 될 정도였습니다.

온실가루이

야콘 잎

야콘은 덩이뿌리를 먹는 작물이지만 잎에도 효능이 많아서 좋은 음식 재료로 사용됩니다. 우선 연한 야콘 잎을 채취합니다. 먹기 좋은 야콘 잎의 크기는 손바닥보다 크지 않은 것이 좋습니다. 야콘 잎은 쓴맛이 강해서 그냥 먹기는 힘듭니다. 끓는 물에 살

손바닥보다 작은 연한 잎을 채취한다

짝 데쳐서 1~2일 정도 쓴맛을 우려낸 후 무쳐서 먹거나, 말린 후 차로 마시거나 가루를 냅니다. 혹은 묵나물로 먹기도 하는 등 활용 범위가 넓습니다. 야콘 잎은 쌉싸름하고 두릅 맛도 나고 취나물 맛도 나는 게 뭐라 꼬집어 말할 수 없는 오묘한 맛이 납니다. 야콘

잎을 너무 일찍 채취하면 생장에 영향을 주므로 9월 중순부터 각 포기에서 조금씩 따는 것이 좋습니다.

야콘 수확하기

야콘은 서리 전에 수확한다는 의견이 많지만 첫서리 이후 수확해도 문제는 없습니다. 우선 줄기와 멀칭비닐을 제거합니다. 야콘은 호미로 캘 수 없기 때문에 삽으로 떠서 뒤집은 후 흙을 털어냅니다. 이때 덩이뿌리가 부러지거나 다치지 않게 합니다.

삽으로 흙째 뜬다

덩이뿌리가 상하지 않게 조심히 다룬다

야콘 관아 채취

야콘은 덩이뿌리 사이에 붉고 둥근 것이 있는데 이것이 야콘의 종자인 '관아'입니다. 이 관아를 떼어낸 후 얼지 않게 보관했다가 종자로 사용합니다. 그런데 관아 떼어내기가 생각처럼 쉽지 않습니다. 칼이나 가위로는 힘이 많이 들어서 전지가위로 잘라보니 수월했습니다. 관아는 예쁘게 떼어지지 않습니다. 그냥 큼직하게 떼어내세요.

야콘의 관아

관아의 저장온도는 5℃ 정도가 적당하며, 가정에서는 스티로폼 상자에 보관하는 것이 무난합니다. 바닥에 신문지를 깔고 모래나 왕겨를 채웁니다. 공기가 약간 통해야 하기 때문에 완전히 밀폐하지는 말고, 빛을 가려 어둡게 해준 다음 너무 건조하지 않은 곳에 둡니다. 겨울에도 영하로 떨어지지 않는 베란다가 무난합니다.

이듬해 봄 파종시기가 다가오면 관아에서 촉이 먼저 나오고 싹이 납니다. 이를 육묘용 포트에 들어갈 정도의 크기로 떼어냅니다. 관아가 너무 크면 가장자리를 깎아내도 됩니다.

싹이 나기 시작하는 관아

육묘용 포트에 들어갈 만한 크기로 쪼갠다

야콘 후속하기

막 캔 야콘은 무보다 맛이 없습니다. 후숙을 해야 맛이 듭니다. 후숙하는 방법으로는 통풍이 잘되는 그늘에 2~3일 정도 두었다가 햇볕이 드는 곳으로 옮겨 다시 펼쳐놓는 방법이 있습니다. 그러면 속성으로 후숙이 되는데, 껍질이 쭈글쭈글해지면서 당도가 높아집니다. 너무 오래 두면 신선도가 떨어지기 때문에 3~4일 정도가 좋습니다. 이 과정이 번거롭다면 그늘에서 해도 되는데, 15일 정도 지나면 후숙이 됩니다. 결국 후숙은 물기를 말려 당도를 높이는 것으로, 선풍기 바람을 쐬어주면 기간을 단축할 수 있습니다.

후숙이 잘된 야콘은 칼로 깎기가 난감할 정도로 껍질이 쭈글쭈글합니다. 이때 당도가 제일 높으나 즙이 많지 않고 흐물거려 식감이 떨어지기 때문에 본인의 기호에 맞게 후숙기간을 정해도 됩니다. 저는 즙이 많으면서 식감이 좋은 것을 선호하기 때문에 중간 정도로 후숙을 합니다.

그늘에서 후숙 중인 야콘

야콘 보관하기

야콘은 시원한 곳을 좋아하는 작물로 적정 보관온도는 3~7℃, 저장기간은 약 4개월입니다. 가정에서는 밀폐용기나 비닐에 담아 냉장보관하거나, 종이상자에 담아 베란다나 다용도실에 얼지 않게 두며, 박스 덮개를 열어 통풍을 시켜줍니다. 간혹 통풍이 안되는 경우 껍질에 흰 곰팡이가 피기도 하는데, 버리지 말고 그 부분만 도려내고 먹으면 됩니다.

식** 야콘이 비싸기는 하죠. 근데 야콘 바로 먹으면 맛이 없고 한 보름 정도 숙성시키는 과정을 거치면 그나마 먹을 만합니다. 땅속의 배라고 하죠. ㅎㅎ

대** 야콘은 만성 변비이신 분들께 강추입니다. 진짜 뻥뻥 터져요. ㅎㅎ

안** 전 첫해에 거의 썩어서 정말 다 버리고 몇 개 건졌습니다. 25포기 심었는데 그래서 너무 실망한 나머지 작년에는 안 심었습니다. 하지만 올해는 다시 도전해보려고요. 배수가 문제인 것 같아 살짝 경사진 밭에다가 심으면 어떨까 생각합니다.

혹** 야콘! 키우기 무난하다고 하던데 전 잘 안돼서 또 심어야 할지 고민입니다.

겸** 작년에 이어 올해도 야콘농사 도전합니다. 작년에는 모종을 사다 심었는데 올해는 집에서 잘 키웠답니다. 정말 제가 생각해도 대견할 만큼 잘 자랐어요.

뿌리를 먹는 채소 ❼

천연 인슐린의 보고 뚱딴지

분류 국화과
원산지 북아메리카
연작장해 거의 없음
재식거리 포기 간격 35~40cm / 줄 간격 40cm 이상
직파 ○ **육묘** △
퇴비 10~15kg **복합비료(완효성)** 400g
추비 없음 **비고** 2평 기준

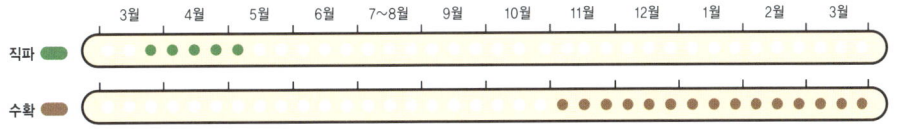

돼지감자라고도 부르는 뚱딴지는 이눌린이라는 성분을 갖고 있는데 이것이 혈당을 떨어뜨리는 작용을 합니다. 일정기간 복용하면 당뇨 합병증의 원인인 당화혈소의 수치를 낮춰주어서 최근 크게 각광받고 있습니다. 약물중독, 알코올중독의 치료제로도 사용됩니다.

뚱딴지는 독성이 없으므로 많이 먹어도 해가 없고, 식전 식후 아무 때나 먹어도 됩니다. 특히 식전에 먹으면 포만감을 느껴 다이어트에도 도움이 될 뿐만 아니라 변비에도 탁월한 효능이 있습니다. 그런데 먹을거리가 흔치 않았던 옛날에는 뚱딴지를 많이 먹지 말라고 했습니다. 뚱딴지를 먹으면 설사를 하는데 영양 섭취가 부족했던 옛날에는 이를 좋지 않은 일로 여겼기 때문입니다.

뚱딴지는 껍질만 떨어져도 싹이 난다고 할 정도로 번식력이 강하므로 다음해에 다른 작물을 심어야 할 경우 지긋지긋하게 뚱딴지 싹을 뽑아야 합니다. 뚱딴지를 심으면 밭을 버린다는 말은 이 때문에 나온 것 같습니다. 또한 키가 커서 다른 작물에 그늘 피해를 줍니다. 따라서 담장 주변 또는 작물을 심지 않는 자투리 땅에 심는 것이 좋습니다.

뚱딴지는 밭 한가운데 심으면 안된다

뚱딴지밭 만들기

통상 뚱딴지는 비멀칭재배를 합니다. 1구당 종자 2~3개를 10~20cm 정도 깊이로 묻어 줍니다. 포기 간격은 35~40cm 정도로 하며 비료를 주지 않아도 잘 자랍니다. 지난해 뚱딴지를 심었던 곳이라면 굳이 종자를 심지 않아도 됩니다. 미처 못 캔 것이나 캐다가 잘린 것이 남아 있다가 싹이 나기 때문입니다. 뚱딴지의 강한 생명력은 우리가 생각하는 것보다 대단합니다. 뚱딴지는 연작장해가 거의 없는 작물입니다. 그러나 매년 같은 곳에 심게 되면 품질이나 크기가 다소 떨어지기 때문에 새로운 밭에 심는 것도 좋습니다.

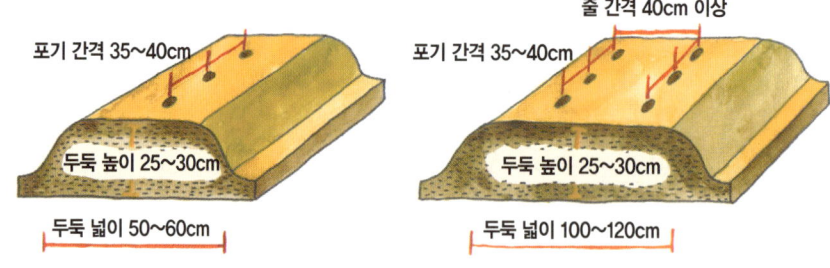

뚱딴지밭 만들기

뚱딴지 종자 구입

뚱딴지는 종묘상에서 팔지 않아서 종자를 구입하는 것이 쉽지 않습니다. 주변 재배농가나 재래시장에서 종자를 구할 수 있습니다. 뚱딴지는 크게 일반 뚱딴지(흰색)와 보라색 뚱딴지가 있으며, 알이 굵고 상대적으로 수확량이 많은 일반 뚱딴지를 많이 재배합니다. 보라색 뚱딴지가 효능이 더 좋다는 얘기가 있지만 입증된 것은 아닙니다.

일반적인 흰색 뚱딴지

뚱딴지 심는 시기

뚱딴지는 봄, 가을에 심는데 이 책에서는 봄파종을 기준으로 설명합니다. 뚱딴지는 탁구공처럼 작은 것은 그냥 심고 굵은 것은 씨눈이 3~4쪽이 되도록 잘라서 심습니다. 파종시기는 3월 하순부터 5월 상순경입니다. 날이 따뜻해지는 5월로 접어들수록 싹을 많이 틔우는데 이를 제거하지 않고 심으면 됩니다. 물론 제거해도 싹은 또 납니다.

뚱딴지 재배과정

◀ 싹이 나오기 시작하는 뚱딴지는 물렁거려서 먹기가 힘들지만 종자로 사용할 수 있습니다.

◀ 3월 24일 : 척박한 흙이라서 퇴비를 조금 넣고 한 구멍에 뚱딴지 3개씩 넣었습니다. 그러나 뚱딴지는 퇴비를 넣지 않아도 잘 자랍니다.

◀ 4월 30일 : 싹 출현. 자생력이 뛰어난 뚱딴지는 크게 손이 갈 일이 없는 작물입니다. 파종 후 가물지 않게 수분관리를 해줍니다. 그러나 수분관리를 안 해도 죽거나 잘못되지는 않습니다.

◀ 5월 10일 : 풀에 치이는 뚱딴지. 뚱딴지는 통상 비멀칭재배를 합니다. 이때 가장 힘든 것이 풀입니다. 1~2회 김매기를 하면서 풀을 매줍니다. 또한 지난해에 뚱딴지를 심었던 곳이라면 밀식재배 상태가 되므로 한곳에 너무 몰리지 않게 솎아줍니다.

◀ 5월 22일 : 야생의 본색을 드러내는 뚱딴지. 기온이 올라가기 시작하면 뚱딴지의 성장 속도가 빨라져 풀을 제압합니다. 뚱딴지는 병충해가 거의 없는 작물입니다. 그래서 우리나라에서 오랜 기간 번식하며 종을 유지하는 것 같습니다. 뚱딴지의 주 성분인 이눌린에는 살충 효과가 있어서 천연농약으로도 활용됩니다. 잎, 줄기, 뿌리에서 생즙을 내거나 삶아서 우려내 사용합니다. 하지만 효능에 대해서 연구된 것은 없습니다.

◀ 7월 27일 : 키가 2m 이상 자랍니다. 그러니 뚱딴지를 밭 한가운데 심으면 안되겠죠? 옛날에는 뚱딴지 덩이뿌리를 가축 사료로 쓰기 위해 밭 주변이나 집 근처에 심어 길렀는데 당뇨병, 알코올중독에 좋다고 알려지면서 재배하는 농가가 늘어나고 있습니다.

◀ 8월 28일 : 농사는 하늘이 반 짓는다고 합니다. 키가 큰 뚱딴지는 바람에 약합니다. 특히 태풍이라도 불면 쓰러지기 때문에 미리 줄을 매어주는 것이 좋습니다.

◀ 10월 1일 : 꽃의 향연이 펼쳐집니다. 거리에서 가을의 전령사는 코스모스이지만 텃밭에서 가을의 전령사는 뚱딴지 꽃입니다. 국화과인 뚱딴지 꽃은 참 예쁩니다. 개화기간은 15일 정도이며 청명한 가을 하늘과 잘 어울려 관상용으로도 손색이 없습니다.

◀ 11월 2일 : 생을 마감합니다. 뚱딴지는 첫서리를 맞아도 거뜬합니다. 그러나 날이 지속적으로 추워지면 잎과 줄기가 말라서 생을 마감하게 됩니다.

뚱딴지 수확, 보관하기

뚱딴지는 늦가을부터 이듬해 봄까지 수확하는데 조기수확이 목적이 아니라면 서둘러 캐지 않아도 됩니다. 오히려 봄에 캐는 것이 달달하고 맛이 더 좋습니다. 다만 봄에 수확할 경우 늦지 않게 수확해야 합니다. 싹이 나기 때문입니다.

뚱딴지는 수용성식물이라 푸석해지거나 물렁해져서 상온보관이 어렵습니다. 보관하려면 흙이 묻은 상태로 신문지에 싸서 5℃ 이하의 김치냉장고나 냉장실에 두면 됩니다. 물로 씻어 보관하면 빨리 시들어버리니 절대 물에 씻지 마세요.

싱싱한 뚱딴지를 먹는 제일 좋은 방법은 필요할 때마다 밭에서 캐다 먹는 것입니다만 겨울에는 땅이 얼어 쉽지 않습니다. 종자용은 흙이나 모래 속에 묻어서 보관하면 됩니다. 아니면 밭에 남겨두었다가 종자로 사용해도 됩니다. 저는 종자를 따로 보관하지 않고, 밭에 캐지 않고 남겨둔 것을 그대로 종자로 사용합니다.

뚱딴지 수확은 서두르지 않아도 된다

뚱딴지 갈무리

뚱딴지는 생으로 먹거나 엑기스, 샐러드, 조림, 부침, 튀김, 깍두기, 즙으로 이용합니다. 말려서 타지 않을 정도로 볶은 다음 차로 이용하기도 합니다.

뚱딴지 말리기

송** 드디어 뚱딴지 종자를 구했습니다. 오늘 모란장 서는 날이라 쉽게 구할 수 있을 줄 알았는데 시장을 다 누비고 다니다가 겨우 구했습니다. 변비에도 좋다고 하는데 효과가 있으면 좋겠습니다.

송** 뚱딴지는 엄청난 번식력을 자랑합니다. 2년 전 둑에 몇 개 심었는데 지금은 둑 전체가 뚱단지밭이네요. 꽃 피면 볼 만하답니다. ^^

새** 저는 생으로 몇 개 집어먹고 나머지는 엑기스로 담갔습니다. 충분히 숙성시켰다가 음료로 마시면 두고두고 먹을 수 있을 것 같아서요. ^^ 올해는 작년 해바라기 심었던 곳을 뚱딴지밭으로 바꿨습니다. 해바라기는 꽃은 예쁜데 별로 살림에 보탬도 안되고 해서 퇴출시키고, 요즘 대세인 뚱딴지로~~ㅎㅎ

초** 지난주에 뚱딴지 캤어요. 심은 것보다 10배는 넘게 수확했어요. 진짜 대박 대박 대박 사건이지요. ^^ 말린 건 방앗간에서 볶은 후 차로 마시려고 해요. 당뇨에 좋은 건 아직 모르겠고 변비에는 효과 있는 것 같아요. ^^

텃밭농사의 최고봉 무

뿌리를 먹는 채소 ❽

분류 십자화과 **원산지** 중앙아시아 (추정)
연작장해 3~4년
재식거리 포기 간격 45~50cm / 줄 간격 30cm
직파 ○ **육묘** × **퇴비** 20kg
복합비료(완효성) A방법 생략 / B방법 600g
추비 A방법 1~2회 / B방법 생략
비고 2평 기준

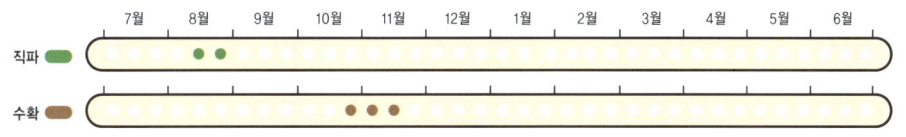

무는 크게 4월에 파종해서 6월에 수확하는 봄무와 8월 중하순에 파종해서 11월에 수확하는 김장무로 나눕니다. 이 외에 동치미무, 적색 무, 보라색 무, 검은색 무, 시래기무, 순무, 단무지무, 열무, 총각무 등이 있습니다. 봄무는 4월에 파종하고 날이 더워지는 6월에 수확하는데, 날이 더워지면 추대가 되고 심이 박히기도 하며, 맵고 질기고 맛도 덜하기 때문에 노지재배가 까다롭습니다. 여기서는 김장무를 기준으로 설명합니다.

무는 직파할까, 육묘할까, 모종을 살까?

뿌리채소의 기준은 직파입니다. 고민하지 말고 무는 무조건 직파하세요. 종묘상에 가면 무 모종이 나온다고요? 저도 모종 사서 심어봤습니다. 무가 안되는 건 아니지만 권장하고 싶지는 않습니다. 또한 무 싹이 많이 나온 곳에서 안 나온 곳으로 옮겨심어도 안됩니다. 참고로 '무'가 맞는 표현이고, '무우'는 잘못된 표현입니다.

무는 무조건 직파한다

무밭 만들기

무는 초기 성장이 활발해야 하므로 밭을 만들 때 퇴비와 비료를 넉넉히 넣어줍니다. 퇴비는 2평에 1포, 복합비료는 600g을 뿌려줍니다. 무는 흙이 딱딱하면 뿌리를 뻗지 못하므로 흙을 부드럽게 해주고 잔돌도 모두 골라낸 다음 깊이 갈아줍니다.

무는 여러 형태로 재배합니다. 두둑 넓이를 어떻게 만드는지에 따라 파종 방법이 달라집니다. 멀칭재배 또는 비멀칭재배를 하며 점뿌림이나 줄뿌림을 합니다. 포기 간격은 45~50cm, 줄 간격은 30cm 이상으로 합니다. 간격이 좁으면 동치미만한 무가 나올 수 있으니 심는 간격을 준수하는 것이 좋습니다. 1줄심기의 경우 두둑 넓이는 60cm 정도로 하며 2줄심기부터는 밖으로 너무 내어 심으면 고랑을 지나다니기가 힘들어지니 최소 20cm 정도 들여다 심습니다.

멀칭재배 1줄심기 (포기 간격 45~50cm, 두둑 높이 25~30cm, 두둑 넓이 60~80cm)

비멀칭재배 2줄심기 (포기 간격 45~50cm, 줄간격 30cm, 두둑 높이 25~30cm, 두둑 넓이 100~120cm)

멀칭재배 3줄심기 (포기 간격 45~50cm, 줄 간격 30cm, 두둑 높이 25~30cm, 두둑 넓이 120~150cm) 비멀칭재배 4줄심기 (포기 간격 45~50cm, 줄 간격 30cm, 두둑 높이 25~30cm, 두둑 넓이 150~180cm)

무 물 주기, 솎기, 추비하기

무는 파종 후 1달간의 생육이 전체 작황을 좌우합니다. 가물지 않게 수분관리를 해주어야 합니다. 또한 수확기에 다다른 무는 인위적으로 물을 주지 않도록 합니다. 무밭에 늦게까지 수분이 남아 있으면 무 표면이 갈라지고 저장성도 떨어지게 됩니다.

무는 성장을 봐가면서 20일 간격으로 2~3회 정도 웃거름(NK비료)을 줍니다. 김장무 솎음은 원칙적으로 2회 합니다. 1회는 본잎이 3~4매일 때, 2회는 5~6매일 때 합니다. 그러나 도시농부들은 이를 지키기가 힘듭니다. 너무 형식에 얽매이지 말고 형편 되는 대로 많이 늦지 않게만 해주면 됩니다.

무 추비 (파종일 8월 20일)

일자	구분	A방법	B방법	비고
9.10	추비 1차	○	×	NK비료
9.25	천일염 1차	○	○	선택사항
10.1	추비 2차	○	×	NK비료 (생육에 따라 생략 가능)
10.5	천일염 2차	○	○	선택사항
10.21	추비 2차	○	×	NK비료 (생육에 따라 생략 가능)

웃거름과 천일염은 무와 무 사이에 최소 한 뼘(20cm) 이상 거리를 둡니다. 화학비료를 주는 양은 티스푼으로 하나 정도 주며, 천일염은 화학비료의 2배 양을 줍니다. 위에 제시한 추비, 천일염 주기는 제 농사 기록을 근거로 한 것일 뿐 절대치는 아닙니다. 또한 웃거름 주기와 천일염은 추비 일자를 맞춰 한꺼번에 줘도 됩니다.

무 북주기

김장무는 자라면서 무 상단 부분이 지면 위로 솟아나옵니다. 햇볕에 노출된 부분은 푸른색을 띠며, 푸른 부분이 많을수록 맛이 좋습니다. 그래서 무가 본격적으로 자라기 시작하면 북주기를 하지 않습니다. 사실 잎이 우거져서 북주기를 할 수도 없습니다.

무는 북주기를 하지 않는다

무의 병해

무에 발병하는 대표적인 병해로는 무름병이 있습니다. 포기가 시들거리며 뿌리가 물러서 끊어집니다. 고온에 다습할 때 발병이 심하며 날이 선선해지면 증세가 잦아듭니다. 무름병 역시 토양 내에 존재하는데, 병증이 심한 토양에는 파종 전에 살균제를 살포하면 피해를 줄이거나 막을 수 있습니다.

무름병에 걸린 무

무름병에 걸린 무 뿌리에서는 악취가 난다

무의 충해

무에 해를 가하는 해충은 배추와 양상이 비슷합니다. 제일 먼저 벼룩잎벌레가 덤빕니다. 그리고 배추흰나비 애벌레도 있습니다. 무, 배추 안 가리고 피해를 줍니다. 흔히 무잎벌이라고 부르는 무잎벌레도 있습니다. 무잎벌레는 배추에서도 이따금 발견됩니다. 저 녀석은 위기의식을 느끼면 몸을 공처럼 둥글게 말아서 굴러떨어지기 때문에 집중력을 발휘해서 잡아야 합니다.

배추흰나비 애벌레

무잎벌레 유충

이 외에 진딧물, 섬서구메뚜기, 방아깨비, 벼메뚜기, 달팽이 등 많은 해충들이 꼬입니다. 다행스럽게도 무에 발생하는 진딧물은 배추에 비해 방제가 쉽습니다.

벼메뚜기

달팽이

무의 생리장해

이따금 ①번처럼 우스꽝스러운 발가락 무가 나오기도 합니다. 왜 그럴까요? 원인으로는 밭을 부드럽게 안 갈아서 딱딱한 경우, 생육 초기에 폭우나 병충해로 생장점에 상처를 받은 경우, 과습하거나 뿌리가 물에 잠겨 있을 경우 등을 꼽을 수 있습니다.

②번은 왜 그럴까요? 돌이 있어서 그렇습니다. 그래서 밭을 갈 때는 작은 돌 하나라도 꼼꼼히 골라내야 합니다.

③번은 무 열근현상입니다. 머리 부분이 터지는 현상으로, 맑은 날이 계속되다가 많은 비가 오거나, 가뭄 후에 지나치게 관수한 경우, 뿌리가 굵어지는 속도가 일시적으로 빨라질 때 주로 발생합니다.

④번처럼 속이 텅 빈 무도 발생합니다. 생장점이 피해를 입었을 때나 붕소(B) 겹핍시 나타납니다. 이는 수분과 밀접한 관련이 있습니다. 토양에 붕소가 충분히 있어도 가뭄

또는 과습이 흡수를 방해하기 때문에 수분관리가 중요합니다.

① 발가락 무

② 돌에 패인 무

③ 무 열근현상

④ 속이 빈 무

무청 따기

무의 잎과 줄기를 무청이라고 합니다. 무가 딱풀만하게 뭉칠 때 맨 가장자리 잎줄기를 따서 무청김치를 담그기도 합니다. 이때가 무청이 연한 시기이며 조금 지나면 억세집니다. 무청은 많이 따면 안되고 1포기에서 2~3개 정도 땁니다. 마땅한 김칫거리가 없는 이맘때 무청김치는 별미입니다.

그런데 무청 따기는 의견이 분분합니다. 생육에 지장을 받으니 따지 말아야 한다는 의견도 있지만, 몇 개쯤은 따도 괜찮다는 주장이 우세해 관습처럼 무청을 땁니다. 무청 딸까, 말까? 역시 본인의 선택입니다.

서리를 맞으면 무 맛이 더 좋아진다

서리 맞은 무를 보고 있자면 측은하기까지 합니다. 그런데 그냥 두어도 괜찮을까요? 당연히 괜찮습니다. 걱정하지 않아도 됩니다. 서리 좀 맞았다고 무가 잘못되지는 않으며 오히려 무의 맛이 좋아집니다. 봄재배와 가을재배의 차이점 중 하나입니다.

무는 서리를 맞아도 아무 문제 없다

무 뽑기

무는 언제 뽑을까요? 통상 무 아주수확은 11월부터 하게 되는데, 이맘때는 새벽 기온이 영하로 떨어지고 된서리가 내리지만 한낮에는 영상을 회복하는 기후가 반복됩니다. 무는 배추보다 추위를 견디는 능력이 다소 떨어집니다. 게다가 뿌리가 노출되어 있기 때문에 추위에 더 약합니다. 따라서 마음 졸이며 밭에 두지 말고 날이 추워지면 뽑는 게 정신건강에 좋습니다.

 그렇지만 무를 더 키워야 하거나 최대한 밭에서 버텨야 하는 경우가 있습니다. 이럴 때 이렇게 하면 됩니다. 경험상 무는 -4℃ 정도는 견딜 수 있고 -5℃는 모험이며 -6℃는 무리라고 생각됩니다. 그러니까 마지노선이 -4℃라고 보면 됩니다. 그렇지만 혹시 모르니까 안전하게 -3℃로 잡겠습니다. 그러므로 기상청 주간 예보를 수시로 확인해 최저기온이 -3℃까지 내려가는 날을 기점으로 잡으면 됩니다.

무 뽑는 일은 쉽고 재미있다

필자의 무 재배 기록

연도	파종일 (직파)	아주수확
2011	8.20	11.19
2012	8.19	11.13
2013	8.18	11.10
2014	8.17	11.17
2015	8.16	11.22

제가 무농사를 처음 지었을 때 일입니다. 무는 추위에 약하기 때문에 얼리면 안되니까 보온을 해주든지 뽑아야 한다는 얘기를 들었습니다. 그래서 10월 26일에 서둘러 활대 세우고 보온해준 웃지 못할 해프닝이 있었습니다. 앞에서 언급했듯이 무는 제법 추위에 강합니다. 날씨가 잠깐 추워졌다고 보온하거나 조기수확을 하지 않아도 됩니다.

2010.10.26. 무 보온을 위해 활대를 세웠다

무가 잘못될까 봐 이중으로 비닐을 씌웠다

시래기

무청 말린 것을 시래기라고 하는데, 이 시래기는 겨울철 요긴한 먹을거리가 됩니다. 무청을 말리는 방법은 2가지가 있습니다. 그냥 말리는 방법과 데쳐서 말리는 방법입니다. 그냥 말리면 영양 손실이 적지만 누렇게 변색되고, 데쳐서 말리면 영양 손실은 다소 많지만 변색되지 않습니다.

무청은 시든 잎은 떼어내고 싱싱한 것을 골라 통풍이 잘되고 그늘진 곳에서 말립니다. 저는 밭에서 말리는데 차광막을 덮어 햇볕을 차단해줍니다. 겨우내 눈, 비 맞고 얼었다 녹았다를 반복하면서 맛 좋은 시래기가 만들어집니다. 덕장에서 황태나 과매기를 말리는 것과 같은 이치라고 할 수 있겠습니다. 가정에서는 주로 베란다에서 말리는데,

이때는 통풍이 중요합니다. 통풍이 안되면 대부분 곰팡이가 핍니다.

시래기를 만들기 위해 싱싱한 무청을 골라낸다

차광막을 설치해 햇볕을 막는다

시래기는 통풍이 잘되는 그늘에서 말려야 한다

무 저장하기

무의 저장온도는 0~3℃이며 습도는 90~95% 정도가 적당합니다. 무엇보다 수분이 날아가지 않도록 하는 게 중요합니다. 무의 양이 많으면 땅을 판 후 저장하는데 이를 움저장이라고 합니다. 저는 플라스틱 통을 사용합니다. 통 안의 물기를 모두 제거하고 습기로 인해 바닥에 물이 고일 수 있으므로 무가 바닥에 직접 닿지 않도록 스티로폼이나 돌을 깝니다.

움저장하기 위해 플라스틱 통을 묻고 그 안에 무를 넣는다

눈이 쌓이지 않도록 가림막을 설치한다

무를 거꾸로 세워서 넣으면 저장성이 좋다고 하는데, 큰 차이점은 없는 것 같습니다. 통 위에는 헌 이불이나 비닐 등을 덮어서 추위에 얼지 않도록 합니다. 그리고 눈이 쌓여 꺼내기 번거롭지 않도록 가림막을 해줍니다.

움저장한 무는 이듬해 4월 초까지 거뜬히 저장되는 것을 확인했습니다. 가정에서 소량을 저장할 때는 스티로폼 상자를 이용하는 것이 무난합니다. 무에 묻은 흙은 씻지 않는 게 좋으며, 물기를 제거한 후 신문지에 싸서 스티로폼 상자에 넣고 뚜껑을 닫아 베란다 등 서늘한 곳에 둡니다. 너무 큰 무는 바람들이*가 생기기 쉬우므로 되도록 중간 크기의 무를 저장합니다. 병들거나 상처난 무는 저장 중 다른 무까지 손상시킬 수 있으므로 저장하지 말고 우선 소비하는 것이 좋습니다.

무말랭이

무를 잘라보면 잘린 부위에 즙액이 없고 빈 공간이 생긴 것을 바람 든 무라고 합니다. 여기에는 여러 가지 원인이 있습니다. 작은 무보다는 큰 무에서 주로 나타나며, 재배 중 또는 저장 중에도 나타납니다. 원인이야 어쨌든 바람 든 무는 맛이 떨어져서 먹기가 힘들어 애물단지가 됩니다. 이럴 땐 버리지 말고 국물을 내거나 무말랭이를 만들어보면 어떨까요?

무를 적당한 크기로 썰어서 건조기나 햇볕에 말립니다. 무말랭이는 밑반찬으로 오래도록 요긴하게 먹을 수 있습니다. 저는 타지 않을 정도로 볶아서 물에 넣고 끓여 먹는데, 물맛이 구수해 아주 맛있습니다. 힘들여 재배한 작물, 버리지 말고 알뜰히 먹읍시다.

바람들이가 생긴 무는 무말랭이나 국물용으로 사용하면 좋다

● **바람들이** : 무나 홍당무 따위에 바람이 드는 것.

 **주인장의 수다**

농사는 되도록 편하게 짓고 기왕에 짓는 거 잘 지어야겠죠? 당연한 얘기입니다. 그러나 잘 짓는다는 건 수확한 작물이 무조건 커야 한다는 얘기는 아닙니다. 고추는 1포기에서 더 많이 딸수록 좋습니다. 참외, 수박, 토마토는 크게 키우면 좋습니다. 그렇다면 무를 새끼 돼지만큼 크게 키우면 어떨까요? 저는 처음에는 무조건 농작물은 크게 키워야 좋다고 생각했습니다. 그러나 오랜 시간이 지나 그게 잘못된 생각임을 알게 되었습니다. 저는 무 재배가 제일 재미있습니다. 생각한 대로 됩니다. 그래서 해마다 개당 평균 5kg 정도의 우량한 무가 나왔습니다. 당연히 제 만족도는 높아졌지요. 그런데 아내가 무가 너무 크다며 조금 작게 키워달라고 하는 것입니다. 저는 무시했습니다. 그러던 어느 해 겨울 제가 직접 무를 손질해야 하는 일이 생겼습니다. 6kg에 육박하는 무를 도마 위에 올려놓고 칼을 들었는데, 무가 커도 너무 큰 겁니다. 도대체 어디부터 어떻게 무를 잘라야 할지 난감했습니다. 칼이 아니라 톱으로 잘라야 할 지경이었으니까요. 그런 제 모습을 보고 아내가 이렇게 말했습니다. "무가 너무 크면 칼질이 힘들 뿐 아니라 맛도 떨어지고 바람도 빨리 들기 때문에 조금 작은 크기의 무가 좋다." 그 후로는 먹기 좋은 크기인 3~4kg를 목표로 하는데, 작게 키우는 것도 쉽지가 않습니다. 무는 너무 크게 키우지 맙시다.

6kg도 넘는 큰 무는 손질하기가 힘들다

 **블로그이웃들의 수다**

항** 약을 안 치는 저로선 이제 본격적으로 벌레들과 한판 붙을 시기가 돌아온 것 같습니다. 작년의 기억을 되살려볼 때 배추흰나비 애벌레하고 숨바꼭질을 가장 많이 했습니다. 한랭사를 쳤는데 어디로 잠입했는지…….ㅎㅎ

지** 날이 추워져서 무를 언제 뽑아야 하나 저울질하고 있는데 무가 예상 외로 영하에도 견디는군요. 영하로 떨어지면 모두 뽑아야 되는 줄 알았는데. 조금 더 지켜봐야겠습니다.

여** 벌레는 손으로 잡고 있어요. 오늘은 장장 3시간 벌레 잡았네요. 허리가 너무 아파요. 배가 너무 나와서 그런가? 운동한다 생각하고 있습니다.

누** 무 저장 실험삼아 절반은 택배용 스티로폼 박스에 담아 집 베란다에 보관하면서 먹었어요. 최근까지 별 이상 없었고요. 절반은 밭에 묻었는데, 땅이 얼어 최근에 파봤는데 역시 멀쩡했습니다.

제** 바람 든 무 말려서 무말랭이 해먹으니 괜찮았습니다.

뿌리를 먹는 채소 ❾

처녀 총각 모두 좋아하는 **총각무**

분류 십자화과
원산지 중국 중북부
연작장해 거의 없음
재식거리 포기 간격 15~20cm / 줄 간격 15cm
직파 ○ **육묘** ×
퇴비 10~15kg **복합비료(완효성)** 없음
추비 없음 **비고** 2평 기준

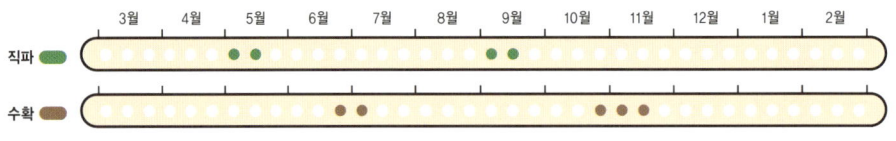

총각무가 표준어인데 흔히 알타리무라고 많이 부릅니다. 총각무는 김장무와 달리 뿌리와 함께 잎도 김치로 사용되며, 생육기간이 짧습니다. 봄에 일찍 파종하면 추대하고 가을에 늦게 심으면 밑이 뭉치지 않기 때문에 파종시기를 잘 지키는 것이 좋습니다. 연중 재배할 수 있지만 한여름 재배는 피하는 것이 좋습니다.

총각무는 유일하게 밭을 가립니다. 수분이 많은 밭은 피해야 하고, 기름진 밭에 심으면 밑이 뭉치지 않아 열무처럼 자랍니다. 따라서 총각무는 기름지지 않고 다소 메마른 땅에 심어야 하며, 잎이 다소 짧게 자라도록 해야 합니다.

총각무밭 만들기

총각무밭은 평이랑을 만듭니다. 퇴비 10~15kg을 뿌린 다음 깊이 갈아줍니다. 포기 간격은 15~20cm, 줄 간격은 15cm, 두둑 높이는 15~20cm, 두둑 넓이는 120~150cm로 합니다. 생육기간이 짧아서 추비는 하지 않습니다.

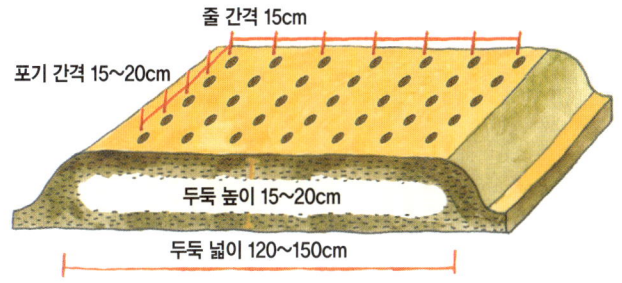

총각무밭 만들기

총각무 파종하기

봄파종은 5월 1~20일, 가을파종은 9월 1~20일입니다. 직파 줄뿌림을 하며, 발아 후 솎아줍니다. 총각무 씨앗은 큼직해서 파종하기가 수월합니다. 2~3cm에 하나씩 떨어지게 뿌린 다음 흙을 살짝 덮고 물을 흠뻑 줍니다.

총각무 씨앗

총각무 재배과정

◀ 9월 20일 : 총각무 싹이 났습니다. 파종 후 4~5일이면 얕게 묻힌 씨앗부터 싹이 나고 늦어도 1주일 정도면 완전히 발아합니다. 발아는 파종 때의 온도에 따라 달라지는데, 봄 파종보다 가을파종이 기온이 높기 때문에 싹트는 데 걸리는 기간이 짧습니다.

◀ 10월 1일 : 잎이 무성해졌습니다. 시기가 조금 지났지만 더 늦지 않게 솎음을 해야 합니다.

◀ 줄 간격은 최종 15cm로 솎아줍니다.

◀ 그런데 난감한 일이 생겼습니다. 솎아주자 모두 쓰러진 것입니다. 저거 어떻게 하면 될까요? 제일 좋은 방법은 북주기를 해서 일으켜주는 것입니다. 하지만 양이 많은 경우 일일이 북주기를 한다는 건 무모한 일입니다. 그럼 당황하지 말고 그냥 그대로 두면 됩니다.

◀ 10월 5일 : 모두 일어났습니다.

총각무의 충해

십자화과에 피해를 주는 해충은 어느 정도 정해져 있습니다. 날아다니고, 기어다니고, 뛰어다니고 난리도 아닙니다. 우선 모든 농부의 영원한 적인 벼룩잎벌레가 그냥 지나가지 않습니다. 떡잎은 물론이고 잎이 작을 때도 파먹습니다. 구멍을 뚫어놓아 잎이 자라면서 구멍도 같이 커지기 때문에 상품성이 떨어지게 됩니다. 나비와 나방의 유충 또한 가만두지 않습니다. 늦지 않게 방제를 해줍시다.

총각무 수확하기

총각무는 추위에 강합니다. 된서리를 맞아도 거뜬합니다. 총각무는 파종 후 50~70일 정도 경과하면 뿌리의 길이가 10~15cm 정도로 자랍니다. 성장이 비교적 빨리 이루어지므로 약간 어리다 싶을 때 수확하는 것이 좋습니다.

10월 20일. 첫서리를 맞았으나 문제는 없다

11월 10일. 날이 계속 추워져서 아주수확을 했다

주인장의 수다

어느 해 가을 총각무를 파종했습니다. 그런데 첫서리가 내렸는데도 밑이 뭉치지 않고 잎만 커지는 겁니다. 결국 11월이 되어도 밑이 들지 않았습니다. 그래서 3일간 식음을 전폐하고 원인을 분석한 결과, 총각무가 아니라 열무를 뿌린 것을 확인할 수 있었습니다. 열무 씨를 다른 곳으로 옮겨 담은 것을 잊고 그만 총각무로 오인하고 파종한 겁니다. 열무와 총각무 씨앗은 크기가 비슷합니다. 결국 그 해에 아내는 기대한 총각무를 포기하고 열무김치만 담가야 했습니다.

블로그이웃들의 수다

조** 따뜻한 흰쌀밥에 총각김치 하나면 밥 1그릇 뚝딱이죠. 올해도 총각무 심습니다.

은** 9월 초에 심은 총각무는 관리 소홀로 물 건너갔고요. 재파종한 것 언제 키워서 먹을지. 제가 제일 좋아하는 총각김치…….ㅠㅠ

그** 작년에 벼룩잎벌레들의 극성에 질려 김칫거리는 포기했습니다. 제가 총각무와 열무를 참 좋아하는데, 나쁜 벼룩잎벌레…….ㅠㅠ

광** 올해 총각무는 성공입니다. 그동안 너무 크거나 작게 되었는데 올해는 딱 먹기 좋은 크기입니다. 수확을 조금 늦추었으면 4조각 낼 뻔했네요.^^

뿌리를 먹는 채소 ⑩

대한민국 대표 향신료 파

분류 백합과 **원산지** 중국
연작장해 1년
재식거리 포기 간격 25~30cm / 줄 간격 10~15cm (2~3포기)
직파 ○ **육묘** ○
퇴비 20kg **복합비료(완효성)** 600g
추비 3~4회 **비고** 2평 기준

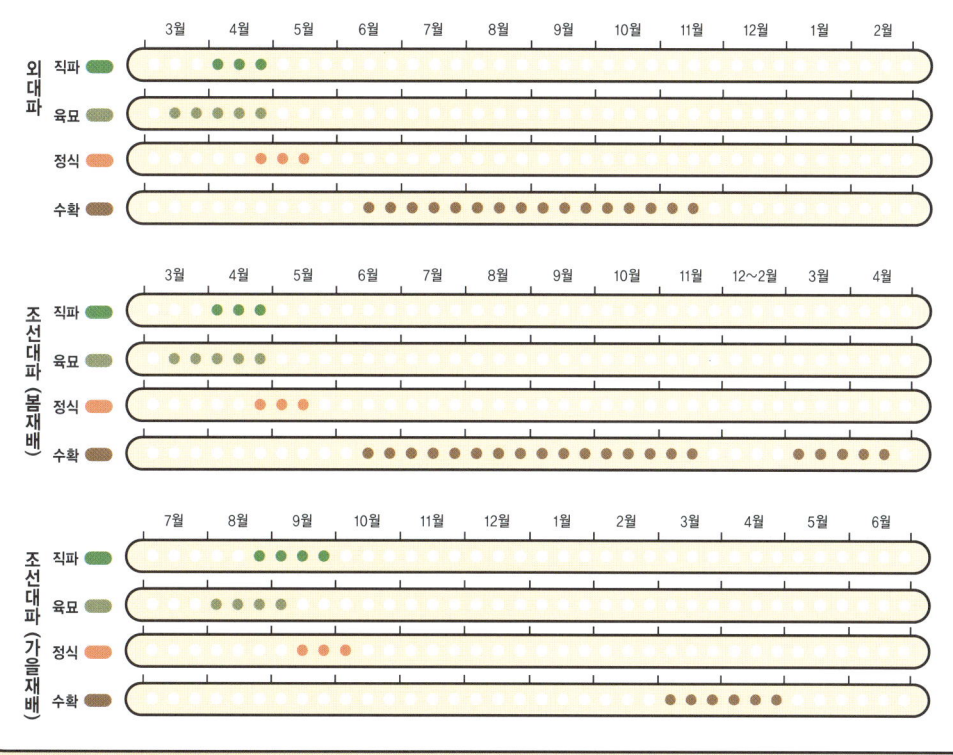

대한민국을 대표하는 향신료 파. 안 들어가는 요리가 없지요? 그만큼 소비가 많은 작물이지만 병충해도 많아 재배가 쉽지 않은 작물입니다. 파는 대파와 쪽파로 나누며, 대파는 크게 외대파와 조선대파가 있습니다.

외대파

외대파는 봄파종을 하며 초여름부터 가을까지 수확합니다. 남쪽 일부에서는 보온하지 않고 겨울나기가 가능하지만 대부분의 지역에서는 겨울나기를 할 수 없습니다. 가을 또는 초겨울에 아주수확을 합니다. 외대파는 개량종이라 씨앗을 채종할 수 없습니다. 따라서 해마다 씨앗 또는 모종을 사야 합니다. 파 종자의 수명은 통상 1년으로 봅니다.

파밭 만들기

파종은 통상 4월부터 하는데, 직파할 경우 풀관리가 어렵기 때문에 육묘하거나 모종을 사는 것이 좋습니다. 밭은 포기 간격 25~30cm, 두둑 넓이 80~100cm, 두둑 높이 15~20cm 정도로 만듭니다.

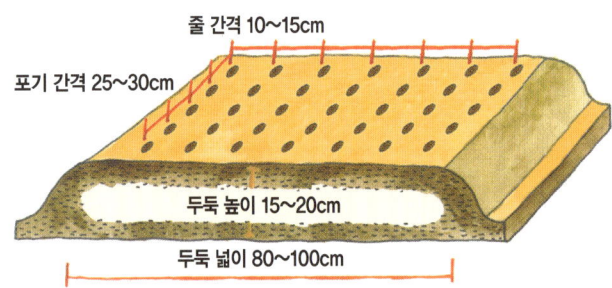

파밭 만들기

파 재배

파는 멀칭재배, 비멀칭재배를 하며, 밑거름은 2평당 퇴비 20kg, 복합비료 600g을 뿌려 줍니다.

비멀칭재배는 풀관리가 힘들다

파 육묘하기

육묘는 1구당 5~6개의 씨앗을 넣는 것이 좋습니다. 그런데 하다 보면 조금 더 많이 넣게 됩니다. 육묘는 직파에 비해 생육이 안정적입니다. 외대파 모종은 1구에 3~4포기, 많게는 6~7포기까지 나는데, 쪼개지 말고 다 심습니다. 육묘기간은 40~50일 정도입니다.

외대파 육묘

육묘기간은 40~50일

옮겨심기는 파가 크거나 잎 끝이 말라 있으면 끝을 조금 잘라내고 심습니다. 그냥 심어도 어차피 잎이 꺾이기 때문입니다. 종묘상에서는 잎 끝이 꺾여서 시들거리면 가위로 잎 끝을 자른 다음 팔기도 합니다. 파는 직파나 육묘를 할 경우 시간이 많이 걸리기 때문에 모종을

파는 잎 끝을 자르고 심어도 된다

사는 것이 좋습니다.

파 재배관리

파는 비료를 많이 필요로 하는 다비성작물입니다. 그래서 옛날에는 부잣집 농사라고도 했습니다. 비멀칭재배의 경우 골 사이에 웃거름을 주며 멀칭재배의 경우 비닐을 뚫고 주거나 비닐 위에 흩뿌리고 물을 뿌려 비료가 녹아들게 합니다. 그래서 웃거름 주기는 비 오기 전에 하는 것이 좋습니다. 파의 추비 횟수는 정해진 것이 없습니다. 3~4회가 일반적인데, 파의 생육 상태에 따라 월 1회 정도 합니다.

추비는 파와 파 사이에 골을 내고 뿌려준다

잘 자라고 있는 외대파 모습

파는 건조에는 강하나 과습에는 약합니다. 그렇다고 너무 건조한 토양에서는 생육이 좋지 않습니다. 흙이 마르지 않도록 수분관리를 잘 해주어야 합니다.

파 옮겨심기

과습에 약한 파는 비가 많이 오는 장마철에 급격히 망가집니다. 잎이 꺾이고 뿌리가 짓물러버리는데 이런 파는 다른 곳으로 옮겨주어야 합니다. 모조리 뽑은 다음 옮겨심을 튼튼한 파만 남기고 나머지는 소비합니다.

뽑은 파는 뿌리가 길어 옮겨심기가 힘듭니다. 이럴 경우 뿌리를 2/3 정도 자르고 몸통은 뿌리에서부터 한 뼘(약 20cm) 정도에서 자릅니다. 너무 작게 자르면 다루기가 힘들고 너무 길면 몸통이 꺾입니다. 옮겨심기의 횟수는 정해져 있지 않고 통상 연 2~3회 정도 합니다.

장마에 망가진 외대파

뿌리가 길면 옮겨심기가 힘들기 때문에 뿌리를 자르고 심는다

비멀칭재배인 경우 파를 옮겨심을 때는 작업의 편의상 쭉 눕혀놓고 흙을 덮습니다. 1포기씩 촘촘하게 또는 2포기씩 심기도 하며, 흙은 파의 흰 부분이 모두 덮이도록 덮어줍니다. 눕혀심어도 괜찮냐고요? 당연히 괜찮습니다. 눕혀 심은 파는 10~15일이 지나면 스스로 일어섭니다.

외대파 눕혀서 심는 모습

뿌리 쪽 흰 부분이 덮이도록 흙을 덮어준다

외대파는 추위에 강해서 서리가 와도 문제가 없지만, 날이 계속 추워지면 집으로 옮겨야 합니다. 이때가 11월 중순경입니다. 스티로폼 상자나 화분 등을 준비하고 흙은 뿌리가 살짝 닿을 정도만 넣어주면 됩니다. 해가 잘 드는 베란다에 두고 수분관리만 잘 해주면 겨우내 싱싱한 파를 먹을 수 있습니다.

외대파 베란다에 두고 겨우내 먹기

조선대파

조선대파 재배법은 외대파에 준합니다. 조선대파는 무보온으로 겨울나기를 할 수 있고 종자도 채취할 수 있습니다. 통상 조선대파는 봄파종과 가을파종을 합니다. 조선대파 씨앗이나 모종은 종묘상에서 잘 팔지 않습니다. 왜냐하면 고정종자이기 때문에 돈이 되지 않아서입니다. 그래서 조선대파 씨앗은 주변에서 얻어야 합니다.

◀ 11월 20일 : 조선대파는 날이 서늘해지면 몸통이 꺾입니다. 겨울나기 준비를 하느라고 그렇습니다. 줄기는 먹을 게 없고 뿌리 쪽 흰 부분만 먹을 수 있습니다.

◀ 이듬해 3월 18일 : 겨울나기를 하는 동안 몸통은 모두 시들어버리지만 이듬해 봄 다른 싹이 올라옵니다.

◀ 4월 8일 : 이맘때는 파가 귀하기 때문에 아주 요긴하게 먹을 수 있습니다. 점액질 또한 풍부해서 맛과 향이 아주 좋습니다.

◀ 겨울나기를 한 조선대파는 뿌리가 아주 굵고 깁니다. 뿌리를 잘 씻은 후 하루 정도 물에 담가 흙물을 빼고 잘 말리면 국물 낼 때 요긴히 쓸 수 있습니다.

◀ 4월 12일 : 날이 더워지기 시작하는 4월 중순이 되면 꽃대가 올라오기 시작합니다.

◀ 이럴 땐 꽃대를 지면 가까이 바싹 잘라주면 되지만 파가 억세지는 것은 막을 수 없습니다.

◀ 4월 28일 : 꽃대가 올라오면 이내 꽃을 피우고 씨를 맺는데, 이때 조선대파는 점액질이 많기는 하지만 몸통이 억세서 질기고 맛도 독해서 먹을 수 없습니다.

◀ 5월 6일 : 송아리가 성인 주먹만큼 커지고 많은 꽃이 핍니다. 꽃이 흔치 않은 이맘때 벌에게는 귀한 식량이 됩니다.

◀ 6월 6일 : 조선대파 씨앗의 채종은 송아리의 씨앗이 까매지면 합니다. 너무 이르면 덜 여문 씨앗을 채종하게 되고 너무 늦으면 씨앗이 땅으로 쏟아지니 시기를 잘 맞추어야 한다는 것을 잊지 마세요.

◀ 6월 6일 : 줄기째 또는 송아리만 따서 햇볕에 바짝 말린 후 넓은 그릇이나 함지박에 대고 툭툭 털면 씨앗이 쏟아져 나옵니다.

◀ 6월 6일 : 채종을 마친 조선대파는 밑둥을 바싹 베어놓습니다.

◀ 6월 12일 : 그러면 새로운 싹이 다시 올라오고 이 싹을 계속 키울 수 있습니다.

> **TIP 마트에서 파는 대파는 대부분 외대파**
>
> 대파 씨앗의 수명은 채종일을 기준으로 1년 정도로 봅니다. 따라서 대파 씨는 묵히지 말고 모두 소진하는 것이 좋습니다. 마트에서 판매하는 파는 거의 다 외대파입니다. 조선대파는 수확할 수 있는 기간이 외대파에 비해 짧고 추대를 하기 때문에 생산성이 떨어져 재배농가에서 대량재배를 하지 않기 때문입니다.

파의 병충해

병충해가 많은 파는 고추 다음으로 약을 많이 쳐야 하는 작물이라서 무농약 재배가 어렵습니다. 파농사에서 해충 하면 고자리파리입니다. 1년 내내 농사를 힘들게 하는 원흉입니다. 경험상 어지간한 농약으로는 방제가 힘들어 해마다 약을 치고도 파리 밥으로 줘야 했습니다. 하도 당해서 이제는 그런가 보다 합니다.

굴파리 역시 지긋지긋합니다. 잎에다 온통 낙서를 해놔서 잘라버리는 일이 많습니다. 말짱한 잎만 골라서 먹습니다.

고자리파리 피해를 입은 파

굴파리 피해를 입은 파

노균병은 잎에 작은 황색 반점이 나타나는데, 고온다습하고 비가 많이 오는 여름철에 심하며 맑은 날이 계속되거나 기온이 내려가는 가을철에는 잦아듭니다. 잎에 작은 반점이 나타나는 것으로 시작해 잎 전체로 퍼지는데, 심한 경우 잎이 뒤틀리기도 합니다. 파에 약을 많이 치는 이유는 바로 고자리파리와 굴파리, 그리고 노균병 때문입니다.

노균병 피해를 입은 파

파의 종류

외대파는 겨울나기를 못하는 반면 그 해에 수확할 수 있습니다. 반면 조선대파는 겨울나기를 하지만 수확할 수 있는 기간이 길지 않습니다. 이런 점을 고려해서 두 종류의 파를 적당히 심으면 파를 안 사먹을 수 있습니다. 농사지으면서 파는 사먹지 말아야겠죠?

우리나라에는 외대파와 조선대파 외에도 여러 종류의 파가 있습니다. 삼동파, 달래파, 염교가 있는데, 어느 지역에서나 무보온으로 겨울나기가 가능하며 종자도 채취할 수 있습니다. 이들 파의 종자는 종묘상에서는 팔지 않으며 주변 농가나 재래시장에서 구할 수 있습니다.

삼동파

◀ 5월 17일 : 씨를 맺습니다. 삼동파는 삼층파, 층층파, 돼지파라고도 부릅니다. 돼지 꼬리 같죠? 보고 있자면 우습기도 하고 어수선하기도 합니다.

◀ 6월 2일 : 삼동파는 특이한 방법으로 번식합니다. 한 군데에 주아가 3~4개 붙어 있습니다.

◀ 1쪽씩 뗍니다.

◀ 2~3개씩 모아서 심습니다. 돼지 꼬리에는 이처럼 주아가 3~4개 붙어 있습니다. 저걸 1쪽씩 떼어서 심으면 됩니다. 며칠 지나 잎줄기가 말랐을 때 심어도 되지만 너무 오래 두면 죽습니다. 이런 특성 때문에 삼동파의 파종시기는 한시적입니다.

◀ 3월 31일 : 삼동파는 겨울나기가 가능하며, 봄이 되면 통통한 새싹을 올립니다. 파가 귀한 봄철에 요긴하게 먹을 수 있지만, 씨를 맺기 때문에 수확할 수 있는 기간은 길지 않습니다.

달래파

◀ 9월 5일 : 달래파는 쪽파처럼 종구를 심으며 종구는 쪽파의 절반 정도 크기입니다. 파종시기는 8월 하순~9월 상순이고 큼직한 것은 1개씩, 자잘한 것은 2~3개씩 심습니다.

◀ 10월 1일 : 10월 상순의 달래파 모습입니다. 수확은 하지 않습니다.

◀ 이듬해 4월 15일 : 겨울나기 이후 이듬해 3월부터 엄청나게 뻗튀기합니다. 줄기가 억세지기 전에 수확합니다. 봄 한철만 먹을 수 있다는 것이 아쉬울 정도로 맛과 향이 뛰어납니다.

◀ 6월 15일 : 채종시기가 다가온 달래파는 쓰러지면서 누렇게 변하기 시작합니다.

◀ 6월 23일 : 달래파 종구의 모습입니다. 줄기가 끊어지면 보물찾기를 해야 하기 때문에 시기를 잘 맞추어야 낭패하지 않습니다. 수확한 종구는 그늘에서 잘 말려 통풍이 잘되는 선선한 곳에 보관합니다.

염교

염교라는 파도 있습니다. 알뿌리의 크기가 쪽파의 2배 정도 됩니다. 염교를 어느 지역에서는 돼지파라고도 부릅니다. 염교는 많이 알려진 파는 아닙니다. 그래서인지 염교에 대한 재배 정보는 많지 않습니다. 파종시기에 대해서 쪽파와 같이 심는다는 의견도 있고 마늘 심을 때라는 의견도 있습니다. 저는 쪽파 심을 때인 8월 하순~9월 상순에 심습니다. 싹이 한 뼘 이상 자란 상태로 겨울나기를 하며 이듬해 봄부터 새로운 싹이 나옵니다.

◀ 9월 6일 : 염교 종구를 파종했습니다. 종구는 밤톨만큼 큼직합니다.

◀ 12월 13일 : 겨울나기 중입니다.

◀ 이듬해 5월 14일 : 6월 중하순부터 대가 누렇게 변하면서 종구가 생깁니다. 염교는 종구인 알뿌리를 주로 먹습니다. 횟집이나 일식집에서 락교 형태로 자주 볼 수 있습니다. 또 김치 담글 때 알뿌리를 갈아서 넣으면 국물 맛이 시원해집니다. 이 외에 큰 쓰임새는 없습니다.

Cr** 농협에서 씨앗 사왔는데 외대파만 파네요. 종묘상에도 외대파뿐이고. 올해 키워보고 싶은 것이 조선대파인데 씨앗 구하기가 어렵네요.

예** 대파도 생각보다 굴파리 공격을 많이 받더라고요. 이곳은 따뜻해서 외대파도 겨울나기를 합니다. (목포)

누** 조선대파 매년 채종해 잘 먹고 있습니다. 외대파보다 향이 강하고 진액도 더 많은 것 같더라고요.

ki** 작년에 얻어온 조선대파 씨를 아끼다 올해 심었더니 10%도 안되게 발아했네요. 파의 통상 수명이 1년이라는 걸 몰랐네요.

so** 저는 지금 달래파의 매력에 빠졌습니다. 뽑아먹진 못하고 양념으로 베어 먹는데 금세 많이도 올라왔네요. 고자리파리를 피해 화분에 옮긴 거 언니에게 화분 1개 줬더니 언니가 또 달래파에 빠져서 이 사람 저 사람에게 달래파 광고를 하더니, 2포기를 뽑아 넓은 바구니에 나눠 심었다네요. 1포기 베어서 오이무침에 넣으면 딱 좋다고 자랑질입니다. ㅎㅎ

뿌리를 먹는 채소 ⑪

알싸한 향과 아삭한 식감의 **쪽파**

분류 백합과
원산지 명확하지 않음
연작장해 1년
재식거리 포기 간격 20cm / 줄 간격 10~15cm
직파 ○ **육묘** ×
퇴비 20kg **복합비료(완효성)** 600g
추비 1~2회 **비고** 2평 기준

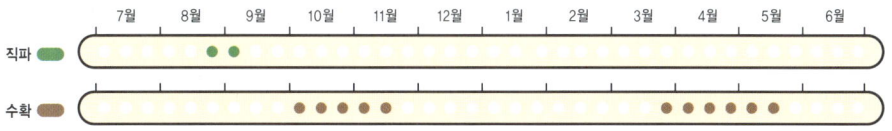

   쪽파는 수선과에 속하는 다년생작물로, 원산지는 명확하지 않으나 우리나라에는 중국에서 전래된 것으로 추정하고 있습니다. 쪽파가 자라는 모습을 보면 대파와 비슷한데 잎이 대파보다 가늘게 자랍니다. 파보다 여러 갈래로 갈라져 자라며, 뿌리가 작은 양파처럼 생긴 것이 특징입니다.

   쪽파에는 당질, 칼슘, 인, 철분, 각종 비타민 등이 많으며, 잎이 가늘고 부드러운데다 매운 맛과 독특한 향기가 있습니다. 파보다는 먹기가 순하고 냄새가 적습니다. 쪽파는 김장을 비롯해 각종 요리의 양념으로 널리 쓰이며 파전, 파김치, 초고추장에 찍어 먹는 파강회, 간장에 담가 먹는 쪽파장아찌 등으로 이용됩니다. 재배가 쉬워 텃밭이나 주말농장에서 많이 심습니다.

쪽파 파종시기

쪽파는 파종시기가 제한적입니다. 이는 휴면성 때문입니다. 사람으로 말하자면 잠을 자는 시간입니다. 쪽파는 서늘한 기후를 좋아하는 작물이라 파종시기는 8월 하순~9월 상순이 좋습니다. 너무 일찍 파종하면 휴면성 때문에 발아가 부진하고 병충해가 많으며 수확량이 적어집니다. 반면 파종이 늦어도 수확량이 떨어집니다.

쪽파는 대파와 달리 종구인 알뿌리로 번식합니다. 쪽파 종구는 종묘상이나 주변 농가, 재래시장 등에서 쉽게 구할 수 있습니다. 이후 종구를 채종해서 심습니다.

쪽파 종구는 알이 단단하고 윤기가 나는 것이 좋습니다. 붙어 있는 쪽을 떼어내고 말라 있는 뿌리를 모두 제거한 다음 꼭지 부분을 1/3가량 자르고 심습니다. 그래야 싹이 다복하게 난다고 하는데, 별 차이가 없다는 의견도 많습니다. 저는 자르고 심습니다. 자르면서 썩거나 바짝 말라버린 불량 종구도 선별해서 버립니다.

쪽파 종구

쪽파는 꼭지를 1/3가량 자르고 심으면 좋다

쪽파밭 만들기

쪽파 심는 깊이는 3~4cm로, 뿌리가 아래로 가게 심습니다. 종구가 크고 튼실한 것은 1개씩, 자잘한 것은 2~3개씩 붙여서 심은 다음 흙을 2~3cm 정도 덮어줍니다.

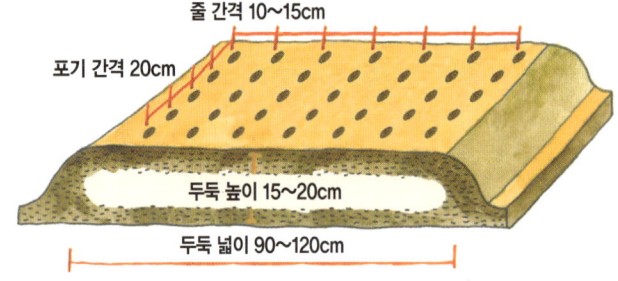
쪽파밭 만들기

쪽파 재배관리

쪽파는 파종 후 10일째부터 싹이 나기 시작하며, 20~30일이 지나면 솎아서 양념장으로 이용할 만큼 자라고, 40~50일 사이가 가장 맛이 좋습니다. 추비는 통상 2회 실시하는데, 1회는 파종 후 잎이 3~4개 나왔을 때, 2회는 겨울나기 후 잎의 길이가 반 뼘 (10cm) 정도 자랐을 때 합니다. 쪽파는 재배기간이 짧아 특별한 관리는 필요하지 않으나 밭의 수분이 마르지 않게 3~4일 간격으로 물을 주는 것이 좋습니다.

쪽파는 파종일 기준 40~50일 사이가 가장 맛이 좋다

쪽파의 해충

쪽파의 주요 해충은 고자리파리입니다. 피해를 입은 파는 쓰러지며 정상적인 생육을 하지 못해 결국 죽게 됩니다. 이런 피해를 방지하려면 파종 전 미리 토양살충제를 뿌려야 합니다. 그러나 경험상 고자리파리 방제는 쉽지 않습니다. 제가 해마다 토양살충제를 뿌리고 파종하지만 어쩔 수 없이 작물 일부는 고자리파리에게 헌납하고 맙니다. 고자리파리는 봄, 가을에 피해를 주는데 봄에는 4월 하순부터, 가을에는 9월 하순부터 피해가 발생합니다.

고자리파리 피해로 쓰러진 쪽파

고자리파리 유충(구더기)

쪽파의 겨울나기

서리가 내리고 날이 지속적으로 추워지면 잎줄기가 꺾이면서 처지고 겨울을 나면서 모두 시들어버립니다. 쪽파는 무보온으로 겨울나기를 하는 작물이라 보온을 하지 않습니다.

겨울나기 준비 중인 모습

이듬해 봄 새로운 싹이 올라온다

이듬해 봄 겨울나기를 마친 쪽파는 새잎을 올리면서 알뿌리가 커집니다. 날이 따뜻해지면서 성장 속도가 빨라집니다. 쪽파는 5월이 되면서 씨 맺을 준비를 하는데, 그러면 잎이 억세져서 먹기가 힘듭니다. 종자용만 남기고 부지런히 수확합니다. 또한 종자용 쪽파는 되도록 한쪽으로 몰아야 밭을 활용하기가 좋습니다.

잎이 억세지기 전에 부지런히 수확한다

종자용 쪽파는 한쪽으로 몬다

쪽파 종구 채취

쪽파 줄기는 씨를 맺기 시작하는 6월에는 모두 쓰러집니다. 종구 채취는 잎줄기가 마를 때를 기다렸다가 합니다. 너무 늦으면 잎줄기가 시들어서 끊어지기 때문에 종구 채취가 힘들어집니다. 채취한 종구는 줄기째 햇볕에 하루 정도 바싹 말려 잎줄기를 제거한 후 햇볕이 들지 않고 통풍이 잘되는 곳에 보관합니다. 일반적으로 양파망에 넣어 걸어 둡니다.

씨를 맺기 시작하면 쪽파는 쓰러진다

채취한 종구는 바람이 잘 통하는 그늘진 곳에 둔다

쪽파의 휴면타파

쪽파는 휴면성이 있어 파종시기가 제한적이라고 했습니다. 휴면은 지역에 따라 6월 하순 혹은 7월 상순경부터 시작됩니다. 그럼 휴면기간 동안에는 쪽파 없이 김치를 담가야 할까요? 이를 극복하기 위해서 인위적으로 잠을 깨워주는데 이를 휴면타파*라고 합니다. 말이 좀 거창하지만 별것 없습니다. 30℃ 이상의 햇볕에 20일 정도 노출시킨 후 파종하면 30~50일 정도 파종시기를 앞당길 수 있습니다.

초**   쪽파, 봄에 고자리파리 때문에 하나도 수확 못해서 사서 심을까 생각 중입니다. 파농사는 그놈에 고자리파리가 문제…….ㅠㅠ

so**   9월 2일에 토양살충제 넣고 달래파와 쪽파 파종해서 엄청 잘 자라고 있었는데, 며칠 전부터 시들시들 말라비틀어지기에 파보니 힘없이 뽑히고 구더기가 나와요. 어쩐대요…….ㅠㅠ

포**   제 쪽파도 누렇게 된 것들이 있던데, 확인 들어갑니다. 심을 때 고자리파리는 생각도 못했거든요.

아**   제가 심은 것도 잘 올라왔습니다. 내년을 기약하며 애지중지……. 쪽파는 멀칭, 비멀칭 해봤는데, 멀칭 쪽이 많이 생기고 무성해졌습니다.

유**   약 뿌리는 거 가능한 한 적게 하고 싶지만 파, 마늘은 안 뿌릴 방법이 없네요. 그래도 파는 것보다는 훨씬 낫겠지요.

● **휴면타파** : 휴면 상태가 깨어지는 현상. 즉 일시적으로 정지되었던 생육이 여러 가지 휴면 요인이 제거되면서 생육이 다시 시작되는 현상.

뿌리를 먹는 채소 ⑫

세계 10대 슈퍼푸드 마늘

분류 백합과
원산지 중앙아시아
연작장해 거의 없음
재식거리 포기 간격 20cm / 줄 간격 10cm
직파 ○ **육묘** ×
퇴비 20kg **복합비료(완효성)** 800g
추비 2~3회 **비고** 2평 기준

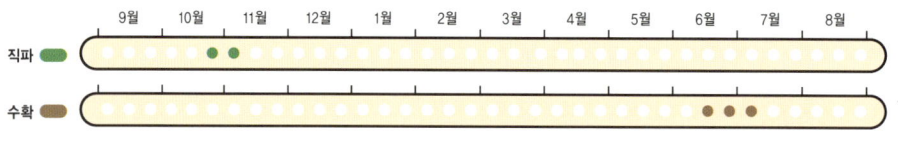

  마늘은 우리 식생활에서 빼놓을 수 없는 필수 양념으로, 단군신화에도 등장할 만큼 역사가 오래되고 재배 기술이 일반화되어 전국적으로 널리 재배되는 작물입니다. 최근 들어 마늘 성분이 항균, 살균, 동맥경화와 고혈압, 항암 치료에까지 효과가 있다는 발표가 계속되어 우리나라뿐만 아니라 세계인이 김치와 더불어 즐겨먹는 건강식품으로 인정받고 있습니다.

  생마늘, 흑마늘, 마늘식초, 마늘즙 등 마늘을 활용한 다양한 건강식품이 출시되고 있습니다. 마늘은 연작장해가 거의 없는 작물입니다. 다른 작물에 비해 종자 비용이 높기 때문에 처음부터 많이 심지 말고 점차로 늘려가는 것이 좋습니다.

마늘은 자기 지역에 맞는 품종을 선택

마늘은 한지형과 난지형으로 구분합니다. 지역에 맞지 않게 심으면 손해를 보거나 실패하게 됩니다. 자기 지역에서 어떤 마늘을 심는지 주변 농가, 종묘상 또는 농업기술센터에 문의하면 쉽게 알 수 있습니다. 이 책에서는 한지형 마늘 위주로 설명합니다.

한지형 마늘

내륙, 중부지방의 한랭지(경기, 강원, 충북, 충남, 경북 내륙)에서 심는 품종으로 의성, 서산, 삼척, 단양 등이 이에 속합니다. 한지형 마늘은 대부분 6~8쪽으로 쪽수가 많지 않고, 난지형에 비해 휴면기간이 길어 저장성이 높고 맛과 품질이 높지만 수확량이 적습니다. 한지형은 10월 중순에서 11월 하순에 파종합니다. 싹은 대부분 월동 후 봄에 나오기 때문에 수확기는 6월로 늦은 편입니다.

난지형 마늘

남해 연안과 섬처럼 겨울이 따뜻한 지역(전남, 경남, 제주)에 적응한 품종입니다. 난지형 마늘은 대부분 10~15쪽으로 쪽수가 많고, 한지형에 비해 휴면기간이 짧아 저장성이 떨어지고 매운 맛도 덜하지만 수확량은 많습니다. 난지형 마늘은 8~9월에 파종하며 곧바로 싹이 나와 상당히 자란 상태에서 겨울을 나고 봄에 일찍 자라기 때문에 5월에 수확합니다. 전남 무안과 신안, 해남, 고흥, 경남 남해, 창녕 등은 난지형 마늘의 대표적인 생산지입니다.

씨마늘 준비

종자용 마늘을 씨마늘이라고 합니다. 마늘농사를 처음 시작하려면 씨마늘이 필요한데 종묘상이나 인터넷을 통해 구입할 수 있습니다. 이후에는 생산한 것 중 튼실한 마늘을 남겨두었다가 종자로 사용합니다. 씨마늘은 대개 접 단위로 판매하며 1접은 100통입니다.

마늘 파종시기

한지형 마늘의 파종시기는 10월 하순에서 11월 상순이 적당합니다. 너무 빨리 심으면 고온기에 부패하는 등 오히려 나쁜 영향을 미치고, 너무 늦게 심으면 뿌리가 깊이 뻗지 못해 얼어죽기 쉽습니다.

마늘밭 만들기

마늘밭은 넓은 평이랑으로 두둑 넓이는 120~150cm, 두둑 높이는 20~25cm 정도로 만듭니다. 마늘은 다비성작물이고 생육이 긴 작물이라 밑거름은 유기질 비료 위주로 넉넉히 줍니다. 또한 마늘은 뿌리가 곧고 길게 자라므로 깊이 갈아줍니다.

마늘의 재식거리는 포기 간격 20cm, 줄 간격 10cm가 적당합니다. 생육기간이 긴 마늘은 대부분 멀칭재배를 합니다. 멀칭은 마늘 전용 유공비닐을 사용하면 편리합니다. 유공비닐의 규격은 두께 0.02m, 폭 150cm, 구멍 넓이 5cm, 구멍 개수는 13개입니다. 비멀칭재배의 경우 유공비닐의 규격에 준해 심습니다.

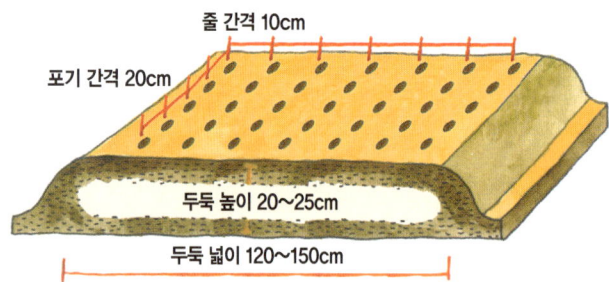

마늘밭 만들기

마늘 유공비닐

마늘 쪼개기

마늘은 통마늘을 쪼개서 1쪽씩 심습니다. 마늘을 쪼개면서 상처난 것, 썩은 것 등 불량 종구를 선별하고 종자로 쓰기에 너무 작은 마늘도 골라냅니다. 그런데 마늘을 쪼개다 보면 껍데기가 벗겨지기도 합니다. 이걸 심어도 될까요? 전혀 문제 없습니다. 일부러 껍질을 홀랑 까서 심기도 합니다. 저는 꼭지 부분의 껍질을 조금 깝니다. 다른 이유는 없고 외관상 보이지 않는 불량 종구를 선별하기 위함입니다.

마늘 쪼개기

불량 종구를 선별한다

마늘 소독하기

통상 마늘은 소독해서 심습니다. 소독하는 이유는 씨마늘에 묻어 있는 각종 병충해를 살균하고 토양 속에 있는 병원균의 침입을 막기 위한 것입니다. 소독제는 종묘상에서 구입할 수 있고, 매실액을 사용하는 방법도 있습니다. 약 1시간 정도 담가둔 후 건져 그늘에서 물기를 제거하고 심습니다. 마늘 소독은 '해야 한다 vs 안 해도 된다' 두 의견이 분분합니다. 저는 해마다 소독을 합니다.

씨마늘 소독. 물에 모두 잠기게 돌로 눌러준다

소독을 마치고 물기를 빼는 모습

마늘 심기

◀ 마늘은 뿌리가 밑으로 가도록 똑바로 심습니다. 너무 깊게 심으면 싹이 늦게 나오고 마늘이 깊게 박혀 수확할 때 캐느라 애를 먹을 수 있고, 너무 얕게 심으면 겨울 동안 얼었다 녹았다 하는 과정에서 씨마늘이 흙 밖으로 드러나 얼어 죽을 수도 있습니다. 흙은 3~4cm 정도 덮어줍니다. 복잡하죠? 자, 구체적으로 다음과 같이 하면 됩니다.

◀ 2번째, 3번째 손가락으로 구멍을 냅니다. 참고로, 성인 검지손가락의 길이는 6~7cm 정도입니다.

◀ 뿌리 부분이 땅에 닿게 씨마늘을 넣고 흙을 덮어줍니다.

참 쉽죠? 손가락이 안 들어간다고요? 밭을 곱게 안 갈아서 그렇습니다. 뿌리를 수확하는 작물은 밭을 깊고 곱게 갈아야 합니다. 마늘을 심고 나면 반드시 물을 흠뻑 줍니다. 이유는 흙이 씨마늘에 달라붙어 공기가 통하지 않게 하고 뿌리를 잘 내리게 하기 위해서입니다. 겨울 동안 땅이 건조하면 뿌리를 내리지 못할 수도 있습니다.

마늘 보온하기

날이 지속적으로 추워지기 시작하면 보온해서 마늘이 얼지 않고 무사히 겨울나기를 할 수 있도록 해줘야 합니다. 이때가 대략 11월 중순경이며 땅이 얼기 전에 해야 합니다. 우선 낙엽이나 볏짚, 왕겨 등을 두툼히 덮고 비닐을 덮었을 때 물이 고이지 않도록 평평하게 펴줍니다. 그리고 투명비닐을 1겹 또는 2겹 덮어주고 양쪽 가장자리는 비닐이 바람에 날리지 않도록 고랑의 흙을 퍼 얹어서 틈새 없이 두툼하게 눌러줍니다. 비닐은 되도록 구멍이 나지 않은 새 비닐이 좋습니다. 헌 비닐이 있다면 안쪽에, 새 비닐은 바깥쪽에 덮어주면 비닐을 다소 아낄 수 있습니다.

볏짚이나 낙엽, 왕겨 등을 두둑에 고르게 깐다

투명비닐을 씌운다

은행나무 잎을 덮으면 해충(고자리파리) 피해를 막을 수 있다고 해서 해봤는데 효과는 없었습니다. 11월에는 바람이 자주 부는데 보온 작업은 바람이 불지 않는 날을 택해서 하는 것이 수월합니다.

▶ Q : 보온은 꼭 해줘야 합니까?

▶ A : 난지형 마늘은 무보온으로 겨울나기를 할 수 있지만 한지형 마늘은 보온을 해줘야 합니다. 씨마늘이 추위에 노출되면 얼어죽는 일이 발생합니다. 옆지기가 보온을 하지 않았는데 생존율이 10% 정도였습니다.(양주시) 수원에서 무보온으로 재배한 사례가 있는데 역시 생존율은 20% 미만으로 저조했습니다. 마늘은 다른 작물에 비해 종자값이 비싸고 수확 또한 6~8배 정도로 적기 때문에 보온을 하는 것이 좋습니다. 남들이 다 하는 데는 그만한 이유가 있습니다.

마늘의 겨울나기

겨울은 사람도 작물도 모두 힘든 계절입니다. 비닐 1~2겹으로 -20℃의 혹독한 겨울나기를 하고 있는 마늘을 보고 있노라면 비록 식물이지만 마음이 짠해집니다. 눈이 비닐에 소복이 쌓이지만 치워주지 않아도 됩니다. 마늘은 겨울에도 뿌리가 계속 자랍니다.

마늘밭에 눈이 쌓였지만 치우지 않아도 된다

보온 비닐 벗기기

◀ 뿌리만 내리고 있던 마늘은 이른 봄부터 성장을 시작합니다. 마늘 싹이 비닐을 떠들고 있습니다. 보온용 투명비닐을 걷어줘야 하는데 정해진 시기는 없습니다. 너무 일찍 걷어주면 동해를 입고, 너무 늦으면 열해를 입을 수 있으며 생장에 지장을 받습니다. 비닐 걷어주기는 순전히 감으로 해야 하는데, 변덕이 심한 봄 날씨 때문에 고민이 많아집니다. 이럴 땐 주변 농가를 보면 도움이 됩니다.

◀ 필자가 마늘 비닐을 걷은 일자입니다.(양주시) 2012.3.24 / 2013.3.17 / 2014.3.16 / 2015.3.14. 비닐을 걷는 일자가 쥐꼬리만큼이지만 조금씩 빨리지고 있는 걸 보면 지구온난화와 무관해 보이지 않습니다. 걷은 비닐은 잘 말려서 해가 들지 않는 곳에 보관했다가 재사용합니다. 햇볕을 받으면 비닐이 삭아서 못 쓰게 되니까 꼭 그늘에 보관합니다.

◀ 비닐에 눌려서 기를 못 펴고 있던 마늘 싹입니다. 불쌍하기는 하지만 큰 문제는 없습니다. 자라면서 잎이 모두 펴집니다. 또한 보온을 위해 덮은 낙엽, 볏짚, 왕겨는 걷어줍니다. 비가 오면 과습의 피해가 있을 수 있기 때문입니다. 비닐 멀칭을 하지 않은 경우에는 굳이 걷지 않아도 됩니다.

◀ 이런 싹도 보입니다. 왜 그럴까요? 햇볕을 못 봐서 그렇습니다. 걱정할 건 없습니다. 햇볕을 받으면 다시 푸릇푸릇해집니다.

마늘 재배관리

마늘 1쪽에서 ①번처럼 여러 개의 싹이 나오기도 하는데, 좋은 일은 아닙니다. 그런데 분명 마늘 1쪽을 심었는데 왜 여러 개의 싹이 나오는 걸까요? 그건 ②번 같은 마늘을 심었기 때문입니다. 2개가 보통이며 많은 것은 6개까지도 있습니다. 앞에서 마늘 껍데기를 홀랑 까고 심기도 한다고 했는데, 이런 마늘을 골라내기 위한 이유도 있습니다.

① 마늘 1쪽에서 싹이 여러 개 나왔다

② 여러 개가 붙은 마늘을 심었기 때문!

어쩔 수 없이 이런 마늘을 심었다면 튼실한 싹 하나만 남겨두고 모두 제거해줘야 합니다. 제가 싹 2개를 키워본 적이 있는데 결국 둘 다 통이 작게 들었습니다. 싹 제거는 뽑지 말고 자르는 것이 좋습니다. 뽑게 되면 다른 싹의 뿌리가 상할 수도 있습니다. 싹을 자를 때는 가능한 한 흙 속 깊이에서 자릅니다. 지표면에 있는 싹만 잘라주면 싹이 계속 자라기 때문입니다.

마늘은 과습을 싫어하지만 건조해도 좋지 않습니다. 특히 알이 한참 커지는 4~5월에는 많은 물을 필요로 하는데, 이때가 통상 봄가뭄이 심할 때입니다. 굵은 마늘을 생산하기 위해서는 가물지 않게 물을 주어야 합니다. 인위적인 물 주기는 수확 7일 전까지 하고 이후에는 마늘 통이 굳어져야 하므로 물을 주지 않습니다. 수확기의 마늘에 수분 함량이 많으면 저장 중 부패율이 높아집니다.

마늘 추비하기

품질 좋은 마늘을 생산하려면 봄철 웃거름 주기를 잘해야 합니다. 웃거름은 화학비료를 사용하며 보온비닐을 걷은 일자를 기준으로 2~3회를 15일 간격으로 나누어주되 되도록 비가 오기 직전에 주거나 물을 같이 주면 비료의 효율을 높일 수 있습니다. 또한 4월 하순 이후에는 비료를 주지 않습니다. 이유는 벌마늘*이 발생하기 때문입니다.

마늘 추비 (예시)

비닐 걷은 일자	추비 1차	추비 2차	추비 3차	비고
3.15	3.15	4.1	4.16	NK비료
3.25	3.25	4.10	생략	NK비료

그런데 유공 멀칭비닐을 깔았는데 추비는 어떻게 하면 될까요? 비료는 흙 속에 주는 것이 마땅하지만 작업의 편리성 때문에 비료의 손실을 감수하고 멀칭비닐 위에 뿌려줍니다.

마늘의 해충

마늘에 발생하는 주요 해충으로는 고자리파리와 파좀나방이 있습니다. 고자리파리는 발생하게 되면 방제가 힘들기 때문에 밭 만들 때, 그리고 보온비닐을 걷은 후 해당 약제를 살포합니다. 고자리파리 방제는 통상 추비 1차와 함께 실시합니다. 파좀나방은 날이 따뜻해지는 5월부터 발생합니다. 수시로 살펴 적시에 해당 약

파좀나방 피해를 입은 마늘

● **벌마늘** : 생리 이상으로 생긴 마늘.

제를 살포합니다.

마늘종 뽑기

5월 중순이 되면 마늘종이 올라오기 시작하는데 마늘종은 나오는 즉시 뽑거나 제거해줍니다. 마늘종을 뽑는 이유는 먹으려는 목적도 있지만 알뿌리로 양분을 집중시켜 실한 마늘을 얻기 위한 목적이 더 큽니다. 그런데 마늘종이 어쩔 때는 잘 뽑히지만 어쩔 때는 죄다 끊어져버립니다. 비 온 다음날, 그리고 이른 아침에 잘 뽑히는 걸로 봐서 수분과 관련이 있는 것으로 보입니다.

마늘종은 조심히 뽑아야 합니다. 잘못하면 뽑은 자리에 상처가 나고 뽑으면서 줄기가 꺾이거나 잎이 상하기도 합니다. 안 뽑아지거나 채 뽑지 못한 마늘종은 가위로 잘라줍니다. 마늘종, 무리해서 뽑지 맙시다.

마늘종은 3마디와 4마디 사이에 바늘이나 옷핀을 1개 꽂은 후 뽑으면 쉽게 뽑을 수 있습니다. 4마디 위에 꽂으면 마늘종에 꽂을 수도 있으니 주의하세요. 그러나 완전히 안 끊어지게 뽑을 수는 없습니다. 조금 쉬울 뿐이고 힘 조절을 잘해야 합니다.

마늘종은 제거해준다

3마디와 4마디 사이에 옷핀을 꽂은 후 뽑는다

잎끝마름 증상

마늘잎 끝이 푸르지 않고 마르는 증상을 잎끝마름 증상 또는 잎끝마름병이라고 합니다. 원인으로는 토양이 너무 건조하거나 습해 칼리(K) 흡수율이 떨어지거나 칼슘 결핍, 기온이 고온(25℃ 이상)일 때 마늘 생리에 맞지 않아 발생합니다. 제가 잎끝마름 증상을 치유하고자 칼슘 엽면시비와 살균제를 2~3회 살포했으나 호전되지 않았습니다. 그래도 수확에 큰 문제는 없었습니다.

잎끝마름 증상

벌마늘

벌마늘은 2차 생장이라고도 합니다. 마늘 성장이 왕성해지는 5월부터 나타나며 잎 사이에 새로운 잎이 자라거나 심하면 옆줄기가 터지면서 새로운 싹, 즉 2차 생장이 시작됩니다. 질소질 비료 과다 사용과 추비를 늦게까지 준 경우, 사질토 재배, 조기 파종, 지나친 관수 등이 원인으로 알려져 있습니다. 마늘농사 쉽지 않죠?

벌마늘

마늘 수확하기

마늘 수확은 6월 중하순경 잎의 2/3가 갈색으로 변했을 때 합니다. 마늘은 수확 후 건조 과정을 거쳐야 하기 때문에 가능하면 비가 오지 않는 시기에 수확하는 것이 좋으며, 토양에 수분이 없는 맑은 날에 합니다. 마늘은 뽑을 수 없기 때문에 캐야 하는데, 캘 때나 흙을 털 때, 운반할 때 상처가 나지 않도록 주의합니다.

캔 마늘은 2~3일 정도 잎과 줄기가 바스락 소리가 날 때까지 햇볕에 충분히 말려줍니다. 이때 간간이 반대편으로 뒤집어주면 더 잘 마릅니다. 마늘은 도로에서 말리면 더 잘 마르겠지만 도로의 열로 인해 화상을 입을 수도 있기 때문에 밭이나 마당에서 자연스럽게 말리는 것이 좋습니다.

마늘 캐기는 잎의 2/3가 말랐을 때부터 한다

캔 마늘은 햇볕에 충분히 말린다

마늘 저장하기

잘 마른 마늘은 해가 들지 않고 바람이 잘 통하며 서늘하고 습하지 않은 곳에 보관합니다. 마늘 줄기를 제거한 후 저장하기도 하고 양파망에 넣거나 줄기째 엮어서 매달아두기도 합니다. 줄기를 제거할 경우 2cm 정도 남기고 자릅니다. 물론 종자용 마늘은 먼저 골라놔야겠죠? 종자로 쓸 마늘은 굵고 실한 마늘을 선별합니다.

통상적으로 마늘의 저장기간은 10월 하순까지입니다. 그 이후에는 마늘의 휴면이 끝나기 때문에 싹이 나기 시작합니다. 마늘의 저장온도는 0~2℃이며 가정에서는 냉장고에 보관하거나 마늘을 깐 후 다져서 냉동보관합니다. 마늘은 싹이 나기 전에 모두 먹어야 합니다.

마늘을 엮어서 매단 모습

마늘통만 잘라서 보관

수다 하나 : 생마늘을 먹다 보면 맵다 못해 입 안이 얼얼해서 뱉고 싶을 만큼 아린맛이 나는 마늘을 보고 대부분 중국산 마늘이라고 합니다. 저도 그랬습니다. 그런데 제가 직접 심은 마늘에도 그런 마늘이 있는 겁니다. 이에 대해 명확히 밝혀진 것은 없습니다. 어쨌든 참을 수 없을 만큼 아린맛이 나는 마늘이라고 해서 무조건 중국산으로 오해하지 말아야 합니다. 평소 속쓰림이 있거나 위궤양이 있는 분들은 가능하면 익혀서 먹는 것이 좋습니다.

수다 둘 : 국내산 마늘은 논에서 재배한 '논 마늘'과 밭에서 재배한 '밭 마늘'로 나눕니다. 우리나라 마늘의 주 재배지 중 하나인 의성에서는 90%가 논 마늘입니다. 왜 논에다 마늘을 심는 걸까요? 재배지 확보가 쉽고 이모작을 할 수 있기 때문입니다. 그러니까 마늘을 캐고 벼를 심어 수확하고 다시 마늘을 심는 겁니다. 마늘은 연작장해가 거의 없는 작물입니다. 그럼 논 마늘과 밭 마늘 중 어느 것이 좋은 마늘일까요? 이에 대해 갑론을박이 벌어지고 있지만 명확히 규명된 바는 없습니다. 통상 맛은 수분 함량이 높은 논 마늘이, 저장성은 밭 마늘이 좋다는 의견이 우세하며, 상대적으로 생산량이 적은 밭 마늘이 조금 높은 가격에 거래되고 있습니다.

수다 셋 : 우리나라에서 가장 맛있는 마늘은 어떤 마늘일까요? 다 맛있는 마늘입니다. 그중 수확시기가 도래해 구가 단단하지 않고 연한 마늘이 맵지 않고 부드러워 제일 맛이 좋습니다. 그러다 마늘이 점차적으로 여물면서 단단해지기 때문에 먹을 수 있는 기간은 길지 않습니다.

- **놀**** 마늘은 고자리파리만 아니면 뭐든 괜찮다고 생각했는데 파좀나방도 있군요. 매일 밭에 가면 마늘 밑동 주변에서 잡초 뽑아내는 일에 열중했는데, 밑동뿐만 아니라 잎도 잘 살펴야겠습니다.
- **꽃**** 마늘종을 안 뽑아주면 마늘이 굵어지지 않더라고요. 요즘은 마늘종을 멸치와 볶아서 아침에 맛나게 먹습니다.
- **행**** 마늘종 뽑다가 마늘과 같이 뽑아서 안지기에게 욕 바가지로 먹었습니다. ㅎㅎ 그다음부터는 무조건 생긴 대로 잘라버립니다.
- **날**** 마늘종 뽑는 것 쉽지 않은 고난이도 작업이지요. 잘 뽑으면 뽕 뽑히는 경쾌한 소리가 얼마나 신이 나는지. 경험자는 다 압니다. ㅎㅎ

뿌리를 먹는 채소 ⑬

양파 하루 반 개 먹으면 보약보다 낫다

분류 백합과
원산지 중앙아시아
연작장해 거의 없음
재식거리 포기 간격 25cm / 줄 간격 12~15cm
직파 × **육묘** ○
퇴비 20kg **복합비료(완효성)** 800g
추비 2~3회 **비고** 2평 기준

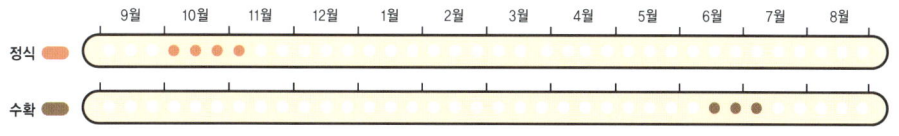

기원전 3,000년경 고대 이집트의 피라미드 건축에 동원된 노예들에게 매일 양파를 먹였다는 기록이 있습니다. 고된 노동에도 견뎌낼 수 있는 강한 체력을 키우기 위해서였다는데, 그만큼 양파에는 피로회복과 여러 가지 몸에 좋은 성분이 많이 들어 있습니다. 활용하기에 따라 채소도 되고, 약도 되고, 향미료도 되고, 살균제도 되는 등 다양한 용도와 효능을 가진 양파는 하루 반 개씩 매일 먹으면 각종 암을 막아주고 고혈압, 당뇨병, 간장병, 위장병, 피부병 등의 예방과 치료에 효과가 있다고 알려져 있습니다. 이 밖에 만성피로와 피부미용 등에도 효과가 있어 우리 생활에 없어서는 안되는 중요한 식품입니다.

어떤 양파를 심을까?

양파의 종류는 어떻게 분류하는지에 따라서 천차만별이지만 크게 흰 양파와 보라색 양파로 나누고, 작형에 따라 봄재배와 월동재배로 나눕니다. 이 책에서는 월동재배 위주로 설명합니다. 흰 양파는 보라색 양파에 비해 맛과 저장성이 좋으며, 보라색 양파는 흰 양파에 비해 저장성과 내한성*이 약합니다. 두 종류의 양파를 심을 경우 각각 반반씩, 또는 흰 양파를 조금 더 많이 심어서 저장성이 다소 떨어지는 보라색 양파를 먼저 소비하는 것이 좋습니다.

흰 양파와 보라색 양파

양파밭 만들기

양파의 재식거리는 포기 간격 25cm, 줄 간격 12~15cm가 적당하며 두둑 높이는 20~25cm 정도로 합니다. 양파 전용 유공비닐이 있지만 마늘 전용 유공비닐에 재배해도 문제없습니다. 비멀칭재배를 해도 됩니다. 통상 마늘 유공비닐로 멀칭재배를 합니다.

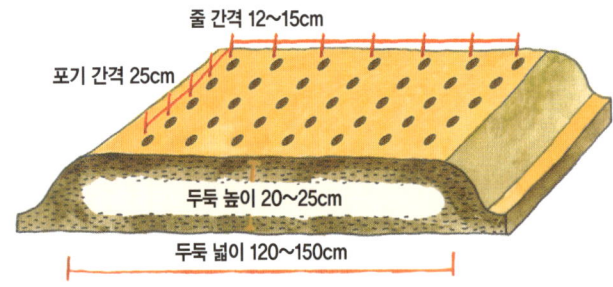

양파밭 만들기

● **내한성(耐寒性)** : 추위를 견디는 능력.

양파 모종 준비

양파는 육묘기간이 50~60일 정도로 길기 때문에 모종을 구입해서 심는 것이 좋습니다. 모종은 종묘상이나 인터넷을 통해 재배농가에서 구입할 수 있습니다. 모종은 심는 일자 또는 최소 하루 전에 확보해서 심을 때까지 돌보는 수고를 줄이도록 합니다.

주변 종묘상에서 구입한 양파 모종

인터넷에서 구입한 양파 모종

양파 모종 심기

양파의 정식시기는 지역에 따라서 10월 상순부터 11월 상순까지입니다. 양파는 뿌리를 충분히 내린 상태에서 겨울을 맞으면 좋기 때문에 조금 일찍 심는 것이 좋습니다.

그런데 양파는 어떤 농기구로 심으면 좋을까요? 일반 호미로 심기는 무리가 있어 보이죠? 양파 모종은 파호미로 심으면 아주 쉽게 심을 수 있습니다. 파호미는 끝이 뾰족하고 폭이 좁습니다. 멀칭한 곳에 양파나 파 모종을 옮겨심을 때 아주 편리합니다. 가격도 2,000~3,000원 정도로 저렴합니다.

마늘 유공 멀칭비닐을 이용해 양파를 심어도 된다

파호미

파호미 사용법을 알아보겠습니다.

◀ 1. 호미 날이 모두 들어갈 정도로 흙에 박아줍니다.

◀ 2. 앞으로 당겨서 틈새를 만들어줍니다.

◀ 3. 양파 모종이 바닥에 닿을 때까지 넣고 호미를 뺍니다.

◀ 4. 호미를 뺀 앞쪽에 다시 호미를 박아 흙을 밀어준 후 호미를 뺍니다.

◀ 5. 틈새 없이 흙으로 메워줍니다.

양파 보온하기

양파는 보온이 관건입니다. 마늘과 달리 활대를 세우고 왕겨 깔고 투명비닐을 덮어주어야 합니다. 물론 지역에 따라서 무보온으로 재배가 가능합니다. 자기 지역에서 무보온 재배가 가능한지 여부는 농업기술센터나 종묘상 또는 주변 농가에 문의하면 알 수 있습니다.

◀ 11월 12일 : 활대 길이는 두둑의 넓이에 따라 달라집니다. 활대는 FRP나 강선활대를 사용합니다. 활대는 보통 6자부터 10자까지 있습니다. 활대는 되도록 튼튼하게 세웁니다. 활대의 간격은 50~60cm 정도로 하며, 활대를 박는 깊이는 20~30cm, 높이는 정가운데를 기준으로 40~50cm 정도로 세워야 튼튼하게 됩니다.

◀ 11월 16일 : 양파는 왕겨를 깔아서 보온을 해줍니다. 왕겨를 두툼하게 깔면 좋겠지만 비용이 많아지므로 바닥이 보이지 않을 정도로만 깔면 됩니다. 그런데 요즘은 방앗간이 흔치 않아서 왕겨 구하기가 쉽지 않으니 미리 물색해놓는 것이 좋습니다. 왕겨 보온 작업은 되도록 바람이 불지 않는 날을 택해서 합니다.

◀ 11월 16일 : 왕겨를 깐 다음에는 투명비닐을 씌웁니다. 비닐 씌우기가 늦으면 초겨울 바람에 왕겨가 모두 날아가게 됩니다. 비닐은 겨우내 눈의 무게를 지탱해야 하므로 최대한 팽팽히 당기고 흙으로 옆구리를 단단히 고정시켜줍니다. 이 작업을 소홀히 하면 비닐이 바람에 펄럭이거나 눈의 무게를 감당하지 못해서 무너질 수도 있습니다.

◀ 12월 17일 : 눈이 많이 오면 이따금 눈을 치워서 무너지지 않게 해줍니다. 양파는 추위를 견디는 능력이 강한 작물이라 비닐 1겹으로도 무난히 겨울나기를 할 수 있습니다.

이때 비닐은 단단하게 고정해야 합니다. 옆구리를 흙으로만 고정하는 경우 겨울에는 흙이 얼어 있지만 봄에는 흙이 녹았다 얼었다를 반복하며 거센 봄바람에 뒤집어지는 경우가 허다하게 일어납니다. 따라서 중간중간 비닐에 핀을 박거나 지지대로 비닐을 만 다음 흙으로 눌러주어야 합니다.

보온 비닐 걷기

기온이 올라가는 봄이 되면 보온을 위해 덮은 투명비닐을 걷어줘야 합니다. 그런데 이게 특별히 정해진 시기가 없어서 고민이 많아집니다. 너무 일찍 걷으면 동해를 입고, 너무 늦으면 열해를 입을 수 있으며 생장에 지장을 받습니다. 양파 비닐 걷는 일 역시 순전히 감으로 해야 합니다. 통상 마늘과 같이 걷어줍니다.

◀ 이듬해 3월 1일 : 놀라지 마세요! 비닐을 걷기 전 모습입니다. 혹독한 겨울 추위를 이겨내고 건강하게 잘 자라고 있습니다.

◀ 3월 14일 : 비닐을 걷었는데 뭔가 이상하죠? 저도 양파가 잘못되는 건 아닌지 며칠 동안 심란했습니다.

◀ 4월 1일 : 언제 그랬냐는 듯이 폭풍 성장을 하고 있습니다. 양파는 겨울나기를 하면서 있던 줄기가 모두 사라지고 새로운 줄기가 올라옵니다.

양파 추비하기

양파의 추비는 15일 간격으로 2회 하며 3월 중으로 마쳐야 좋습니다. 비료를 늦게까지 주면 양파 구가 벌어지고 저장성이 떨어지기 때문입니다. 그러나 추비를 하기 위해서 비닐을 걷고 다시 씌우는 건 무척 번거로운 일이며 추운 날씨 때문에 비료 효과도 높지 않습니다. 그럼 어떻게 해야 할까요? 비닐 걷는 날을 기준으로 하면 됩니다. NK비료를 유공비닐 위에 흩날리듯이 뿌려줍니다. 추비는 비 오기 전에 하거나 추비 후 물 주기를 해 비료가 토양에 잘 흡수되도록 합니다.

양파 추비 (예시)

비닐 걷은 날짜	추비 1차	추비 2차	비고
3.14	3.14	3.29	NK비료
3.20	3.20	생략	NK비료

양파의 해충

양파에 해를 가하는 해충으로는 고자리파리가 있습니다. 고자리파리가 발생하면 방제가 힘들고 피해가 크기 때문에 뒷북치지 말고 미리 예방을 하는 것이 좋습니다. 고자리파리 방제는 통상 2회 정도 하는데, 밭 만들 때 1번, 그리고 보온비닐을 걷은 후 1번 약제를 살포합니다. 통상 추비 1차와 같이 실시하며, 이후 고자리파리가 발생하는지 여부를 수시로 확인해야 합니다. 약 뿌렸다고 안심하면 안됩니다.

양파의 수분관리

양파는 기온이 따뜻해지는 4월부터 급격히 커지기 시작합니다. 이때 양파가 물을 가장 많이 필요로 하는 시기입니다. 10일 정도 간격으로 가물지 않게 충분히 물을 뿌려주며, 수확기에 이른 6월부터는 양파 구가 단단하게 굳어야 하기 때문에 인위적인 물 주기는 하지 않습니다.

양파의 추대

양파는 간헐적으로 꽃대를 올리고 꽃이 피는데 이를 흔히 숫양파라고 합니다. 사실 숫양파는 없습니다. 추대가 된 것을 그냥 숫양파라고 부르는 것이지요. 숫양파는 알뿌리의 영양분을 꽃대로 집중시키기 때문에 속이 쉬 썩거나 물러지고 저장성이 나빠지며 맛도 떨어집니다. 이런 숫양파는 상품성이 떨어지기 때문에 전문 재배농가에서는 뽑아버리거나 헐값에 팔기도 합니다. 숫양파는 심는 시기가 빠르거나 겨울 날씨가 따뜻할 때 발생률이 높다고 알려져 있습니다.

5월 15일 : 꽃대가 올라온 숫양파

양파의 도복

수확기에 다다른 양파는 우습게도 모두 쓰러집니다. 쓰러지는 양파를 보고 있자면 재미있고 신기하기도 하지만 어수선하다는 느낌이 더 듭니다. 양파는 도복이 시작되는 시점부터 전체 도복이 될 때까지 10~15일 정도 걸립니다. 도복이 시작되면서 잎과 줄기의 양분이 알뿌리로 내려와서 알

6월 2일 : 도복이 시작된 양파

뿌리가 커집니다. 도복시 빨리 수확하면 저장력은 좋으나 양이 적어지고, 수확을 늦추면 잎줄기가 말라서 캐는 데 힘들고 저장력은 떨어지지만 수확량이 증가합니다. 저장력이냐 수확량이냐? 선택은 본인의 결정입니다. 반은 일찍 수확하고 반은 천천히 수확하는 게 좋을 것 같습니다.

양파 수확하기

양파 수확은 재미있습니다. 마늘은 캐야 하지만 양파는 손으로 쉽게 뽑을 수 있습니다. 수확은 맑은 날을 택하고 뽑은 양파는 줄기째 햇볕에 펴서 2~3일 정도 잘 말립니다. 햇볕에 말리는 이유는 구를 단단하게 해서 저장성을 높이기 위함입니다. 그러나

6월 15일 : 마늘은 캐고 양파는 뽑는다

양파를 수확하는 시기는 통상 6월 중순경입니다. 비가 잦은 시기라 양파 말리기가 쉽지 않습니다.

양파 저장하기

양파는 줄기를 자른 후 해가 들지 않고 바람이 잘 통하며 서늘하고 습하지 않은 곳에 보관합니다. 이때 양파 줄기는 5cm 정도 남기고 자르는 것이 좋습니다. 너무 짧게 자르면 잘린 부위로 병원균이 침입해 저장 중 부패하기 쉽습니다.

양파는 상온에서 저장하는 경우 90~100일 정도 가능합니다. 이후에는 싹이 나기 시작합니다. 따라서 수확시 양파가 얼지 않을 정도인 0~1℃로 저온저장을 하면 장기간 저장이 가능합니다. 그러나 가정에서는 냉장고 공간이 넉넉하지 않기 때문에 쉽지 않은 일이지요. 최대한 상온에서 버티다가 겨울이 되었을 때 냉장고에 넣거나 손질해서 냉동보관합니다.

양파는 그늘지고 바람이 잘 통하는 곳에 보관한다

🖐 **수다 하나** : 제가 있는 양주는 추울 때는 -22℃까지 내려가기도 합니다. 양파가 추위에 강하다는 건 알고 있지만 비닐 1겹으로는 마음이 놓이지 않습니다. 그래서 저는 양파농사 시작할 때부터 이중터널을 했습니다. 보온 효과는 좋겠지만 활대와 비닐이 배로 들어가고 시간도 많이 들여야 했습니다. 그러던 어느 해 가을 저는 그동안 하던 대로 이중터널을 했는데, 옆지기는 제 염려에도 불구하고 배짱 두둑하게 1겹만 하는 겁니다. 과연 비닐 1장으로 혹한의 겨울을 이겨낼 수 있을까? 이듬해 봄 비닐을 걷었을 때는 모두 무사했지만 양파의 성장은 이중터널 쪽이 월등히 우세했습니다. 그러다 어느 순간 비슷해지더니 수확할 때는 우열을 가리기 힘들 만큼 작황이 같았습니다. 결론적으로 양파 보온은 1겹만 해도 문제가 없습니다.

🖐 **수다 둘** : 우리나라 양파 주산지는 무안군이며 이외 창녕, 해남, 신안, 함평, 제주 등 26개의 시군에서 재배되고 있습니다. 모두 기온이 따뜻한 남쪽 지역입니다. 반면 서울, 경기 등 북쪽에서는 양파 재배가 거의 이루어지지 않습니다. 이유는 간단합니다. 보온 비용과 그에 따른 인건비 때문에 수지타산이 맞지 않기 때문입니다. 저 역시 주변에서 양파농사를 짓는 것을 본 적이 없습니다. 어쩌면 제가 이 지역에서 최초인지도 모르겠습니다.(노지 기준이며 하우스나 봄파종은 예외) 그래서인지 양파 수확철에는 많은 사람들이 관심을 보입니다. "우리 지역(양주)에서도 양파가 돼요?" 하고 묻기도 합니다. 그러면 저는 이렇게 대답합니다. "양파 재배는 아무나 할 수 있는 게 아니고 오랜 경험과 내공이 필요합니다." 그러나 보셨듯이 양파 재배, 별거 없죠? 양파는 마늘보다 수월합니다. 여러분, 본인이 살고 있는 지역에서 양파 재배 선구자가 되어보는 건 어떨까요?

평** 가을 양파 심었는데 겨울은 잘 지나고 봄 가뭄에 거의 말라 죽고 약 20개 정도 살아서 이제 쓰러지고 있습니다. 그래도 양파농사 재미있네요.

농** 우리 동네는 양파농사가 잘된 해엔 숫양파는 다 뽑아버리는데 요즘처럼 비쌀 땐 숫양파, 애기 양파 모조리 캐다가 팔아요. ㅎㅎ

새** 양파농사를 많이 짓는 안동에 갔더니 전반적으로 굵게 자라고 있는 양파밭에는 10% 정도 추대를 했더라고요. 들은 이야기로는 겨울이 따뜻하거나 일찍 심으면 잘 생긴다고 하네요.

예** 따뜻한 남쪽 목포는 거의 9월 말에서 10월 중순까지 심습니다. 보온은 하지 않고요. 추워도 양파는 자랍니다. 눈이 많이 오면 오히려 양파, 마늘이 더 잘되더군요. 그리고 좀 깊게 심어주지 않으면 땅이 얼었다 녹았다를 반복하면서 뿌리만 땅에 착지를 하고 위로 올라와서 얼어 죽는 경우도 있어 조금 깊이 있게 심어줘야 합니다.

초** 2년 동안 보온 안 해주어도 잘되었는데 올해는 이곳도 얼어죽은 게 조금 있네요. 올해는 조금 깊게 심고 일찍 심어야겠네요. (양산)

1 | 이것만 알면 충분! 필수 농사 용어
2 | 도전할 만한 농업 국가 자격증
3 | 한눈에 보는 대한민국 대표 종묘사

特別
부록

아무나
안 보여주는
농부의 비밀 수첩

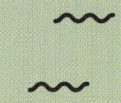

이것만 알면 충분!  필수 농사 용어

- **F1종자** : 교배해서 만들어낸 종자 중 해마다 새로운 씨앗을 구입해야 하는 종자.
- **가식(假植)** : 종자나 모종을 제자리에 심기 전에 임시로 딴 곳에 심는 것.
- **개화** : 꽃이 핌.
- **객토(客土)** : 토질을 개량하기 위해 다른 곳에서 흙을 파다가 논밭에 옮기는 일. 또는 그렇게 옮겨서 만든 흙.
- **겉흙** : 토양의 최상층 부분으로, 갈아서 농사짓기에 적당한 땅.
- **결구(結球)** : 배추 따위의 채소 잎이 여러 겹으로 겹쳐서 둥글게 속이 드는 것.
- **곁순** : 식물의 원줄기 곁에서 돋아나오는 순.
- **고갱이** : 풀이나 나무의 줄기 한가운데 있는 연한 심.
- **고랑** : 두둑한 땅과 땅 사이에 길고 좁게 들어간 곳.
- **고성종** : 키 등이 커지는 성질을 가진 품종.
- **고정종자** : 수확한 작물에서 직접 씨앗을 받아 파종하면 똑같은 작물이 나오는 종자.
- **관수(灌水)** : 농사짓는 데 필요한 물을 논밭에 대는 것.
- **광발아종자** : 빛을 봐야 발아하는 종자. = 호광성종자
- **교잡(交雜)** : 품종, 계통, 성질이 다른 두 개체를 교배하는 것.
- **기공(氣孔)** : 식물의 잎이나 줄기에 있는 숨구멍.
- **기비(基肥)** : 씨를 뿌리거나 모를 내기 전에 주는 밑거름.
- **기형과(畸形果)** : 정상적인 형태의 과일과 모양이 다른 이상 형태의 과일.
- **김매기** : 작물의 생장을 방해하는 풀을 제거하는 일.
- **까부르다** : 곡식에 섞인 검불 꼬투리나 쭉정이, 티 같은 것을 위아래로 흔들어서 날려보내다.
- **꼬투리** : 콩이나 팥 등 콩과 식물의 열매를 감싸고 있는 껍질.

- **내병성(耐病性)** : 농작물이나 가축이 병에 잘 걸리지 않거나 병에 강한 성질.
- **내서성(耐暑性)** : 더위를 견디는 능력.
- **내한성(耐寒性)** : 추위를 견디는 능력.
- **노지** : 벽으로 가리거나 지붕이 덮여 있지 않은 땅.
- **다비성작물** : 거름을 많이 줘야 수확을 얻을 수 있는 작물.
- **도복(倒伏)** : 작물이 비바람 등으로 쓰러짐.
- **도장(徒長)** : 질소나 수분의 과다, 일조량 부족 등으로 작물이 보통 이상으로 웃자라는 일.
- **동해(凍害)** : 농작물 따위가 추위로 얼어서 생기는 피해나 손해.
- **두둑** : 논이나 밭을 갈아 골을 타서 두두룩하게 흙을 쌓아 만든 곳.
- **두엄** : 풀, 짚 또는 가축의 배설물 따위를 모아서 썩힌 거름.
- **떡잎** : 씨앗이 싹틀 때 제일 처음에 나오는 잎.
- **마디** : 식물의 줄기에서 가지나 잎이 나는 위치.
- **만생종** : 같은 종류의 작물 중에서 자라는 시간이 길어 늦게 성숙하는 품종.
- **맥류** : 보리, 쌀보리, 밀, 호밀, 귀리 등 보리 종류를 통틀어 이르는 말.
- **맹아** : 식물의 새싹.
- **멀칭(mulching)** : 농작물을 재배할 때 수분 증발, 비료 유실, 병충해, 잡초 따위를 막기 위해서 볏짚, 보릿짚, 비닐 등으로 땅의 표면을 덮는 일.
- **모종** : 옮겨심기 위해 가꾼 씨앗의 싹.
- **미숙과(未熟果)** : 완전히 성숙하지 않은 열매.
- **밀식재배** : 빽빽하게 심어 재배하는 재배법.
- **바람들이** : 무나 홍당무 따위에 바람이 드는 것.

- **반결구(半結球)** : 배추 따위의 채소가 속이 둥글게 들지 않고 윗부분이 벌어진 채로 자라 반쯤 알이 차는 것.
- **발아** : 씨앗에서 싹이 트는 일.
- **발아력** : 씨앗이 싹을 틔울 수 있는 힘.
- **배수성** : 물이 빠지는 성질.
- **배토(培土)** : 북주기. 작물이 넘어지지 않고 잘 자라게 하기 위해 뿌리나 밑줄기를 흙으로 두두룩하게 덮어주는 일.
- **보비력** : 흙이 비료 성분을 오래 지니는 힘.
- **보수력** : 흙이 물을 오래 지니는 힘.
- **보식(補植)** : 심은 식물이 죽거나 상한 자리에 보충해서 새로 심는 것.
- **본잎** : 떡잎 뒤에 나오는 보통의 잎.
- **북주기** : 작물이 넘어지지 않고 잘 자라게 하기 위해 뿌리나 밑줄기를 흙으로 두두룩하게 덮어주는 일.
- **브릭스(brix)** : 과일의 당도를 재는 단위.
- **비료** : 토지의 생산력을 높이고 식물이 잘 자라도록 땅이나 흙에 뿌려주는 영양물질.
- **비배(肥培)** : 식물에 거름을 주어 가꾸는 일.
- **비옥도** : 땅이 기름진 정도.
- **비효(肥效)** : 비료가 작물에 미치는 효과.
- **뿌리채소** : 무, 당근, 우엉, 연근 등 뿌리를 먹는 채소. = 근채류
- **산파(散播)** : 씨앗을 경작지에 흩어서 뿌리는 것.
- **삽식** : 꺾꽂이. 식물의 가지나 잎, 눈 따위를 꺾거나 잘라 흙에 꽂아서 뿌리를 내리게 하는 것.
- **상토(床土)** : 모종을 키우기 위해 쓰는 좋은 흙.
- **생육** : 생물이 발달해 자람.
- **생육적온** : 작물이 잘 자랄 수 있는 온도.
- **소출** : 논밭에서 곡식이 생산되는 수량.
- **속효성(速效性)** : 효과가 빠르게 나타나는 성질.
- **솎음** : 간격이 촘촘하게 난 푸성귀들이 적절한 간격을 유지하도록 군데군데 뽑아내는 일.
- **숙기(熟期)** : 여러 조건이 무르익어 어떤 일을 하기에 알맞은 시기. 농사에서는 농작물을 수확하기에 적당한 시기.
- **순지르기** : 나무나 풀의 원줄기 곁에서 돋아나는 필요하지 않은 순을 잘라내는 일.
- **시비(施肥)** : 논밭에 비료를 주는 일.
- **시용** : 농약이나 비료 등을 살포해 이용하는 일.
- **식재** : 식물을 심어 재배함, 또는 나무를 심어 가꾸는 일.
- **신장** : 작물의 키가 자라는 일.
- **심경(深耕)** : 땅을 깊이 가는 일.
- **심근성(深根性)** : 뿌리가 땅속 깊이까지 뻗는 성질.
- **아주수확** : 밭에 남은 작물을 최종적으로 전부 수확하는 것.
- **암발아종자** : 빛이 차단되어야 발아하는 종자. 대부분의 종자가 암발아종자다. = 호암성종자
- **애호박** : 열린 지 얼마 안되는 어린 호박.
- **액비(液肥)** : 액체로 된 비료.
- **약충(若蟲)** : 불완전변태를 하는 곤충의 애벌레.
- **억제재배** : 인공적으로 작물이 생육하고 성숙하는 시기를 억제해 생산시기를 조절하는 재배법.
- **얼갈이** : 푸성귀를 늦가을이나 초겨울에 심는 일. 또는 늦가을이나 초겨울에 심은 푸성귀.
- **연작** : 한 땅에 같은 작물을 계속해서 재배하는 것.
- **열과현상** : 토마토, 고추 등의 열매가 갈라지는 현상.
- **열근현상** : 당근, 야콘 등의 뿌리가 갈라지는 현상.
- **열매채소** : 가지, 수박, 오이, 참외, 토마토, 호박 등 열매를 먹는 채소. = 과채류
- **엽면시비(葉面施肥)** : 비료를 물에 타서 식물의 잎에 뿌려 양분을 흡수하게 하는 일.
- **엽병(葉柄)** : 잎자루. 식물의 잎을 지탱하는 꼭지 부분.
- **엽수** : 잎의 수.
- **영양종자** : 감자, 생강처럼 작물의 일부가 씨앗 역할을 하는 종자.
- **완숙과(完熟果)** : 완전히 익은 열매.
- **완효성(緩效性)** : 효과가 느리게 나타나는 성질.
- **왜성종** : 키 등이 커지지 않는 성질을 가진 품종.

- **용탈(溶脫)** : 토양 속의 물이 토양에 있는 가용성 성분을 운반, 제거하는 일. 예를 들어 비료 성분이 물에 녹아 지하로 이동하는 것.
- **웃자라다** : 작물이 햇볕을 받는 양이 부족해서 보통 이상으로 키가 커지며 연약하게 되는 것.
- **원줄기** : 가장 먼저 발생한 줄기.
- **위조(萎凋)** : 식물이 물이 없어 시들고 마르는 것.
- **육묘(育苗)** : 옮겨심을 목적으로 어린모나 묘목을 키우는 일.
- **육종(育種)** : 생물이 가진 유전적 성질을 이용해 새로운 품종을 만들어내거나 기존 품종을 개량하는 것, 즉 품종 개량.
- **윤작** : 돌려짓기. 같은 땅에 여러 가지 농작물을 해마다 바꾸어 심는 일.
- **이랑** : 두둑과 같은 말. 논이나 밭을 갈아 골을 타서 두두룩하게 흙을 쌓아 만든 곳.
- **일장** : 햇볕이 비추는 것.
- **잎채소** : 배추, 상추, 시금치 등 잎을 먹는 채소. = 엽채류
- **작기** : 한 작물의 생육기간.
- **작황(作況)** : 농작물 생산이 잘되고 못된 상황.
- **장일(長日)** : 낮이 밤보다 훨씬 긴 날. 흔히 여름날.
- **재식(栽植)** : 농작물이나 묘목을 땅에 심는 것.
- **재식거리** : 농작물이나 묘목을 서로 떨어지게 심는 거리.
- **적심** : 나무나 풀의 원줄기 곁에서 돋아나는 필요하지 않은 순을 잘라내는 일. = 순지르기
- **절(節)** : 식물의 줄기에서 잎이 나는 위치.
- **점파** : 씨앗을 점점이 뿌리는 것.
- **정식(定植)** : 온상에서 기른 모종을 밭에다 제대로 심는 것.
- **조기추대** : 일찌감치 꽃대가 올라오는 일.
- **조생종** : 같은 종류의 작물 중에서 일찍 성숙하는 품종.
- **조파(條播)** : 씨뿌리는 방법 중 하나로, 밭에 일정한 거리를 두고 평행하게 1줄로 씨를 뿌리는 것.
- **종구** : 알뿌리 또는 구근.

- **종근(種根)** : 처음으로 형성된 뿌리.
- **종실(種實)** : 식물의 열매나 과실.
- **종피** : 식물의 씨앗을 감싸고 있는 껍질.
- **중생종** : 같은 종류의 작물 중에서 자라는 데 걸리는 시간이 중간 정도에 속하는 품종.
- **지력** : 농작물을 길러낼 수 있는 땅의 힘.
- **지온** : 땅의 온도.
- **직파(直播)** : 모를 길러 옮겨심는 게 아니라 논밭에 씨앗을 직접 뿌리는 것.
- **진균** : 곰팡이.
- **착과(着果)** : 열매가 달리는 것.
- **채종(採種)** : 좋은 씨앗을 골라서 받는 것.
- **천근성(淺根性)** : 뿌리가 지표면 가까운 토양에 분포하는 성질.
- **초세(草勢)** : 식물의 생육이 왕성한 정도.
- **초자** : 잎의 모양과 형태.
- **촉성재배** : 작물을 자연 상태보다 빨리 자라게 하는 재배법.
- **최아(催芽)** : 생강, 감자 등에서 생육을 촉진할 목적으로 종자의 싹을 약간 틔우는 일.
- **추대(抽薹)** : 꽃대가 올라오는 것.
- **추비(追肥)** : 씨앗을 뿌린 뒤나 모종을 옮겨심은 뒤에 주는 웃거름.
- **추작(秋作)** : 가을재배.
- **추파(秋播)** : 가을파종.
- **춘작** : 봄재배.
- **춘파** : 봄파종.
- **출수** : 벼나 보리 따위에서 이삭이 나오는 것.
- **침종(浸種)** : 씨앗이 싹을 틔우기 위해 필요한 물기를 흡수하도록 파종에 앞서 씨를 물에 담가 불리는 일.
- **토심(土深)** : 흙의 깊이.
- **퇴비** : 두엄. 풀, 짚 또는 가축의 배설물 따위를 썩힌 거름.

- **파종** : 씨앗을 논이나 밭에 뿌려 심는 일.
- **파종적기** : 파종하기에 알맞은 시기.
- **피복** : 보온, 토양 침식 억제, 혹은 잡초 발생 억제 등 여러 가지 목적으로 토양의 표면을 짚, 톱밥, 산야초, 비닐, 거적 등으로 덮는 것.
- **혼작** : 한 땅에 동시에 2가지 이상의 작물을 심는 것.
- **화방** : 꽃집. 즉 열매가 열린 가지.
- **화본과(禾本科)** : 볏과와 댓과 식물을 통틀어 이르는 말.
- **화분** : 꽃가루.
- **화아** : 꽃눈.
- **활착(活着)** : 옮겨심은 식물이 뿌리를 내려 사는 것.
- **후숙** : 과일을 수확한 후 먹기에 가장 알맞은 정도로 익히는 것.
- **후작** : 같은 땅에 한 해 동안 농작물을 여러 번 심는 경우 나중에 지은 농사를 이르는 말.
- **휴면** : 성숙한 종자 또는 식물체에 적당한 조건을 갖춰주어도 일정 기간 발아, 발육, 성장이 정지해 있는 상태.
- **휴면타파** : 휴면 상태가 깨어지는 현상. 즉 일시적으로 정지되었던 생육이 여러 가지 휴면 요인이 제거되면서 생육이 다시 시작되는 현상.

도전할 만한  농업 국가 자격증

※ 출처 : 한국산업인력공단

농화학기술사	관련학과		대학, 전문대학의 농학 관련 학과
	시험과목		비료, 토양, 농약에 관한 계획과 운영, 기타 농화학에 관한 사항
시설원예기사	관련학과		대학의 원예학과, 관상원예학과, 환경원예학과, 원예과학과 등
	시험과목	필기	① 원예작물학 ② 시설원예학 ③ 시설원예환경조절공학 ④ 작물생리학 ⑤ 토양학, 비료학
		실기	시설원예 실무
시설원예기술사	관련학과		대학의 원예학과, 관상원예학과, 환경원예학과, 원예과학과 등
	시험과목		원예 시설의 설계, 설치, 시설 내의 환경조절과 재배관리에 관한 사항
원예기능사	관련학과		전문계 고등학교 원예과, 도시원예과, 생활원예과, 농업경영과, 농학과 등
	시험과목	필기	① 시설원예 ② 채소 ③ 과수 ④ 화훼
		실기	원예 재배 작업
유기농업기능사	관련학과		전문계 고등학교 농업, 원예, 축산과, 소비자보호단체의 교육기관, 환경보호단체의 교육기관 등
	시험과목	필기	① 작물재배 ② 토양관리 ③ 유기농업 일반
		실기	유기농 생산 작업
유기농업기사	관련학과		대학의 농학과, 식물자원학과, 농업생명과학대학, 농화학과, 생물자원학과
	시험과목	필기	① 재배 원론 ② 토양 비옥도와 관리 ③ 유기농업 개론 ④ 유기식품 가공·유통론 ⑤ 유기농업 관련 규정
		실기	유기농업 생산, 품질인증, 기술지도 관련 업무

자격명			내용
유기농업산업기사	관련학과		대학의 농학과, 식물자원학과, 농업생명과학대학, 농화학과, 생물자원학과
	시험과목	필기	① 재배 원론 ② 토양 비옥도와 관리 ③ 유기농업 개론 ④ 유기식품 가공·유통론
		실기	유기농업 생산, 품질인증 관련 실무
종자기능사	관련학과		전문계 고등학교 농업과, 원예과, 시설원예과, 원예경영과, 도시원예과, 생활원예과 등
	시험과목	필기	① 종자 ② 작물 육종 ③ 작물
		실기	종자 생산 작업
종자기사	관련학과		전문대학과 대학의 농학, 원예 등 관련 학과
	시험과목	필기	① 종자생산학 ② 식물육종학 ③ 재배 원론 ④ 식물보호학 ⑤ 종자 관련 법규
		실기	종자 생산관리 실무
종자기술사	관련학과		대학의 농학 관련학과
	시험과목		종자의 생산, 관리, 보증과 육종에 관한 사항
종자산업기사	관련학과		전문대학과 대학의 농학, 원예 관련 학과
	시험과목	필기	① 종자생산학, 종자 법규 ② 식물육종학 ③ 재배 원론 ④ 식물보호학
		실기	종자 생산 실무
화훼장식기능사	관련학과		원예학과, 원예육종학과, 환경원예학과, 식물자원학과, 농학과, 응용식물학과, 생명자원학과, 각 전문계(농업) 고등학교와 전문대학교의 학과, 평생교육원
	시험과목	필기	① 화훼장식 재료 ② 화훼장식 제작·유지관리 ③ 화훼장식론
		실기	화훼장식 디자인 실무
화훼장식기사	관련학과		대학의 관상원예학과, 화훼디자인학과, 화훼장식과
	시험과목	필기	① 화훼 재료, 형태학 ② 화훼 품질유지와 관리론 ③ 화훼장식학 ④ 화훼장식 디자인과 제작론 ⑤ 화훼 유통과 경영론
		실기	화훼장식 디자인 실무

한눈에 보는 대한민국 대표 종묘사

다음은 대한민국을 대표하는 종묘사들입니다. 알아두면 농사에 많은 도움이 될 것입니다.

1 아시아종묘

새싹 채소, 재배 용구 쇼핑몰, 국내 외 채소 종자, 허브 씨앗, 유기농 자재, 콩류 등 판매
www.asiaseed.kr

2 팜한농

농업 전문업체, 작물보호제, 비료, 상토, 종자, 동물약품 생산 안내
www.farmhannong.com

3 농우바이오

채소 종자, 과일 종자, 상토 등 판매
nongwoobio.nonghyup.com

4 아람종묘

씨앗 쇼핑몰, 새싹, 건강 채소, 야생화, 관상수 종자, 약초 씨앗 판매
www.aramseed.co.kr

5 농협종묘

농협 소개, 종자 공급, 품종 개발, 품질 관리, 교육지원 등 사업 안내
nhseed.nonghyup.com

6 제일씨드바이오

종자 전문업체, 당조고추, 쌈채류, 배추 등 판매
jeilseed.cafe24.com

7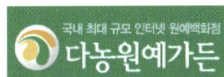

다농원예가든

원예 전문 쇼핑몰, 종자, 묘목, 비료, 농약, 포장자재 등 판매

www.danong.co.kr

8

미농비료

비료 전문 쇼핑몰, 퇴비, 유기농 자재, 토양개량제, 석회, 복합비료 등 판매

minong.kr

9

영농사

원예 자재 전문 쇼핑몰, 씨앗, 비료, 식물영양제 판매

www.0nong4.com

10

성호육묘장

양파, 고구마 싹, 대파 등 70여 종 모종 도소매

shplug.com

11

원진약초농원

약초 및 모종 판매

www.wjhobak.com

12

한누리팜마트 농자재백화점

농자재 전문 쇼핑몰, 과수시설, 하우스, 관수 자재, 모터펌프, 농기계 등 판매

nongjaje.net

13

꽃씨몰

화훼 종자 전문 쇼핑몰, 조경용 꽃씨, 구근, 숙근, 야생화, 제라늄 등 판매

www.flowerseed-mall.com

14

농자재마트

농자재 전문 쇼핑몰, 비닐하우스, 농기계, 공구, 물탱크, 한랭사 등 판매

www.nongjaje.kr

15

한국농자재백화점

스프링쿨러, 관수자재, 분수호스, PE 파이프, 물탱크, 설비하우스 판매

hknongjaje.com

16

에덴식물지지대

식물 지지대 등 텃밭용품 소량판매

www.edps.kr

17

왕산종묘

씨감자 전문업체, 품종별 제품 판매

www.wsgamja.com

18

상인농자재

하우스 시설 자재, 관수시설/배관자재, 하우스비닐, 잡초방지 차광망&기타 망 판매

www.sanginmart.com

MEMO